KB266854

니까야로 읽는

대승기신론

起

니까야로 읽는

대승기신론

이중표 역해

불광출판사

필자는 『대승기신론』을 공부하고자 하는 분들이 『대승기신론』을 쉽고 명확하게 이해하여 실천하는 데 도움을 주기 위해 이 책을 썼다.

『대승기신론』은 동아시아 불교 사상사에서 가장 주목받은 논서이다. 원효대사를 비롯하여 중국과 일본의 고승들이 모두 이 책에 주목했다. 동아시아 불교 사상사는 『대승기신론』 사상의 전개 과정이라고 해도 지나친 말이 아닐 정도로 동아시아 불교 사상의 형성과 전개에 큰 영향을 끼친 책이 『대승기신론』인 것이다.

원효대사는 이 책에 큰 관심을 가지고 그의 대표적인 저술인 『대승기신론소』와 『대승기신론별기』를 지었다. 원효대사가 당나라 유학을 도모하다가 무덤 속에서 해골바가지 속의 물을 마시고 깨달음을 얻어 말씀하셨다는 "마음이 일어나면 갖가지 법이 일어나고(心生則種種法生), 마음이 소멸하면 갖가지 법이 소멸한다(心滅則種種法滅)."라는 말은 『대승기신론』에 나오는 말씀이다. 원효대사는 『대승기신론』의 말씀을 직접 체험하고 모든 의심에서 벗어나 유학의 필요성을 느끼지 않게 된 것이다. 그러므로 『대승기신론』은 원효 사상의 뿌리이며 전부라고 할 수 있다.

『대승기신론』은 과거뿐만 아니라 현재에도 우리나라에서 불교를 공부하는 사람들의 관심을 받고 있다. 그런데 『대승기신론』은 너무 어렵다. 어렵기 때문에 많은 사람이 해설을 붙였다. 중국에서도 많은 주석서가 나왔고, 한국에서도 원효대사를 비롯하여 많은 분이 주석서를 썼으며, 현대에도 많은 해설서가 나왔다. 필자는 전남대학교에 재학할 때 이기영 박사의 『원효 사상 〈세계관〉』을 통해 처음 이 책을 접했다. 그런데 너무 어려워서 도무지 이해할 수가 없었다. 『대승기신론』도 어렵지만, 해설도 어려웠다. 그 후로 여러 사람의 『대승기신론』에 대한 해설을 보았지만 역시 어려웠다.

동국대학교 대학원에서 아함경과 니까야를 연구하여 「아함의 중도체계 연구」라는 박사학위 논문을 쓰면서 필자는 초기의 근본불교와 대승불교는 사상적 맥락이 같다는 것을 알게 되었다. 대승경전과 논서들이 어려운 것은 근본불교의 이해 없이 대승불교를 이해하려고 하기 때문이다. 그런데 대부분 근본불교를 아비다르마 불교와 동일시한다. 그래서 근본불교를 비판하며 등장한 것이 대승불교라고 생각하고, 대승불교 사상을 근본불교로 이해하려는 시도마저 하지 않는다. 필자는 박사과정에서 아함경과 니까야를 연구하면서 근본불교의 교리들이 아비다르마 불교에 의해서 왜곡되었고, 아비다르마 불교의 왜곡을 시정하기 위하여 대승불교가 출현한 것임을 알게 되었다.

대승불교 사상을 통해서 아함경과 니까야의 사상을 바르게 이해할 수 있고, 근본불교를 통해서 대승불교가 바르게 이해될 수 있다. 『반야심경』이나 『금강경』 같은 반야부 경전은 물론 유식사상(唯識思

想)이나 중관사상(中觀思想)도 근본불교의 이해 없이는 바르게 이해할 수 없다. 필자는 이런 관점에서 『니까야로 읽는 금강경』, 『니까야로 읽는 반야심경』 등의 책을 저술하였다. 『대승기신론』도 마찬가지로 근본불교의 이해 없이는 바르게 이해되기 어렵다.

근본불교를 전공한 필자는 전남대학교 철학과에 재직하던 2011년에 대학원 강의를 위해 근본불교의 관점에서 『대승기신론』을 번역하였다. 이 번역본에 의한 강의를 듣고 학생들은 큰 어려움 없이 『대승기신론』을 이해했다. 그 후에 여러 차례 일반 대중을 상대로 강의하였는데, 모두 어렵지 않게 이해하는 것을 보았다.

필자는 2024년도에 『불경』을 출간하고, 이후로는 『불경』을 가지고 붓다나라 법회를 지도하는 데 집중하고 저술 활동은 자제하려고 했다. 그런데 이전에 『대승기신론』 강의를 들었던 분들이 『대승기신론』 해설서를 출간해 주기를 청하기에, 이전의 번역을 다듬고 해설을 덧붙여 『니까야로 읽는 대승기신론』이라는 이름으로 이 책을 내게 되었다.

이 책이 『대승기신론』을 이해하고 실천하여 깨달음을 구하고자 하는 불자들에게 조그마한 도움이라도 되기를 기원한다.

불기 2570(2026)년 1월
사단법인 붓다나라 이사장 중각 합장

차례

마명(馬鳴; Aśvaghoṣa)의 저술로 알려진 『대승기신론』은 양무제(梁武帝)의 부름으로 중국에 건너와 많은 불서를 한역(漢譯)한 중인도 출신의 진제(眞諦; Paramārtha, 499~569) 삼장이 554년에 번역하였고, 이후 당나라 시대인 699년에 중앙아시아 우전(于闐)국 출신 실차난타(實叉難陀; Śikṣānanda, 652~710) 삼장이 다시 역출한 것으로 전해진다.

그런데 19세기 말부터 일본의 학자들에 의해서 진제 역 『대승기신론』의 찬술과 성립을 둘러싸고 진위(眞僞) 논쟁이 일어났다. 이후 여러 학자들에 의해서 지금까지 이 문제에 대한 논의가 이어지고 있지만 아직 정설은 없다. 최근의 경향은 지론종(地論宗) 북도파 출신의 학승들이 진제의 역장에 참여하여 이루어진 논서라는 데 의견이 모이면서 단순하게 중국 찬술이나 인도 찬술로 보는 경향에서 벗어나 있는 상황이다.[1]

---

[1] 런민(人民)대학 불교와종교학이론연구소 · 도요(東洋)대학 동양학연구소 · 금각대학교 불교문화연구소 공편, 『동아시아불교에서 대승기신론관』(서울:도서출판 여래, 2016), pp. 8~9.

필자는 『대승기신론』을 중국 찬술로 보는 견해에 동의하기 어렵다.
왜냐하면 『대승기신론』과 같은 심오한 사상과 치밀한 구성을 가진 논
서를 그 당시의 중국불교계에서 저술할 수 있었을까에 대한 의구심을
지울 수 없기 때문이다. 더욱이 이후 실차난타 삼장에 의해서 다시 번역
된 것을 보면, 『대승기신론』이 중국에서 찬술되었다고 보기 어렵다고
생각된다. 따라서 필자는 『대승기신론』의 성립에 대한 문제는 논외로
하고 『대승기신론』의 의미를 바르게 이해하는 데 집중하고자 한다.

『대승기신론』의 주제

『대승기신론』의 주제는 중생의 마음, 즉 중생심(衆生心)이다. 대승(大
乘)에 대한 믿음을 일으키려는 의도로 저술된 『대승기신론』은 왜 중
생심을 주제로 하는가? 그 까닭은 대승에 대한 믿음의 뿌리가 되는 법
(法)이 중생의 마음〈衆生心〉이기 때문이다. 이렇게 『대승기신론』은 중
생의 마음을 대승의 근본으로 보고, 이를 대상〈法〉으로 하여 그 내용
〈義〉을 밝힘으로써, 중생들이 대승에 대한 믿음을 일으켜 바른 수행을
하도록 하려는 목적으로 저술된 논서다.

대승은 열반으로 가는 큰 수레로서 누구나 탈 수 있고, 여럿이 탈
수 있는 수레다. 그런데 『대승기신론』에서는 왜 중생의 마음을 대승의
근본이라고 이야기할까? 그 이유를 설명한 것이 중생심의 내용인 삼
대(三大), 즉 체대(體大), 상대(相大), 용대(用大)이다.

체대는 중생심의 진여(眞如)로서, 중생의 마음은 일체의 세간법과 출세간법을 총섭하기 때문에, 대승의 몸체가 되는 것을 뜻한다. 상대는 중생의 마음이 무량한 공덕을 구족한 여래장(如來藏)임을 뜻한다. 즉, 모든 중생은 여래가 될 수 있는 가능성이 있음을 말한다. 용대는 모든 부처가 이 마음을 타고 부처가 되었고, 모든 보살도 이 마음을 타고 여래의 경지에 도달하게 되는 것을 뜻한다. 한마디로 말해서 중생의 마음은 일체의 시간법과 출세간법을 총섭하기 때문에, 모든 중생은 자신의 마음이 여래가 될 수 있는 공덕을 지닌 여래장임을 믿고 수행하면, 모든 여래와 보살처럼 자신의 마음을 닦아서 여래의 경지에 갈 수 있다는 것이 『대승기신론』의 취지다.

『대승기신론』에서 중생의 마음, 즉 우리의 마음을 대승의 몸체라고 말하는 것은, 우리의 마음이 일체의 세간법과 출세간법을 총섭하기 때문이다. 이 말은 일체유심조(一切唯心造)의 다른 표현이다. 세간법인 생사(生死)와 출세간법인 열반(涅槃)이 모두 중생의 마음이 만든 것이기 때문에, 중생의 마음은 일체의 세간법과 출세간법을 총섭한다고 말한 것이다.

한편 이 말은 생사와 열반을 유위법과 무위법으로 구분하는 아비다르마 불교에 대한 비판이기도 하다. 생사를 일으키는 중생의 마음과 열반을 성취하는 붓다의 마음은 둘이 아닌 한마음〈一心〉이다. 이 한마음이 미혹한 상태에서 생멸문을 벌리면 생사의 세계가 나타나고, 진실을 깨달아서 진여문을 전개하면 열반의 세계가 드러날 뿐, 생사를 일으키는 마음과 열반을 성취하는 마음은 서로 다른 마음이 아니다.

　『대승기신론』은 이렇게 중생의 마음으로 살아가는 우리에게, 우리의 마음이 열반으로 가는 큰 수레임을 믿고, 그 마음의 실상(實相), 즉 진여를 깨달아서 붓다의 세계를 성취하도록 그 길을 제시한다.

『대승기신론』의 구조

귀경게(歸敬偈)로 시작하여 회향게(廻向偈)로 끝나는 『대승기신론』은 1. 인연분(因緣分), 2. 입의분(立義分), 3. 해석분(解釋分), 4. 수행신심분(修行信心分), 5. 권수이익분(勸修利益分)으로 구성된 논리 정연한 논서다. 1. 인연분은 『대승기신론』을 쓰게 된 이유를 밝히는 부분이며, 서론에 해당한다. 2. 입의분은 『대승기신론』에서 논할 주제를 제시한 부분이며, 목차에 해당한다. 3. 해석분은 입의분에서 밝힌 주제를 구체적으로 논하는 부분으로서 본론에 해당한다. 4. 수행신심분은 대승에 대한 믿음을 일으켜서 실천할 수행법을 밝힌 부분이다. 5. 권수이익분은 수행하여 얻게 될 이익을 밝혀 수행을 권하는 부분이다. 『대승기신론』은 이런 구성을 통해서 대승불교란 어떤 목적을 가지고 무엇을 이해하여 어떻게 실천하는 것인지를 일목요연하게 설명한다.

　『대승기신론』의 구성을 도시(圖示)하여 그 내용을 간략하게 살펴보면 아래와 같다.

귀경게(歸敬偈) 귀경(歸敬); 삼보(三寶)에 귀의함.

술의(述意; 저술 목적): 대승에 대한 바른 믿음을 일으켜서 붓다

의 종자가 끊기지 않기를 바람.

주제(主題): 대승에 대한 믿음을 일으킬 근거가 되는 법(法)〈衆生心〉

구성(構成): 1.인연분(因緣分) 2. 입의분(立義分) 3. 해석분(解釋分)

4. 수행신심분(修行信心分) 5. 권수이익분(勸修利益分)

1. 인연분(因緣分): 대승기신론을 쓰게 된 이유

2. 입의분(立義分): 대승(大乘)이 의미하는 법(法); 중생의 마음〈衆生心〉

중생심의 내용〈義〉;

1) 체대(體大); 일체법의 진여(眞如)

2) 상대(相大); 여래장(如來藏)

3) 용대(用大); 일체 선법(善法)을 낳음.

중생심의 진여상(眞如相); 대승의 체(體)

중생심의 생멸인연상(生滅因緣相); 대승의 체(體), 상(相), 용(用)

3. 해석분(解釋分): 입의분의 법(法)과 의(義)에 대한 해석

1) 현시정의(顯示正義)

A. 심진여문(心眞如門)과 심생멸문(心生滅門)

(1) 심진여(心眞如); 불생불멸(不生不滅)하는 심성(心性)

(2) 심생멸(心生滅); 여래장에 의지하는 생멸심〈和合識; 아뢰야식(阿賴耶識)〉

아뢰야식의 2가지 상태;

① 각(覺)의 상태〈覺義〉; 여래(如來)의 평등법신(平等法身), 본각(本覺)

각(覺)의 4가지 체상(體相); 여실공경(如實空鏡), 인훈습경(因熏習鏡), 법

출리경(法出離鏡), 연훈습경(緣熏習鏡).

② 불각(不覺)의 상태〈不覺義〉; 망념(妄念)

불각의 3상(相); 무명업상(無明業相), 능견상(能見相), 경계상(境界相)

경계에 의지하는 6상(相); 지상(智相), 상속상(相續相), 집취상(執取相),

계명자상(計名字相), 기업상(起業相), 업계고상(業繫苦相)

(3) 생멸인연(生滅因緣); 아뢰야식의 전변(轉變)

① 아뢰야식에서 의(意; 第7末那識)의 전변; 의(意)의 5종(種) 이명(異名)

업식(業識) 전식(轉識) 현식(現識) 지식(智識) 상속식(相續識)

② 아뢰야식에서 의식(意識; 제6意識)의 전변

분리식(分離識) 분별사식(分別事識)

(4) 생멸상(生滅相); 추상(麤相)〈心相應〉 세상(細相)〈心不相應〉

B. 훈습론(熏習論)

(1) 염법훈습(染法熏習);

망경계훈습(妄境界熏習); 증장념훈습(增長念熏習), 증장취훈습(增長取熏習)

망심훈습(妄心熏習); 업식근본훈습(業識根本熏習), 증장분별사식훈습

(增長分別事識熏習)

무명훈습(無明熏習); 근본훈습(根本熏習), 소기견애훈습(所起見愛熏習)

(2) 정법훈습(淨法熏習);

망심훈습(妄心熏習); 분별사식훈습(分別事識薰習), 의훈습(意熏習)

자체상훈습(自體相熏習)

용훈습(用熏習); 차별연(差別緣), 평등연(平等緣)

C. 중생심(衆生心)의 내용; (1)체대(體大) (2)상대(相大) (3)용대(用大)

〈생멸문에서 진여문으로 들어가는 방법〉

  2) 대치사집(對治邪執)

  (1) 인아견(人我見)의 치유(治癒); 실체적 자아가 있다는 망상의 치유

  (2) 법아견(法我見)의 치유(治癒); 실체적 세계가 있다는 망상의 치유

  3) 분별발취도상(分別發趣道相)

  (1) 신성취발심(信成就發心); 부정취(不定聚) ⟹ 정정취(正定聚)〈十信 → 十住〉

    3종 발심; 직심(直心), 심심(深心), 대비심(大悲心)

    4종 방편; 행근본방편(行根本方便), 능지방편(能止方便),

      선근증장방편(善根增長方便), 대원평등방편(大願平等方便)

  (2) 해행발심(解行發心);

    신성취(信成就) ⟹ 해행성취(解行成就)〈十行 → 十廻向〉

  (3) 증발심(證成就發心);

    해행성취(解行成就) ⟹ 증성취(證成就)〈初地 → 十地〉

4. 수행신심분(修行信心分)

  1) 보시문(布施)

  2) 지계(持戒)

  3) 인욕(忍辱)

  4) 정진(精進)

  5) 지관(止觀); 일행삼매(一行三昧), 지관겸수(止觀兼修), 법상관(法相觀),

    대비관(大悲觀), 서원관(誓願觀), 정진관(精進觀), 염불인연(念佛因緣)

5. 권수이익분(勸修利益分)

  회향게(廻向偈)

『대승기신론』의 개요

『대승기신론』은 모든 중생이 여래의 근본 뜻을 바르게 이해하여 대승법(大乘法)을 굳게 믿고 대승법을 믿는 마음을 닦아 익혀 사견(邪見)의 그물에서 벗어나서 지관(止觀)을 닦아 마음의 허물을 치유하고 수행에 전념하여 불퇴전의 신심을 얻어 행복한 삶을 살아가도록 하려는 목적으로 저술된 것이다.

『대승기신론』에서는 중생의 마음이 대승법이라고 말한다. 바꾸어 말하면 행복한 붓다의 삶을 살기 위해서 믿고 의지해야 할 대상은 바로 중생으로 살고 있는 우리 자신의 마음이라는 것이다. 우리는 우리의 마음에 대하여 무지하다. 붓다는 우리의 마음의 실상〈眞如〉을 깨닫고 붓다가 되었다. 그리고 우리에게 마음의 실상을 가르쳤다. 따라서 붓다의 가르침을 바르게 이해하면 우리도 우리 마음의 실상을 깨달아 붓다의 삶을 살 수 있다. 이것이 『대승기신론』에서 말하고자 하는 내용이다.

『대승기신론』에서는 중생의 마음이 세간법과 출세간법을 모두 가지고 있다고 말한다. 이것을 『대승기신론』에서는 심생멸문(心生滅門)과 심진여문(心眞如門)으로 설명한다. 중생들이 자신의 마음에 대하여 바르게 알지 못하고 살아가면 세간법이 연기하며, 이것이 심생멸문이다. 그렇지만 자신의 마음을 바르게 이해하고 깨달으면 출세간법이 드러나며, 이것이 심진여문이다. 이렇게 우리의 마음이 세간법을 일으키는 심생멸문과 출세간법을 일으키는 심진여문을 모두 가지기 때문에 『대승기신론』에서는 중생의 마음을 일심(一心)이라고 한다.

『대승기신론』은 세간법과 출세간법을 모두 가지고 있는 중생의 마음을 체(體)와 상(相)과 용(用)의 측면에서 논의한다. 체, 상, 용은 불교에서 법(法)을 설명하는 개념이다. 불교에서는 모든 존재를 법이라고 말한다. 붓다는 모든 존재가 시간적으로 존속하는 실체가 아니라 무상하게 연기하는 법이라는 사실을 깨달았다. 예를 들면 구름이라는 존재는 일정한 시간을 존속하는 실체가 아니라 일정한 조건 아래에서 무상하게 나타나는 현상이다. 이렇게 조건에 의지하여 무상하게 연기하는 현상을 법이라고 부른다. 이 연기하는 법을 설명할 때 사용된 개념이 체, 상, 용이다. 일반적으로 실체론의 입장에서 존재를 설명할 때 실체, 속성, 운동이라는 개념을 사용한다. 구름을 예로 들면, 구름이라는 존재는 실체다. 이 실체는 하늘을 떠다니면서 비를 내리는 속성을 소유하고 있는 존재다. 그리고 이 존재의 속성이 작용하여 하늘을 떠다니면서 비를 내리는 작용을 한다. 우리는 이러한 실체론적 관점에서 존재를 이해한다. 그래서 불교의 체, 상, 용을 실체, 속성, 운동의 의미로 이해하기 쉽다. 그러나 불교의 체, 상, 용은 연기하는 법을 설명하는 개념으로서 실체, 속성, 운동의 의미가 아니다.

불교에서 존재를 의미하는 개념인 법(法; dharma)은 연기(緣起)하는 현상을 의미한다. 연기한다는 것은 존재하는 현상들이 서로 의존하는 것을 의미한다. 이렇게 서로 의존하여 나타난 현상을 의미하는 법은 일반시스템이론(General Systems Theory)에서 말하는 시스템(system)과 같은 것이다.

일반시스템이론은 현대과학에서 원자론적 연구 방법을 극복해야 할 필요에 의해서 등장한 새로운 과학이론이다. 일반시스템이론의 창시자로 알려진 오스트리아의 생물학자 베르탈란피(Ludwig von Bertalanffy, 1901~1972)가 주목한 것은 어떤 전체를 구성하는 부분들이 아니라, 전체들과 그것들이 작용하는 방법이었다. 그가 주목한 것은 실체가 아니라 조직(organization)이었다. 그는, 동물이든 식물이든, 모든 유기체는 시스템으로 가장 잘 설명될 수 있다는 것을 발견했다. 시스템은 사물(thing)이 아니라 패턴(pattern)이다. 시스템은 사건들의 패턴이며, 시스템의 존재와 성격은 시스템을 구성하는 요소들의 성질보다는 그들 상호 간의 조직에서 나온다. 이와 같이 시스템은 역동적으로 상호작용하는 흐름으로 구성된다. 베르탈란피는 생명 시스템(living system)의 내부 기능을 특징지으면서 외부 환경과의 관계를 대변하는 것은 유기적 상호의존이라는 것을 깨달았다. 유기체이건, 세포이건, 분자이건, 모든 시스템은 보다 더 큰 시스템 속에서 작용하면서 발전하며, 보다 큰 시스템은 그 속에서 작용하고 있는 작은 시스템에 의존적임과 동시에 필수적이다. 시스템들은 다른 시스템들을 둘러싸고 있으면서 동시에 다른 시스템들에 둘러싸여 자연적인 계층적 질서 속에서 끊임없이 의사소통한다.[2]

『대승기신론』에서 말하는 대승법, 즉 중생의 마음은 이러한 시스템이다. 중생의 마음이 일체의 세간법과 출세간법을 가지고 있다는 것

2　조애너 메이시, 『붓다의 연기법과 인공지능』, 이중표 옮김(서울:불광출판사, 2020), pp. 151~153.

은 중생의 마음이 가장 큰 시스템으로서 여타의 모든 시스템은 중생의 마음이라는 큰 시스템 속에서 작동한다는 것을 의미한다. 『대승기신론』은 중생의 마음이 어떻게 모든 시스템, 즉 일체법을 아우르는지를 설명한다. 중생의 마음을 일심이라고 하는 것은 모든 시스템이 중생의 마음이라는 하나의 큰 시스템 속에서 작동하는 것을 뜻한다.

시스템이론에서는 시스템이 작동하는 원리를 피드백(feedback)이라고 한다. 피드백 루프(feedback loop)는 인과적으로 연결된 구성요소들의 순환적 배열이다. 그 속에서 최초의 원인이 루프의 연결을 통해서 전파되며, 각각의 요소는 다음 요소에 영향을 미쳐 마지막 요소가 최초의 원인을 제공한 요소에 그 영향을 피드백(feedback; 되먹임)한다. 이러한 피드백의 결과 첫 번째 고리〈因〉가 마지막 고리〈果〉에 영향을 받는다. 『대승기신론』은 중생의 마음을 이러한 피드백 루프에 의해서 작동하는 인지 시스템(cognitive system)으로 보고 있으며, 생멸문과 진여문, 그리고 이들이 작동하는 염법훈습(染法熏習)과 정법훈습(淨法熏習)은 인지 시스템의 포지티브(positive) 피드백 루프와 네거티브(negative) 피드백 루프에 해당한다.

중생의 마음은 생멸문(生滅門)과 진여문(眞如門)이라는 두 종류의 피드백으로 작동하면서 모든 시스템, 즉 일체의 세간법과 출세간법을 아우르는 일심(一心)이므로 체대(體大)라고 한다.

일체의 세간법과 출세간법을 아우르는 중생의 마음은 좋은 업을 지어서 행복한 결과를 얻을 수 있는 기능이 있으며, 이 기능을 잘 알아서 사용하면 여래의 경지를 성취할 수 있으므로 여래장(如來藏)이라고 부르고, 이러한 기능을 상대(相大)라고 한다.

이러한 중생의 마음을 잘 알아서 사용하면 세간과 출세간의 선법(善法)을 낼 수 있고, 모든 붓다와 보살은 이 마음을 잘 사용하여 붓다의 경지에 도달한다. 이렇게 중생의 마음을 바르게 알고 사용함으로써 행복한 삶을 누리고 붓다의 경지에 도달하기 때문에, 중생의 마음을 바르게 알아서 사용하는 것을 용대(用大)라고 한다.

『대승기신론』은 이렇게 중생의 마음을 일심이라는 모든 법을 총섭하는 하나의 인지 시스템으로 규정하고, 그 인지 시스템이 이 작동하는 두 종류의 피드백 루프를 생멸문과 진여문이라는 이름으로 고찰하여, 우리의 마음의 구조〈體大〉와 기능〈相大〉 그리고 작용〈用大〉을 보여준다. 이것이 소위 『대승기신론』의 일심(一心), 이문(二門), 삼대(三大)다.

이 책은 이렇게 『대승기신론』을 시스템이론과 인지과학의 관점에서 고찰하고, 근본불경인 니까야와 비교함으로써 『대승기신론』을 근본불교의 시각에서 현대적인 의미로 해석하였다. 이 책에 인용된 니까야는 필자가 5부 니까야를 정선하여 2024년에 편찬한 『불경』에 수록된 것이다. 인용 표시는 "『맛지마니까야』 「11. 꿀 덩어리경(M.N.18. Madhupiṇḍika-sutta)」(『불경』, 390쪽)"의 형식을 취했다. 여기에서 "『맛지마니까야』 「11. 꿀 덩어리경」"은 필자가 편찬한 『불경』에 실린 니까야의 경 번호와 경(經)의 이름이며, "M.N.18.Madhupiṇḍika-sutta"는 원본의 경 번호와 경 이름이다. 그리고 "(『불경』, 390쪽)"은 인용문이 수록된 『불경』의 쪽수를 표시한 것이다.

대승기신론 大乘起信論

귀경게
(歸敬偈)

–

삼보에 귀의하면서 기신론을 짓는 뜻을 밝히다

【 귀경(歸敬) 】

【眞】 歸命盡十方 最勝業遍知 色無礙自在 救世大悲者

及彼身體相 法性眞如海 無量功德藏 如實修行等

【實】 歸命盡十方 普作大饒益 智無限自在 救護世間尊

及彼體相海 無我句義法 無邊德藏僧 勤求正覺者

시방세계에 충만하신

가장 훌륭한 삶을 살면서 빠짐없이 두루 아시며

걸림 없는 자재한 몸으로 세간을 구제하시는 대자대비하신 부처님
〔佛寶〕과

그 몸의 체(體)와 상(相)인 법성(法性)과 진여(眞如)의 바다〔法寶〕와

부지런히 정각(正覺)을 구하여 여실하게 수행(修行)하는

한량없는 공덕(功德)의 곳간인 승가(僧寶)에 이 목숨이 다하도록 귀
의합니다.

【 술의(述意) : 저술 목적】

【眞】 爲欲令衆生 除疑捨邪執 起大乘正信 佛種不斷故

【實】 爲欲令衆生 除疑去邪執 起信紹佛種 故我造此論

중생들이 의심과 삿된 집착 없애고

대승에 대한 바른 믿음 일으켜서

붓다의 종자가 끊기지 않기를 바라며

【실차난타】 나는 이 논을 짓는다.

『대승기신론』의 귀경게(歸敬偈)는 삼보에 귀의하는【귀경(歸敬)】과 저
술 목적을 밝힌【술의(述意)】로 이루어져 있다.

　【술의】에 의하면『대승기신론』은 중생들이 대승에 대한 믿음을 일
으키게 하려는 목적으로 저술된 논서(論書)다. 그런데 지금까지『대승
기신론』을 해석한 사람들은 대부분 이 책을 대승불교의 존재론이나 형
이상학을 논의하는 책으로 이해한다. 그들은『대승기신론』을 일심(一
心), 진여(眞如), 법신(法身)이라는 불생불멸(不生不滅)하는 실체가 생멸
(生滅)하는 현상을 나타내는 심오한 형이상학으로 본 것이다.

　이렇게 심오한 형이상학으로 보기 때문에『대승기신론』은 어려운
책이 되었다. 그래서 많은 사람이 이를 설명하기 위해서『대승기신론』

에 대한 해설서를 지었다. 그런데 이해를 도와야 할 해설서들은 저마다 이해가 다르고, 해설이 더 난해한 경우가 허다하다.

우리에게 잘 알려진 원효대사의 『대승기신론소』를 잠깐 살펴보자. 원효대사는 『대승기신론』의 종체(宗體)를 밝히는 글에서 다음과 같이 이야기한다.

대저 대승의 체(體)가 되는 것은 맑고 깨끗하여 공적(空寂)하고, 깊고 깊어서 아득하다.

아득하고 또 아득하지만 어찌 만상(萬像)의 밖을 벗어날 것인가! 고요하고 또 고요하지만 오히려 백가(百家)의 이야기 속에 있도다.

만상의 밖을 벗어나지 않지만 (부처님의) 다섯 가지 눈으로도 그 몸을 볼 수 없고, 말 속에 있지만 (여래의) 네 가지 말솜씨로도 그 모습을 말할 수 없다.

크다고 말하려 하니 속이 없는 곳에 들어가도 남지 않고, 작다고 말하려 하니 밖이 없는 것을 에워싸고도 남는다.

있음[有]의 범주에 그것을 끌어넣으려고 하니 일여(一如)가 그것을 사용하여서 공(空)하고, 없음[無]의 범주에 그것을 묶어두려고 하니 만물이 그것을 타고 생긴다.

그것을 무엇이라고 말해야 할지 알 수 없어서 억지로 붙인 이름이 대승(大乘)이다.

〈然夫大乘之爲體也 蕭焉空寂 湛爾沖玄 玄之又玄之 豈出萬像之表 寂之又寂之 猶在百家之談 非像表也五眼不能見其軀 在言裏也四辯不能談其狀 欲言大

矣 入無內而莫遺 欲言微矣 苞無外而有餘 引之於有 一如用之而空 獲之於無 萬物乘之而生 不知何以言之 強號之謂大乘〉

『대승기신론』의 '대승(大乘)'이라는 단어를 설명한 글인데, 너무 어렵다. 부처님의 눈으로도 볼 수 없고, 여래의 말솜씨로도 말할 수 없는 것을 거론한다는 것은 그 자체로 모순이다. 볼 수 없는 것을 주제로 삼아 말할 수 없는 것을 논의한다니, 도대체 어떻게 하겠다는 것인가?

우리가 상식적으로 알고 있는 대승(大乘)이라는 말은 이렇게 어렵지 않다. 대승이라는 말은 불교의 역사에서 아비다르마 불교를 비판하면서 등장한 불교운동가들이 처음 사용한 말이다. 그들은 개인의 열반을 추구하는 아비다르마 불교를 붓다의 가르침을 혼자만 탈 수 있는 수레[小乘]로 이해했다고 비판하고, 붓다의 가르침은 모든 중생이 함께 타고 가는 큰 수레[大乘]로서, 붓다의 가르침에 따르면 모든 중생은 붓다가 될 수 있으므로 개인의 열반을 추구하지 말고 모두 함께 붓다가 되어 붓다의 나라를 건설해야 한다고 주장했다. 그래서 대승불교 운동가들은 '모든 중생은 불성이 있다〈一切衆生悉有佛性〉. 나와 남이 둘이 아니다〈自他不二〉. 나의 이익이 곧 남의 이익이다〈自利利他〉.'라고 주장했다.

【술의】는 『대승기신론』이 이러한 대승에 대한 믿음을 일으키게 하려는 의도로 지어진 것임을 밝히고 있다. 바꾸어 말하면 모든 중생은 붓다가 될 수 있다는 믿음을 일으켜서 나와 남이 둘이 아니라는 진실을 알고, 다른 사람을 이롭게 하는 것이 곧 나의 이익이 된다는 생각으

로 살아가도록 하려는 의도로 만들어진 책이 『대승기신론』이라는 것
이다.

【귀경】은 이러한 대승을 믿는 사람들이 귀의해야 할 삼보(三寶)를
밝힌 것이다.

『대승기신론』에서 이야기하는 불보(佛寶)는 가장 훌륭한 삶을 살
면서 빠짐없는 앎〈最勝業遍知〉을 갖추고, 걸림 없는 자재한 모습으로
〈色無礙自在〉 세간을 구제하는 대자대비한 분〈救世大悲者〉이다. 누구나
붓다가 될 수 있다고 주장하는 대승불교의 귀의의 대상은 석가모니라
는 개인으로서의 붓다가 아니라 붓다가 되고자 하는 사람들의 목표가
되는 보편적 붓다이다.

법보(法寶)는 붓다가 깨달은 진리 그 자체이다. 즉 깨달음의 체(體)
인 연기법이라고 하는 법성(法性)과 연기하는 법계의 참된 모습〈眞如〉
이 붓다가 되고자 원을 세운 사람들이 의지할 법보(法寶)다.

승보(僧寶)는 출가한 비구가 아니라 누구나 붓다가 될 수 있다는
믿음을 가지고 바른 깨달음을 추구하면서 여실하게 수행하는 사람들
이 모인 한량없는 공덕을 갖춘 공동체이다.

【귀경】은 이렇게 대승에 대한 믿음을 일으킨 사람은 가장 훌륭한
삶을 살면서 빠짐없는 앎을 갖추고, 걸림 없는 자재한 몸으로 세간을
구제하는 대자대비한 붓다[佛寶]가 되려는 원을 세워, 붓다의 깨달음
의 실체인 모든 법은 연기(緣起)한 것이라는 법의 본성〈法性〉과 연기한
법계의 실상〈眞如〉[法寶]을 이해하고, 이를 체득하기 위해 한량없는 공
덕을 갖춘 바른 깨달음을 추구하는 사람들의 공동체[僧寶]에 의지하여

여실하게 수행할 것을 이야기한다.

【 주제(主題) 】

【眞】論曰 有法能起摩訶衍信根 是故應說

【實】論曰 爲欲發起大乘淨信 斷諸衆生疑暗邪執 令佛種性
相續不斷 故造此論 有法 能生大乘信根 是故應說

【진제】 마하연(摩訶衍; mahāyāna)에 대한 믿음을 일으킬 근거가
되는 법(法)이 있다. 그래서 그것을 이야기하겠다.

【실차난타】 대승에 대한 청정한 믿음을 일으켜 중생들의 의혹과
어둡고 삿된 집착을 끊어 붓다의 종자(佛種性)가 끊임없이 이어지
도록 이 논(論)을 짓는다. 대승에 대한 믿음을 일으킬 근거가 되는
법(法)이 있다. 그래서 그것을 이야기하겠다.

마하연(摩訶衍)은 범어 'mahāyāna'의 음역(音譯)으로서 '대승(大乘)'으
로 한역(漢譯)된 말이다. 귀경게(歸敬偈)에서 붓다가 되어 모든 중생을
구제하려는 원을 세운 사람이 의지해야 할 삼보(三寶)를 이야기한 후
에, 여기에서는 이러한 대승에 대한 믿음의 근거를 밝힌다.

신을 믿는 종교의 믿음과 깨달음을 추구하는 불교의 믿음은 근본
적으로 다르다. 신을 믿는 종교의 믿음은 믿고 있는 대상이 실재하는
지의 사실 여부를 확인할 수가 없다. '신'은 믿는 사람들에게만 존재할
뿐, 믿지 않는 사람들에게는 아무런 의미가 없다. 신이 있는지 없는지

는 그 누구도 알 수 없다. 확실한 것은 신은 항상 믿음 속에서만 존재한다는 것이다. 따라서 믿음이 없으면 신을 믿는 종교는 공허한 종교가 된다.

불교의 삼보에 대한 믿음은 맹목적인 믿음이 아니다. 근본경전인 니까야에 나오는 삼귀의는 다음과 같다.

붓당 사라낭 갓차미(Buddhaṃ saraṇaṃ gacchami)
담망 사라낭 갓차미(Dhammaṃ saraṇaṃ gacchami)
상강 사라낭 갓차미(Saṅghaṃ saraṇaṃ gacchami)

붓다라는 피난처로 나는 갑니다.
담마라는 피난처로 나는 갑니다.
상가라는 피난처로 나는 갑니다.

'귀의(歸依)한다'라는 말은 'saraṇaṃ(피난처로) gacchami(나는 간다)'를 번역한 것이다. 근본불교에서 믿음의 대상이 되는 삼보(三寶)는 생사의 고해(苦海)에서 벗어나기 위해 자기 자신이 의지해야 할 피난처다. 그런데 대승불교의 삼보(三寶)는 깨달아서 붓다가 되기 위해 수행할 때 믿고 의지할 피난처다.

피난처는 위급한 상황에서 몸을 안전하게 피하는 곳이다. 따라서 현실적으로 존재하지 않으면 안 된다. 비가 올 때 비를 피하기 위해서는 비를 가려줄 무엇인가가 실제로 있어야 한다. 보이지 않고, 실재하지 않는 어떤 것이 비를 막아줄 것이라고 믿는다고 해서 비를 피할 수는 없다. 피난처로서의 믿음의 대상은 누구나 볼 수 있고, 알 수 있는 실재하는 것이어야 한다. 『대승기신론』은 대승을 믿고 실천하는 사람들이 믿고 의지할 법(法)이 실재한다고 주장한다. 대승을 믿고 실천하는 사람이 의지할 수 있는 법이 실재하며, 그 법이 믿고 의지할 만한 내용〈義〉을 가지고 있으므로 『대승기신론』에서는 그것을 이야기하겠다는 것이다.

필자는 이 부분이 『대승기신론』을 이해하는 출발점이라고 본다. 왜냐하면 이 부분에서 『대승기신론』은 대승에 대한 믿음을 일으키는 근거가 되는 법(法)과 그 법이 가지고 있는 내용을 논의하는 논서임을 밝히고 있기 때문이다. 「입의분(立義分)」에 의하면 대승에 대한 믿음을 일으키는 근거가 되는 법은 중생심(衆生心)이다. 그리고 그 중생심이 대승에 대한 믿음을 일으킬 수 있는 내용〈義〉이 있으므로, 중생심을 주제로 하여 중생심의 내용을 밝힘으로써 대승에 대한 믿음을 일으키도록 하겠다는 것이다.

그렇다면 『대승기신론』의 주제가 되는 중생심이란 어떤 것인가? 이것은 추상적인 형이상학적 존재가 아니라, 지금 중생으로 살아가는 우리 자신의 마음이다. 이 마음은 가장 분명하게 현존한다. 그런데 막상 그 마음을 보려고 하면 보이지 않는다. 이렇게 분명하게 현존하지만 쉽게 드러나 보이지 않는 마음의 내용〈義〉을 보여주어 대승에 대한 믿음을 일으키겠다고 하는 것이 『대승기신론』의 취지다.

대승에 대한 믿음의 근거를 중생심, 즉 중생으로 살아가는 우리 자신의 마음이라고 하는 것은 붓다의 가르침과 일치한다. 붓다는 항상 자신에게 의지하고 남에게 의지하지 말라고 제자를 가르쳤다. 『디가 니까야』「8. 대반열반경(D.N.16. Parinibbāna-sutta)」(『불경』, 245~246쪽)에서 붓다의 열반 후에 제자들이 누구를 믿고 의지해야 하는가를 묻는 아난다에게 붓다는 이렇게 당부한다.

> 아난다여, 이제 그대들은 자신을 등불로 삼고, 자신을 귀의처로 삼고, 다른 사람을 귀의처로 삼지 말라. 가르침[法]을 등불로 삼고, 가르침을 귀의처로 삼고, 다른 것을 귀의처로 삼지 않고 살아가도록 하라. 아난다여, 비구가 자신을 등불로 삼고, 자신을 귀의처로 삼고, 다른 사람을 귀의처로 삼지 않으며, 가르침을 등불로 삼고, 가르침을 귀의처로 삼고, 다른 것을 귀의처로 삼지 않고 살아간다는 것은 어떤 것인가?
>
> 아난다여, 비구는 몸[身]을 관찰하며 몸에 머물면서, 열심히 주의집중을 하고 알아차려 세간에 대한 탐욕과 불만을 제거해야 한다. 감정[受]을 관찰하며 감정에 머물면서, 열심히 주의집중을 하고 알아차려 세간에 대한 탐욕과 불만을 제거해야 한다. 마음[心]을 관찰하며 마음에 머물면서, 열심히 주의집중을 하고 알아차려 세간에 대한 탐욕과 불만을 제거해야 한다. 법(法)을 관찰하며 법에 머물면서, 열심히 주의집중을 하고 알아차려 세간에 대한 탐욕과 불만을 제거해야 한다. 아난다여, 이렇게 하는 것이 비구가 자신을 등불로 삼고, 자신을 귀의처로 삼고, 다른 것을 귀의처로 삼지 않으며, 가르침을 등

불로 삼고, 가르침을 귀의처로 삼고, 다른 것을 귀의처로 삼지 않고 살아가는 것이다.

아난다여, 지금이든, 나의 사후(死後)든, 자신을 등불로 삼고, 자신을 귀의처로 삼고, 다른 사람을 귀의처로 삼지 않으며, 가르침을 등불로 삼고, 가르침을 귀의처로 삼고, 다른 것을 귀의처로 삼지 않고 살아간다면, 아난다여, 그 비구들은 누구든지 학계(學戒)를 열망하는 나의 가장 훌륭한 제자가 될 것이다.

붓다는 여기에서 삼귀의의 근본이 우리 자신임을 이야기하고 있다. 삼보에 대한 믿음은 자기 자신의 마음에 대한 믿음이다. 붓다는 우리에게 자신의 고통스러운 마음을 행복한 마음으로 바꾸는 방법을 가르쳤다. 그리고 그 방법은 4념처(四念處)다. 불교 수행은 자신의 몸과 마음을 잘 통찰하여 괴로운 마음을 행복한 마음으로 바꾸는 일이다.

　대승에 대한 믿음의 근본을 중생심이라고 하는 『대승기신론』은 이러한 붓다의 가르침을 잘 계승하고 있다. 『대승기신론』이 중생의 마음을 주제로 삼아 불행한 마음과 행복한 마음의 구조를 잘 이해하여 불행한 마음을 행복한 마음으로 바꾸는 수행과 그 수행을 실천하는 방법을 알려주는 책이라는 점은 다음의 목차에도 잘 드러난다.

【 목차 】

【眞】 說有五分 云何爲五

一者因緣分 二者立義分 三者解釋分 四者修行信心分 五者勸

修利益分

【實】說有五分

一作因 二立義 三解釋 四修信 五利益

이 논에서는 다음과 같이 다섯 부분으로 나누어서 논의하겠다.

1. 인연분(因緣分); 작인(作因)

2. 입의분(立義分); 입의(立義)

3. 해석분(解釋分); 해석(解釋)

4. 수행신심분(修行信心分); 수신(修信)

5. 권수이익분(勸修利益分); 이익(利益)

1. 인연분(因緣分)은 『대승기신론』의 저술 의도를 밝힌 부분이며, 서론에 해당한다.

2. 입의분(立義分)은 『대승기신론』에서 다룰 내용을 개괄하는 부분이며, 총론에 해당한다. 여기에서는 『대승기신론』에서 다룰 주제는 중생심이며, 그 내용은 중생심의 체(體)와 상(相)과 용(用)임을 밝힌다.

3. 해석분(解釋分)에서는 중생의 마음이 진여문(眞如門)과 생멸문(生滅門)이라는 두 가지 시스템으로 작동하고 있음을 밝히고, 진여문과 생멸문의 상호작용을 통해서 중생의 마음이 무명에서 벗어나 깨달음에 도달할 수 있는 원리와 방법을 설명한다. 그리고 중생심의 실상, 즉 진여의 체(體)와 상(相)과 용(用)을 구체적으로 설명한다.

4. 수행신심분(修行信心分)에서는 대승에 대한 믿음을 일으킨 사람이

실천해야 할 수행으로 6바라밀(六波羅密)을 제시하며, 특히 지관문(止觀門)을 설정하여 대승의 선정(禪定)과 지혜(智慧)를 수행하는 방법을 구체적으로 설명한다.

5. 권수이익분(勸修利益分)에서는 대승법을 믿고 수행하여 얻게 되는 이익을 보여주면서 부지런히 수행할 것을 권한다.

1

인연분 因緣分

— 대승기신론을 쓰게 된 이유

【眞】 初說因緣分 問曰 有何因緣而造此論 答曰 是因緣有八

種 云何爲八

【實】 此中 作因有八

먼저 이 논을 지은 이유를 이야기하겠다.

질문; 왜 이 논을 지었는가?

답변; 그 이유는 8가지다.

【眞】 一者 因緣總相 所謂爲令衆生 離一切苦 得究竟樂 非求

世間名利恭敬故

【實】 一 總相 爲令衆生 離苦得樂 不爲貪求利養等故

【眞】 二者 爲欲解釋如來根本之義 令諸衆生正解不謬故

【實】二 爲顯如來根本實義 令諸衆生 生正解故

【眞】三者 爲令善根成熟衆生 於摩訶衍法堪任不退信故

【實】三 爲令善根成熟衆生 不退信心於大乘法 有堪任故

【眞】四者 爲令善根微少衆生 修習信心故

【實】四 爲令善根微少衆生發起信心至不退故

【眞】五者 爲示方便消惡業障 善護其心 遠離癡慢 出邪網故

【實】五 爲令衆生消除業障 調伏自心 離三毒故

【眞】六者 爲示修習止觀 對治凡夫二乘心過故

【實】六 爲令衆生 修正止觀 對治凡小過失心故

【眞】七者 爲示專念方便 生於佛前 必定不退信心故

【實】七 爲令衆生 於大乘法 如理思惟 得生佛前 究竟不退大乘信故

【眞】八者 爲示利益 勸修行故

【實】八 爲顯信樂大乘利益 勸諸含識 令歸向故

【眞】有如是等因緣 所以造論

1. 한마디로 말한다면, 모든 중생이 괴로움에서 벗어나 행복으로 충만한 삶을 살아가게 하기 위해서다. 결코 세상에서 명예나 이익이나 공경을 얻기 위해서가 아니다.

2. 여래(如來)의 근본 뜻을 해석하여, 중생들이 오류 없이 바르게 이해할 수 있게 하기 위해서다.

3. 착한 삶을 살아가는 중생들이 대승법(大乘法)을 굳게 믿고 물러서

지 않도록 하기 위해서다.

4. 착한 삶을 제대로 살아가지 못하는 중생들이 대승법을 믿는 마음
   을 닦아 익히게 하기 위해서다.

5. 좋은 방편을 제시하여 중생들이 고뇌를 가져오는 업장(業障)을 없
   애고, 그 마음을 잘 지켜서, 어리석은 아만(我慢)을 멀리 여의고,
   사견(邪見)의 그물에서 벗어나게 하기 위해서다.

6. 지관(止觀)을 닦는 방법을 보여주어 범부와 이승(二乘)의 마음의
   허물을 치유하기 위해서다.

7. 방편(수행법)에 전념하면 부처님 앞에 태어나 반드시 불퇴전의 신
   심을 얻게 된다는 것을 보여주기 위해서다.

8. 이익을 보여주어 수행을 권하기 위해서다.
   이상이 기신론을 쓴 이유다.

【眞】 問曰 修多羅中具有此法何須重說

【眞】 答曰 多羅中雖有此法 以衆生根行不等 受解緣別 所謂
如來在世 衆生利根 能說 之人 色心業勝 圓音一演 異類等解
則不須論 若如來滅後 或有衆生 能以自力 廣聞而取解者 或
有衆生 亦以自力 少聞而多解者 或有衆生 無自心力 因於廣
論而得解者 自有衆生 復以廣論文多爲煩 心樂總持少文 而攝
多義能取解者 如是此論 爲欲總攝如來廣大深法 無邊義故 應
說此論

【實】 此諸句義 大乘經中 雖已具有 然由所化根欲不同 待悟

緣別 是故造論 此復云何 謂如來在世 所化利根 佛色心勝 一
音開演 無邊義味 故不須論 佛涅槃後 或有能以自力 少見於
經而解多義 復有能以自力 廣見諸經乃生正解 或有自無智力
因他廣論而得解義 亦有自無智力 怖於廣說 樂聞略論 攝廣大
義 而正修行 我今爲彼最後人故 略攝如來最勝甚深無邊之義
而造此論

질문; 수다라(修多羅 ; Sutra) 가운데 이 법이 갖추어져 있는데 왜 다
시 이야기하는가?

답변; 비록 경 가운데 이 법이 있지만, 중생의 능력과 삶이 같지
않고, 느끼고 이해하는 인연이 서로 다르기 때문이다. 말하자면
여래께서 세상에 계실 때의 중생들은 이근(利根)이었고, 말하는
사람(부처님)은 몸과 마음과 업(業)이 빼어나서 원음(圓音)으로 한
번만 연설하여도 다른 종류의 중생들이 같이 이해했기 때문에 논
(論)이 필요하지 않았다. 그런데 여래께서 열반에 드신 후에는 자
력(自力)으로 많이 들어서 약간의 이해를 취하는 중생도 있고, 자
력으로 조금 듣고서도 많이 이해한 중생도 있고, 자신의 지혜가
없어서 자세한 논(論)으로 인하여 이해하는 중생도 있고, 또 자세
하고 많은 논문은 번잡하게 여기고, 적은 문장으로 요약하여 많
은 뜻을 담아 이해를 취하기 좋아하는 중생도 있기 때문이다. 이
와 같이 여래의 넓고 크고 깊은 가르침과 가없는 뜻을 모두 담기
위해서 이 논을 지었다.

「인연분(因緣分)」은 『대승기신론』의 저술 의도를 밝힌 부분이다.

저자가 밝힌 첫 번째 저술 의도는 중생들이 괴로운 삶에서 벗어나 행복한 삶을 살게 하려는 것이다. 이것은 『대승기신론』의 저술 목적이 불교의 존재론이나 형이상학을 논의하려는 것이 아님을 보여준다. 이것은 붓다의 설법 의도와 일치한다. 『상윳따니까야』 「3.40. 아누라다(S.N.22.86. Anurādho)」(『불경』, 924쪽)에서 붓다는 '여래의 사후에 여래는 존재하는가, 존재하지 않는가?' 등의 문제를 논하는 아누라다에게 그런 논의는 여래에 대한 바른 이해가 아님을 지적하고 이렇게 말씀하신다.

아누라다여, 이전에도, 지금도, 내가 알려주는 것은 실로 괴로움과 괴로움의 소멸이다.

『대승기신론』의 저자도 이 논의 첫째 의도가 중생들의 괴로움을 없애는 데에 있음을 명시하고 있다. 『대승기신론』을 읽을 때 이 점을 잊어서는 안 된다. 『대승기신론』은 대승불교의 심오한 형이상학을 논의하기 위한 책이 아니라, 중생의 괴로움을 없애기 위해 저술된 책이라는 관점에서 읽고 이해해야 한다.

둘째 의도는 여래(如來)의 근본 뜻을 해석하여, 중생들이 오류 없이 바르게 이해할 수 있게 하기 위해서다. 이것은 당시에 여래의 근본 뜻에 어긋난 불교 이해가 있었음을 보여준다. 셋째 의도는 이미 대승법을 믿고 수행하는 사람이 대승법에서 물러서지 않도록 함이고, 넷째 의도는 대승법을 믿지 못하는 사람이 대승법을 믿고 수행하도록 함이다. 이상의 의도에 의해 저술된 부분이 「입의분(立義分)」과 「해석분(解釋分)」이다.

다섯째 의도는 좋은 수행법을 제시하는 것이고, 여섯째 의도는 마음의 허물을 치유하는 구체적인 수행법을 알려주는 것이다. 이 의도에 의해 저술된 부분이 「수행신심분(修行信心分)」이다.

일곱째 의도는 대승의 수행법에 전념하면 부처님 앞에 태어나 반드시 불퇴전의 신심을 얻게 된다는 것을 보여주기 위함이고, 여덟째 의도는 이익을 보여주어 수행을 권하기 위해서다. 이 의도에 의해 저술된 부분이 「권수이익분(勸修利益分)」이다.

이와 같이 『대승기신론』은 중생들의 괴로움을 없애려는 여래의 근본 취지에 따라 불교에 대한 오류를 시정하여 누구나 불교를 바르게 수행하도록 하려는 의도로 저술된 것이며, 『대승기신론』의 목차는 이를 잘 반영하고 있다.

저자는 저술 의도를 8가지로 밝힌 후에 문답의 형식으로 붓다께서 불경(佛經; Sūtra)을 통해 이미 괴로움을 없애는 법을 이야기했지만, 자신이 다시 이 논을 짓게 된 이유를 밝히고 있다. 그 내용은 해설이 없어도 쉽게 이해가 되기 때문에 해설을 생략한다.

【眞】已說因緣分

지금까지 인연분(因緣分)을 설했다.

2

입의분 立義分

— 논의할 주제를 내세움

【眞】 次說立義分 摩訶衍者 總說有二種 云何爲二 一者法 二
者義
【實】 云何立義分 謂摩訶衍 略有二種 有法及法

다음으로 입의분(立義分)을 설하겠다.

마하연(大乘)에 대하여 총괄하여 두 가지 측면에서 이야기하겠다.

첫째는 법(法)이고, 둘째는 의(義)다.

「입의분(立義分)」은『대승기신론』의 이해에 가장 중요한 부분이다.『대
승기신론』은 대승에 대한 믿음을 일으키려는 의도로 저술된 것이다.
그렇다면『대승기신론』에서 믿음의 대상으로 거론된 '대승(大乘), 즉
마하연'은 구체적으로 무엇을 의미할까? 신을 믿는 종교에서 믿음의

대상이 되는 '신(神)'과 같은 존재일까? 바꾸어 말하면 『대승기신론』은 우리에게 '대승'이라는 존재를 신처럼 믿고 의지하라고 말하는 것일까? 지금까지 『대승기신론』은 이렇게 믿고 의지해야 할 초월적인 대승(大乘)이라는 존재를 설명하는 책으로 이해되었다.

주지하듯이, 마하연, 즉 'Mahāyāna'는 '크다'는 의미의 'Mahā'와 '수레, 탈 것'을 의미하는 'yāna'의 합성어로서 '대승(大乘)'으로 한역(漢譯)된 말이다. 대승불교는 아비다르마 불교를 '소승(小乘; Hinayāna)'이라고 비판하면서 자신들은 대승이라고 주장했다.

그렇다면 대승불교에서 이야기하는 '대승'은 무엇일까? 원효대사는 『대승기신론소』에서 대승의 의미를 설명하면서 『대방등대집경(大方等大集經)』 제8 「허공장보살품(虛空藏菩薩品)」의 다음과 같은 말씀을 인용한다.

> 선남자여! 그 수레는 한량이 없다. 끝이 없으므로 허공처럼 일체에 두루 하고, 광대하여 일체중생을 수용하므로 성문(聲聞)이나 벽지불(辟支佛)과 함께하지 않는다. 그래서 큰 수레(大乘)라고 부른다.
>
> 〈善男子 乘者謂無量也 無邊崖故 普遍一切喻如虛空 廣大容受一切衆生故 不與聲聞辟支佛共 是故名大乘〉

이어지는 「허공장보살품(虛空藏菩薩品)」의 말씀에 의하면, '대승은 20가지 장엄법(莊嚴法)으로 자신을 장엄한 보살이 탈 수 있는 큰 수레다〈菩薩有二十莊嚴法以自莊嚴 自莊嚴已能乘大乘〉'. 대승경전에서는 이렇게 대승에 대하여 여러 가지로 이야기하지만, 모두 추상적일 뿐 구체적으로 무엇이 큰 수레인지를 말하지 않는다. 그 결과 보살이 타는 수레라는 의미의 '대승(大乘)'이라는 단어는 추상적인 초월적 존재를 의미하는 개념이 되었다.

원효대사도 대승을 초월적인 그 무엇이라고 생각했다. 원효대사가 생각한 대승은 '빈틈없는 곳에 들어가도 남는 부분이 없을 만큼 작고, 온 우주를 감싸고도 남을 만큼 크다〈欲言大矣 入無內而莫遺 欲言微矣 苞無外而有餘〉. 일여(一如; 眞如)가 그것을 사용하되 비어 있어서 있다고 할 수도 없고, 만물이 그로 인해서 생기기 때문에 없다고 할 수도 없다〈引之於有 一如用之而空 獲之於無 萬物乘之而生〉. 말로 표현할 길이 없어서 억지로 붙인 이름이 대승이다〈不知何以言之. 強號之謂大乘〉.'

그런데 『대승기신론』에서는 대승을 초월적 존재로 보지 않는다. 대승에 대한 이러한 관점을 제시한 것이 『대승기신론』의 「입의분」이다. 『대승기신론』에서는 '큰 수레(마하연)'를 법(法)과 의(義)라는 두 측면에서 논의하겠다〈摩訶衍者 總說有二種 云何爲二 一者法 二者義〉고 선언한다. 바꾸어 말하면 일체중생을 괴로움에서 제도하기 위해 보살이 타는 수레인 '큰 수레'가 지칭하는 구체적인 대상[法]을 드러내고, 그 대상을 큰 수레라고 할 수 있는 의미[義]를 『대승기신론』을 통해서 밝히겠다는 것이다.

【眞】 所言法者 謂衆生心 是心則攝一切世間法出世間法 依

於此心顯示摩訶衍義 何以故 是心眞如相卽示摩訶衍體故 是

心生滅因緣相能示摩訶衍自體相用故

【實】 言有法者 謂一切衆生心 是心則攝一切世間出世間法
依此顯示摩訶衍義 以此心眞如相 卽示大乘體故 此心生滅因
緣相 能顯示大乘體相用故

'큰 수레'라고 부르는 대상〔法〕은 중생의 마음〈衆生心〉이다. 이 마음은 모든 세간법〈世間法〉과 출세간법〈出世間法〉을 품고 있다. 이 중생의 마음에 의지하여 마하연, 즉 큰 수레의 의미〔義〕를 드러낸다. 왜냐하면 이 마음의 진여상〈眞如相〉은 큰 수레의 체〈體〉를 보여주고, 이 마음의 생멸인연상〈生滅因緣相〉은 큰 수레 자체〈自體〉와 상〈相〉과 용〈用〉을 보여주기 때문이다.

『대승기신론』에서 말하는 대승은 중생의 마음〈衆生心〉, 즉 중생으로 살고 있는 우리 자신의 마음이다. '대승'을 단도직입으로 '중생의 마음'이라고 이야기한 것은 『대승기신론』이 유일하다. 중생심, 즉 우리의 마음은 추상적 존재가 아니라 지금 여기에서 우리가 직접 사용하고 있는 가장 확실한 현존〈現存〉이다. 『대승기신론』은 이렇게 초월적 존재가 아니라 누구도 부정할 수 없이 현존하는 우리의 마음을 대승이라고 밝힘으로써 대승에 대한 논의를 추상적 논의에서 실질적 논의로 전환한다. 그런데 이점을 망각하고 대승을 초월적 존재로 보는 기존의 관점을 고집하면 『대승기신론』은 초월적 실체를 논하는 추상적인 존재론이 된다.

「입의분」에서는 보살이 타는 큰 수레가 우리의 마음을 의미하는 것임을 밝힌 후에, 중생으로 살고 있는 우리의 마음은 모든 세간법(世間法)과 출세간법(出世間法)을 품고 있는 위대한 존재임을 밝힌다.

'중생의 마음은 모든 세간법(世間法)과 출세간법(出世間法)을 품고 있다〈是心則攝一切世間法出世間法〉'라는 말의 의미를 이해하기 위해 먼저 세간(世間)과 출세간(出世間)의 의미를 살펴보자.

'세간'은 범어 'loka'의 번역어이고, '출세간'은 'loka-uttara'의 번역어이다. 일반적으로 세간, 즉 'loka'를 우리가 일반적으로 사용하는 '세계(世界)'와 동일한 의미로 이해하는데, 실은 그렇게 단순하게 이해될 말이 아니다. 'loka'는 인도인의 세계관에서 나온 개념이다. 인도인들은 이 세계를 두 차원으로 생각했다. 우리가 사는 세계는 태어나서 죽는 괴로운 세계다. 그리고 이 세계를 벗어나면 태어나지도 않고 죽지도 않는 행복한 세계가 있다. 인도인들은 태어나서 죽는 괴로운 세계를 'loka'라고 불렀고, 이 'loka'를 벗어난 세계를 'loka-uttara(over, beyond)', 즉 '세간을 벗어난 곳'이라고 불렀다. 이러한 세계관에 의해서 해탈이라는 개념이 나타났다. 태어나서 죽는 괴로운 세계에서 벗어나 생사가 없는 행복한 세계에 가는 것이 인생 최고의 목적이며, 이것을 'mokṣa(해탈)'라고 부른 것이다.

붓다도 세간과 출세간이라는 개념을 사용한다. 중생들이 생사 윤회하는 세계를 '세간'이라고 부르고, 생사를 벗어난 열반의 세계를 '출세간'이라고 부른다. 그러나 붓다가 말하는 '세간'은 당시의 브라만교에서 말하는 '세간'과 의미가 다르다. 『상윳따니까야』「1.64. 로히따

(S.N.2.26. Rohitto)」(『불경』, 748~749쪽)는 이것을 잘 보여준다.

한쪽에 선 로히따싸(Rohitassa) 천자가 세존께 이렇게 말씀드렸습니다.

"세존이시여, 태어나지 않고, 늙지 않고, 죽지 않고, 옮아가지 않고, 다시 태어나지 않는 세간의 끝을 걸어가서 알고, 보고, 도달할 수 있을까요?"

"존자여, 태어나지 않고, 늙지 않고, 죽지 않고, 옮아가지 않고, 다시 태어나지 않는 세간의 끝을 걸어가서 알고, 보고, 도달할 수는 없다고 나는 말한다오."

(중략)

"존자여, 나는 세간의 끝에 가서 괴로움을 종식할 수 있다고 말하지 않는다오. 존자여, 그 대신 나는 의식이 있고, 생각이 있는 한 길 몸속에 있는 세간과 세간의 집(集)과 세간의 멸(滅)과 세간의 멸(滅)에 이르는 길을 알려준다오."

걸어서는 결코
세간의 끝에 도달할 수 없지만,
세간의 끝에 도달하지 않으면
괴로움에서 벗어날 수 없다.
그러므로 진실로 세간을 아는,
세간의 끝에 도달하여 청정한 수행[梵行]을 완성한,
세간의 끝에서 평온을 얻은 현자(賢者)는

이 세간도, 저 세간도 바라지 않는다.

로히따싸(Rohitassa)가 말하는 세간은 공간 속의 괴로운 세계다. 만약에 세간과 출세간이 공간 속에 있다면, 괴로운 세간에 사는 우리는 공간을 이동하여 괴로움이 없는 출세간으로 갈 수 있을 것이다. 로히따싸는 그 것이 가능한가를 물었고, 붓다는 그런 일은 불가능하다고 대답한다. 붓 다는 공간을 이동하지 않고 세간의 끝에 가서 괴로움을 종식할 수 있다 고 말한다. 왜냐하면 붓다가 말하는 세간은 몸 밖의 공간에 있는 세간 이 아니라, 살아 있는 우리의 몸속에 있는 세간이기 때문이다.

그렇다면 살아 있는 중생의 몸속에 있는 세간은 구체적으로 어떤 것인가? 『상윳따니까야』 「1.57. 세간(世間; S.N.1.70. Loka)」(『불경』, 746~747 쪽)에서는 이렇게 말한다.

세간은 어디에서 생겼나요?
어디에서 관계를 맺나요?
세간은 무엇에 의존하고 있나요?
세간은 어디에서 고난을 겪나요?

세간은 여섯에서 생겨났다네.
여섯[六入處]에서 관계를 맺는다네.
세간은 여섯에 의존하고 있다네.
세간은 여섯에서 고난을 겪는다네.

괴로움을 겪고 있는 세간의 근원에 대한 물음에 붓다는 중생들이 생사의 괴로움을 겪는 세간의 근원은 6입처(六入處)라고 대답한다. 6입처, 즉 안(眼), 이(耳), 비(鼻), 설(舌), 신(身), 의(意) 입처(入處)는 살아 있는 인간이 몸으로 살아가는 삶이다. 살아 있는 인간은 눈으로 보고, 귀로 듣고, 코로 냄새 맡고, 혀로 맛을 보고, 몸으로 촉감을 느끼고, 마음으로 대상을 인지하며 살아간다. 붓다는 『상윳따니까야』「4.10.일체(一切; S.N.35.23. Sabba)」(『불경』, 961쪽)에서 살아 있는 인간이 눈으로 보고, 귀로 듣고, 코로 냄새 맡고, 혀로 맛을 보고, 몸으로 촉감을 느끼고, 마음으로 대상을 인지한 것을 일체(一切; sabba)라고 말한다.

> 비구들이여, 내가 그대들에게 일체(一切)에 대하여 가르쳐주겠소. 그대들은 잘 듣도록 하시오!
>
> 비구들이여, 어떤 것이 일체인가?
>
> 보는 주관[眼]과 보이는 형색[色]들, 듣는 주관[耳]과 들리는 소리[聲]들, 냄새 맡는 주관[鼻]과 냄새[香]들, 맛보는 주관[舌]과 맛[味]들, 만지는 주관[身]과 접촉되는 것[觸]들, 마음[意]과 법(法)들, 비구들이여, 이들이 일체라고 불린다오.

붓다가 말하는 살아 있는 몸속에 있는 세간은 중생들이 보고 듣고 생각하며 살아감으로써 형성된 마음이다. 붓다는 우리의 삶을 통해 형성된 마음속의 세간을 벗어나 출세간에 도달할 수 있다고 가르쳤다. 바꾸어 말하면 붓다는 세간과 출세간은 우리의 마음속에 있다고 가르쳤다. 『대승기신론』에서 중생의 마음이 모든 세간법(世間法)과 출세간법(出世間法)을 모두 품고 있다는 것은 이러한 붓다의 가르침을 의미한다. '이러한 중생의 마음에 의지하여 대승의 의미[義]를 드러낸다. 왜냐하면 이 마음의 진여상(眞如相)은 큰 수레의 체(體)를 보여주고, 이 마음의 생멸인연상(生滅因緣相)은 큰 수레 자체(自體)와 상(相)과 용(用)을 보여주기 때문이다〈依於此心顯示摩訶衍義 何以故 是心眞如相卽示摩訶衍體故 是心生滅因緣相能示摩訶衍自體相用故〉.'라는 말은 세간법과 출세간법을 모두 품고 있는 이 마음을 가지고 중생심을 큰 수레라고 하는 말의 의미를 설명하겠다는 뜻이다. 중생의 마음은 진여상(眞如相)과 생멸상(生滅相)이 있는데, 진여상(眞如相)은 많은 사람이 탈 수 있는 큰 수레의 몸체처럼 중생심의 몸체[體]가 크고[체대(體大)], 생멸상(生滅相)은 갖가지 보석으로 장엄된 큰 수레처럼 중생심의 몸체[體]는 무량한 공덕[相]을 간직하고 있으며[相大], 사람을 태워서 목적지에 데려다주는 수레처럼 깨달음을 구하는 사람을 태워서 깨달음의 경지[佛地]에 데려다주는 작용[用]을 한다[用大]. 중생심에는 이러한 몸체[體]와 모습[相]과 작용[用]이 있으므로 중생심을 큰 수레, 즉 대승이라고 한다는 것이다. 그 내용은 아래의 글에서 자세하게 설명된다.

【眞】 所言義者 則有三種 云何爲三 一者體大 謂一切法眞如
平等不增減故 二者相大 謂如來藏具足無量性功德故 三者用
大 能生一切世間出世間善因果故 一切諸佛本所乘故 一切菩
薩皆乘此法到如來地故

【實】 所言法者 略有三種 一體大 謂一切法眞如 在染在淨 性
恒平等 無增無減 無別異故 二者相大 謂如來藏 本來具足 無
量無邉性功德故 三者用大 能生一切世出世間善因果故 一切
諸佛本所乘故 一切菩薩 皆乘於此 入佛地故

중생의 마음을 대승이라고 할 수 있는 의미는 세 가지다.

1. 체대(體大); 중생심의 체는 일체법의 참모습(眞如)인데, 일체법의
   참모습은 평등하고 증감이 없으므로 체대(體大)라고 한다.

2. 상대(相大); 중생심은 여래를 품고 있는 여래장(如來藏)이다. 여래
   장으로서의 중생의 마음은 무량한 공덕을 구족하고 있으므로 상
   대(相大)라고 한다.

3. 용대(用大); 중생심은 세간과 출세간의 모든 좋은 인과(因果)를 낳
   는다. 모든 부처님도 과거에 보살로서 수행할 때 이 중생의 마음
   을 타고 깨달음의 경지에 도달했고, 모든 보살도 이 중생의 마음
   을 타고 여래의 경지에 도달하므로 용대(用大)라고 한다.

이 부분은 앞에서 언급한 중생심의 체(體), 상(相), 용(用)을 구체적으로
설명하는 부분이다. 『대승기신론』에서 대승(大乘)은 중생심을 큰 수레
에 비유한 은유(隱喩)이므로, 수레를 가지고 체(體), 상(相), 용(用)의 의
미를 살펴보자.

　수레는 바퀴와 좌석 등으로 구성된 일정한 크기의 몸체가 있다.
이것이 수레의 체(體)다. 그 몸체가 크면 큰 수레[大乘]고, 그 몸체가 작

으면 작은 수레[小乘]다.

수레는 몸체에 여러 가지 장식이 있다. 보석으로 치장도 하고, 꽃으로 장식도 한다. 이렇게 여러 가지 장엄을 한 몸체의 모습이 수레의 상(相)이다. 그 모습이 고급스럽고 화려하면 훌륭한 수레[大乘]고, 비루하면 저열한 수레[小乘]다.

수레는 사람을 실어 나르는 일을 한다. 이것이 수레의 용(用)이다. 누구나 탈 수 있고 많은 사람이 탈 수 있으면 큰 수레[大乘]고, 아무나 탈 수 없고 한 사람만 탈 수 있으면 작은 수레[小乘]다. 그런데 중생의 마음은 크고 훌륭한 수레처럼 다음과 같은 체(體)와 상(相)과 용(用)을 가지고 있다.

- 큰 몸체[體大]; 중생심의 몸체(體)는 평등하고 증감(增減)이 없는 일체법(一切法)의 진여(眞如)이기 때문에 몸체가 크다.
- 큰 모습[相大]; 중생심은 무량성(無量性) 공덕(功德)을 구족한 여래장(如來藏)이기 때문에 모습이 훌륭하다.
- 큰 작용[用大]; 중생심은 일체 세간과 출세간의 좋은 인과(因果)를 낳고, 모든 붓다는 과거에 보살행을 닦을 때 중생심이라는 수레를 탔고, 모든 보살은 모두 중생심이라는 수레를 타고 불지(佛地)에 들어가기 때문에 하는 일이 위대하다.

이렇게 중생의 마음은 몸체가 크고[體大], 모습이 훌륭하고[相大], 하는 일이 위대하므로[用大] 대승(大乘)이라고 한다.

「입의분」에서는 이렇게 『대승기신론』에서 논의하려는 중생의 마음에 대하여 진여상(眞如相)과 생멸상(生滅相) 두 측면에서 체대(體大), 상대(相大), 용대(用大)라는 세 가지 내용을 중심 주제로 다룰 것임을 천명한다. 다시 말해서 중생의 마음에는 진여(眞如)의 모습과 생멸(生滅)의 모습이 있으며, 이 진여의 모습과 생멸의 모습 속에는 중생심의 체(體)와 상(相)과 용(用)이 있으므로, 『대승기신론』의 저자는 이를 밝혀서 대승에 대한 믿음을 일으키도록 하겠다는 것이다.

이렇게 「입의분」에서는 『대승기신론』에서 다룰 주제와 내용을 설정한다.

【眞】已說立義分

지금까지 입의분(立義分)을 설했다.

3

해석분 解釋分

— 주제에 대한 해석

【眞】 次說解釋分 解釋分 有三種 云何爲三 一者顯示正義 二
者對治邪執 三者分別發趣道相

【實】 云何解釋分 此有三種 所謂 顯示實義故 對治邪執故 分
別修行正道相故

다음으로 해석분을 설하겠다. 해석분에는 세 가지가 있다.

1) 바른 의미〔正義〕를 현시함〈顯示正義〉

2) 삿된 집착을 치유함〈對治邪執〉

3) 발심하여 수행의 길로 나아가는 것을 설명함〈分別發趣道相〉

「해석분」은 「입의분」에서 설정한 주제에 대하여 구체적으로 논의하는
부분이다. 「입의분」에서 설정한 주제는 대승이라는 말이 지시하는 법

(法), 즉 중생심(衆生心)과 그 중생심을 대승이라고 부를 수 있는 내용
[義]인 중생심의 진여상(眞如相)과 생멸인연상(生滅因緣相), 그리고 체
(體), 상(相), 용(用)이다. 이 부분에서는 이 주제들을 논의하기 위한 목
차(目次)를 밝히고 있다.

1) 바른 의미(正義)를 현시함⟨顯示正義⟩: 중생심의 진여상과 생멸인
   연상에 대하여 구체적으로 논의하고, 이들의 상호작용을 논의
   한다.
2) 삿된 집착을 치유함⟨對治邪執⟩: 자아와 세계에 대한 그릇된 견
   해를 비판하고 그것을 치유하는 법을 설명한다.
3) 발심하여 수행의 길로 나아가는 것을 설명함⟨分別發趣道相⟩: 대
   승법을 이해하여 대승법에 대한 믿음을 일으켜 보살의 길로 나
   아가는 것에 대하여 논의한다.

1
현시정의(顯示正義)

–

바른 의미를 현시함

1) 심진여문(心眞如門)과 심생멸문(心生滅門)

【眞】 依一心法 有二種門 云何爲二 一者心眞如門 二者心生

滅門 是二種門皆各總攝一切法 此義云何 以是二門不相離故

【實】 依於一心 有二種門 所謂 心眞如門 心生滅門 此二種門

各攝一切法 以此展轉不相離故

일심법(一心法)에 의지하여 (작용하는) 두 가지 문이 있다. 첫째는
심진여문(心眞如門)이고 둘째는 심생멸문(心生滅門)이다. 이 두 가
지 문은 각기 일체법(一切法)을 모두 품고 있다. 이 말의 의미는
이 두 문이 서로 떨어지지 않는다는 뜻이다.

【실차난타】 이 두 문은 상호작용(展轉)하면서 서로 떨어지지 않기

때문이다.

해석분 解釋分

여기에서 갑자기 일심법(一心法)이라는 말이 등장한다. 실차난타 삼장은 '일심(一心)'이라고 번역했고, 진제 삼장은 '일심법(一心法)'이라고 번역했는데, 후인들은 '일심(一心)'이라는 말을 즐겨 사용한다.

'일심'이라는 개념이 「해석분」의 첫머리에 등장함으로써 『대승기신론』은 일심을 논의하는 논서로 인식되었다. 그래서 대부분 『대승기신론』은 일심, 이문(二門), 삼대(三大), 사신(四信), 오행(五行)을 논의한 논서라고 말한다.

필자는 일심의 의미를 바르게 이해하는 것이 『대승기신론』의 이해에 매우 중요하다고 생각한다. 지금까지 살펴보았듯이 『대승기신론』은 중생심에 대하여 논의하는 논서다. 그런데 갑자기 '일심'이라는 단어가 출현하자, 중생심은 논의의 중심에서 사라지고 일심이 『대승기신론』의 주인공이 된다. 그리고 '일심'이 형이상학적 개념으로 인식되어 『대승기신론』의 주인공이 됨으로써 『대승기신론』은 매우 난해한 책이 된다.

『대승기신론』의 '일심'은 심오한 형이상학적 개념일까? 「해석분」을 해설하면서 필자는 먼저 이 물음에 답하려고 한다.

「인연분」에 의하면 중생심은 진여상(眞如相)과 생멸인연상(生滅因緣相)을 가지고 있으며, 모든 세간법과 출세간법을 품고 있다. 「해석분」의 이 부분에서는 '중생심' 대신 '일심'이라는 말을 사용하고 있을 뿐, 「인연분」의 중생심을 설명하는 내용과 별 차이가 없다. 「인연분」의 중

생심을 설명하는 부분과 「해석분」의 일심을 설명하는 내용을 비교해
보자.

> 「인연분」: 謂**衆生心** 是心則**攝一切世間法出世間法** 依於此心顯
> 示摩訶衍義 何以故 是**心眞如相**卽示摩訶衍體故 是**心生滅因緣
> 相**能示摩訶衍自體相用故
> 「해석분」: 依**一心法** 有二種門 云何爲二 一者**心眞如門** 二者**心生
> 滅門** 是二種門皆各**總攝一切法** 此義云何 以是二門不相離故

이 비교를 통해서 우리는 중생심을 설명하는 「입의분」의 심진여상(心
眞如相)과 심생멸인연상(心生滅因緣相)이 일심을 설명하는 「해석분」에
서 심진여문(心眞如門)과 심생멸문(心生滅門)으로 바뀌었을 뿐, 크게 달
라진 내용이 없음을 알 수 있다. 왜 중생심을 설명할 때는 심진여상과
심생멸인연상을 이야기하고, 일심을 설명할 때는 심진여문과 심생멸
문을 이야기할까?

이 물음에 답하기 위해 먼저 상(相)과 문(門)의 의미를 살펴보자.

『대승기신론』의 범본(梵本)이 현존하지 않기 때문에 정확히 알 수
는 없지만, 상(相)은 대체로 밖으로 드러난 모습이나 특징을 의미하
는 'lakṣaṇa'나 'nimitta'의 번역어로 사용되므로, 여기에서의 상(相)도
'lakṣaṇa'나 'nimitta'의 번역어로서 '밖으로 드러난 모습이나 특징'을
의미하는 것 같다. 그리고 문(門)은 출입하는 곳을 의미하는 'dvāra'의
번역어로 보인다.

상(相)이 '밖으로 드러난 모습이나 특징'을 의미한다면, 심진여상과 심생멸인연상은 중생심이 밖으로 드러난 두 가지 모습이나 특징을 의미하고, 문(門)이 출입하는 곳을 의미한다면, 심진여문과 심생멸문은 중생심이 밖으로 모습을 드러낼 때 출입하는 두 문(門)을 의미한다고 할 수 있다.

이상의 논의를 종합하면, 일체의 세간법과 출세간법을 품고 있는 중생심은 진여문(眞如門)으로 나오면 진여상(眞如相)을 드러내고, 생멸문(生滅門)으로 나오면 생멸인연상(生滅因緣相)을 드러낸다. 그런데 이 두 문은 분리되지 않고 상호작용하기 때문에, 비록 다른 모습으로 보이지만 두 문으로 출입하는 마음은 일체법을 총섭하는 같은 마음, 즉 일심(一心)이다. 실차난타 삼장의 번역은 두 문이 분리되지 않는 이유를 상호작용[展轉]이라고 밝히고 있다.

이렇게 보면, 일심은 중생심이 심진여문과 심생멸문을 통해서 서로 다른 모습의 진여상과 생멸인연상을 드러내지만, 심진여문과 심생멸문은 분리되지 않고 상호작용하는 한마음[一心]이므로 진여상과 생멸인연상은 중생심이라는 한마음의 다른 모습이라는 것을 말하기 위해서 사용된 개념이다. 즉 일심은 중생심을 수식하는 말로서, 중생심이 출입하는 문에 따라 다른 모습을 보이지만 본래 동일한 마음이라는 의미로 사용된 개념이다.

심진여문을 통해서 진여상을 드러내는 중생심과 심생멸문을 통해서 생멸인연상을 드러내는 중생심이 본래 한마음[一心]이라는 것은 구체적으로 어떤 의미일까?

필자는 이것이 붓다가 깨달은 12연기를 의미한다고 보고 싶다. 주지하듯이 12연기는 무명(無明)-행(行)-식(識)-명색(名色)-6입(六入)-촉(觸)-수(受)-애(愛)-취(取)-유(有)-생(生)-노사(老死)의 과정을 통해 생사의 괴로움이 나타남을 보여주는 유전문(流轉門)과 무명(無明)이 소멸함으로써 행-식-명색-6입-촉-수-애-취-유-생-노사가 차례로 소멸하여 열반을 성취하는 과정을 보여주는 환멸문(還滅門)의 구조를 갖는다.

이러한 12연기를 대부분 윤회설과 연결하여 삼세양중인과설(三世兩重因果說)로 해석하고 있는데, 필자는 이를 12연기에 대한 오해라고 생각한다. 12연기는 중생의 마음이 무명의 상태에서 어떤 과정을 통해 생사의 괴로움을 느끼고, 무명에서 벗어나면 어떤 과정을 통해서 생사의 괴로움에서 벗어나게 되는가를 보여준다. 즉 12연기는 생사의 괴로움을 겪는 중생의 마음이 어떻게 형성되고, 어떻게 하면 생사의 괴로움에서 벗어날 수 있는지를 보여주는 붓다가 깨달은 진리다.

『화엄경』에서도 12연기를 삼세양중인과(三世兩重因果)로 이해하지 않고 마음에서 일어나는 사건으로 본다. 80권『화엄경』제26「십지품(十地品)」의 제6 현전지(現前地)에서 다음과 같이 말한다.

3계(三界)는 마음에 의지하고 있음을 알라!

12인연도 마찬가지다.

생사(生死)는 모두 마음이 만든 것이다.

마음이 멸하면 생사도 멸한다.

〈了達三界依心有 十二因緣亦復然 生死皆由心所作·心若滅者生死盡〉[3]

12연기를 이렇게 이해한다면, 12연기의 유전문(流轉門)은 『대승기신론』의 생멸문(生滅門)이고, 환멸문(還滅門)은 진여문(眞如門)이라고 할 수 있다. 중생의 마음은 무명(無明)의 상태에서 분별과 망념을 일으켜서 생로병사(生老病死)를 느끼며 살아간다. 이것이 『대승기신론』의 생멸인연상이다. 그리고 이러한 생멸인연상이 드러나는 12연기의 과정이 생멸문이다. 이렇게 12연기의 유전문은 『대승기신론』의 심생멸문이라고 할 수 있다.

무명의 상태에 있는 중생의 마음이 무명에서 벗어나면 생로병사의 생멸인연상이 소멸하고 진실한 열반(涅槃), 즉 진여상(眞如相)이 나타나며, 이 과정이 진여문이다. 그리고 유전문에서 생사를 일으키는 마음과 환멸문에서 진실을 깨달아 열반을 성취한 마음은 서로 다른 마음이 아니라 동일한 마음임을 의미하는 말이 『대승기신론』의 일심(一心)이다.

이런 관점에서 보면, 『대승기신론』은 붓다가 깨달은 12연기를 대승불교의 관점에서 해석한 논서로 볼 수 있다. 이것이 『대승기신론』에 대한 필자의 견해이다. 앞에서 언급했듯이 붓다가 말하는 세간과 출세간은 공간 속의 세계가 아니라 살아 있는 중생의 몸속에 있는 마음이다. 세간은 잘못된 삶을 통해 형성된 괴로운 마음이고, 출세간은 바른

---

3   『대정장』 10, p. 195b.

삶을 통해 형성된 맑고 행복한 마음이다. 붓다가 깨달은 12연기는 무명(無明)에서 벗어나지 못하고 살아가면 생로병사의 괴로운 세간이 연기하고, 무명에서 벗어나 살아가면 괴로운 세간을 벗어나 생사가 없는 출세간에 이른다는 것이다.

붓다는 어떤 마음을 가지고 이러한 깨달음을 이룰 수 있었을까? 태어날 때 붓다의 마음을 가지고 태어났기 때문에 깨달을 수 있었을까? 그렇지 않다. 붓다도 우리와 똑같은 인간으로서 깨닫기 전에는 우리와 다름없는 중생의 마음으로 살았다. 붓다는 진리를 깨달아야겠다는 마음을 일으켜서 출가 수행하여 깨달음을 성취했다. 붓다가 이렇게 연기의 진리를 깨달았다고 해서 붓다의 마음이 깨닫기 이전의 마음과 다른 마음이 되었을까? 물론 깨달으면 어두운 마음이 밝아지겠지만, 마음 자체가 달라지지는 않는다. 그러므로 깨달은 붓다의 마음과 깨닫지 못한 중생의 마음은 본래 동일하다. 붓다도 우리와 같은 중생의 마음을 가지고 수행하여 깨달아 붓다가 되었으니, 우리도 중생의 마음을 가지고 수행하여 깨달으면 누구나 붓다가 될 수 있다. '모든 중생은 불성을 가지고 있다(一切衆生悉有佛性)'라고 주장하는 대승법에 대한 믿음을 일으키게 하려는 목적으로 저술된 『대승기신론』은 일심(一心)을 이야기하여 붓다의 마음과 중생의 마음이 차별 없는 한마음이므로 중생은 누구나 붓다가 될 수 있다고 말하는 것이다.

이것을 80권 『화엄경』 제20 「야마천궁게찬품(夜摩宮中偈讚品)」에서는 다음과 같이 노래한다.

마음은 화가처럼

갖가지 5온(五蘊)을 그린다.

모든 세계 속에

마음이 안 그린 것은 없다.

마음처럼 붓다도 그림 그리고

붓다처럼 중생도 그림 그린다.

마음과 붓다 그리고 중생

이들 셋은 아무런 차별이 없다.

모든 붓다는 확실히 안다.

일체가 마음에서 벌어진 것을

누구든 이렇게 이해한다면

그 사람이 진실로 깨달은 분이다.

〈心如工畫師 畫種種五陰 一切世界中 無法而不造

如心佛亦爾 如佛衆生然 心佛及衆生 是三無差別

諸佛悉了知 一切從心轉 若能如是解 彼人見眞佛〉[4]

마음은 화가처럼 세계라는 그림을 그린다. 마음이 그림을 그리듯이 붓다도 그림을 그리고, 중생도 그림을 그린다. 그래서 마음과 붓다와 중생은 차별이 없다. 다만 붓다는 세계가 자신의 마음이 그린 것인 줄을 알고 있고[心眞如相], 중생은 그 사실을 모르고 있을[心生滅因緣相] 뿐이

---

4   『대정장』 10, p. 102a.

다. 진실을 아느냐[眞如門] 모르느냐[生滅門]의 차이가 있을 뿐, 세계라는 그림을 그리는 중생의 마음과 붓다의 마음은 본래 차별이 없다. 그런 점에서 중생의 마음과 붓다의 마음은 차별 없는 한마음이다.

(1) 심진여(心眞如)

【眞】 心眞如者 卽是一法界大總相法門體 所謂心性 不生不滅 一切諸法唯依妄念而有差別 若離妄念則無一切境界之相 是故一切法從本已來離言說相 離名字相 離心緣相 畢竟平等 無有變異 不可破壞 唯是一心故名眞如 以一切言說假名無實 但隨妄念 不可得故

【實】 心眞如者 卽是一法界大總相法門體 以心本性 不生不滅相 一切諸法 皆由妄念而有差別 若離妄念則無境界差別之相 是故諸法 從本已來 性離語言一切文字 不能顯說 離心攀緣 無有諸相 究竟平等 永無變異 不可破壞 唯是一心 說名眞如 以眞如故 從本已來不可言說 不可分別 一切言說 唯假非實 但隨妄念 無所有故

중생심의 진여[心眞如]는 일법계대총상법문(一法界大總相法門)의 체(體)다. 마음의 본성[心性]은 생멸하지 않는 모습[不生不滅相; 眞如相]이다. 일체 제법은 오직 망념(妄念)에 의하여 차별을 있을 뿐이다. 망념을 벗어나면 일체의 경계상(境界相; 인식의 대상으로서의 차별된 모습)은 없다. 그러므로 일체법(一切法)은 본래 언어에 의해 구별된 모습[言說相]과 문자에 의해 차별된 모습[名字相]과 망심(妄心)에 의해 분별된 모습[心緣相]을 떠나 있으며, 궁극적으로는 평등하고 변이(變異)하지 않고 파괴할 수 없다. 오직 이것은 일심(一心)이기 때문에 진여(眞如)라고 부른다. 모든 언설은 가명(假名)으로서 그 말이 지시하는 실체(實體)는 없다. 일체의 언설은 망념에 따라 나타난 것으로서 그 언어가 가리키는 사물이 실제로 존재하는 것이 아니기 때문이다.

『대승기신론』이 난해한 책이 된 것은 『대승기신론』에 사용된 진여(眞如)라는 말을 형이상학적 개념으로 보기 때문이다. 필자가 볼 때 『대승기신론』은 진여(眞如)를 형이상학적 의미로 사용하지 않는다.

　먼저 이 부분의 서두에 나오는 '심진여자 즉시일법계대총상법문체(心眞如者 卽是一法界大總相法門體)'라는 문장을 살펴보자. 대부분 이 문장을 '일법계대총상법문(一法界大總相法門)의 체(體)'가 되는 진여(眞如)에 대한 설명이라고 해석한다. 분명히 원문은 심진여(心眞如)인데, 해석하는 사람은 심(心)을 무시하고 진여(眞如)에만 관심을 둔다.

　우리는 진여문과 생멸문, 그리고 진여상과 생멸인연상을 논의할 때도 원문은 심진여문(心眞如門), 심생멸문(心生滅門), 심진여상(心眞如相), 심생멸인연상(心生滅因緣相)이었다. 문법적으로 심진여(心眞如)와 진여(眞如)는 큰 차이가 있다. 심진여(心眞如)에서의 진여(眞如)는 심(心)이라는 존재를 수식하는 수식어지만, 진여(眞如)에서의 진여(眞如)

는 그 자체로 독자적인 것을 의미한다. 그런데 정작 중심이 되어야 할 심(心)은 무시되고 진여(眞如)가 중심이 됨으로써 중생의 마음을 논의하는 『대승기신론』은 지금까지 진여(眞如)라는 형이상학적 존재를 논의하는 논서로 인식되었다.

심진여문이 '중생심(衆生心)이 진여상(眞如相)을 드러내는 문(門)'을 의미하듯이, 심진여는 '중생심(衆生心)의 진여'를 의미한다. 따라서 '심진여자 즉시일법계대총상법문체(心眞如者 卽是一法界大總相法門體)'라는 말은 중생심의 진여, 즉 우리의 본래 마음은 일법계대총상법문(一法界大總相法門體)의 체(體)라는 말이다. 바꾸어 말하면, 법계(法界)의 모든 것은 본래 우리의 마음에서 나왔으며, 우리의 마음은 법계의 모든 법이 나오는 문[一法界大總相法門]이라는 것이다.

그렇다면 우리의 마음에서 어떻게 갖가지 차별된 생멸법(生滅法)들이 나오는가?

'소위심성 불생불멸 일체제법유의망념이유차별(所謂心性 不生不滅 一切諸法唯依妄念而有差別)'이라는 문장은 이것을 설명하는 글이다. 마음의 본성은 본래 생멸하는 모습이 없다. 그런데 그 마음에 망념(妄念)이 생기면 그 망념에 의지하여 차별된 생멸하는 모든 법이 연기한다. 이것은 12연기의 유전문(流轉門)을 이야기한 것이다. 12연기의 유전문은 우리의 마음이 무명(無明)의 상태에 있을 때 망념이 일어나서 그 망념에 의지하여 생사(生死)라고 하는 생멸상(生滅相)이 나타난다는 것을 보여준 것이다. 그리고 모든 법의 차별상(差別相)과 생멸상은 망념에 의해 나타난 것이므로, '망념에서 벗어나면 경계(境界), 즉 밖에 있는 인식의 대상은 없다〈若離妄念則無境界差別之相〉'고 말하는 것이며, 이것은 12연기의 환멸문(還滅門)을 이야기한 것이다.

'마음의 본성은 본래 생멸하는 모습이 없다'라는 말은 불생불멸(不生不滅)하는 마음이 실재한다는 말처럼 들린다. '소위심성 불생불멸(所謂心性 不生不滅)'이라고 번역한 진제 삼장의 한역은 '마음의 본성은 불생불멸한다'라는 의미로 읽힐 수 있기 때문에, 『대승기신론』이 불생불멸하는 마음의 존재를 인정하고 있는 것으로 해석되기도 한다. 그리고 이러한 이해에 근거를 두고, "『대승기신론』은 불교의 근본 사상인 공(空)과 무아(無我)에 위배(違背)되기 때문에 불교가 아니다."라고 주장하는 학자들도 있다.

그런데 실차난타 삼장은 이 부분을 '이심본성 불생불멸상(以心本性 不生不滅相)'이라고 번역하여 불생불멸이 마음의 본성의 상(相)임을 분명히 하고 있다. 「입의분」에서는 심진여상(心眞如相)과 심생멸인연상(心生滅因緣相)을 『대승기신론』에서 다룰 핵심 주제로 내세운다. 그리고 「해석분」에서 심진여상(心眞如相)이라는 주제를 논의하는 부분이 지금 우리가 다루고 있는 부분이다. 그리고 실차난타 삼장의 번역 '불생불멸상(不生不滅相)'은 심진여상의 다른 표현이다.

그렇다면 불생불멸상, 즉 심진여상은 구체적으로 무엇을 의미할까? 『잡아함경』(293)에서 우리는 불생불멸상의 의미를 확인할 수 있다.

어느 곳에 있든 나는 그 비구를 위해 설법한다. 그 비구를 위해 현성(賢聖)이 세간에 출현하여 공(空)에 상응하고 연기(緣起)에 수순하는 법을 설한다. 이른바 "이것이 있으므로 이 일이 있고, 이 일이 있으므로 이 일이 일어난다. 이른바 무명(無明)에 의지하여 행(行)이 있고, 행에 의지하여 식(識)이 있고, 식에 의지하여 명색(名色)이 있고, 명색에 의지하여 6입처(六入處)가 있고, 6입처에 의지하여 촉(觸)이 있고, 촉에 의지하여 수(受)가 있고, 수에 의지하여 애(愛)가 있고, 애에 의지하여 취(取)가 있고, 취에 의지하여 유(有)가 있고, 유에 의지하여 생(生)이 있고, 생에 의지하여 늙음과 죽음, 근심, 슬픔, 번민 등의 괴로움이 있다. 이런 과정을 통해서 순전히 큰 괴로움 덩어리가 쌓인다.[流轉門] 그리고 무명(無明)이 멸하면 행(行)이 멸하고, …… 이런 과정을 통해서 순전히 큰 괴로움 덩어리가 소멸한다.[還滅門]"라고 설법한다.

(중략)

이와 같은 두 법[유전문(流轉門)과 환멸문(還滅門)]을 유위(有爲)와 무위(無爲)라 한다. 유위는 생기고 머물며, 변하고 소멸하지만[生住異滅], 무위는 생기지 않고, 머물지 않으며, 변하지 않고 멸하지 않는다[不生不住不異不滅].

〈何處有我 爲彼比丘說法 爲彼比丘說賢聖出世 空相應 緣起隨順法 所謂有是故是事有是事有故是事起 所謂緣無明行緣行識緣識名色緣名色六入處緣六入處觸緣觸受緣受愛緣愛取緣取有緣有生緣生老死憂悲惱苦 如是如是純大苦聚集 乃至如是純大苦聚滅 如是說法 (중략) 如此二法 謂有爲無爲 有爲者 若生若住若異若滅 無爲者 不生不住不異不滅 是名比丘 諸行苦 寂滅涅槃 因集故苦集 因滅故苦滅 斷諸逕路 滅於相續 相續滅 滅是名苦邊 比丘 彼何所滅 謂有餘

苦 彼若滅止 淸涼 息沒 所謂一切取滅愛盡無欲寂滅涅槃 佛說此經已 諸比丘 聞佛所說 歡喜奉行〉[5]

이 경에서 붓다는 12연기의 유전문은 유위(有爲)로서 '생주이멸(生住異滅)'의 모습[相]을 보이고, 환멸문은 무위(無爲)로서 '불생부주불이불멸(不生不住不異不滅)'의 모습[相]을 보인다고 이야기한다. 이렇게 이 경은 12연기의 유전문은 『대승기신론』의 심생멸문(心生滅門)이고 환멸문은 심진여문(心眞如門)임을 시사하고 있다. 이전에도 말했듯이, 필자는 『대승기신론』의 심생멸인연상(心生滅因緣相)은 『잡아함경』(293)의 유위상(有爲相)을 의미하고, 심진여상(心眞如相)은 무위상(無爲相)을 의미하며, 유위상(有爲相)을 드러내는 12연기의 유전문은 심생멸인연상을 드러내는 심생멸문(心生滅門)을 의미하고, 12연기의 환멸문은 심진여상(心眞如相)을 드러내는 심진여문(心眞如門)을 의미한다고 생각한다. 그래서 『대승기신론』은 붓다가 깨달아 가르친 12연기를 심진여문과 심생멸문의 구조로 해석한 논서라고 본다.

그렇다면 심진여(心眞如)가 심성(心性)의 불생불멸상(不生不滅相)을 의미한다는 말은 어떤 뜻일까? 이 말은 '불생불멸하는 마음의 본성[心性]이 존재한다'라는 의미로 읽히기 쉽다. 그러나 이 말은 그런 뜻이 아니다. 이 말의 의미는 이어지는 '일체 제법은 오직 망념에 의지하여 차별이 있을 뿐, 망념을 떠나면 일체 경계의 모습[一切境界之相]은 존재하

---

5   『대정장』2, p. 83c.

지 않는다〈一切諸法唯依妄念而有差別 若離妄念則無一切境界之相〉'라는 말
에 의해서 드러난다.

우리에게 차별되게 인식되는 모든 대상의 모습[一切境界之相]은 생
멸하는 모습[生滅相]이다. 그런데 생멸상을 가진 일체 제법의 차별은
망념에 의한 것이다. 그러므로 망념이 사라지면 차별되게 인식되는 모
든 대상의 생멸상은 사라진다. 불생불멸상은 이렇게 생멸상이 사라진
것을 의미할 뿐, 불생불멸하는 심성(心性)이라는 존재를 수식하는 형
용사가 아니다.

진흙으로 만들어진, 그릇, 벽돌, 기와를 예로 들어보자. 일체 제법
은 진흙으로 만들어진 그릇, 벽돌, 기와 등을 의미한다. 그릇, 벽돌, 기
와 등 일체 제법은 우리에게 차별된 존재로 인식된다. 이렇게 차별된
존재로 인식된 그릇, 벽돌, 기와 등의 일체 제법은 누군가가 만들면 생
기고, 깨지면 사라진다. 이것은 만들어진 것, 즉 유위(有爲)로서 생기고
없어지는 모습[生滅相]을 보인다. 그렇다면, 이 일체 제법의 차별과 생
멸상의 원인은 무엇일까? 그릇, 벽돌, 기와 등은 유위법(有爲法)으로서
본래 차별과 생멸상을 가지고 있을까?

『대승기신론』에서는 그릇, 벽돌, 기와 등의 차별의 원인은 망념이
라고 말한다. 그리고 차별의 원인인 망념이 사라지면, 망념에 의해 차
별된 존재의 생멸상이 사라져서 불생불멸상이 된다고 말한다. 이 말의
의미는 무엇일까? 그릇, 벽돌, 기와 등은 본래 진흙이다. 그릇, 벽돌, 기
와 등은 생기고 사라지지만, 진흙은 생기거나 사라지지 않는다. 그렇
다면 본래 생기거나 사라지지 않는 모습[不生不滅相]을 보이는 진흙에

그릇, 벽돌, 기와 등의 차별과 생멸상이 나타나는 까닭은 무엇일까? 그릇, 벽돌, 기와의 차이는 형태다. 그릇은 둥글고, 벽돌은 모지고, 기와는 넓적하다. 우리는 진흙으로 만들어진 둥근 형태의 진흙 덩어리에 그릇이라는 이름을 붙이고, 그것을 그릇이라고 부른다. 모가 진 진흙 덩어리에는 벽돌이라는 이름을 붙이고, 넓적한 진흙 덩어리에는 기와라는 이름을 붙인다. 우리가 이렇게 차별된 형태에 각기 다른 이름을 붙임으로써, 세상에 생겨서 없어지는 모습[生滅相]을 보이는 차별된 존재들이 나타난다.

그렇다면 왜 우리는 형태의 차이에 이름을 붙일까? 그것은 우리의 마음이 그것을 욕구하기 때문이다. 음식을 담고 싶은 욕구가 음식을 담을 수 있는 형태의 진흙에 그릇이라는 이름을 붙이고, 담장을 치고 싶은 욕구가 담장을 쌓을 수 있는 형태의 진흙에 벽돌이라는 이름을 붙이고, 지붕을 이고 싶은 욕구가 지붕을 이을 수 있는 형태의 진흙에 기와라는 이름을 붙인다. 이름을 가진 세상의 모든 존재는 이렇게 우리의 욕구에 따라 이름을 붙임으로써 존재하게 된 것들이다. 이렇게 욕구에 따라 이름을 붙임으로써 나타난 차별된 모습의 존재를 『대승기신론』에서는 심연상(心緣相)이라고 부른다.

『대승기신론』에서는 차별된 형태에 욕구에 따라 이름을 붙인 것을 망념이라고 부른다. 그리고 붓다는 이것을 이름과 형색(nāma-rūpa; 名色)이라고 불렀다. 우리가 그릇, 벽돌, 기와 등 형태의 차이에 의해 붙여진 이름, 즉 망념을 버리면, 생멸상을 보이는 그릇, 벽돌, 기와 등은 사라진다. '일체 제법은 오직 망념에 의지하여 차별이 있을 뿐, 망념을 떠나면 일체 경계의 모습[一切境界之相]은 존재하지 않는다'라는 말은 이것을 의미한다.

이렇게 이해하면 이어지는 문장-'그러므로 모든 법(法)은 본래 언어에 의해 구별된 모습[言說相]과 문자에 의해 차별된 모습[名字相]과 망심(妄心)에 의해 분별된 모습[心緣相]을 떠나 있으며, 궁극적으로는 평등하고 변이하지 않고 파괴할 수 없는 한마음(一心)이다. 그래서 진여(眞如)라고 부른다. 모든 언설은 가명(假名)으로서 그 말이 지시하는 실체는 없다. 일체의 언설은 망념에 따라 나타난 것으로서 그 언어가 가리키는 사물이 실제로 존재하는 것이 아니기 때문이다.〈是故一切法從本已來離言說相 離名字相 離心緣相 畢竟平等無有變異 不可破壞〉'-은 자연스러운 결론이다. 우리에게 인식되는 존재, 예를 들면 그릇, 기와, 벽돌의 차별과 생멸상은 언설(言說)과 문자(文字)와 마음의 욕구[心緣]에 의한 것일 뿐, 진흙에는 차별과 생멸상이 없듯이, 본래 일체법은 언설과 문자와 마음의 욕구에 의한 차별과 생멸상이 없으므로, 차별 없이 평등하고, 생멸이 없어 변하거나 달라지지 않으며, 파괴할 수 없다.

이어지는 문장-'오직 이것은 일심(一心)이기 때문에 진여(眞如)라고 부른다. 모든 언설은 가명(假名)으로서 그 말이 지시하는 실체는 없다. 일체의 언설은 망념에 따라 나타난 것으로서 그 언어가 가리키는 사물이 실제로 존재하는 것이 아니기 때문이다.〈唯是一心故名眞如 以一切言說假名無實 但隨妄念 不可得故〉'-은 약간의 설명이 필요하다.

여기에 다시 일심(一心)이라는 말이 등장한다. 앞에서 살펴보았듯이, 일심은 중생심을 수식하는 말로서, 중생심이 출입하는 문에 따라 다른 모습을 보이지만 본래 동일한 마음이라는 의미로 사용된 개념이다. 그리고 이 일심은 일체법을 총섭(總攝)하는 심진여문과 심생멸문의 바탕이다. 그런데 차별과 생멸상(生滅相)을 지닌 일체법은 언설(言說)과 문자(文字)와 마음의 욕구[心緣]에 의한 것이다. 그러므로 '유시 일심고명진여 이일체언설가명무실 단수망념 불가득고(唯是一心故名眞如 以一切言說假名無實 但隨妄念 不可得故)'는 '우리에게 차별되게 인식되는 모든 존재는 우리의 마음으로 만든 언어와 문자와 욕구에 의한 것으로서, 그 언어가 가리키는 사물은 실제로 존재하는 것이 아니라 망념에 따라 생긴 착각이므로, 생멸상을 보이는 일체법의 진여(眞如)는 일체법을 총섭하는 일심이다.'라는 뜻이다. 한마디로 '일체유심조(一切唯心造)가 일체법의 진여'라는 말이다.

【眞】 言眞如者 亦無有相 謂言說之極 因言遣言 此眞如體無有可遣 以一切法悉皆眞故 亦無可立以一切法皆同如故 當知一切法不可說不可念 故名爲眞如

【實】 言眞如者 此亦無相 但是一切言說中極 以言遣言 非其體性 有少可遣 有少可立

진여(眞如; tathātā; 그와 같음, 그러함)라는 말도 상(相)이 없다. 말하자면 언설(言說)의 극(極)으로서 말로써 말을 버리는 말이다. 이 진여(眞如)라는 말의 체(體)는 버릴 것이 없다. 왜냐하면 일체법이 모두 참(眞)이기 때문이다. 또한 진여는 세울 것이 없다. 왜냐하면 일체법이 모두 평등하여 같기[如] 때문이다. 일체법은 언어로 표현할 수도 없고, 개념으로 사유할 수도 없으므로 이러한 일체법을 '진여'라고 부른다는 것을 알아야 한다.

이 부분은 일심을 진여라고 부르는 이유를 설명하는 문장이다. 『대승기신론』은 심진여(心眞如)와 진여(眞如)를 구분하여, 앞 문장은 심진여에 대하여 설명하고, 여기에서는 진여라는 개념에 대하여 설명한다.

먼저 '진여라는 말도 상(相)이 없다〈言眞如者 亦無有相〉'라는 말의 의미를 살펴보자.

우리가 사용하는 언어는 개념(槪念)이다. 논리학에 의하면, 개념은 사고(思考) 작용에 의해 여러 가지 표상(表象)을 비교(比較)하여 이들 표상이 가지고 있는 공통된 속성을 추상(抽象)한 후, 공통된 속성을 총괄(總括)하여 언어라는 기호를 붙임으로써 성립된다. 즉 개념의 성립은 표상에서 출발하여 비교, 추상, 총괄, 명명(命名)의 과정을 밟아 완성된다. 그리고 개념과 개념이 비교될 때는 동일한 순서의 과정을 밟아 한층 추상적인 개념이 성립된다.

표상은 감각에 의해 획득한 내용이 마음속에 재생된 모습을 의미한다. 예를 들어 우리가 책상을 보면 우리의 마음속에 그 책상의 모습이 그대로 나타나는데, 마음속에 나타난 책상의 모습이 책상의 표상이다. 우리는 지각활동을 통해서 이러한 표상을 얻는다.

책상을 예로 들어 개념이 만들어지는 과정을 살펴보자. 우리는 지각을 통해 큰 책상, 작은 책상, 높은 책상, 낮은 책상, 나무 책상, 철제 책상 등 모양과 크기와 재질이 다른 수많은 책상의 표상을 얻는다. 이 다양한 표상을 서로 비교함으로써 크기와 모양과 재질은 서로 다르지만, 모든 책상에 '책을 놓고 볼 수 있음'이라는 공통의 특성이 있음이 드러난다. 이렇게 드러난 공통의 특성만 남기고 모양, 크기, 재질 등의 차이를 빼버리는 것이 추상이다. 그러면 공통의 특성만이 남게 되는데, 이 공통의 특성을 하나로 모으는 것이 총괄이며, 총괄된 것에 '책상'이라는 이름을 붙임으로써 책상이라는 개념이 만들어진다. 이렇게 '책상'이라는 개념이 만들어지면, 우리는 모양과 크기와 재질이 다른 수많은 상이(相異)한 책상을 모두 '책상'이라는 동일한 이름으로 부르게 된다.

개념이 만들어지면, 개념과 개념을 비교하고 추상함으로써 더욱 추상적인 개념이 만들어진다. 예를 들면, 책상, 의자, 침대라는 개념을 비교하고 추상함으로써 '가구'라는 개념이 만들어진다. 이렇게 추상화를 통해서 개념이 형성된다는 생각은 서로 다른 형태의 현상(現像; 다양한 표상) 속에는 동일한 본질(本質)이 들어 있다는 신념에서 비롯된 것이다. 세상의 모든 책상은 동일한 것이 아니지만, 우리가 그것을 모두 책상이라는 하나의 이름으로 부를 수 있는 것은, 모든 책상에 책상이라고 부를 수 있는 공통된 본질이 있기 때문이라고 본 것이다. 그래서 가장 근본적인 본질을 찾기 위해서 개념들을 비교하고 추상하는 개념화 작업을 계속한다. 그 결과 마지막으로 '있음[有]'이라는 개념이 만들어진다. 우리가 사용하는 '존재', 또는 '있음'이라는 개념은 논리학에 의하면 추상화를 통해 만들어진 최후의 개념이다. 그리고 그 '있음'이라는 개념 반대편에 '있음'과 구별되는 '없음[無]'이라는 개념이 있다.

우리가 사용하는 언어는 모두 이런 과정을 통해서 이루어진 추상적 개념이며, 모든 개념은 다른 것과 구별되는 모습이 있다. '있음[有]'은 '없음[無]'과 구별되고, '생물'은 '무생물'과 구분된다. '진여(眞如; tathātā)라는 말은 상(相)이 없다〈言眞如者 亦無有相〉'라는 구절은 '진여라는 개념에는 다른 것과 구별되는 모습이 없다'는 말이다.

모든 개념은 다른 것과 구별되는 모습을 갖는데, 『대승기신론』에서 왜 '진여(眞如)는 구별되는 모습이 없다'라고 할까?

붓다는 논리학에서 주장하는 것과 달리, 우리가 사용하는 언어는 객관적 실재를 비교하고 추상하여 얻은 개념이 아니라, 우리의 마음이 지각활동을 통해서 만든 허구(虛構)라고 보았다.

『맛지마니까야』「11. 꿀 덩어리경(M.N.18. Madhupiṇḍika-sutta)」(『불경』, 390쪽)에서는 개념에 대하여 다음과 같이 말한다.

존자들이여, 보는 나[眼]와 보이는 형색[色]들을 의지하여 시각분별 의식[cakkhuviññāṇa, 眼識]이 생깁니다. 셋의 만남이 접촉[觸]입니다. 접촉을 의지하여 느낌[受]이 있으며, 느낀 것을 개념으로 인식하고 [yaṃ vedeti taṃ sañjānāti], 개념으로 인식한 것을 사유하고[yaṃ sañjānāti taṃ vitakketi], 사유한 것을 억측하며[yaṃ vitakketi taṃ papañceti], 억측하기 때문에 과거·미래·현재의 시각[眼]에 의해서 지각되는 형색들에 대한 억측[papañca, 戲論]과 생각[saññā, 想]과 명칭(名稱, saṅkhā)이 사람에게 발생합니다[purisaṃ papañca saññā saṅkhā samudācaranti]. 듣는 나

[耳]와 소리[聲]를 의지하여 청각분별의식[耳識]이 생깁니다. …… 냄새 맡는 나[鼻]와 향기[香]를 의지하여 후각분별의식[鼻識]이 생깁니다. …… 맛보는 나[舌]와 맛[味]을 의지하여 미각분별의식[舌識]이 생깁니다. …… 만지는 나[身]와 촉감[觸]을 의지하여 촉각분별의식[身識]이 생깁니다. …… 마음[意]과 지각대상[法]을 의지하여 마음분별의식[意識]이 생깁니다. 셋의 만남이 접촉입니다. 접촉을 의지하여 느낌이 있으며, 느낀 것을 개념으로 인식하고, 개념으로 인식한 것을 논리적으로 사유하고, 논리적으로 사유한 것을 억측하고, 억측하기 때문에 과거·미래·현재의 마음으로 분별하는 법(法)에 대한 억측과 생각과 명칭이 사람에게 발생합니다. 존자들이여, 실로 보는 나가 있을 때, 보이는 형색들이 있을 때, 시각분별의식이 있을 때, 접촉이라는 개념[phassapaññatti, 觸假名]이 사용될 수 있습니다[paññapessati]. 접촉이라는 개념이 있을 때, 느낌이라는 개념[vedanāpaññatti, 受假名]이 사용될 수 있고, 느낌이라는 개념이 있을 때, 생각이라는 개념[saññāpaññatti, 想假名]이 사용될 수 있고, 생각이라는 개념이 있을 때, 사유라는 개념[vitakkapaññatti, 尋假名]이 사용될 수 있고, 사유라는 개념이 있을 때, 억측[戲論]과 생각과 명칭의 발생이라는 개념[papañca saññā saṅkhā samudācaraṇa paññattiṃ]이 사용될 수 있습니다. 듣는 나, 냄새 맡는 나, 맛보는 나, 만지는 나, 마음도 마찬가지입니다. 존자들이여, 실로 보는 나가 없을 때는, 보이는 형색들이 없을 때는, 시각분별의식이 없을 때는, 접촉이라는 개념이 사용될 수 없습니다. 접촉이라는 개념이 없을 때는 느낌이라는 개념이 사용될 수 없고, 느낌이라

는 개념이 없을 때는 생각이라는 개념이 사용될 수 없고, 생각이라는 개념이 없을 때는 사유라는 개념이 사용될 수 없고, 사유라는 개념이 없을 때는 억측과 생각과 명칭의 발생이라는 개념이 사용될 수 없습니다. 듣는 나, 냄새 맡는 나, 맛보는 나, 만지는 나, 마음도 마찬가지입니다.

이 경에 의하면, 우리에게 개념이 발생하는 것은 표상을 비교하고 추상하고 총괄해서가 아니라, 중생들이 감각적 욕망을 가지고 지각활동[六入]을 함으로써 발생한 여섯 가지 분별의식[六識]이 욕망의 대상을 접촉하면[六觸], 그로 인하여 느낌[六受]이 발생하며, 느낌이 발생하면 갈망하는 느낌을 대상으로 개념화함으로써 개념이 만들어진다.

예를 들어, 책상의 경우, 논리학에서는 다양한 많은 책상이 외부에 있고, 그 다양한 책상을 봄으로써 얻은 표상을 비교하고 추상하고 총괄하여 명명한 것이 책상이라는 개념이라고 말한다. 그러나 붓다에 의하면, 책을 보고 싶은 욕망이 있을 때, 지각된 대상이 책을 보고 싶은 욕망을 충족시키면, 그 욕망을 계속해서 충족하기 위해 그 대상을 지시하는 이름을 붙인 것이 책상이라는 개념이다. 다시 말해서 어떤 개념이 갖는 의미는 대상 속에 있는 것이 아니라, 그 대상을 인식하는 우리의 마음에 있다는 것이 붓다의 말씀이다.

우리는 이것을 실제로 확인할 수 있다. 우리는 식탁을 책상으로 사용할 수도 있고, 책상을 식탁으로 사용할 수도 있다. 식탁과 책상은 사용하는 사람의 의도가 결정한 것일 뿐, 책상이 책상으로 존재하거나 식탁이 식탁으로 존재하는 것은 아니다.

논리학에서 개념의 끝은 있음[有]과 없음[無]이다. 그러므로 논리적으로는 있음과 없음의 범주를 벗어나서 논의할 수 없다. 그렇지만 불교에서 본 모든 개념은 외부에 '있는 어떤 것'과 '없는 것'을 지시하는 것이 아니라, 우리가 욕망을 가지고 일으킨 망념에 의해 생긴 것이다. 따라서 개념의 끝에는 망념이 없는 마음, 즉 일심이 있다. 그런데 이 망념을 여읜 마음을 망념에 의해 성립된 언어로 지시할 수는 없다. 그래서 선택한 말이 'tathātā(眞如)'인데, '그와 같음'을 의미하는 'tathātā'는 지시성(指示性)만 있을 뿐, 다른 것과 구분하는 의미가 없다. '진여라는 말은 상(相)이 없다〈言眞如者 亦無有相〉'라는 말은 진여가 추론에 의해 만들어진 개념이 아님을 보여줌과 동시에, 차별상이 없는 일심을 지시하는 데는 차별이 없는 진여라는 개념이 잘 어울림을 밝힌 것이다.

'말로써 말은 버린다〈因言遣言〉'라는 말은 'tathātā(眞如)'라는 말이 추상적인 모든 언어를 배제하고 사실을 직접 가리키는 말이라는 뜻이다.

'이 진여의 체(體)는 버릴 것이 없다. 왜냐하면 일체법이 모두 진실[眞]이기 때문이다. 그리고 세울 것도 없다. 왜냐하면 일체법이 모두 같기[如] 때문이다〈此眞如體無有可遣 以一切法悉皆眞故 亦無可立以一切法皆同如故〉'라는 말의 의미를 살펴보자.

'진여(眞如)의 체(體)'는 진여라는 말이 가리키는 대상을 의미한다. 이전에 심진여(心眞如)를 설명하면서, '일체법은 본래 언어에 의해 구별된 모습[言說相]과 문자에 의해 차별된 모습[名字相]과 망심(妄心)에 의해 분별된 모습[心緣相]을 떠나 있으며, 궁극적으로는 평등하고 변이

(變異)하지 않고 파괴할 수 없다. 오직 이것은 일심(一心)이기 때문에 진여라고 부른다〈一切法從本已來離言說相 離名字相 離心緣相 畢竟平等無有 變異 不可破壞 唯是一心故名眞如〉'라고 하여 진여가 일심으로서의 일체법을 가리키는 말임을 밝혔다. 따라서 진여의 체는 일체법을 의미한다.

'버릴 것이 없다〈無有可遣〉'는 말은 '추상(抽象)할 것이 없다'라는 뜻이다. 따라서 '진여의 체는 버릴 것이 없다'라는 말은 '일체법은 추상하여 개념으로 만들 수 없다'는 뜻이다. 그 이유를 설명하는 글이 '일체법이 모두 진실이기 때문이다〈以一切法悉皆眞故〉'이다. 일체법은 모두 진실이므로 그 어느 것도 추상하여 개념으로 만들 수 없다는 것이다.

일체법은 문자 그대로 산, 들, 강, 바다, 하늘, 사람, 소, 말, 물고기, 나무, 풀 등 우리가 보는 일상(日常)의 모든 것이다. 그렇다면 우리가 산이라고 부르고, 강이라고 부르는 것은 무엇일까? 우리는 우리가 이름으로 부르는 대상이 몸 밖에 실재한다고 생각한다. 산이 있으므로 그것을 보고 산이라고 부르고, 강이 있으므로 그것을 보고 강이라고 부른다고 생각하는 것이다.

이 세상의 존재에는 모두 이름이 있다. 우리는 이름이 없는 존재는 볼 수도 없고, 생각할 수도 없고, 말할 수도 없다. 본래부터 세상의 모든 것은 이름을 가지고 존재했을까? 그렇지 않다면, 이름은 누가 붙이고, 왜 붙였을까?

철학자들은 모든 존재에는 본질이 있다고 말한다. 우리가 보면 여러 산이 있다. 백두산, 한라산, 지리산, 무등산, 북한산 등 세상에는 수없는 산이 있다. 그 가운데 같은 모습의 산은 하나도 없다. 그런데 우리는 그 모든 산을 '산'이라고 부른다. 왜 그럴까? 철학자들은 모든 산은 산의 본질을 가지고 있으므로, 우리는 모든 산이 지닌 본질에 '산'이라는 이름을 붙였다고 말한다.

이런 생각에서 논리학에서는 다양한 현상 속에서 본질을 추상하여 이름을 붙임으로써 세상의 존재는 이름을 갖게 된다고 말한다. 우리가 이전에 살펴본 표상, 비교, 추상, 총괄, 명명의 개념 성립의 과정은 이러한 본질을 찾는 과정이기도 하다. 그래서 개념은 추상화될수록 근본적이고 순수한 본질을 갖게 된다.

시인 김춘수는 그의 시 「꽃」에서, "내가 그의 이름을 부르기 전에는 그는 다만 하나의 몸짓에 지나지 않았다."라고 말한다. 우리가 이름을 붙여서 부르기 전에는 그 이름을 가진 사물이 존재하지 않았다는 것이다. 붓다는 '모든 법(法)은 욕망이 근본이다〈諸法以欲爲本〉'라고 말씀하신다. 우리가 이름을 붙여서 부르고 있는 사물의 본질은 그것을 그 이름으로 부르는 우리의 욕망이라는 것이다.

우유와 요구르트를 예로 들어보자. 우리는 우유로 요구르트를 만든다. 그래서 이 세상에는 우유와 요구르트가 존재한다. 우유에 유산균을 넣고 적정한 온도를 유지하면서 7~8시간을 기다리면 요구르트가 만들어진다. 그런데 우유가 요구르트가 될 때, 어느 순간 갑자기 우유가 요구르트로 변하지 않는다. 우유에서 요구르트가 될 때까지 우유의 상태는 시시각각 다른 상태로 변한다. 우유가 요구르트가 될 때까지 변하고 있는 상태의 우유는 우유일까, 요구르트일까? '덜된 요구르트'일까, '변질된 우유'일까? 왜 우유와도 다르고 요구르트와도 다른 상태인데 이름이 없을까?

만약에 '덜된 요구르트'가 매우 맛있다면 우리는 그것을 다시 먹고 싶을 것이다. 다음에 그 맛을 다시 보려면 어떻게 해야 할까? 아마도 발효가 시작된 후 몇 시간이 지났을 때 그 맛이 나는지, 어떤 상태일 때 그 맛이 나는지를 확인하고 그 상태에 어떤 이름을 붙일 것이다. 만약에 우유에서 요구르트가 되는 과정에 있는 상태이므로 '우요'라고 이름을 붙인다면, 이 세상에는 '우요'라는 이름을 가진 유제품이 존재하게 된다. 참으로 김춘수의 말처럼, 우리가 '우요'라는 이름으로 부르기 전에는 그것은 우유가 변하는 과정이었다. '우요'는 그 맛을 다시 보고 싶어서 우리가 부른 이름이며, 이름을 붙임으로써 있게 된 존재다.

일체법은 이렇게 우리의 마음이 만든 것이다. 우유, 우요, 요구르트 등의 일체법에는 추상을 통해 드러날 어떤 본질도 없다. 우유에서 요구르트가 되는 과정은 우유-우요-요구르트라는 세 단계로 나뉘지 않는다. 우유에서 요구르트로 되는 과정은 단절할 수 없는 하나의 흐름이다. 우리가 이름으로 분별하여 보는 모든 사물, 즉 일체법의 본모습, 즉 진여는 이렇게 분리될 수 없는 하나다.

'일체법은 버릴 것이 없다'라는 말은 이렇게 우리가 보는 모든 사물은 서로 연결된 하나의 흐름이기 때문에 개개의 사물에 추상(抽象)할 내용이 없음을 의미한다. 이것이 붓다가 깨달은 연기(緣起)다.

붓다는 『상윳따니까야』「2.14. 열 가지 능력[十力; S.N.12.22. Dasabalā] 경」(『불경』, 803쪽)에서 연기를 다음과 같이 설명한다.

이것이 있는 곳에 이것이 있고[imasmiṃ sati idaṃ hoti(此有故彼有)]

이것이 생기면 이것이 생긴다[imassupādā idam uppajjati(此起故彼起)]

이것이 없는 곳에는 이것이 없다[imasmiṃ asati idaṃ na hoti(此無故彼無)]

이것이 소멸하면 이것이 소멸한다[imassa nirodhā idaṃ nirujjhati(此滅故彼滅)]

'imasmiṃ sati idaṃ hoti'를 한역(漢譯)에서는 '차유고피유(此有故彼有)'로 번역하여, '이것이 있으므로 저것이 있다'의 의미로 번역했지만, '피유(彼有; 그것이 있다)'로 번역한 '피(彼; 그것)'는 '이것'을 의미하는 'idaṃ'의 번역이므로 사실은 '이것이 있다'이다. '차유고(此有故)'로 번역한 'imasmiṃ'은 '이것'을 의미하는 'idaṃ'의 처격(處格)이므로 문자 그대로 번역하면, '이것이 있는 곳'이다. 따라서 'imasmiṃ sati idaṃ hoti'를 문자 그대로 번역하면 '이것이 있는 곳에, 이것이 있다.'이다. 물론 팔리어에서 처격(處格)은 이유나 동기를 의미하기도 하므로, '이것이 있으므로'라고 번역할 수도 있지만, 그 뒤에 다시 '이것'을 의미하는 'idaṃ'이 주어로 나오므로, 'imasmiṃ sati idaṃ hoti'는 같은 곳에 있는 것들의 상호 의존 관계를 의미한다. 지시대명사 'idaṃ(이것)'은 시간적으로는 동시에, 공간적으로는 가까운 곳의 사물을 지시하며, 'taṃ(그것)'은 시간적으로 시차가 있고, 공간적으로 거리가 있는 곳의 사물을 지시한다. 우리가 알고 있는 인과 관계는 시간적으로나 공간적으로 떨어진 사물의 관계다. 따라서 두 사물의 인과 관계를 표현하려면, 'imasmiṃ sati taṃ hoti'라고 말하는 것이 좋을 것이다. 그런데 붓다는 'taṃ(그것)'이라는 지시대명사를 배제하고, 조건절 'imasmiṃ sati'에서 사용한 'idaṃ(이것)'을 다시 주어로 사용한 것은 연기가 시간과 공간을 두고 존재하는 두 사물의 인과관계가 아니라는 것을 시사한다.

어떤 사물들이 서로 의존하려면 같은 장소에 동시에 있을 때 가능하다. 그런데 붓다가 말하는 연기, 즉 'paṭiccasamupāda'는 일체법이 '의존하여(paṭicca) 함께(sam) 나타남(upāda)'을 의미한다. 그리고 'imasmiṃ sati idaṃ hoti'는 'paṭiccasamupāda'를 설명하는 말이다. 여기에서 우리는 'imasmiṃ sati idaṃ hoti'는 '의존하여(paṭicca) 함께(sam) 나타남(upāda)'이라는 말 가운데 '의존하여(paṭicca)'를 설명하는 말임을 알 수 있다. 바꾸어 말하면 일체법은 동시에 같은 곳에 서로 의존하고 있음을 'imasmiṃ sati idaṃ hoti(이것이 있는 곳에 이것이 있다)'라고 표현한 것이다. 다음으로, '이것이 생기면 이것이 생긴다(imassupādā idam uppajjati)'라는 말은 '함께(sam) 나타남(upāda)'을 설명한 말이다. 이를 종합하면, 연기는 일체법이 '여기'라는 같은 장소에 서로 의존하여, '지금'이라는 같은 시간에 함께 나타나고 있음을 의미하는 말이다.

이러한 의미의 연기라는 개념을 사용하여 붓다는 제자들에게 자신의 깨달은 진리를 가르쳤다. 『상윳따니까야』「2.13. 의지하여(S.N.12. 20. Paccayo)」(『불경』, 802쪽)에서 붓다는 자신이 깨달은 연기법을 다음과 같이 가르친다.

비구들이여, 내가 그대들에게 연기(緣起, paṭiccasamupāda)와 연생법(緣

生法, paṭicca samupanna dhamma)들을 가르쳐 주겠소. 그대들은 듣고 잘 생각하도록 하시오! 내가 이야기하겠소.

그 비구들은 "그렇게 하겠습니다, 세존이시여."라고 대답했습니다. 세존께서는 다음과 같이 말씀하셨습니다.

비구들이여, 연기란 어떤 것인가?

비구들이여, 생(生)에 의지하여 노사(老死)가 있다오. 여래가 출현하거나 여래가 출현하지 않거나, 실로 그 계(界; dhātu), 즉 법(法)의 고정성[dhammaṭṭhitatā], 법의 순차성[dhammaniyāmatā], 이 의존성[idappaccayatā]은 상주(常住; ṭhitā)한다오. 여래는 그것을 바르게 깨닫고 통달한다오. 그리하여 알려주고 보여주고 선언하고 확립하고 공개하고 해석하고 천명(闡明)한다오. 그리고 '보라!'라고 말한다오.

비구들이여, 생에 의지하여 노사가 있다오. … 비구들이여, 무명에 의지하여 행위들이 있다오. 여래가 출현하거나 여래가 출현하지 않거나, 실로 그 계, 즉 법의 고정성, 법의 순차성, 이 의존성은 상주한다오. 여래는 그것을 바르게 깨닫고 통달한다오. 그리하여 알려주고 보여주고 선언하고 확립하고 공개하고 해석하고 천명한다오. 그리고 '보라!'라고 말한다오.

비구들이여, 무명에 의지하여 행위들이 있다오. 비구들이여, 여기에서 이 의존성은 진여[tathatā, 眞如]이며, 거짓이 아니며[avitathatā], 차별이 없다오[anaññathatā]. 비구들이여, 이것을 연기라고 부른다오.

비구들이여, 연생법들은 어떤 것인가? 비구들이여, 노사(老死)는 지속성이 없으며[aniccaṃ, 無常], 조작된 것[saṅkhataṃ, 有爲]이며, 연기한 것[paṭiccasamuppannaṃ]이며, 괴멸법(壞滅法, khayadhammaṃ)이며, 쇠멸법(衰滅法, vayadhammaṃ)이며, 이욕법(離欲法, viragadhammaṃ)이며, 소멸법(消滅法, nirodhadhammam)이라오.

비구들이여, 생·유·취·갈애·느낌·접촉·6입처·이름과 형색·분별의식·행위들·무명은 지속성이 없으며, 조작된 것이며, 연기한 것이며, 괴멸법이며, 쇠멸법이며, 이욕법이며, 소멸법이라오. 비구들이여, 이것들을 연생법들이라고 부른다오.

이 경에서는 연기(緣起; paṭiccasamupāda)와 연생법(緣生法; paṭiccasamupanna dhamma)에 대하여 이야기한다. 앞에서 살펴보았듯이, 연기는 일체법이 '여기'라는 같은 장소에 서로 의존하여, '지금'이라는 같은 시간에 함께 나타나고 있음을 의미한다. 그리고 연생법은 이렇게 지금 여기에 의존하여 함께 나타난 법(法), 즉 일체법을 의미한다. 여기에서 붓다는 "그 계(界; dhātu), 즉 법의 고정성[dhammaṭṭhitatā; 法固定性]과 법의 차제성[dhammaniyāmatā; 法次第性]과 이 의존성[idappaccayatā; 此緣性]은 상주(常住; ṭhitā)한다."라고 한다.

여기에서 말하는 '계(界)'는 연기하는 법의 세계, 즉 법계(法界)를 의미한다. 그 법계가 상주한다는 말은 법이 연기하는 관계가 고정(固定)되어 있고, 법이 연기하는 순서가 있고, 법은 항상 의존하고 있다는 의미다. 이 경에서는 생과 노사를 한 예로 들고 있다. '생을 의지하여 노사가 있다'라는 사실은 언제나 변치 않는다. 이것이 법의 고정성(dhammaṭṭhitatā)이다. 생에 의지하여 노사가 나타나는 순서는 변하지 않는다. 즉 노사에 의지하여 생이 나타나지는 않는다. 이것이 법의 차제성(dhammaniyāmatā)이다. 그리고 노사는 항상 생에 의존한다는 사실이 이 의존성[此緣性]이다.

붓다는 이 경에서 "무명(無明)에 의지하여 행위[行]들이 있다. 여기에서 이 의존성[此緣性]은 진여[tathatā, 眞如]이며, 거짓이 아니며[avitathatā], 차별이 없다[anaññathatā]. 비구들이여, 이것을 연기라고 부른다."라고 말한다. 우리는 여기에서 진여라는 말이 붓다가 연기를 의미하는 말로 사용했음을 알 수 있다. 붓다는 법의 의존성, 즉 연기가 일체법에 차별이 없는 진실이라는 의미에서 그것을 진여라고 부른다.

『대승기신론』에서도 진여는 일체법에 차별이 없는 진실인 연기를 의미한다. 연기하는 일체법은 진실이므로 추상을 통해 빼버릴 내용이 없다. '이 진여의 체는 일체법이 진실이기 때문에 버릴 것이 없다〈此眞如體無有可遣 以一切法悉皆眞故〉'라는 말은 이것을 의미한다. 그리고 '세울 것도 없다. 왜냐하면 일체법이 모두 같기[如] 때문이다〈亦無可立以一切法皆同如故〉'라는 말은 차별이 없으므로 이름을 붙일 수 없다는 말이다. 왜냐하면 이름은 어떤 것을 다른 것과 구별하기 위해서 붙인 것이기 때문이다. 연기하는 일체법은 이름을 붙일 수 없으므로 언어로 표현할 수 없고, 추상할 수 없으므로 개념으로 사유할 수 없다. 그래서 언어로써 언어를 버린 진여라는 이름으로 부른다.

중생들은 연기하는 법의 진여를 알지 못하는 무명(無明)의 상태에서 서로 의지하여 발생한 법에 이름을 붙여서 분별한다. 예를 들면, 우유에서 요구르트가 되는 과정은 연기하는 법계로서 차별이 없는데, 우리의 욕망에 따라 우유, 요구르트라는 이름을 붙임으로써 마치 우유와 요구르트라는 존재가 생기고 사라진다고 생각하며 살아간다. 붓다는 이렇게 이름에 의해서 분별된 법을 연생법이라고 부른다. 즉 12연기의 유전문에 나타나는 무명에서 노사에 이르는 각각의 지(支)는 분별 의식인 식(識)에 의해서 분별된 연생법이다. 다시 말해서 무명을 의지하여 행(行)이 발생하는 일은 연기로서 진여이지만, 우리가 이름과 형태, 즉 명색(名色)으로 인식하는 무명, 행, 식 등은 무상(無常; aniccaṃ)한 유위(有爲; saṅkhataṃ)로서 연기한(paṭiccasamuppannaṃ) 법(法), 즉 연생법이다.

중생들은 진실한 연기를 알지 못하고 거짓된 연생법을 진실로 알고 살아간다. 불교 수행의 목적은 연생법이 거짓임을 깨달아 진실한 연기의 세계, 즉 법계에 깨쳐 들어가는 데 있다. 그래서 아래의 문답(問答)이 이어진다.

【眞】問曰 若如是義者 諸衆生等 云何隨順 而能得入

【實】問曰 若如是者 衆生云何隨順悟入

【眞】答曰 若知 一切法雖說 無有能說可說 雖念亦無能念可念 是名隨順 若離於念 名爲得入

【實】答曰 若知 雖說一切法 而無能說所說 雖念一切法 而無能念所念 爾時隨順 妄念都盡 名爲悟入

질문: 만약 (眞如가) 이와 같은 의미라면 중생들은 어떻게 수순(隨

順)해야 (眞如에 대한 正觀에) 깨쳐 들어갈[得入] 수 있는가?

답변: 일체법을 이야기할지라도 이야기하는 것(주관; 能說)과 이야기되는 것(객관; 可說)이 있지 않고, 비록 생각할지라도 생각하는 것[能念]과 생각되는 것[可念]이 있지 않다는 것을 아는 것을 수순(隨順)이라고 부른다. 만약 망념(妄念)을 여의면 깨쳐 들어감[得入]이라고 부른다.

일체법은 연기하기 때문에 그것을 말로 표현하거나 개념으로 사유할 수 없다면, 중생들은 어떻게 하면 일체법의 진여에 따라 살아갈 수 있는가를 묻는 물음이다. 그리고 그 물음에 대한 답은, '일체법을 이야기할지라도 이야기하는 것[能說; 주관]과 이야기되는 것[可說;객관]이 있지 않고, 비록 생각할지라도 생각하는 것[能念]과 생각되는 것[可念]이 있지 않다는 것을 아는 것'이다. 한마디로 말하면, 세상의 모든 것에 대하여 말하고 생각하며 살아가되, 언어를 가지고 말하고 생각하는 나[주관]와 그 언어에 의해 말해지고 생각되는 대상[객관]이 실재하지 않음을 알고 살라는 것이다. 여기에서 강조하는 것은 바른 앎, 즉 정견(正見)이다.

8정도(八正道)가 정견에서 시작되듯이, 『대승기신론』도 진여에 따르는[隨順] 삶의 출발점은 정견이라고 말한다. 그렇다면 『대승기신론』에서 말하는 정견, 즉 '언어를 가지고 말하고 생각하는 나[主觀]와 그 언어에 의해 말해지고 생각되는 대상[客觀]이 실재하지 않는다'라는 것은 구체적으로 어떤 것을 말하는가?

주관(主觀)은 안(眼)·이(耳)·비(鼻)·설(舌)·신(身)·의(意), 즉 내6입처(內六入處)이고 객관(客觀)은 색(色)·성(聲)·향(香)·미(味)·촉(觸)·법(法), 즉 외6입처(外六入處)이다. 그리고 이것이 12입처(十二入處)이며, 붓다는 일체법은 12입처에서 연기한다고 가르쳤다. 그런데 아비다르마 불교의 영향을 받아 대부분 12입처를 6근와 6경이라고 알고 있다. 필자는 12입처에 대한 이러한 오해가 붓다의 가르침에 대한 왜곡의 출발점이라고 생각한다.

어떤 사상이든 그 사상을 이해하는 데 핵심이 되는 개념이 있다. 그 개념이 오해되면 그 사상은 전체적으로 왜곡된다. 불교도 마찬가지다. 불교를 바르게 이해하기 위해서는 불교의 특징을 결정하는 핵심 개념의 의미를 정확하게 파악해야 한다. 그런데 불교는 핵심 개념의 오해로 인해 왜곡된 역사를 지니고 있으며, 그 역사는 현재에도 진행 중이다.

불교사상의 특징을 결정하는 핵심 개념은 무엇일까? 근본불교의 텍스트, 즉 아함경과 니까야에는 '연기(緣起)', '5온(五蘊)', '12입처', '18계(十八界)', '공(空)', '법(法)' 등 불교 특유의 수많은 개념이 나온다. 이 개념들을 통해 붓다는 자신의 깨달음을 우리에게 보여주고 있다. 따라서 우리는 이 개념들의 의미를 정확하게 이해해야만 붓다의 가르침을 바르게 이해할 수 있다. 그런데 이 개념들이 왜곡되어 있다. 그리고 이 왜곡은 '일체(一切; sabba, sk. sarva)'라는 개념의 왜곡에서 비롯된 것이다.

아비다르마 불교 이후 현재에 이르기까지, '일체(一切)'는 '일체의 존재'를 의미하는 것으로 이해되고 있다. 불교사전들은 이러한 이해를 그대로 보여준다. 대부분의 불교사전은 '일체'라는 말을 "만물의 전체. 곧 온갖 것, 모든 것, 왼 통의 뜻. 2종이 있다. 사물의 전체를 말할 때의 일체(全分의 一切)와 제한된 범위의 전부를 말하는 일체(少分의 一切), 즉 5온(五蘊), 12입처(十二入處), 18계(十八界) 등"이라고 설명한다.

이러한 기존의 이해는 '일체'를 '일체법'과 동일시한 아비다르마 불교의 견해를 답습한 것이다. 아비다르마 불교는 '일체'를 '일체법'과 동일시하고, '일체법'을 '일체유(一切有)'와 동일시한다. 그 결과 불교의 핵심 개념인 '법(法; dhamma)'이 '유(有; bhāva)'와 동일한 개념으로 왜곡되었으며, 그 왜곡은 지금까지 계속되고 있다.

『잡아함경』의 「319경」, 「320경」, 「321경」에서 붓다는 '일체', '일체법', '일체유'를 각기 다른 의미로 사용한다.

「319경」

이와 같이 나는 들었다. 한때 부처님께서 사위국 기수급고독원에 계시었다. 그때 생문(生聞) 바라문이 부처님 계신 곳으로 찾아와 함께 인사를 나누고 자리에서 물러나 한쪽에 앉은 후에 부처님에게 물었다.

"구담(瞿曇)이시여, 일체(一切)라고 할 때, 어떤 것을 일체라고 합니까?"

부처님께서 바라문에게 말했다.

"나는 일체는 12입처라고 말한다. 안(眼)과 색(色), 이(耳)와 성(聲), 비(鼻)와 향(香), 설(舌)과 미(味), 신(身)과 촉(觸), 의(意)와 법(法), 이것을 일체라고 부른다. 만약 '이것은 일체가 아니다. 나는 사문 구담이 말한 일체를 버리고 다른 일체를 주장한다.'고 한다면 그러한 주장은 단지 언설(言舌)만 있을 뿐이어서, 의문이 있어도 알 수 없고 의혹만 늘어날 것이다. 왜냐하면 그 주장은 우리가 인식할 수 있는 것이 아니기 때문이다. [6]

붓다에게 질문하는 생문(生聞)은 『우파니샤드』를 공부하는 브라만이다. 따라서 생문과의 대화를 담고 있는 이 경은 『우파니샤드』의 내용을 고려하며 읽어야 한다.

「319경」에서 생문 바라문이 질문한 '일체'를 『찬도그야 우파니샤드(Chāndogya Upaniṣad)』에서 다음과 같이 이야기한다.

실로 일체(一切; sarva)는 브라만(Brahman)이다. 모든 것은 브라만에서 생겨나서 브라만으로 돌아가며, 그 안에서 존속한다.

⟨**sarvam** khalv idaṁ **brahma**, tajjalān iti⟩[7]

여기에서 'sarva', 즉 '일체'는 단순히 '모든 것'을 의미하는 것이 아니라, '이 세상 모든 것의 근원'을 의미한다. 우파니샤드에서는 브라만(Brahman)을 세계의 근원으로 보기 때문에 "일체는 브라만"이라고 이

---

6 『대정장』 2, p. 91abc.

7 Radhakrishnan, *The Principal Upaniṣads* (London: George Allen & Unwin, 1968), p. 391.
   (필자 번역)

야기한 것이다. 우파니샤드 철학에서 'sarva(一切)'는 이 세상 모든 것의 근원이 되는 형이상학적 실체인 브라만을 의미한다.

생문 바라문은 붓다에게 세상 모든 것의 근원이 되고, 궁극적으로 모든 것의 귀착점이 되는 '일체', 즉 우파니샤드 철학의 브라만과 같은 존재에 대하여 질문했으며, 이에 대한 붓다의 대답이 12입처이다. 따라서 '일체는 12입처'라는 붓다의 대답은, '세상 모든 존재의 근거는 12입처'라는 것을 의미한다.

「320경」은 이러한 붓다의 대답에 대한 우파니샤드 철학자의 당연한 질문이다.

「320경」

"구담(瞿曇)이시여, '일체유(一切有)'라고 할 때, 어떤 것을 '일체유'라고 합니까?"

부처님께서 생문 바라문에게 말했다.

"내가 이제 그대에게 묻겠으니, 그대의 생각대로 나에게 대답하라. 바라문이여, 어떻게 생각하는가? 안(眼)은 있는가, 없는가?"

"사문 구담이시여, 그것은 있습니다."

"색(色)은 있는가, 없는가?"

"사문 구담이시여, 그것은 있습니다."

"바라문이여, 색(色)이 있고, 안식(眼識)이 있고, 안촉(眼觸)을 인연으로 생긴 괴롭거나, 즐겁거나, 괴롭지도 즐겁지도 않은 느낌[受]은 있는가, 없는가?"

"사문 구담이시여, 그것은 있습니다."[8]

모든 존재의 근원을 물었던 생문 바라문에게 붓다의 답변은 새로운 의문을 불러일으킨다. 붓다는 무엇을 존재라고 생각하기에 12입처를 모든 존재의 근원이라고 말할까? 그리고 12입처에서 생긴 존재는 구체적으로 어떤 것일까? 「320경」은 이 문제에 대한 질문과 대답이다.

'입처(入處)'는 범어 'āyatana'의 한역(漢譯)이다.[9] 『찬도그야 우파니샤드(Chāndogya Upaniṣad)』에서는 숨(prāṇa), 눈[眼; cakṣu], 귀[耳; śrotra], 마음(manas)을 브라만이 머무는 자리(āyatana)의 이름이라고 한다.[10] 그리고 마음은 모든 감각이 마음에 거처하면서 활동하기 때문에 가장 훌륭한 'āyatana'라고 한다.[11] 호흡할 때는 브라만이 호흡에 머물고, 볼 때는 눈에 머물고, 들을 때는 귀에 머물며, 생각할 때는 마음에 머물기 때문에 숨, 눈, 귀, 마음을 'āyatana'라고 부르며, 마음은 모든 감각이 머물면서 활동하는 장소이기 때문에 가장 훌륭한 'āyatana'라고 부른다는 것이다. 『우파니샤드』에서 'āyatana'는 우리가 살아가면서 지각

---

8   『대정장』 2, p. 91b.

9   'āyatana'는 '도달하다, 들어가다, 거주하다'의 의미를 지닌 동사 'ā-yat'에서 파생된 중성 추상명사로서 축어적으로는 '들어가서 머무는 곳'의 의미이며, '자리, 장소, 집, 거처'의 의미를 지닌다. 한역(漢譯)에서는 입처(入處) 이외에도 입(入), 처(處) 등으로 번역되는데, 모두가 원어의 의미에 충실한 번역이다.

10   Radhakrishnan, 앞의 책, p. 411. "prāṇaḥ kalaḥ, cākṣu kalaḥ, śrotraṃ kalaḥ, manaḥ kala, eṣa vai, saumya, catuṣ-kalaḥ pādo brahmaṇa āyatanavān nāma."

11   이재숙 옮김, 『우파니샤드 Ⅰ』(서울: 한길사, 1996), p. 329 참조.

하고 인식할 때, 그 활동의 주체로서 궁극적 실체인 브라만, 즉 우리의 참된 자아가 머무는 장소를 의미하며, 그 가운데서도 마음은 모든 감각이 머물면서 활동하는 가장 훌륭한 'āyatana'이다.

붓다가 안(眼), 이(耳), 비(鼻), 설(舌), 신(身), 의(意)와 그것들의 지각대상인 색(色), 성(聲), 향(香), 미(味), 촉(觸), 법(法)을 'āyatana'라고 부른 것도 그런 의미에서일 것이다. 『우파니샤드』뿐만 아니라, 중생들은 우리의 지각활동을 감각기관 속에 들어 있는 자아의 활동으로 생각한다. 눈이 보는 것이 아니라, 몸속에 머무는 자아가 눈을 통해서 밖의 사물을 본다고 생각한다. 감각기관 속에는 감각활동의 주체인 자아가 들어 있고, 지각되는 대상 속에는 지각되는 실체가 들어 있다고 생각하는 것이다. 바꾸어 말하면, 우리의 감각기관인 6근(六根; 眼耳鼻舌身意)과 지각대상인 6경(六境; 色聲香味觸法)을 실체가 머무는 장소라고 생각하는 것이다. 예를 들어, 우리는 꽃을 보면, 보는 '나'는 몸속에서 눈을 통해 색을 보고, 코를 통해 냄새를 맡고, 피부를 통해 만진다고 생각한다. 이것이 내6입처(內六入處; 眼耳鼻舌身意)이다. 그리고 보이는 색, 맡아지는 향기, 만져지는 촉감 등은 그 속에 들어 있는 실체로부터 나오는 것들이라고 생각한다. 이것이 외6입처(外六入處; 色聲香味觸法)이다. 중생들은 지각하는 감각기관과 지각되는 대상 속에 어떤 실체가 머물고 있다고 착각하고 살아가는데, 이러한 착각을 12입처라고 부르며, 중생들의 세계는 이러한 착각에서 비롯된다는 것이 붓다의 답변의 의미다.

이러한 붓다의 답변에 우파니샤드 철학자는 의심이 생길 수밖에 없었을 것이다. 12입처가 모든 존재의 근거라고 주장하는 붓다에게 존재는 어떤 것일까? 그래서 생문 바라문은 '일체유(一切有)', 즉 '모든 존재'는 무엇인가를 묻는다. 『우파니샤드』에서 브라만에서 불이 나오고, 불에서 물이 나오고, 물에서 영양분이 나와서 이들 '일체유'가 세계를 구성한다고 이야기하듯이, 12입처에서 나와서 세계를 구성하고 있는 일체유는 어떤 것인가를 물은 것이다.

존재[有]를 의미하는 것은 문법적으로 명사(名詞)다. 따라서 생문 바라문은 명사를 답변으로 기대했을 것이다. 그러나 붓다는 명사로 대답하지 않고 바라문에게 반문한다. 붓다는 "보는 것[眼]이 있느냐, 없느냐? 보이는 것[色]이 있느냐, 없느냐?"라고 반문하여 "있다."라는 답을 유도한다.

붓다의 반문은 불교의 존재론적 입장을 보여준다. 기존의 존재론은 이 세계를 구성하고 있는 실체(實體), 즉 실유(實有)를 문제 삼았다. 끊임없이 변화하는 다양한 형상계의 배후에 변함없이 존재하는 궁극적 실체는 무엇인가? 이 물음에 대한 답으로 당시의 우파니샤드 철학에서는 브라만을 주장했고, 유물론자들은 지(地)·수(水)·화(火)·풍(風) 4대(四大)를 주장했다. 이렇게 어떤 실체를 기대했던 생문 바라문에게 붓다는 반문을 통해 '있음'의 문제를 반성하도록 한다.

"안(眼)은 있는가?" 이 물음은 우리의 얼굴에 붙어 있는 감각기관인 눈이 있는가를 묻는 것이 아니다. 『브리하드-아란야까 우파니샤드(Bṛhad-āraṇyaka Upaniṣad)』는 안(眼), 이(耳), 비(鼻), 설(舌), 신(身), 의(意)가 『우파니샤드』에서 단순히 감각기관을 의미하지 않음을 보여준다.

숨쉬기 때문에 '숨(prāṇa)'이라고 불리고, 말하기 때문에 '목소리(vāk)', 보기 때문에 '눈(cakṣu)', 듣기 때문에 '귀(śrotram)', 생각하기 때문에 '마음(mana)'이라고 불린다. 이 모든 것은 그의 활동에 대한 이름들일 뿐이다.[12]

『우파니샤드』에서 안(眼; cakṣu)은 감각기관이 아니라, 아트만(Ātman)의 지각활동에 대한 이름이다. '아트만'이 볼 때, '아트만의 보는 작용'을 '눈(cakṣu)'이라고 부른다. 이와 같이 안, 이, 비, 설, 신, 의, 즉 6근은 감각기관이 아니라 지각활동을 의미한다. 따라서 붓다가 우파니샤드 철학자에게 "눈(cakṣu; 眼)은 있는가?"라고 질문한 것은 "보는 지각활동은 있는가?"를 물은 것이다. 이어지는 "색(rūpa; 色)은 있는가?"라는 질문은 "볼 때 보이는 것이 있는가?"를 물은 것이다.

붓다의 반문은 안식(眼識), 안촉(眼觸), 수(受) 등으로 이어진다. 이러한 붓다의 반문이 의미하는 것은 '있음', 즉 존재는 지각과 밀접한 관계가 있다는 것이다. '있다'는 것은 지각활동을 통해 나타나는 현상의 '있음'이다. 따라서 지각활동이 없으면 '있다'고 판단할 근거가 없다. 지각대상이 외부에 실재하고, 그 실재하는 존재에 대하여 인식하는 것이 아니라, 보기 때문에 보이고, 그 보이는 것에 대하여 인식하는 것이다. 그리고 그 인식에 의지하여 고락(苦樂)의 감정도 생긴다. 붓다는 반문을 통해, 그것이 색이나 소리와 같은 사실판단이든, 고락과 같은 가

12　Radhakrishnan, 앞의 책, p. 166.

치판단이든, '있음'에 대한 모든 판단은 우리의 착각된 인지구조, 즉 12입처에서 비롯된 망상임을 깨닫게 한 것이다.

붓다는 반문을 통해 객관적 실체로서의 존재를 부정하고, 존재란 우리가 '있다'고 지각한 것임을 깨닫도록 하고 있다. 붓다는 인식되는 대상을 외부에 실재하는 존재라고 보지 않았다. 왜냐하면 우리에게 인식되는 대상은 그 자체로서 실재하는 실체가 아니라, 우리의 지각에 의지하여 나타난, 즉 연기한 것이기 때문이다. 붓다에 의하면, 우리에게 '있다'고 생각되는 모든 것, 즉 일체유는 12입처에서 연기한 것, 즉 연생법이다.

"있다."는 판단이, 외부의 존재에 대한 판단이 아니라, 12입처에서 연기한 것에 대한 판단이라면, "있다."는 판단의 대상을 '유(有; bhava)'라고 불러서는 안 된다. 왜냐하면 '유'는 인식과 무관하게 실재하는 것을 의미하기 때문이다. 따라서 "'유'는 무엇인가?"를 묻는 것은 올바른 질문이 아니다.

『잡아함경』「321경」에서 생문 바라문은 일체유에 대한 자신의 질문이 잘못된 것임을 깨닫고, 질문의 내용을 바꾸어 '일체법은 어떤 것인가?'를 묻는다.

"사문 구담(瞿曇)이시여, '일체법(一切法)'이라고 할 때, 어떤 것이 일체법입니까?"
부처님께서 바라문에게 말했다.
"안(眼)과 색(色), 안식(眼識), 안촉(眼觸) 그리고 안촉을 인연으로 생

긴 괴롭거나, 즐겁거나, 괴롭지도 즐겁지도 않은 느낌[受], 이(耳), 비
(鼻), 설(舌), 신(身), 의(意)와 법(法), 의식(意識), 의촉(意觸), 의촉을 인
연으로 생긴 괴롭거나, 즐겁거나, 괴롭지도 즐겁지도 않은 느낌[受],
이들을 일체법이라고 부른다.[13]

붓다는 '일체법이 무엇인가?'라는 질문에 12입처와 12입처에서 연기
한 법들을 일체법이라고 대답한다. '일체유'를 묻는 물음에 반문(反問)
한 붓다는 '일체법'을 묻는 물음에는 직답(直答)한다. 붓다는 반문과 직
답을 통해 '있음', 즉 존재의 문제가 지각활동과 관계된 문제이며, '있
음/존재'는 사물(事物)이 아니라 사건(事件)임을 보여준다.

'유(有; bhava)는 무엇인가?'라는 질문은 어떤 사물인가를 묻는 것
이다. 따라서 이 물음에 대한 답은 명사(名詞)이다. 그런데 붓다는 명사
로 대답하지 않고 반문하다. 반문은 상대의 반성적 사고를 끌어내기
위한 것이다. 우리는 일상적으로 주어와 술어를 통해 언어적인 표현
을 한다. 이때 주어는 명사이고, 술어는 동사이다. 우리는 명사로 표현
되는 존재를 우리의 인식과는 무관하게, 그리고 술어인 동사와도 무관
하게 존재하는 것으로 생각한다. 붓다는 반문을 통해 우리의 일상적인
생각을 되돌아보도록 하고 있다. 무엇이 있는가를 묻기 전에, '있다'라
는 판단이 어떤 것인지를 생각해 보라는 것이다.

'있다[有; bhava: being]'는 판단과 '없다[無; abhava: not being]'는 판단

---

13 『대정장』2, p. 91b.

의 근거는 무엇인가? 눈으로 보아서, 보이면 '있다'라고 판단하고, 보이지 않으면 '없다'라고 판단한다. 유무판단(有無判斷)의 유일한 근거는 우리의 지각활동이다. 지각활동을 통해 보는 자[眼: 주관]와 보이는 대상[色: 객관]이 '있음'으로 판단된다.[14] 중생들이 '있다'라고 판단하는 모든 것은 이 두 가지 '있음', 즉 보는 자[眼: 主觀]와 보이는 대상[色: 客觀]에 근거하고 있다. 『잡아함경』「306경」에서 붓다는 다음과 같이 말한다.

> 두 법[二法]이 있다. 그 둘은 어떤 것들인가? 안(眼)과 색(色)이 그 둘이다. … 안과 색을 연하여 안식(眼識)이 발생한다. 이들 셋의 화합(和合)이 촉(觸)이다. 촉에서 수(受), 상(想), 사(思)가 함께 생긴다.[15]

'일체는 12입처'라는 말은 이것을 의미한다. 우리가 '있다'고 판단하는 모든 것은 12입처의 '있음'에 근거한다는 것이다. 12입처의 '있음'이 모든 '있음'의 근거라면, 12입처는 실재하는 근본 실체인가? 전술한 바와 같이, 안(眼; cakṣu)은 우리의 신체를 구성하고 있는 감각기관이 아니라 지각활동을 의미한다. 따라서 모든 '있음'의 근거는 근본 실체가 아니라 지각활동이라는 것이 붓다의 가르침이다.

---

14 안(眼: 보는 자)과 색(色: 보이는 것)의 '있음'은 중생들의 착각이다. 따라서 이 판단은 착각에 의한 것이기 때문에 진실은 아니다. 하지만 착각에서 이런 판단이 나온다는 것은 사실이며, 이러한 사실에서 중생들의 세계가 나타난다.

15 『대정장』2, p. 87c.

'있음'은 명사로 표현되지만, 본질은 동사적이다. 예를 들어 "비가 내린다."라는 말은 주어(主語)인 '비'라는 존재가 동사(動詞)인 '내리는 일'을 하고 있다는 말이다. 이때 명사로 표현되는 '비'라는 존재는 '내린다'라는 일을 하기 이전에 그 일과 무관하게 존재한다. 그러나 '비'는 내리지 않으면 존재하지 않는다. 존재하는 비가 내리는 것이 아니라, 물방울이 떨어져 내리는 일을 우리가 지각하여 '비'라고 명명(命名)함으로써 '비'는 '존재/있음'이 되는 것이다. 만약 물방울이 떨어져 내리는 사건에 '비'라는 이름을 붙이지 않으면, 명사로 표현되는 '비'는 인식되지 않으며, '존재/있음'이 되지 않는다. '비'의 '있음'은 이렇게, 어떤 사물의 존재에 기인하는 것이 아니라, 지각한 사건, 즉 물방울이 떨어지는 일에 우리가 붙인 '비'라는 이름에 기인한다. 따라서 명사로 표현되는 '비'의 본성은 '떨어져 내리는 일', 즉 동사이며, 명사는 우리가 조작한 개념일 뿐이다. 우리는 '비'라는 사물을 보는 것이 아니라, 물방울이 떨어져 내리는 사건을 볼 뿐이다. 진정으로 존재하는 것은 '비'라는 사물이 아니라 '물방울이 떨어져 내리는 사건'이다.

주어인 '비'는 술어인 동사를 떠나서는 존재하지 않는다. 그런데 주어와 동사로 표현되는 우리의 언어적 표현은 주어와 술어를 개별적인 존재와 현상으로 분리한다. 우리는 이러한 언어적 관습에 젖어 비판 없이 언어를 사용한다. 그렇다고 해서 관습적인 언어를 사용하지 않을 수는 없다. 하늘에서 떨어지는 물과 강을 흐르는 물은 분명히 다른 일을 한다. 이 차이를 구분하기 위해서는 명사가 필요하다. 따라서 명사를 사용하되, 그 명사에 동사적 의미를 부여하여 사용하는, 주어와 술어가 분리되지 않는, 새로운 문법이 필요하다.

붓다는 '있음/존재'를 표현할 때 'bhāva(有)'라는 개념을 사용하지 않고 'dhamma(sk. dharma; 法)'라는 개념을 사용한다.[16] 범어 'dharma'는 '지탱하다, 유지하다(to uphold)'는 의미의 동사 어근 'dhṛ'에서 파생된 명사이다. 붓다는 왜 '있다(to be)'라는 의미의 동사 어근 'bhū'에서 파생된 '있음'을 표현하는 일반적인 개념인 'bhāva(有)'나 'atthitā(有)'를 사용하지 않고 'dharma(法)'를 사용했을까? 전술한 바와 같이 "있다."는 판단은, 외부의 존재에 대한 판단이 아니라, 12입처에서 연기한 것에 대한 판단이다. 따라서 인식과 무관하게 실재하는 존재를 의미하는 'bhāva(有)'나 'atthitā(有)'는 "있다."라는 판단의 대상에 대한 적절한 개념이 될 수 없다.

붓다가 사용한 'dharma'라는 개념은 동일한 조건에서는 동일한 현상을 일으키고 유지시키는 법칙을 의미한다. 조건에 의지하여 연기하는 존재들은 이러한 법칙이 실현된 것이다. 따라서 'dharma'라는 단어는 실체나 본질을 나타내는 것이 아니라, '질서정연하게 유지되는 과정 그 자체', 즉 '사물들이 작용하는 방식'을 나타낸다. 이 세상이 유지되고, 모든 사물이 유지되는 것은 질서정연한 과정을 통해서이다.

---

16 'dharma(法)'는 불교에서 다양한 의미로 사용된다. 크게 분류하면, 첫째, 존재론적인 의미, 특히 인식 대상의 의미로 사용되고, 둘째, 붓다의 가르침, 즉 붓다가 깨우친 진리를 의미하며, 셋째, 도덕적인 계율을 의미한다. 도덕적인 계율이나 진리를 'dharma(法)'라고 한 것은 불교만은 아니다. 그러나 당시의 사상가 가운데 'dharma(法)'를 인식 대상의 의미로 사용한 사람은 붓다밖에 없다.

예를 들어, 산소와 탄소가 결합하면 연소하면서 불이 나타나며, 그 과정이 계속되면 불이 타는 현상은 계속 유지된다. 이렇게 어떤 과정이 질서정연하게 유지될 때, 우리는 그것의 '있음'을 지각한다. 모든 '있음'은 이렇게 질서정연한 과정이 유지되고 있는 동사적 현상이다. 붓다는 '있음'이 나타나고 유지되는 질서정연한 과정을 연기라고 불렀으며, 연기한 것을 'dharma(法)'라고 불렀다. 따라서 'dharma(法)'는 문법적으로는 명사이지만 의미는 동사적이다.

이러한 'dharma(法)'의 동사적 구조를 표현한 개념이 '공(空; suññatā)'이다. 『잡아함경』(335) 「제일의공경(第一義空經)」에서 붓다는 '공(空)'의 의미를 다음과 같이 설명한다.

> 비구들이여, 안(眼; 보는 자)은 생길 때 오는 곳이 없고, 사라질 때 가는 곳이 없다. 이와 같이 안(眼; 보는 자)은 부실하게 생기며, 생기면 남김 없이 사라진다. **업보(業報)는 있으나 작자(作者)는 없다.**
>
> 〈眼生時無有來處 滅時無有去處 如是眼不實而生 生已盡滅 有業報而無作者〉[17]

붓다는 중생들의 '있음'의 근거가 되는 안(眼)에 대하여 그 실상(實相)은 공(空)이라고 말한다. 우리는 사물을 보면서, '보는 자[眼]'와 '보이는 것[色]'이 '있다'라고 생각한다. 그 '보는 자'는 어디에 있는가? 보는 자는 볼 때는 분명히 눈 속에 있는 것처럼 생각된다. 그런데 보지 않을

---

17 『대정장』 2, p. 92c.

때는 어디에 있었던 것일까? 그리고 본 다음에는 어디로 가는 것일까? 붓다는 보는 자에 대하여 오는 곳도 없고, 가는 곳도 없는 허망한 것이라고 말한다. 보는 자는 보는 행위의 작자(作者)가 아니라 보는 행위의 결과, 즉 업보(業報)라는 것이다. "업보는 있으나 작자는 없다." 이것이 붓다가 말하는 공(空)의 의미다.

모든 있음/존재의 근거가 되는 안(眼)이 공(空)이므로 모든 '있음'의 실상(實相)은 공이다. 붓다는 실상이 공인 '있음/존재'를 '법(法)'이라고 불렀다. 붓다가 모든 법은 공이라고 말한 것은 모든 '있음'이 동사적[業報]으로 있을 뿐, 명사적[作者]으로 있지 않음을 표현한 것이다.

이상의 논의를 정리하면, 다음과 같다.

1) '일체(一切)'는 모든 '있음/존재', 즉 일체법(一切法)의 근원으로서 12입처를 의미한다.
2) 일체법은 12입처에서 연기한 법[緣生法]이다.
3) '법(法; dharma)'은 연기라고 하는 질서정연한 과정을 통해 나타나는, 즉 연기한 '있음'을 지칭하는 동사적 의미의 말이다.
4) 지각활동은 업보(業報)로서, 행위의 주체, 즉 작자(作者)는 없다.
5) 명사(名詞)로 표현되는 일체법은 사물이 아니라 동사적인 사건(事件)이다.

이러한 사실을 알고 사는 것이 진여에 따르는 삶이다. 우리가 말하고 생각하는 주관(主觀)이라고 생각하는 6입처(六入處)는 객관(客觀)과 대립하는 실체가 아니라, 보는 행위에 대한 이름이다. '보는 자[眼]'는 보는 행위로 인해서 '보는 자[眼]'라고 불릴 뿐이다. 우리의 눈에 보이는 '떨어져 내리는 비'는 '비'라는 존재가 떨어지는 일을 하는 것이 아니라, '물방울이 떨어져 내리는 사건'을 '비'라는 이름으로 부를 뿐이다. 따라서 우리가 '비가 내린다'라는 말을 사용할지라도, 작자로서의 '보는 자[眼]'와 보이는 대상[色]은 실재하지 않는다. '비가 온다'라는 말을 사용할 때, 사실은 '비'도 그것을 보는 '눈'도 '실재하는 사물'이 아니라, '연기하는 사건'이라는 것을 아는 것이 일체법의 진실, 즉 진여에 따르는 삶이다. 그래서 주관(主觀)과 객관(客觀)이 대립하여 존재한다는 허망한 생각, 즉 망념(妄念)을 버리면, 그것을 진여(眞如)에 수순(隨順)하여 깨쳐 들어갔다고 한다.

　한마디로 말하면, 업보는 있으나 작자는 없다는 것이 일체법의 진실이므로 이를 깨닫는 것이 진여에 수순하여 깨쳐 들어가는 것이다.

【眞】復次眞如者 依言說分別有二種義 云何爲二 一者如實空
以能究竟顯實故 二者如實不空 以有自體具足無漏性功德故

【實】復次眞如者 依言說建立有二種別 一眞實空 究竟遠離
不實之相 顯實體故 二眞實不空 本性具足無遺功德 有自體故

그리고 진여(眞如)는 언설로 분별하면 두 가지 의미가 있다. 첫째는 여실공(如實空)/진실공(眞實空)으로서 구경에는 (不實한 相을 遠離하고) 실체(實體)를 드러내기 때문이며, 둘째는 여실불공(如實不

空)/진실불공(眞實不空)으로서 무루성공덕(無漏性功德)/무변공덕(無邊功德)을 갖춘 자체(自體)가 있기 때문이다.

중생심(衆生心)의 실상, 즉 진여는 업보는 있으나 작자는 없다는 사실이다. 앞에서 살펴본 『잡아함경』(335) 「제일의공경(第一義空經)」에서 붓다는 이것을 공(空)의 의미라고 말했다. 진여는 말로 표현할 수 없다. 왜냐하면 연기하는 일체법의 실상은 업보는 있으나 작자는 없는 공(空)이기 때문이다. 그래서 공은 제법의 실상이라고 일컫는다.

여기에서는 이것을 이야기한다. 진여, 즉 중생심의 실상은 말로 표현할 수 없지만, 굳이 언어를 사용하여 말한다면, 여실공(如實空)/진실공(眞實空)이라는 말과 여실불공(如實不空)/진실불공(眞實不空)이라는 말로 표현할 수 있다는 것이다. 여기에서 말하는 여실공은 '작자는 없다'라는 진실이고, 여실불공은 '업보는 있다'라는 진실이다.

진여를 여실공/진실공이라고 말하는 것은 중생의 마음이 궁극적으로 '작자는 없다'라는 진여의 실체(實體)를 표현한 것이고, 여실불공/진실불공이라고 말하는 것은 중생의 마음 자체가 끝없는 공덕을 구족한 업보임을 표현한 것이다. 바꾸어 말하면 중생심은 실체로서의 작자가 없으므로 공(空)이라고 말하고, 그 자체가 끝없는 공덕을 짓는 업보이므로 불공(不空)이라고 말한다. '비'로 비유하면, '비'라고 할 수 있는 실체는 없으므로 '비는 공(空)이다〈色即是空〉'라고 하고, 그 자체가 만물을 길러내는 공덕을 짓는 일을 하므로 '비는 불공(不空)이다〈空即是色〉'라고 한다.

【眞】 所言空者 從本已來一切染法不相應故 謂離一切法差別
之相 以無虛妄心念故 當知眞如自性 非有相 非無相 非非有
相 非非無相 非有無俱相 非一相 非異相 非非一相 非非異相
非一異俱相 乃至總說 依一切衆生 以有妄心 念念分別 皆不
相應 故說爲空 若離妄心 實無可空故

【實】 復次眞實空者 從本已來 一切染法不相應故 離一切法
差別相故 無有虛妄分別心故 應知 眞如 非有相 非無相 非有
無相 非非有無相 非一相 非異相 非一異相 非非一異相 略說
以一切衆生妄分別心 所不能觸故 立爲空 據實道理 妄念非有
空性亦空 以所遮是無 能遮亦無故

여실공(如實空)/진실공(眞實空)이라고 말하는 것은 본래부터 (중생
심의 진여가) 일체의 염법(染法)과 상응하지 않으며, (진여는) 일체법
의 차별상(差別相)을 여의어 허망한 심념(心念)/분별심(分別心)이
없기 때문이다. 마땅히 알아야 할 것은 진여의 자성(自性)은 유상
(有相)도 아니고, 무상(無相)도 아니고, 비유상(非有相)도 아니고,
비무상(非無相)도 아니고, 유무구상(有無俱相)도 아니고, 일상(一
相)도 아니고, 이상(異相)도 아니고, 비일상(非一相)도 아니고, 비
이상(非異相)도 아니고, 일이구상(一異俱相)도 아니라는 것이다. 총
설(總說)하면 일체중생이 망심(妄心)을 가지고 염념분별(念念分別)
하는 것은 모두 (진여와) 상응하지 않기 때문에 공(空)이라고 말하
지만, 만약 망심(妄心)을 여의면 사실은 공(空)이라고 할 것도 없

기 때문이다.

여실공/진실공에 대한 설명이다. 염법(染法)은 더러운 탐욕에 물든 법(法)을 말하는데, 무명에서 연기한 유전문의 모든 법, 즉 유위(有爲)가 염법이다.

『대승기신론』에서는 욕구를 가지고 차별된 형태에 이름을 붙인 것을 망념(妄念)이라고 부른다. 붓다는 이것을 이름과 형색(nāma-rūpa; 名色)이라고 불렀다. 우리가 그릇, 벽돌, 기와 등의 이름과 형태의 차이, 즉 이름과 형색이라는 망념을 버리면, 생멸상(生滅相)을 보이는 그릇, 벽돌, 기와 등은 사라진다. '본래부터 일체의 염법과 상응하지 않으며, 일체법의 차별상(差別相)을 여의어 허망한 심념(心念)/분별심(分別心)이 없기 때문이다'라는 말은 이것을 의미한다. 이전에 심진여(心眞如)를 설명하면서 '일체 제법은 오직 망념에 의지하여 차별이 있을 뿐, 망념을 떠나면 일체 경계의 모습[一切境界之相]은 존재하지 않는다'라고 한 말과 같은 의미의 말이다.

'마땅히 알아야 할 것은 진여의 자성(自性)은 유상(有相)도 아니고, 무상(無相)도 아니고, 비유상(非有相)도 아니고, 비무상(非無相)도 아니고, 유무구상(有無俱相)도 아니고, 일상(一相)도 아니고, 이상(異相)도 아니고, 비일상(非一相)도 아니고, 비이상(非異相)도 아니고, 일이구상(一異俱相)도 아니라는 것이다.'

매우 혼란스러운 이 말은 언뜻 보기에 초월적인 형이상학적 실체에 대한 언급으로 보인다. 그러나 여기에서 말하고자 하는 것은 진여는 논리적(論理的)·개념적(概念的) 판단의 대상이 아니라는 것이다. 왜냐하면 진여, 즉 중생심의 실상은 개념이나 명사로 지칭되는 사물[有]이 아니라, 동사로 표현되는 사건[法]이기 때문이다.

이전에 살펴보았듯이, 우리는 개념을 만들어 그것에 이름을 붙이고, 그 이름으로 세상을 인식한다. 물방울이 공중에 떠다니는 모습에 '구름'이라는 이름을 붙이면, 하늘에 떠다니는 구름이 인식된다. 그 물방울이 땅으로 떨어지는 모습에 '비'라는 이름을 붙이면, 하늘에서 떨어져 내리는 비가 인식된다. 떨어진 물방울이 모여서 흐르는 모습에 '개울'이라는 이름을 붙이면, 땅 위를 흐르는 개울이 인식된다. 개울물이 모여서 흐르는 모습에 '강'이라는 이름을 붙이면, 강이 인식된다. 구름, 비, 개울, 강은 우리가 이름을 붙임으로써 비로소 '있는 것', 즉 존재가 된다.

이렇게 이름을 붙인 것들로 개념을 만들어서 존재의 있고 없음[有無]을 판단하고, 같고 다름[一異]을 판단하는 것이 논리학이다. 세상 사람들은 이러한 논리학에 의지하여 진리를 논한다. 붓다는 이러한 논리학이 진리를 드러낼 수 없음을 일찍이 간파하였다. 『맛지마니까야』「48. 짱끼경(M.N.95. Caṅkī-sutta)」(『불경』, 617쪽)에서 붓다는 다음과 같이 말한다.

바라드와자여, 지금 여기 현실에서 두 가지 결과가 있는 다섯 가지 법이 있다오. 그 다섯 가지는 어떤 것인가? 신념(信念, saddhā)·기호(嗜好, ruci)·전통(傳統, anussava)·논리적인 추론(推論, ākāra-parivitakka)·이론의 이해와 승인(承認, diṭṭhinijjhānakhanti), 바라드와자여, 이들이 지금 여기에서 두 가지 결과가 있는 다섯 가지 법이라오.

바라드와자여, 굳게 믿고 있는 신념이 허망하고 공허하고 거짓일 수 있고, 전혀 믿기지 않는 것이 사실이고 진리이고 진실일 수 있다오. 바라드와자여, 진정으로 마음에 드는 것, 들어서 잘 알고 있는 전통, 잘 추론된 이론, 잘 이해한 이론이 허망하고 공허하고 거짓일 수 있고, 마음에 들지 않고, 들어보지 못하고, 추론을 벗어나고, 잘 이해되지 않는 이론이 사실이고 진리이고 진실일 수 있다오. 바라드와자여, 진리를 수호(守護)하는 현명한 사람은 이 경우에 '오로지 이것만이 진실이고 다른 것은 거짓이다'라는 결론에 도달할 수 없다오.

이 경에서 보여주듯이 붓다는 신념이나 기호 같은 주관적인 것은 물론 사회적으로 그 권위가 인정되고 있는 지식이나, 모순 없이 추론된 논리에 의해 얻어진 지식 그리고 사변적인 형이상학까지도 진리가 될 수 없다고 한다. 왜냐하면 이들은 모두 그와 상반된 결론을 허용하기 때문이다.

진리에 대한 붓다의 이러한 입장은 개념에 의한 사유에 기반하는 기존의 지식 전반에 대한 비판을 보여준다. 모순관계에 의해서 이루어진 개념으로 만들어진 기존의 모든 지식은 그 자체로 모순된 견해를 허용한다. 칸트는 이것을 이성의 이율배반(二律背反)이라고 불렀다. 철저한 이성주의자인 칸트는 이것을 인간 이성의 한계라고 생각하고, 인간의 지성으로 절대적 진리를 찾는 일을 포기하고, 진리를 인간의 지각 경험 안으로 한정한다. 그러나 붓다는 모든 모순에서 벗어나 진정한 진리에 도달할 수 있는 길을 발견했으며, 이것이 붓다가 깨달아 가르친 중도(中道)다.

붓다는 개념적 존재의 있고[有] 없음[無]이나, 같고[一] 다름[異]의 문제에 대하여 철저하게 판단을 거부한다. 대표적인 경(經)이 『전유경(箭喩經)』으로 한역된 『맛지마니까야』 「33. 작은 말룽꺄경(M.N.63. Cūḷamaluṅkya-sutta)」(『불경』, 526~528쪽)이다.

> 그때 말룽꺄뿟따(Māluṅkyaputta) 존자는 홀로 좌선을 하다가 이런 생각을 일으켰습니다.
>
> 세존께서는 '세계는 상주(常住)한다', '세계는 상주하지 않는다', '세계는 끝이 있다', '세계는 끝이 없다', '생명과 육신은 같다', '생명과 육신은 서로 다르다', '여래는 사후(死後)에 존재한다', '여래는 사후에 존재하지 않는다', '여래는 사후에 존재하기도 하고 존재하지 않기도 한다', '여래는 사후에 존재하지도 않고 존재하지 아니하지도 않는다'라는 이러한 이론[diṭṭhigata]들에 대하여 판단하지 않고 내팽개치고 배척하셨다. 세존께서는 그런 것들에 대하여 나에게 판단해[byākaroti] 주시지 않는다. 나는 이것이 마음에 들지 않고, 이것을 용인할 수가 없다. 나는 세존을 찾아가서 이 문제를 물어보겠다. 만약 세존께서 나에게 이 문제에 대하여 판단해 주신다면, 나는 세존 밑에서 청정한 수행[梵行]을 실천하겠다. 그러나 나에게 판단해 주시지 않는다면, 나는 공부를 포기하고 환속하겠다.

있고 없음과 같고 다름의 문제에 대하여 대답을 요청하는 제자에게
붓다는 오히려 '독화살을 맞은 사람이 독화살을 뽑아주려는데 거절하
는 것과 같은 어리석은 질문이다'라고 꾸짖는다. 붓다가 깨달은 연기
법에서 보면, 세계는 시간과 공간 속에 존재하는 사물이 아니라, 주관
과 객관으로 분리된 어리석은 중생의 마음, 즉 12입처에서 연기한 것
이다. 무지한 중생의 마음에서 연기하는 세계에 대하여 시간적인 한계
와 공간적인 한계를 묻는 것은 어리석은 짓이다.

『상윳따니까야』「2.8. 깟짜야나곳따(S.N.12.15. Kaccāyanagotto)경」
(『불경』, 796~797쪽)에서 붓다는 이렇게 가르친다.

깟짜야나곳따 존자가 세존께 말씀드렸습니다.

"세존이시여, 바른 견해[正見]라는 말들을 하는데, 어떤 방식으로 보
는 것이 바른 견해입니까?"

"깟짜야나여, 이 세간은 대체로 '있음[atthita, 有]'과 '없음[natthita, 無]'
이라는 이원성(二元性)에 의존하고 있다오. 깟짜야나여, 그렇지만
세간의 쌓임[集]을 바른 통찰지로 있는 그대로 보면 세간에 대하여
'없음'이라고 할 것이 없다오. 깟짜야나여, 그리고 세간의 소멸[滅]
을 바른 통찰지로 있는 그대로 보면 세간에 대하여 '있음'이라고 할
것이 없다오. 깟짜야나여, 이 세간은 대체로 방편[upāya]이며, 취(取,
upādānā)이며, 집착[abhinivesa]이며, 속박[vinibandha]이라오. 방편과 취
와 마음의 편견[cetaso adhiṭṭhāna]과 집착하는 습성[abhinivesānusaya]에
빠져들지 않고 붙잡지 않고 바라지 않는 사람은 '그것은 나의 자아

가 아니다. 일어나고 있는 것은 괴로움일 뿐이고, 사라지고 있는 것은 괴로움일 뿐이다.'라고 불안해하지 않고 의심하지 않고, 그에 관해서 남에게 의존하지 않는 올바른 지식이 그에게 생긴다오. 깟짜야나여, 이런 방식으로 보는 것이 바른 견해라오. 깟짜야나여, '일체(一切, sabba)는 있다'라고 보는 것은 한쪽의 견해이고, '일체(一切)는 없다'라고 보는 것은 다른 한쪽의 견해라오. 깟짜야나여, 여래는 이들 양쪽에 가까이 가지 않고, 중간에서[majjhena] 법을 설한다오. 무명(無明)에 의지하여 행위[行]들이, … 이와 같이 순전한 괴로움 덩어리[苦蘊]의 쌓임[集]이 있다오. 그렇지만 무명이 남김없이 소멸하면 행위들이 소멸하고, … 이와 같이 순전한 괴로움 덩어리의 소멸[滅]이 있다오.

붓다는 '있음[有]'과 '없음[無]'을 중생들이 세간을 이원적(二元的)으로 보는 근본으로 보았다. 붓다는 이러한 모순 대립하는 이원성을 버리고 중도(中道)에서 연기를 깨달았다. 이러한 중도는 모든 모순에 적용된다.

생명과 육신이 동일한가, 다른가의 문제는 육신의 죽음 이후에 생명이 남아 존재하는가의 문제다. 육신과 생명이 다르다면, 육신이 죽은 후에도 생명은 남아서 윤회한다는 상견(常見)이 되고, 육신과 생명이 같다면, 육신의 죽음과 동시에 생명도 사라진다는 단견(斷見)이 된다. 왜 우리는 상견과 단견의 모순에 빠지는가? 그것은 육신과 생명을 시간과 공간 속에 존재하는 사물로 보기 때문이다.

『맛지마니까야』「25. 큰 교리문답경(M.N.43. Mahāvedalla-sutta)」(『불

경』, 485쪽)에서 사리뿟따 존자와 마하 꼿티따(Mahā Koṭṭhita) 존자는 다음과 같은 질의응답을 한다.

> "존자여, 다섯 가지 지각활동, 즉 시각활동·청각활동·후각활동·미각활동·촉각활동은 무엇에 의지하여 지속합니까?"
>
> "존자여, 다섯 가지 지각활동은 생명(āyu)에 의지하여 지속합니다."
>
> "존자여, 생명은 무엇에 의지하여 지속합니까?"
>
> "존자여, 생명은 체온[usmā, 熱]에 의지하여 지속합니다."
>
> "존자여, 체온은 무엇에 의지하여 지속합니까?"
>
> "존자여, 체온은 생명에 의지하여 지속합니다."
>
> "존자여, 지금 우리는 사리뿟따 존자의 말씀을 '생명은 체온에 의지하여 지속한다'라고 이해했습니다. 지금 우리는 사리뿟따 존자의 말씀을 '체온은 생명에 의지하여 지속한다'라고 이해했습니다. 존자여, 왜 그러한지요? 이 말씀의 의미를 알려주십시오!"
>
> "존자여, 내가 비유를 들겠습니다. 지혜로운 사람들은 비유로써 말의 의미를 이해합니다. 존자여, 비유하면 등불이 탈 때 불꽃을 의지하여 빛이 보이고, 빛을 의지하여 불꽃이 보이는 것과 같습니다. 존자여, 실로 이와 같이 생명은 체온을 의지하여 지속하고, 체온은 생명을 의지하여 지속합니다."

우리의 몸은 호흡하고 음식을 섭취하여 대사 작용을 하는 과정일 뿐, 결코 일정한 시간을 존속하는 존재가 아니다. 그리고 대사 작용을 할 때 살아 있다고 말하는 것일 뿐, 생명이라는 실체가 존재하는 것이 아니다. 따라서 육신과 생명이 같은 존재인가, 다른 존재인가를 묻는 것은 무의미하다.

붓다는 『잡아함경』(297) 「대공법경(大空法經)」에서 다음과 같이 가르친다.

내가 그대들을 위하여 「대공법경(大空法經)」을 설하겠다. 「대공법경」은 어떤 것인가? 그것은 이것이 있으므로 그것이 있고(此有故彼有), 이것이 일어나므로 그것이 일어남(此有故彼有)을 말한다. 말하자면, 무명(無明)을 의지하여 행(行)이 있고, 행(行)을 의지하여 식(識)이 있고, 내지 순수한 큰 괴로움덩어리[純大苦聚]가 쌓인다.

생(生)을 의지하는 늙음과 죽음에 대하여 "누가 늙고 죽는가[老死]? 노사(老死)는 누구에게 속하는가?"라고 물으면, 그는 "내가 늙고 죽는다. 지금 노사는 나에게 속한다."라고 대답한다. '늙어 죽는 것'을 나라고 하면서, 어떤 자는 "생명이 바로 육신이다."라고 말하고, 어떤 자는 "생명과 육신은 서로 다른 것이다."라고 말하지만, 이는 의미는 같은데 말만 다른 것이다. 만약에 '생명이 곧 이 육신'이라고 보고 말한다면, 그는 범행(梵行)을 수행할 수 없다. 만약에 '생명과 육신은 서로 다르다'라고 보고 말한다면 그도 범행을 수행할 수 없다. 이 두 모순된 견해[二邊]에 마음이 따라가지 않고 바르게 중도(中道)를 향하는 것이 현성(賢聖)이 세간에 나오는 여실하고 전도되지 않는 정견(正見)이다. 말하자면, 생을 의지하여 노사가 있고, 이렇게 생(生), 유

(有), 애(愛), 수(受), 촉(觸), 6입처(六入處), 명색(名色), 식(識), 행, 그리고 무명에 의지하기 때문에 행(行)이 있다.

비구들이여, 만약에 무명(無明)의 상태에서 욕탐(欲貪)을 여의어 명(明)이 생기면, '누가 늙고 죽는가? 노사는 누구에게 속하는가?'라는 질문에, 그는 노사를 끊고, 다라수(多羅樹)의 머리를 끊어버리듯이 그 근본을 알아서 끊음으로써 미래세에 생기지 않는 법을 이룬다. (중략) 만약에 비구가 무명의 상태에서 욕탐(欲貪)을 여의어 명(明)이 생기면, 그 무명(無明)이 멸하여 행(行)이 멸하고, 내지 순전한 큰 괴로움덩어리가 멸한다, 이것을 「대공법경」이라고 부른다.

〈世尊告諸比丘 我當爲汝等說法 … 所謂大空法經 … 云何爲大空法經 所謂此有故彼有 此起故彼起 謂緣無明行 緣行識 乃至純大苦聚集 緣生老死者 若有問言 彼誰老死 老死屬誰 彼則答言 我卽老死 今老死屬我 老死是我 所言 命卽是身 或言 命異身異 此則一義 而說有種種 若見言 命卽是身 彼梵行者所無有 若復見言 命異身異 梵行者所無有 於此二邊 心所不隨 正向中道 賢聖出世 如實不顚倒正見 謂緣生老死 如是生 有 取 愛 受 觸 六入處 名色 識 行 緣無明故 有行 諸比丘 若無明離欲而生明 彼誰老死 老死屬誰者 老死則斷 則知斷其根本 如截多羅樹頭 於未來世 成不生法 (중략) 若比丘無明離欲而生明 彼無明滅 則行滅 乃至純大苦聚滅 是名大空法經〉[18]

이 경에서 붓다는 생명과 육신이 같은가, 다른가를 묻는 것은, 자신을

---

18 『대정장』10, pp. 84c~85a.

늙고 죽는 존재로 생각하는 무명(無明)의 상태에서 나오는 어리석은 질문이며, 같다고 해도 생사(生死)를 벗어나는 수행[梵行]을 할 수 없고, 다르다고 해도 생사를 벗어나는 수행[梵行]을 할 수 없다고 말한다. 생명이 육신과 같다면 육신이 죽으면 생명이 끝나므로 생사를 벗어날 길이 없고, 다르다면 육신이 죽어도 생명은 죽지 않으므로 생사를 벗어나는 수행을 할 필요가 없다. 그러나 우리에게 나타난 생사는 무명에서 연기한 망념이므로 우리가 모순된 견해를 버리고 중도에서 수행하면, 무명의 상태에서 욕탐을 버림으로써 명(明)이 생겨서 연기를 깨달아 생사(生死)의 근본을 끊고 생사에서 벗어날 수 있다. 붓다는 이것을 대공법(大空法)이라고 부른다.

붓다는 모순을 버린 중도(中道)를 통해 연기를 깨달아 생사가 없는 대공(大空)을 성취한다고 말하고 있다. 우리는 여기에서 붓다가 이미 중도와 연기와 공을 동일시하고 있음을 알 수 있다. 그리고 이전에 살펴본 『상윳따니까야』 「2.13. 의지하여(S.N.12.20. Paccayo)」(『불경』, 802쪽)에서 연기를 진여라고 이야기하듯이, 붓다는 중도와 연기와 공을 진여라고 불렀다.

이상에서 살펴본 바와 같이 "진여의 자성(自性)은 유상(有相)도 아니고, 무상(無相)도 아니고, 비유상(非有相)도 아니고, 비무상(非無相)도 아니고, 유무구상(有無俱相)도 아니고, 일상(一相)도 아니고, 이상(異相)도 아니고, 비일상(非一相)도 아니고, 비이상(非異相)도 아니고, 일이구상(一異俱相)도 아니다."라는 말은 중도가 진여의 자성(自性)임을 말한 것이며, 이는 붓다의 가르침을 충실히 따른 것이다.

【眞】所言不空者 已顯法體空無妄故 卽是眞心常恒不變 淨
法滿足故 名不空 亦無有相可取 以離念境界唯證相應故

【實】言眞實不空者 由妄念空無故 卽顯眞心常恒不變 淨法
圓滿故 名不空 亦無不空相 以非妄念心所行故 唯離念智之所
證故

여실불공(如實不空)/진실불공(眞實不空)이라고 하는 것은, 망념(妄念)이 없어서 법체(法體)가 공(空)함을 드러낸 후에, 이 진심(眞心)은 언제나 변하지 않고 정법(淨法)을 만족하기 때문에 불공(不空)이라고 부른다. 그러나 역시 불공이라고 취할 수 있는 모습(相)이 없다. 왜냐하면 염경계(念境界)를 여의어 오직 체험(證)해야 할 내용이기 때문이다.

이 부분을 이해하기 위해서는 망념(妄念)이라는 말의 의미를 알아야 한다. 『대승기신론』에서 '망념'은 욕구에 의해 형성된 '개념(概念)'을 의미한다. 예를 들면, 진흙 덩어리는 우리가 욕구를 충족시키기 위해서 만든 그릇. 벽돌, 기와라는 개념에 의해서 차별된 대상으로 인식된다. 이렇게 모든 인식의 대상, 즉 일체의 경계상(境界相)은 개념에 의해 차별된 모습으로 인식된다. 이렇게 차별상을 일으키는 개념을 『대승기신론』에서는 망념이라고 부르며, 근본불교의 명색(名色; nāma-rūpa: 이름과 형색)에 상응한다.

우리의 마음은 실체가 아니라 과정이다. 『상윳따니까야』「2.6. 팍

구나(S.N.12.12. Phagguno)」(『불경』, 794~795쪽)에서 붓다는 마음이 실체가
아니라 과정임을 가르친다.

세존께서 사왓티의 제따와나 아나타삔디까 승원에 머무실 때, 비구
들에게 말씀하셨습니다.
"비구들이여, 이미 존재하는 중생들을 머물게 하거나, 다시 존재하
고 싶어 하는 중생들을 돕는 네 가지 음식이 있다오. 그 넷은 어떤 것
인가? 첫째는 딱딱하거나 부드러운 덩어리 음식[摶食], 둘째는 접촉
음식[觸食], 셋째는 의사 음식[意思食] 넷째는 분별 음식[識食]이라오.
비구들이여, 이들 네 가지 음식이 이미 존재하는 중생들을 머물게
하거나, 다시 존재하고 싶어 하는 중생들을 돕는다오."
이 말씀을 듣고, 몰리야 팍구나(Moliya Phagguna) 존자가 세존께 이렇
게 말씀드렸습니다.
"세존이시여, 그렇다면 누가 분별 음식[識食]을 먹습니까?"
세존께서는 '온당치 않은 질문'이라고 하시면서 다음과 같이 말씀하
셨습니다.
"나는 '먹는다'라고 말하지 않았다. 내가 '먹는다'라고 말했다면, '세
존이시여, 그렇다면 누가 분별 음식을 먹습니까?'라는 질문은 온당
한 질문이다. 그렇지만 나는 그렇게 말하지 않았다. 그렇게 말하지
않은 나에게는 '세존이시여, 분별 음식은 무엇을 키우는 음식입니
까?'라고 묻는 것이 온당한 질문이다. 그때 '분별 음식은 미래에 이후
의 존재[後有; punabbhava]가 생기는 조건이다. 그것이 존재할 때 6입

처(六入處)가 있고, 6입처에 의지하여 접촉[觸]이 있다.'라고 하는 것이 온당한 대답이다."

"세존이시여, 그렇다면 누가 접촉합니까?"

세존께서는 '온당치 않은 질문'이라고 하시면서 다음과 같이 말씀하셨습니다.

"나는 '접촉한다'라고 말하지 않았다. 내가 '접촉한다'라고 말했다면, '세존이시여, 그렇다면 누가 접촉합니까?'라는 질문은 온당한 질문이다. 그렇지만 나는 그렇게 말하지 않았다. 그렇게 말하지 않은 나에게는 '세존이시여, 무엇에 의지하여 접촉이 있습니까?'라고 묻는 것이 온당한 질문이다. 그때 '6입처에 의지하여 접촉이, 접촉에 의지하여 느낌[受]이 있다'라고 하는 것이 온당한 대답이다."

"세존이시여, 그렇다면 누가 느낍니까?"

세존께서는 '온당치 않은 질문'이라고 하시면서 다음과 같이 말씀하셨습니다.

"나는 '느낀다'라고 말하지 않았다. 내가 '느낀다'라고 말했다면, '세존이시여, 그렇다면 누가 느낍니까?'라는 질문은 온당한 질문이다. 그렇지만 나는 그렇게 말하지 않았다. 그렇게 말하지 않은 나에게는 '세존이시여, 무엇에 의지하여 느낌이 있습니까?'라고 묻는 것이 온당한 질문이다. 그때 '접촉에 의지하여 느낌이, 느낌에 의지하여 갈애[愛]가 있다'라고 하는 것이 온당한 대답이다."

"세존이시여, 그렇다면 누가 갈망합니까?"

세존께서는 '온당치 않은 질문'이라고 하시면서 다음과 같이 말씀하셨습니다.

"나는 '갈망한다'라고 말하지 않았다. 내가 '갈망한다'라고 말했다면, '세존이시여, 그렇다면 누가 갈망합니까?'라는 질문은 온당한 질문이다. 그렇지만 나는 그렇게 말하지 않았다. 그렇게 말하지 않은 나에게는 '세존이시여, 무엇에 의지하여 갈애가 있습니까?'라고 묻는 것이 온당한 질문이다. 그때 '느낌에 의지하여 갈애가 있고, 갈애에 의지하여 취(取)가 있다'라고 하는 것이 온당한 대답이다."

"세존이시여, 그렇다면 누가 취합니까?"

세존께서는 '온당치 않은 질문'이라고 하시면서 다음과 같이 말씀하셨습니다.

"나는 '취한다'라고 말하지 않았다. 내가 '취한다'라고 말했다면, '세존이시여, 그렇다면 누가 취합니까?'라는 질문은 온당한 질문이다. 그렇지만 나는 그렇게 말하지 않았다. 그렇게 말하지 않은 나에게는 '세존이시여, 무엇에 의지하여 취가 있습니까?'라고 묻는 것이 온당한 질문이다. 그때 '갈애에 의지하여 취가 있고, 취에 의지하여 유(有)가 있고, 유에 의지하여 생(生)이, 생에 의지하여 노사(老死)와 근심·슬픔·고통·우울·고뇌가 생긴다'라고 하는 것이 온당한 대답이다. 이와 같이 순전한 괴로움 덩어리[苦蘊]의 쌓임[集]이 있다.

팍구나여, 그렇지만 6촉입처(六觸入處)가 남김없이 소멸하면 접촉이 소멸하고, 접촉이 소멸하면 느낌이 소멸하고, 느낌이 소멸하면 갈애가 소멸하고, 갈애가 소멸하면 취가 소멸하고, 취가 소멸하면 유가 소멸하고, 유가 소멸하면 생이 소멸하고, 생이 소멸하면 노사와 근심

·슬픔·고통·우울·고뇌가 소멸한다. 이와 같이 순전한 괴로움 덩 어리의 소멸[滅]이 있다.”

붓다는 우리의 마음이 실체가 아니라 과정임을 깨달았다. 이것이 12연기다. 붓다가 이 경에서 말하는 것은 무명(無明)에서 노사(老死)에 이르는 12연기의 과정에 작자(作者)는 없다는 것이다. 붓다는 나무가 자양분에 의해서 길러지듯이, 우리의 몸과 마음을 네 가지 음식에 의해서 길러지는 것으로 설명한다. 우리의 몸은 딱딱하거나 부드러운 음식에 의해서 길러진다. 우리의 몸이 음식을 먹고 자라는 것이 아니라, 음식에 의해서 우리의 몸이 유지되고 성장한다는 것이다. 바꾸어 말하면, 우리의 몸은 음식을 먹고 성장하는 행위자[作者]가 아니라, 음식이 대사하는 과정이다. 우리의 마음도 마찬가지이다. 마음이 느끼고, 생각하고 행동하고, 의식하는 것이 아니다. 느낌은 접촉[觸]하는 행위에 의해서 발생할 뿐, 느끼는 자[作者]는 없다. 생각과 의도는 생각하고 의도하는 행위에 의해서 발생하는 것이지 생각하는 자가 있고, 의도하는 자가 있는 것이 아니다. 분별하는 식(識)도 마찬가지다. 분별하기 때문에 분별의식이 나타날 뿐, 분별하고 인식하는 자가 몸 안에 존재하는 것이 아니다. 그러나 중생은 느낌이 발생하면, 느끼는 자가 존재한다고 생각한다.

우리의 마음은 본래 이렇게 작자가 없고 업보만 있는 과정이며, 이것이 연기다. 그런데 이 과정에서 작자가 있다는 생각이 나타난다. 이것이 망념이다. 망념이 없어진다고 해서 연기하는 마음이 없어지지는 않는다. 그래서 불공(不空)이라고 한다. 그렇지만, 연기하는 마음은 개념으로 파악할 수 있는 존재가 아니다. 따라서 마음은 언어나 개념으로 인식할 수 없고, 오직 그 과정을 수행(修行)을 통해 스스로 증험(證驗)해야 한다.

(2) 심생멸(心生滅)

【眞】 心生滅者 依如來藏故 有生滅心 所謂不生不滅與生滅和合 非一非異 名爲阿梨耶識

【實】 心生滅門者 謂依如來藏 有生滅心轉 不生滅與生滅和合 非一非異 名阿賴耶識

【진제】 심생멸문(心生滅)이란 여래장(如來藏)에 의지하여 생멸심(生滅心)이 존재하는 것을 말한다. 이른바 불생불멸(不生不滅)이 생멸(生滅)과 화합하여 동일(同一)하지도 않고 다르지도 않은 것을 아리야식(阿梨耶識)이라고 부른다.

【실차난타】 심생멸문이란 여래장에 의지하여 생멸심의 전변(轉變)이 있는 것을 말한다. 불생불멸이 생멸과 화합하여 동일하지도 않고 다르지도 않은 것을 아뢰야식(阿賴耶識)이라고 부른다.

『대승기신론』의 대전제(大前提)는 일심(一心)으로서의 중생심(衆生心)에 진여문(眞如門)과 생멸문(生滅門)이라는 두 문(門)이 있으며, 이 두

문은 서로 분리되지 않은 상태에서 각각 일체법을 총섭(總攝)한다는 것이다. 따라서 『대승기신론』은 진여문과 생멸문에 대하여 설명하고, 진여문과 생멸문이 서로 분리되지 않은 상태에서 어떻게 일체법을 총섭하는지 설명한다.

이제 심진여문(心眞如門)의 설명을 끝낸 후에 심생멸문(心生滅門)에 대하여 설명한다. 진제 삼장은 심생멸(心生滅)로 번역하고, 실차난타 삼장은 심생멸문(心生滅門)으로 번역했는데, 일심(一心)의 이문(二門)를 설명하는 부분이기 때문에 필자는 실차난타 삼장의 번역을 취하여 심생멸문으로 표현한다.

심생멸문을 보다 명확하게 이해하기 위해서 심진여문과 비교해 보자. 심진여문은 일법계대총상법문(一法界大總相法門)의 체(體)로서 불생불멸하는 심성(心性), 즉 일심(一心)이다. 한편 심생멸문은 여래장(如來藏)에 의지하여 전개된 생멸하는 마음[生滅心]으로서 아뢰야식(阿賴耶識)이다. 이 아뢰야식은 불생불멸하는 마음과 생멸하는 마음이 화합한 의식이다.

여기에서 말하는 여래장(如來藏)은 '여래(如來)'로 한역된 'tathāgatha'와 '자궁, 모태, 태아'를 의미하는 'garbha'의 합성어 'tathāgatha-garbha'의 한역(漢譯)으로서, '여래를 품고 있는 자궁, 여래의 모태'라는 뜻이다. 이 말은 『승만경』, 『능가경』 등 대승경전에 처음 등장하는데, 대승불교인들이 여래장이라는 말을 사용하게 된 이유를 살펴보아야 여래장의 의미를 바르게 이해할 수 있다. 모든 언어는 목적에 의해서 만들어지고 사용된다. 이 점을 간과하면, 언어는 실질적 의미를 떠나 추상적 개념이 된다. 그래서 실질적이고 현실적인 언어가 추상적인 형이상학적 개념이 된다. 진여, 여래장, 불성 같은 말들이 대표적인 경우다.

우리는 앞에서 진여라는 말을 설명하는 부분을 살펴본 바가 있다. 『대승기신론』에서 진여는 일체법이 연기한 것으로서 추상적 언어로 표현할 수 없으므로 언어의 추상성을 배제하여 일체법의 연기성을 표현한 말이다. 그런데 이러한 본래의 의미는 사라지고, 진여가 형이상학적 실체로 인식됨으로써 『대승기신론』은 심오한 형이상학이 되었다. 여래장이나 불성도 마찬가지다. 여래장과 불성은 일반적으로 같은 의미로 쓰이므로, 여래장의 의미를 살펴보기 전에 『불성론(佛性論)』을 통해 불성의 의미를 살펴보자.

【질문】 부처님께서 불성(佛性)을 말씀하신 까닭은 무엇인가?

【답변】 여래는 다섯 가지 과실(過失)을 없애고, 다섯 가지 공덕이 생기도록 하기 위하여 '일체중생은 모두 불성이 있다'고 말씀하셨다.

다섯 가지 과실을 없앤다는 것은 다음과 같다.

1) 중생들을 못난 생각[下劣心]에서 벗어나도록

2) 자신보다 못난 사람[下品人]에게 교만한 마음을 갖지 못하도록

3) 허망한 것을 있다고 믿는 고집[虛妄執]을 버리도록

불성이란 인법(人法) 2공(二空)이 드러난 진여(眞如)다.

4) 진실(眞實)한 법(法)을 비방하지 못하도록

일체중생이 과실을 범하는 것은 모두 2공을 모르기 때문이다. 이 공

(空)을 이해함으로써 일어난 청정한 지혜공덕(智慧功德)을 진실(眞實)이라고 부른다. 만약 불성을 이야기하지 않았다면 공(空)을 요달(了達)하지 못하고 실유(實有)를 고집하여 진여에 위배되고, 진여를 비방하여 청정한 지혜공덕을 성취하지 못할 것이다.

5) 아집(我執)을 버리게 하기 위하여

이상의 다섯 가지 인연으로 부처님께서 불성을 말씀하시어 다섯 가지 공덕이 생기게 했다.

(1) 바르게 노력하는 마음[正勤心]을 일으킨다. (2) 공경하는 일을 한다. (3) 반야(般若)가 생긴다. (4) 바른 지식이 생긴다. (5) 대비심(大悲心)이 생긴다.

불성으로 말미암아 일체중생을 보되 나와 남이 있을 수 없다[二無所有]고 보아 자신을 사랑하는 생각을 쉬고, 모든 중생을 2공에 포섭되는 일체 공덕으로 보아 일체 공덕을 성취한다. 이리하여 남을 사랑하는 생각이 생긴다.

반야와 대비(大悲)의 두 방편으로 무주처(無住處)에 머물면서 물러섬이 없이 속히 보리(菩提)를 증득하여 다섯 과실을 없애고 다섯 공덕을 짓게 된다. 이런 까닭에 부처님께서는 일체중생은 모두 불성이 있다고 말씀하셨다.

〈問曰 佛何因緣說於佛性 答曰 如來爲除五種過失 生五功德故 說一切衆生悉有佛性 除五種過失者 一爲令衆生離下劣心者 二爲離高慢心者 三爲離虛妄執者 佛性者 卽是人法二空所顯眞如 四爲除誹謗眞實法者 一切衆生過失之事 並是二空 由解此空故 所起淸淨智慧功德 是名眞實 言誹謗者 若不說佛性則不了

空 便執實有 違謗眞如 淨智功德 皆不成就 五離我執者 爲此五義因緣 佛說佛

性生五種功德 五功德者 一起正勤心 二生恭敬事 三生般若 四生闍那 五生大

悲 由佛性故 觀一切衆生 二無所有 息自愛念 觀諸衆生 二空所攝 一切功德 而

得成就 是故於他而生愛念 由二方便 住無住處 無有退轉 速證菩提 滅五過失

生五功德 是故佛說一切衆生皆有佛性〉[19]

불성이라는 말은 실재하는 사물을 지시하는 개념이 아니라, 중생들이 망념(妄念)과 아집(我執)을 버리고 제법개공(諸法皆空)의 깨달음을 증득하여 공덕을 짓도록 시설(施設)한 방편(方便)이다. 바꾸어 말하면, '일체중생은 불성이 있다'라는 말은 중생들 속에 불성이라는 불생불멸의 실체가 있다는 말이 아니라, 일체중생도 붓다처럼 연기와 공을 깨달아 대비심을 일으켜 살 수 있다는 희망을 주는 말이다.

여래장이라는 말도 마찬가지다. 『능가아발다라보경(楞伽阿跋多羅寶經)』「일체불어심품(一切佛語心品)」에서는 여래장에 대하여 이렇게 말한다.

부처님께서 대혜(大慧)에게 말씀하셨다.

내가 말하는 여래장은 외도가 말하는 아(我;ātman)와 같지 않다. 대혜여! 공(空), 무상(無相), 무원(無願) 여실제(如實際), 법성(法性), 법신(法身), 열반(涅槃), 이자성(離自性), 불생불멸(不生不滅) 본래적정(本來寂

靜), 자성열반(自性涅槃), 이런 말을 여래장이라고 설할 때가 있다. 여래응공등정각(如來應供等正覺)은 어리석은 범부가 무아(無我)라는 말을 듣고 두려워하지 않도록 하려고, 망상(妄想)을 여읜 무소유경계(無所有境界)인 여래장문(如來藏門)을 설한다. 대혜여! 미래와 현재의 보살마하살은 아견(我見)을 계착(計著)해서는 안 된다. 비유하면, 도공(陶工)이 하나의 진흙 덩어리를 가지고 물과 물레와 줄 등의 인공(人工)을 가하는 방편을 써서 갖가지 그릇을 만들듯이, 여래도 일체의 망상의 모습을 여읜 법무아(法無我)에 대하여, 갖가지 지혜와 좋은 방편으로 여래장을 설하기도 하고, 무아를 설하기도 한다. 이런 이유에서 여래장을 설한 것이며, 외도가 말하는 아(我)와 같지 않은 이것을 이름하여 여래장이라고 한 것이다. 그리고 아(我)를 계탁(計度)하는 모든 외도를 끌어들이려고 여래장을 설했나니, (외도들이) 실체가 없는 아견과 망상을 여의고 삼해탈문경계(三解脫門境界)에 깨쳐 들어가 속히 아뇩다라삼먁삼보리(阿耨多羅三藐三菩提) 얻기를 희망하도록 하기 위함이다.

〈佛告 大慧 我說如來藏 不同外道所說之我 大慧 有時說空無相無願如實際法性法身涅槃離自性不生不滅本來寂靜自性涅槃 如是等句 說如來藏已 如來應供等正覺 爲斷愚夫畏無我句故 說離妄想無所有境界如來藏門 大慧 未來現在菩薩摩訶薩 不應作我見計著 譬如陶家於一泥聚以人工水木輪繩方便作種種器 如來亦復如是 於法無我離一切妄想相 以種種智慧善巧方便 或說如來藏 或說無我 以是因緣故說如來藏 不同外道所說之我 是名說如來藏 開引計我諸外道故說如來藏 令離不實我見妄想 入三解脫門境界 悕望疾得阿耨多羅三藐三

이 경에서는 여래장이라는 말을 사용한 이유를 세 가지로 말한다. 첫째, 어리석은 범부가 무아(無我)라는 말을 듣고 놀라고 두려워하지 않도록 무아를 여래장이라고 불렀다. 둘째, 보살들이 아견(我見)을 갖지 않도록 하려고 방편으로 여래장이라는 말을 사용했다. 셋째, 자아(自我)가 있다고 믿는 외도를 끌어들여서 아견을 버리게 하려고 여래장이라는 말을 사용했다. 그리고 여래장은 무아, 공(空)의 다른 이름이라는 것이 이 경의 내용이다.

여래장을 가장 면밀하게 다루고 있는 경은 『승만경』으로 불리는 『승만사자후일승대방편방광경(勝鬘師子吼一乘大方便方廣經)』이다. 이 경의 제7 「여래장장(如來藏章)」에서는 여래장을 다음과 같이 설명한다.

성제(聖諦)는 깊고 깊은 의미를 설한 것입니다. 미세하여 알기 어렵고, 논리적으로 사유하고 헤아려 알 수 있는 경계[思量境界]가 아닙니다. 이것은 지혜로운 자가 알 수 있으며, 일체 세간은 믿을 수 없는 것입니다. 왜냐하면, 이것은 깊고 깊은 여래의 모태[如來之藏]를 설한 것이기 때문입니다. 여래장은 여래의 경계로서 일체의 성문(聲聞)이나 연각(緣覺)이 알 수 있는 것이 아닙니다.

〈聖諦者說甚深義 微細難知 非思量境界 是智者所知 一切世間所不能信 何以

---

20 『대정장』16, p. 489a.

故 此說甚深如來之藏 如來藏者 是如來境界 非一切聲聞緣覺所知〉[21]

여기에서 여래장은 성문, 연각은 알 수 없는 깊은 의미의 4성제(四聖諦)를 의미한다. 4성제를 여래장이라고 하는 것은 붓다가 깨달은 진리가 4성제이고, 4성제를 수행함으로써 여래를 성취하기 때문이다.

이어지는 제8 「법신장(法身章)」에서는 "여래의 법신(法身)이 번뇌장(煩惱藏)을 여의지 않은 것을 여래장이라고 부른다(如來法身不離煩惱藏名如來藏)."라고 말한다. 이것은 4성제 가운데 고성제(苦聖諦)와 집성제(集聖諦)가 번뇌장(煩惱藏)에 해당하고, 4성제를 여래장이라고 하므로, 여래장은 번뇌장(煩惱藏)을 여의지 않는다는 의미다.

제13 「자성청정장(自性淸淨章)」의 여래장에 대한 설명은 매우 복잡하다. 먼저 그 내용을 정리하면 아래와 같다.

1) 생사는 여래장에 의지하기 때문에 그 시작[本際]을 알 수 없다. 〈生死者依如來藏 以如來藏故 說本際不可知〉

2) 여래장이 있으므로 생사를 설한다. 〈有如來藏故說生死〉

3) 죽음[死]과 태어남[生], 이 두 법(法)은 여래장이다. 〈死生者此二法是如來藏〉

4) 세간의 언어 때문에 죽음[死]이 있고 태어남[生]이 있다. 〈世間言說故有死有生〉

21　『대정장』 12, p. 221b.

5) 죽음[死]은 근(根; 지각활동)이 파괴되는 것이고, 태어남[生]은 새로 모든 근(根)이 일어나는 것이며, 여래장은 태어남과 죽음이 있지 않다. 〈死者謂根壞 生者新諸根起 非如來藏有生有死〉

6) 여래장은 유위상(有爲相)을 여의어 상주(常住) 불변(不變)한다. 〈如來藏者離有爲相 如來藏常住不變〉

7) 여래장은 떠나지 않고[不離] 단절되지 않고[不斷] 벗어나지 않고[不脫] 달라지지 않는[不異] 부사의(不思議)한 불법(佛法)을 의지해 주고, 지지(支持)하고, 건립한다. 〈是依是持是建立 不離不斷不脫不異不思議佛法〉

8) 단절되고[斷] 벗어나고[脫] 달라지는[異] 밖[外]의 유위법(有爲法)을 건립하는 것이 여래장이다. 〈斷脫異外有爲法依持建立者 是如來藏〉

9) 여래장이 없다면, 괴로움을 싫어하고 즐겨 열반을 구할 수 없다. 왜냐하면, 이 6식(六識)과 심법지(心法智) 일곱 가지 법(法)은 찰나(刹那)도 머물지 못하고, 여러 괴로움을 씨뿌리지 못하여, 괴로움을 싫어하고 즐겨 열반을 구할 수 없다. 여래장은 시작[前際]이 없어서 일어나지 않고 사라지지 않는 법(法)이다. 모든 괴로움을 씨 뿌려서 괴로움을 싫어하고 즐겨 열반을 구할 수 있다. 〈若無如來藏者 不得厭苦樂求涅槃 何以故 於此六識及心法智 此七法刹那不住 不種衆苦 不得厭苦樂求涅槃 如來藏者 無前際不起不滅法 種諸苦得厭苦樂求涅槃〉

10) 여래장은 아(我; ātman)도 아니고, 중생(衆生; sattva)도 아니고, 수명(壽命; jīva)도 아니고, 사람(人; pudgala)도 아니다. 여래장은 신견(身見)에 떨어진 중생, 전도(顚倒)된 중생, 공란의(空亂意) 중생의 경계(境界)가 아니다. 〈如來藏者 非我非衆生非命非人 如來藏者 墮身見衆生顚倒衆生空亂

意衆生 非其境界〉

11) 여래장은 법계장(法界藏)이며, 법신장(法身藏)이며, 출세간상상장(出
世間上上藏)이며, 자성청정장(自性淸淨藏)이다. 〈如來藏者 是法界藏 法身
藏 出世間上上藏 自性淸淨藏〉

12) 여래장은 자성이 청정한데, 객진번뇌(客塵煩惱)와 상번뇌(上煩惱)에
오염된 부사의(不思議)한 여래의 경계다. 〈此性淸淨 如來藏而客塵煩惱
上煩惱所染 不思議如來境界〉[22]

1)은 생사(生死)의 시초를 알 수 없는 이유를, 그것이 여래장을 의지
하기 때문이라고 밝힌 것이다. 『상윳따니까야』「2.72. 눈물(S.N.15.3.
Assu)」(『불경』, 864쪽)에서 붓다는 다음과 같이 말한다.

비구들이여, 무명(無明)에 뒤덮이고 갈애[愛]에 속박된 중생들이 흘
러 다니고 돌아다닌, 시초를 헤아릴 수 없는 유전(流傳)의 시작은 알
수 없다오.

이 경 밖에도, 여러 경에서 붓다는 중생들의 헤아릴 수 없는 생사(生死)
유전(流轉)의 시초는 알 수 없다고 강조했다. 붓다는 4성제를 깨달음으
로써 여래가 되었기 때문에 『승만경』에서는 4성제를 여래의 모태(母
胎), 즉 여래장이라고 한다. 따라서 생사가 여래장에 의지한다는 것은

---

[22] 『대정장』12, p. 222b.

시초를 알 수 없는 생사가 여래의 모태인 4성제에 의지하여 나타난 것임을 이야기한 것이다.

4성제는 12연기의 유전문(流轉門)과 환멸문(還滅門)의 역관(逆觀)과 순관(順觀)을 의미한다. 노사(老死)에서 무명(無明)에 이르는 유전문의 역관은 괴로움의 실상을 보여주는 고성제이고, 무명(無明)에서 노사(老死) 우비(憂悲) 고뇌(苦惱) 순대고취집(純大苦取集)에 이르는 순관은 괴로움이 쌓이는 과정을 보여주는 집성제다. 노사의 멸(滅)에서 무명의 멸에 이르는 환멸문의 역관은 괴로움의 소멸을 보여주는 멸성제를 의미하고, 무명의 멸에서 노사의 멸을 보여주는 순관은 도성제, 즉 8정도(八正道)를 의미한다.

이전에 살펴보았듯이 『상윳따니까야』「2.13. 의지하여」(『불경』, 802쪽)에서 붓다는 12연기를 상주(常住)하는 법계(法界)라고 불렀다. 이 12연기는 우리 마음의 실상(實相)이다. 연기를 알지 못하면 생사가 나타나고, 연기를 알면 생사가 소멸한다. 이것은 만고의 진리다. 생사는 이런 만고의 진리에 의지하여 나타나기 때문에 그 시초를 알 수 없다. '1) 생사는 여래장에 의지하기 때문에 그 시작[本際]을 알 수 없다'와 '2) 여래장이 있으므로 생사를 설한다'라는 말을 이것을 의미한다.

'3) 죽음[死]과 태어남[生], 이 두 법은 여래장이다'라는 말은 생사가 여래장에 포함된다는 말이다. 다시 말해서 여래장을 떠나서 생사가 없다는 의미다. 그런데 그 뒤의 '4) 세간의 언어 때문에 죽음[死]이 있고 태어남[生]이 있다'라는 말에 주목해야 한다.

이전에 살펴보았듯이, 연기하는 일체법은 사물, 즉 작자(作者)가 아니라 사건, 즉 업보(業報)이다. 12연기의 12지(支)도 사물을 의미하지 않는다. 무명은 생사를 일으키는 존재가 아니라 진실을 알지 못하는 상태를 의미한다. 우리는 일체법이 연기한다는 사실을 알지 못하기 때문에 사건에 이름을 붙여서 사물로 만든다. 그리고 사건이 언어를 통해서 사물화될 때 생사(生死)와 생멸(生滅)이 나타난다. 예를 들어 물방울이 떠다니는 사건에 '구름'이라는 이름을 붙이면, 구름이 생기고 사라지는 모습이 나타난다.

12연기의 유전문은 무명에서 어떻게 언어가 형성되어 생사가 나타나는가를 보여준다. 그리고 이 과정을 유위(有爲)라고 부른다. '4) 세간의 언어 때문에 죽음[死]이 있고 태어남[生]이 있다'라는 말은 12연기의 유전문을 통해 생사가 나타나는 것을 의미한다.

붓다는 『잡아함경』(306)에서 다음과 같이 말한다.

안(眼)과 색(色)을 의지하여 안식(眼識)이 생긴다. 3사(三事)의 화합이 촉(觸)이다. 촉에서 수(受), 상(想), 사(思)가 함께 생긴다. 이것이 4무색음(四無色陰)이다. 안과 색 그리고 이들 법(法)을 '사람'이라고 부르며, 이들 법에 대하여 사람이라는 생각[人想], 즉 중생(衆生), 나라(那羅), 마토도(摩兔闍), 마나바(摩那婆), 사부(士夫), 복가라(福伽羅), 기바(耆婆), 선두(禪頭) 등을 만든다. 그리고 "나의 눈이 색을 보고, 나의 귀가 소리를 듣고, 나의 코가 냄새를 맡고, 나의 혀가 맛을 보고, 나의 몸이 촉감을 느끼고, 나의 마음이 법을 분별한다."라고 말한다. 그는 시설(施設)하여 또 이렇게 말한다. "이 존자는 이름은 이렇고, 이렇게 태어나고, 성(姓)은 이렇고, 음식은 이렇고, 이렇게 고락(苦樂)을 느끼고, 이렇게 장수하고, 이렇게 오래 살다가 이렇게 수명을 마쳤다." 비구여, 이것은 생각[想]한 것이며, 기억[誌]한 것이며, 언설(言說)이다. 이 모든 법은 모두가 무상한 유위(有爲)이며 의도[思]와 원[願]을 의지하여 생긴 것이다.

〈眼色緣生眼識 三事和合觸 觸俱生受 想 思 此四無色陰 眼 色 此等法名爲人 於斯等法作人想 衆生 那羅 摩兔闍 摩那婆 士夫 福伽羅 耆婆 禪頭 又如是說 我 眼見色 我耳聞聲 我鼻嗅香 我舌甞味 我身覺觸 我意識法 彼施設又如是言說 是尊者如是名 如是生 如是姓 如是食 如是受苦樂 如是長壽 如是久住 如是壽 分齊 比丘 是則爲想 是則爲誌 是則言說 此諸法皆悉無常 有爲 思願緣生〉[23]

이 경은 중생의 지각활동에서 우리가 자아로 취하는 5온(五蘊)이 형성되며, 그로 인해서 "사람이 태어나서 살다가 죽는다."라고 생각한다고 말한다. 그리고 이것은 생각하고 기억하여 만든 언설일 뿐이라고 말한다. 우리에게 나타나는 생사는 '인간'이라는 언어를 통해서 나타난 것임을 이 경은 말하는 것이다.

'5) 죽음[死]은 근(根; 지각활동)이 파괴되는 것이고, 태어남[生]은 새로 모든 근(根)이 일어나는 것이며, 여래장은 태어남과 죽음이 있지 않다.'라는 말은 '4) 언어 때문에 생사가 있다'는 말의 부가적 설명이다. 언어를 떠나서 보면, 우리가 죽음이라고 부르는 사건은 '지각활동의

---

23 『대정장』 2, p. 87c.

멈춤'이다. 그리고 태어남은 '지각활동의 일어남'이다. 여래장은 지각활동이 일어나고 사라지는 우리의 마음이다. 우리의 마음에서 일어나는 지각활동을 통해서 우리는 개념적으로 '자아'를 구성하여 생사(生死)를 느끼지만, 지각활동이 일어나고 사라지는 우리의 마음은 여래장(如來藏)으로서 생사가 없다는 것이다.

'6) 여래장은 유위상(有爲相)을 여의어 상주(常住) 불변(不變)한다'라는 말은 4성제가 만고(萬古) 불변의 진리임을 이야기한 것이다.

'7) 여래장은 떠나지 않고[不離] 단절되지 않고[不斷] 벗어나지 않고[不脫] 달라지지 않는[不異] 부사의(不思議)한 불법(佛法)을 의지해 주고, 지지(支持)하고, 건립한다'라는 말은 4성제가 부사의한 불법, 즉 붓다가 깨달음을 이루는 근거임을 말한 것이다.

'8) 단절되고[斷] 벗어나고[脫] 달라지는[異] 밖[外]의 유위법(有爲法)을 건립하는 것이 여래장이다'라는 말은 4성제의 고성제와 집성제가 유위법을 건립한다는 의미다.

9)는 4성제가 상주하는 법계(法界)이기 때문에, 무상하게 생멸하는 유위법의 근거임과 동시에 괴로움을 버리고 즐겨 열반을 구하는 근거가 됨을 말한 것이다.

10)은 여래장은 무아를 의미하기 때문에 아상(我想)을 가진 중생의 경계가 아님을 밝힌 것이다.

'11) 여래장은 법계장(法界藏)이며, 법신장(法身藏)이며, 출세간상상장(出世間上上藏)이며, 자성청정장(自性淸淨藏)이다'라는 말은 12연기의 유전문과 환멸문으로서의 4성제는 상주하는 법계이며, 여래의 법신이며, 그 자성이 청정함을 밝힌 것이다.

'12) 여래장은 자성이 청정한데, 객진번뇌(客塵煩惱)와 상번뇌(上煩惱)에 오염된 부사의한 여래의 경계다'라는 말은 자성청정장(自性淸淨藏)으로서의 여래장을 설명한 것이다. 여래장을 논할 때 가장 자주 언급되는 것이 자성청정심(自性淸淨心)이다. '여래장은 자성청정심'이라는 말은 우리에게 자성이 청정한 마음이라는 실체가 있는 것 같은 착각을 일으킨다. 여기에 불생불멸이라는 말이 더해지면, 영원하고 청정한 자성을 가진 마음이 여래장이라고 생각하게 된다. 그래서 여래장사상은 무아에서 벗어난 사상으로서 불교가 아니라는 비판이 있다. 그러나 우리는 이미 여래장이 무아의 다른 이름임을 살펴보았다. 특히 여래장은 구체적으로 붓다가 깨달은 연기와 4성제를 의미하므로, 자성청정심이라는 말을 연기와 4성제의 관점에서 살펴볼 필요가 있다.

『앙굿따라니까야』「1.33. 마음수련을 하지 않음(A.N.1.51. Cittabhāvanā n'atthi)」과 「1.34. 마음수련을 함(A.N.1.52. Cittabhāvanā atthi)」(『불경』, 1052쪽)에서 붓다는 다음과 같이 말한다.

> 비구들이여, 이 마음은 밝게 빛난다오. 그런데 이 마음이 밖에서 온 번뇌[客塵煩惱]에 의해서 오염된다오(Pabhassaram idaṃ bhikkhave cittaṃ tañ ca kho āgantukehi upakkilesehi **upakkiliṭṭhaṃ**). 무지한 범부는 그것을 있는 그대로 통찰하지 못한다오. '그래서 무지한 범부는 마음수련을 하지 않는다'라고 나는 말한다오.
>
> 비구들이여, 이 마음은 밝게 빛난다오. 그리고 이 마음이 밖에서 온

번뇌[客塵煩惱]에서 벗어난다오(Pabhassaram idaṃ bhikkhave cittaṃ tañ ca kho āgantukehi upakkilesehi **vippamuttaṃ**). 학식이 많은 거룩한 제자는 그것을 있는 그대로 통찰한다오. '그래서 학식이 많은 거룩한 제자는 마음수련을 한다'라고 나는 말한다오.

이 두 경에서 붓다는 객진번뇌(客塵煩惱)에 의해서 오염된 밝게 빛나는 마음과 객진번뇌에서 벗어난 밝게 빛나는 마음을 이야기한다. 이것은 12연기의 유전문과 환멸문을 이야기한 것이다. 12연기의 유전문은 무명의 상태에서 지각활동을 통해 연기한 법을 자아로 취하여 생사에 유전하는 마음을 이야기하고, 환멸문은 객진번뇌에서 벗어나는 마음을 이야기한다. 불교 수행은 밝게 빛나는 우리의 마음이 객진번뇌에 오염되어 괴롭게 될 때, 이를 자각하여 객진번뇌에서 벗어나기 위해서 한다. 이것이 4성제다. 자성청정심은 우리의 마음속 깊은 곳에 숨어 있는 불생불멸의 청정한 실체가 아니라, 지금 우리의 마음에 허망하게 형성된 망상이 사라진 상태를 의미한다. 그리고 이것은 우리의 마음이 밝게 빛나는 청정한 상태임을 알고 망상에서 벗어나는 수행을 하도록 권하기 위해서 사용한 말일 뿐, 그 말이 지시하는 청정한 마음이 실재한다는 말이 아니다. 한마디로 말하면 자성청정심은 번뇌를 떠나 행복하게 살 수 있다는 의미에서 한 말일 뿐, 청정한 마음을 찾으라고 한 말이 아니다.

이상의 고찰을 통해서 『대승기신론』의 심생멸문은 4성제의 고성제와 집성제, 즉 12연기의 유전문임을 알 수 있다.

이제 이것을 아뢰야식(阿賴耶識)이라고 하는 의미를 살펴보자.

붓다가 깨달은 연기는 '업보는 있으나 작자는 없다'라는 사실의 자각이다. 모든 것은 연기하는 사건, 즉 업보다. 붓다는 여러 경에서 중생은 업의 소유자며, 업의 상속자며, 업이 모태며, 업이 친척이며, 업이 보호자라고 말한다. 인간을 포함한 모든 중생은 업에 의해 존재한다. 업에 의해 태어나고, 업에 의해 살아가는 세계가 결정된다.[24] 중생만 그런 것이 아니다. 여래의 법신도 보살행(菩薩行)의 결과이다.[25] 이와 같이 중생이건, 여래이건, 업은 모든 인간의 본질이다.

업에는 신업(身業), 구업(口業), 의업(意業)이 있는데, 붓다는 의업이 가장 중요하다고 이야기한다. 의업이 일어나지 않으면 신업과 구업은 일어날 수 없기 때문이다.[26] 따라서 모든 업은 의업에 포섭된다고 할 수 있다. 이런 의미에서 업은 생각만 있을 뿐 아직 실천되지 않고 있는 '사업(思業)'과, 생각이 실천으로 완료된 '사이업(思已業)'으로 분류되며, '사업'과 '사이업'이 업의 자성(自性)으로 이야기된다.[27] 업의 자성을 사업과 사이업이라고 하는 것은 마음이 업의 근원이라는 것을 의

---

24 『本事經』권1(『대정장』 17, p. 663ab), "一切有情 皆由自業 業爲伴侶 業爲生門 業爲眷屬 業爲依趣 業能分定一切有情下中上品".

25 『小品般若波羅密經』권10(『대정장』 8, p. 584c), "諸如來身亦復如是 無有定法 不從十方來 亦復無因而有 以本行報生".

26 『中阿含經』권32(『대정장』 1, p. 628b), "我施設意業爲最重 令不行惡業 不作惡業 身業口業則不然".

27 『本事經』권1(『대정장』 17, p. 663ab.), "業自性者 謂或思業 或思已業 如是應知諸業自性".

미한다.

　마음은 업의 근원일 뿐만 아니라, 업의 결과도 마음에서 나온다. 인간의 행과 불행, 지옥과 천상도 모두 마음에서 비롯된다.[28] 중생과 중생이 사는 세계는 업의 결과이고, 업은 마음에서 비롯되는 것이므로, 마음은 모든 것의 근본이 된다.[29] 이러한 생각이 발전하여 업보와 마음의 관계를 밝힌 것이 대승불교의 유식사상(唯識思想)이다.

　유식사상에서는 업에 의해서 마음이 형성되고, 그 마음이 다시 업을 짓는 순환의 과정에서 나타나는 마음의 상태를 여덟 가지로 분류하여 8식(八識)을 세웠으며, 업의 결과로 형성된 마음을 제8 아뢰야식이라고 불렀다. 그리고 이 아뢰야식은 중생에서 여래에 이르는 모든 생명의 공통된 모습이므로 이를 진망화합식(眞妄和合識)이라고 부른다. 중생의 마음에는 진실한 마음과 허망한 망념이 함께 있으므로 누구나 진실한 마음을 써서 부처님이 될 수 있다는 것이다.

【眞】 此識有二種義 能攝一切法 生一切法 云何爲二一者覺

義二者不覺義

【實】 此識有二種義 謂能攝一切法 能生一切法 復有二種義

28　『本事經』 권1(『대정장』 17, p. 663a), "諸有業果 皆緣心意 … 墮諸惡趣, 生地獄中 所以者何 彼諸有情心意染汚 諸有業果 皆緣心意 … 昇諸善趣 生於天中 所以者何 彼諸有情心意清淨".

29　『增壹阿含經』 권51(『대정장』 2, p. 827b), "心爲法本 心尊心使 心之念惡 即行即施 於彼受苦 輪轢于轍 心爲法本 心尊心使 中心念善 即行即爲 受其善報 如影隨形".

一者覺義 二者不覺義

이 아뢰야식은 두 가지 상태가 있으며, 능히 일체법을 포섭하고 일체법을 일으킨다. 두 가지 상태란 각의 상태〈覺義〉와 불각의 상태〈不覺義〉다.

유식사상에서는 깨닫지 못한 사람의 아뢰야식(阿賴耶識)을 이숙식(異熟識)이라고 부르고, 깨달은 사람의 아뢰야식을 무구식(無垢識)이라고 부른다. 아뢰야식에 두 가지 상태[二種義]가 있다는 것은 아뢰야식에 이숙식과 무구식의 두 가지 상태가 있다는 것을 의미한다. 여기에서 각의 상태〈覺義〉는 무구식을 의미하고, 불각의 상태〈不覺義〉는 이숙식을 의미한다.

연기하는 아뢰야식은 본래 여래와 중생의 차별이 없지만, 중생은 자아를 계탁(計度)하여 자아가 있다는 생각[我見]을 가지고 자아를 애착하며[我愛] 살아간다. 그 결과 형성된 번뇌에 물든 마음을 자신의 자아로 삼고 살아가면서 업에 따른 과보(果報)를 성숙시킨다. 중생들의 아뢰야식은 이렇게 과거의 업의 결과로 형성되어 그 업에 상응하여 과거와는 다른 세계를 전변해 내는[異熟] 의식이라는 의미에서 이숙식이라고 부른다. 반면에 무아를 깨달아 생사를 여읜 여래의 마음은 이숙(異熟)이 없으므로, 이숙식이라고 하지 않고 무구식이라고 부른다.

① 각의 상태〈覺義〉

【眞】 所言覺義者 謂心體離念 離念相者 等虛空界 無所不遍 法界一相 卽是如來平等法身

【實】 言覺義者 謂心第一義性 離一切妄念相 離一切妄念相 故 等虛空界 無所不遍 法界一相 卽是一切如來平等法身

각의 상태〈覺義〉는 심체(心體)/심제일의성(心第一義性)이 일체의 망념상(妄念相)을 여읜 것을 말한다. 일체의 망념상을 여읜 것은 허공계(虛空界)처럼 두루 하지 않는 곳이 없는 법계일상(法界一相)으로서, 이것이 모든 여래의 평등한 법신(法身)이다.

진제 삼장은 심체(心體)로 번역하고, 실차난타 삼장은 심제일의성(心第一義性)으로 번역한 원어가 무엇인지 알 수 없지만, 일반적으로 공성(空性)은 일체법의 체성(體性)이나 제일의성(第一義性)으로 이해되기 때문에, 심체(心體)/심제일의성(心第一義性)은 마음의 공성(空性)을 의미한다고 할 수 있다. 즉 심체/심제일의성은 업보는 있으나 작자는 없는 연기하는 마음의 실상을 의미한다.

마음이란 무엇인가?

"나는 나의 눈으로 하늘에 떠 있는 구름을 본다."

이 말은 '눈'과 '하늘'과 '구름', 그리고 그것을 '보는 나' 즉 '나의 마음'이 각기 개별적으로 실재한다는 것을 전제한다. 우리는 이 말을 하면서, 눈, 하늘, 구름, 마음이 실재한다는 것을 의심하지 않는다. 그런데 붓다는 의심했다. 그리고 이들은 실재하는 것이 아니라, 연기한다는 사실을 깨달았다. 그래서 붓다는 『잡아함경』(335) 「제일의공경(第一義空經)」에서 "업보(業報)는 있으나 작자(作者)는 없다."라고 말한 것이다.

앞에서 살펴보았듯이, 아뢰야식은 '업보는 있으나 작자는 없는 마음'이다. 이 마음의 존재 방식은 훈습(熏習)이다. 현행(現行)은 종자(種子)를 훈습하고, 종자는 현행을 낳는다〈現行熏種子, 種子生現行〉. 바꾸어 말하면 업이 마음을 형성하고, 그 마음이 업을 짓는 순환적 과정이 아뢰야식이며, 여기에 실체로서의 작자는 없다. 이러한 아뢰야식의 공성(空性)이 각의 상태〈覺義〉이며, 여래의 법신이다.

일체의 망념상(妄念相)을 여의었으므로 허공계(虛空界)처럼 두루하지 않는 곳이 없는 법계일상(法界一相)이라는 말의 의미를 살펴보자. 법계(法界)는 연기하는 세계를 의미한다. 유식사상에서는 이것을 아뢰야식의 전변(轉變)으로 설명한다.

"나는 나의 눈으로 하늘에 떠 있는 구름을 본다."

이 말 속에 우리의 세계관이 들어 있다. 이 세계는 원천적으로 자아와 세계, 주관과 객관으로 이분(二分)되어 있다. 이 분열은 지각을 통해서 확인된다. 몸을 중심으로 몸 안에는 대상을 지각하는 존재, 즉 정신/마음이 있고, 몸 밖에는 지각되는 대상, 즉 물질이 있다. 이렇게 이분법적 세계관은 이 세상을 정신과 물질, 주관과 객관, 자아와 타자로 이분한다. 우리는 이러한 세계관에 길들여 있으므로 이를 당연하게 생각하며, 이것이 중생의 세계다.

유식사상에서는 만법(萬法)은 아뢰야식의 전변이므로 유식무경

(唯識無境)이라고 말한다. 모든 인식의 대상은 의식의 분별일 뿐 실재가 아니라는 것이다. 구름은 우리가 이름을 붙여서 분별한 것일 뿐, 구름은 실재하지 않는다. 유식사상에서는 일수사견(一水四見)을 예로 든다. 물을 물고기가 보면 집으로 보이고, 사람이 보면 물로 보이고, 아귀가 보면 피고름으로 보이고, 천신이 보면 유리로 보인다는 것이다. 인지과학자 움베르토 마투라나(Humberto R. Maturana, 1928~2021)[30]는 "물질은 정신의 창조이며, 정신은 바로 정신이 창조하는 물질의 창조"라고 말한다. 이것은 물질과 정신이 분리된 실체가 아니라 순환적인 상호의존적 관계임을 말한 것이다. 그는 또 "인지의 내용은 인지 그 자체이며 그 이상 말해질 수 있는 것은 아무것도 없다."라고 말하는데,[31] 이것은 유식무경(唯識無境)의 다른 표현이다.

『대승기신론』에서 말하는 '법계일상(法界一相)'은 유식무경을 의미한다. 왜냐하면 법계의 차별상(差別相)은 인식대상, 즉 경계(境界)에 있는데, 경계가 없다면 법계는 차별상이 없는 일상(一相)이기 때문이다. 『대승기신론』에서는 이것을 '허공계처럼 두루 하지 않는 곳이 없는 모든 여래의 평등한 법신'이라고 말한다.

여기에서 '모든 여래의 평등한 법신'은 무엇을 말하는가? 법신은 법성신(法性身)으로도 불린다. 붓다는 육신을 몸으로 취하지 않고 연

---

30   칠레 산티아고 출생의 인지생물학자.
31   움베르또 R. 마뚜라나·프란시스코 J 바렐라, 『자기생성과 인지: 살아있음의 실현』, 정현주 역(서울: 길무리, 2023), p. 29.

기하는 법계를 몸으로 취한다는 의미이며, 법의 본성, 즉 공성(空性)을 몸으로 취한다는 의미이다. 그렇다면 법성(法性), 즉 공성을 몸으로 취한다는 것은 무엇인가? 80권 『화엄경』 제26 「십지품(十地品)」의 제6 현전지(現前地)에서는 법성에 대하여 다음과 같이 말한다.

> 법성(法性)은 본래 고요하고 모든 상(相)이 없다. 마치 허공처럼 분별되지 않는다. 모든 취착(取著)을 초월하여 말길이 끊겼으며, 진실하고 평등하고 항상 청정하다.
>
> 〈法性本寂無諸相 猶如虛空不分別 超諸取著絕言道 眞實平等常淸淨〉[32]

모든 법(法)은 그 자체로 아무런 독자적 성질이 없이[無自性, 空性] 연기하므로 법계(法界)에 개체(個體)란 있을 수 없다. 모든 법이 서로 의존하여 하나의 총체를 이루고 있으므로[一法界總相], 법계는 생멸(生滅)이 있을 수 없다. 그러나 우리는 생멸하는 여러 종류의 다양한 개체를 인식한다. 이렇게 차별적으로 인식되는 것은 모두 망념에 의한 것이다. 우리의 지각에 차별되게 인식되는 모든 대상(對象)은 마음에서 일어난 망념에 의지하고 있으므로, 그 망념을 떠나면 대상의 세계는 없다[唯識無境]. 우리가 인식하는 모든 법은 본래 언어나 개념으로 파악할 수 있는 것이 아니고, 주관의 대상으로 존재하는 것도 아니다. 연기하는 모든 법은 공성(空性)이기 때문에 평등하며, 통일된 전체를 이루기 때문

32　『대정장』 10, p. 193a.

에 달라지거나 파괴될 수 없다. 붓다는 이러한 법계를 깨달았기 때문에, 붓다가 깨달은 법성(法性), 즉 공성을 모든 여래의 평등한 법신(法身)이라고 한다.

> 【眞】依此法身 說名本覺 何以故 本覺義者 對始覺義說 以始覺者 即同本覺 始覺義者 依本覺故而有不覺 依不覺故說有始覺
>
> 【實】依此法身 說一切如來爲本覺 以待始覺立爲本覺 然始覺時 即是本覺無別覺起 立始覺者 謂依本覺有不覺 依不覺說有始覺

이 법신(法身)에 의하여 일체의 여래를 본각(本覺)이라고 부른다. 왜냐하면 본각의(本覺義: 본래의 깨달은 상태)는 시각의(始覺義: 처음 깨달은 상태)를 상대로 하는 개념인데, 시각(始覺)은 본각과 같기 때문이다. 즉 무명의 상태[不覺]에서 처음 깨달을 때[始覺時] 본각과 다름이 없는 깨달음이 일어나기 때문이다. 시각이라는 개념을 설정하는 것은 본각에 의지하여 불각(不覺)이 있는데, 이 불각에 의지하여 시각이 있다고 설하는 것이다.

이전에 살펴본 『상윳따니까야』 「2.13. 의지하여(S.N.12.20. Paccayo)」(『불경』, 802쪽)에서 붓다는 자신이 깨달은 12연기를 여래가 출현하거나 여래가 출현하지 않거나 상주하는 법계라고 말한다. 그리고 여래는 그것을 깨닫고 통달하여 가르친다고 말한다. 그리고 60권 『화엄경』 제26

「십지품」의 제6 현전지(現前地)에서는 "12연기는 일심(一心) 가운데 있
다〈知十二因緣 在於一心中〉."[33]라고 말한다. 본각(本覺)은 상주하는 법계
로서 일심 가운데 있는 12연기의 도리이고, 시각(始覺)은 수행을 통해
비로소 깨닫게 되는 12연기의 도리를 의미한다. 이는 모든 중생은 본
각을 갖추고 있으므로 누구나 수행을 통해서 그 본각을 깨달을 수 있
다는 것을 의미한다.

【眞】 又以覺心源故名究竟覺 不覺心源故非究竟覺 此義云何
如凡夫人 覺知前念起惡故 能止後念 令其不起 雖復名覺 即
是不覺故
【實】 又以覺心源故名究竟覺 不覺心源故非究竟覺 如凡夫人
前念不覺起於煩惱 後念制伏令不更生 此雖名覺 即是不覺

그리고 마음의 근원〔心源〕을 깨달으면 구경각(究竟覺)이라고 부르
고, 마음의 근원을 깨닫지 못하면 구경각이라고 부르지 않는다.
이 말은 어떤 의미인가? 범부가 전념(前念)이 악(惡)/번뇌(煩惱)를
일으킨 줄을 깨닫지 못하고 있다가 뒤에 그것을 깨달아서 후념(後
念)이 그 악/번뇌를 끊어 제압하여 다시 일어나지 않도록 하는 것
도 비록 깨달음〔覺〕이라고 부르기는 하지만 사실 이것은 깨닫지
못함〔不覺〕이다.

33　『대정장』9, p. 560a.

『대승기신론』에서 심생멸문(心生滅門)은 아뢰야식(阿賴耶識)을 의미한다. 바꾸어 말하면 『대승기신론』에서는 아뢰야식의 전변(轉變)을 심생멸(心生滅)이라고 부른다. 그리고 이러한 아뢰야식의 전변을 이해하여 유식무경(唯識無境)의 법계일상(法界一相)을 깨닫는 것이 구경각(究竟覺)이다.

『대승기신론』에서는 이러한 구경각에 이르는 깨달음의 단계를 불각(不覺) 상사각(相似覺), 수분각(隨分覺), 구경각(究竟覺)으로 구분한다. 그리고 이러한 구분은 유식사상의 8식(八識)에 의한 것이다. 불각은 안식(眼識)·이식(耳識)·비식(鼻識)·설식(舌識)·신식(身識), 즉 전5식(前五識)에서 얻는 깨달음이고 상사각은 제6 의식(意識)에서 얻는 깨달음이다. 그리고 수분각은 제7 말나식(末那識)에서 얻는 깨달음이고, 구경각은 제8 아뢰야식에서 얻는 깨달음이다.

여기에서 말하는 '마음의 근원[心源]'은 모든 식(識)이 전변하는 시원(始源)인 아뢰야식이다. 그리고 이 아뢰야식을 깨닫는 것이 구경각이다. 그 이전의 깨달음은 구경각이 아니다. 범부들도 깨닫는다. 범부는 눈으로 색을 보고 욕탐을 일으킨다. 그러나 욕탐이 일어날 때는 그것을 깨닫지 못한다. 예를 들면, 백화점에 갔다가 마음에 드는 물건을 사왔는데, 집에 와서 보니 자신의 분에 넘치는 너무 비싼 것이었다. 이때 비로소 이전에 이 물건에 욕심이 생겼었다는 사실을 깨닫는다. 이것이 범부의 깨달음이며, 이것은 욕계 중생들이 전5식에서 얻는 깨달음으로서 『대승기신론』에서는 불각이라고 부른다.

【眞】 如二乘觀智 初發意菩薩等 覺於念異念無異相 以捨麤
分別執著相故 名相似覺

【實】 如二乘人及初業菩薩 覺有念無念體相別異 以捨麤分別
故 名相似覺

【진제】 이승관지(二乘觀智)와 초발의보살(初發意菩薩) 등은 염이
상(念異相)과 염무이상(念無異相)을 깨닫고 추분별집착상(麤分別執
著相)을 버리므로 상사각(相似覺)이라고 한다.

【실차난타】 이승인(二乘人)과 초업보살(初業菩薩)은 유념(有念)과
무념(無念)의 체상(體相)이 서로 다름을 깨닫고, 추분별(麤分別)을
버리므로 상사각이라고 한다.

'각어념이념무리상(覺於念異念無異相)'을 어떻게 번역할 것인지가 쉽지
않다. 혹자는 '생각이 달라진다는 것을 깨달으면 생각에 이상(異相)이
없게 된다'라고 번역하고, 혹자는 '생각의 이상(異相)을 깨달아 생각에
이상(異相)이 없다'라고 번역하여, 염(念)을 '생각'으로 번역한다. 그러
나 이전에 각의 상태〈覺義〉를 설명하면서 '심체는 망념을 여의었다. 망
념을 여읜 모습은 허공계와 같다〈心體離念 離念相者 等虛空界〉'라고 하듯
이『대승기신론』에서 염(念)은 심(心)에 일어난 망념이다. 뒤에 생멸문
에서 진여문으로 들어가는 것을 설명하면서 '육진경계(六塵境界)는 필
경에 무념(無念)인데 … 무명(無明)에 미혹하여 심(心)을 염(念)이라고
한다〈六塵境界 畢竟無念 … 無明迷故 謂心爲念〉'라고 하듯이 무명에 휩싸

인 중생들은 육진경계를 외부의 사물로 보지만 그것은 마음이 전변한 염(念)이기 때문에 육진경계가 본래는 마음이라는 것이다. 이와 같이 염(念)은 무지한 마음에서 일어난 망념을 의미한다.

실차난타 삼장의 번역은 이 부분을 '유념(有念)과 무념(無念)의 체상(體相)이 각기 다름을 깨달아〈覺有念無念體相別異〉'라고 번역하여 염(念)이 망념(妄念)임을 보여준다.

그렇다면 '각어념이념무리상(覺於念異念無異相)/각유념무념체상별이(覺有念無念體相別異)'는 무엇을 의미할까?

이전의 불각(不覺)은 욕계의 중생이 전5식에서 오욕락을 깨닫는 것을 의미한다. 이승인(二乘人) 즉, 성문(聲聞)과 연각(緣覺), 그리고 초발의보살은 지관(止觀)을 닦는 수행자다. 지관은 욕망에 따라 외부로 치닫는 마음을 멈추는 사마타(samatha)와 내면의 심상(心想)을 관찰하는 위빠싸나(vipassana)를 의미한다. 그리고 이 지관은 제6 의식에서 행해진다. 왜냐하면 5근(五根)의 지각활동이 의지하는 것은 의근(意根)이기 때문이다.

『맛지마니까야』 「25. 큰 교리문답경(M.N.43. Mahāvedalla-sutta)」(『불경』, 485쪽)에서 사리뿟따 존자와 마하 꽂티따 존자는 안근(眼根) 등 5근과 의근(意根)에 대하여 다음과 같은 문답을 나눈다.

"존자여, 다섯 가지 지각활동, 즉 시각활동[眼根] · 청각활동[耳根] · 후각활동[鼻根] · 미각활동[舌根] · 촉각활동[身根]은 대상[visaya, 境]이 다르고, 활동영역[gocara, 行境]이 달라서, 다른 것들의 활동영역과 대상을 인지하지 못합니다. 존자여, 대상이 다르고 활동영역이 달라서, 다른 것들의 활동영역과 대상을 인지하지 못하는 이들 다섯 가지 지각활동의 의지처(依止處)는 무엇입니까? 무엇이 그것들의 활동영역과 대상을 인지합니까?”

“존자여, 대상이 다르고 활동영역이 달라서, 다른 것들의 활동영역과 대상을 인지하지 못하는 이들 다섯 가지 지각활동의 의지처는 마음[意]입니다. 그리고 마음이 그것들의 활동영역과 대상을 인지합니다.”

이 경은 5근의 지각활동은 의근에 의지하며, 대상을 인지하는 것은 의근임을 말하고 있다. 이것은 유식사상에서 전5식이 제6 의식의 전변(轉變)이라는 말과 다르지 않다. 지관 수행을 통해서 깨닫는 것은 5근의 활동이 의근(意根)에 의한 것이며, 5근의 지각 대상은 사실 의근의 지각대상이라는 사실이다. 예를 들어서 구름을 본다고 할 때, 눈은 구름을 보지 않는다. 눈을 통해 우리가 지각하는 것은 ‘구름’이 아니라 구름의 ‘색과 모습’이다, 우리가 본 ‘흰 구름’은 눈으로 지각한 것이 아니라 마음으로 지각한 것이다. 그렇다면 ‘구름’은 무엇인가? 구름은 물방울이 모여서 떠다니는 현상에 우리가 붙인 이름이다. 이것이 『대승기신론』에서 말하는 염(念)이며, 그것이 실체가 없다는 의미에서 망념(妄念)이라고 불린다. 염은 중생들이 존재로 인식하는 모든 것이다.

　우리는 구름이 시시각각으로 변하는 것을 본다. 이것이 염이상(念異相)이다. 그런데 우리가 떠다니는 물방울에 구름이라는 이름을 붙이지 않았다면, 구름의 변화를 인지할 수 있을까? 우리의 마음에 ‘구름’

이라는 '염(念)'이 없으면 구름[念]의 변하는 모습(異相)은 있을 수 없다[念無異相]. 실차난타 삼장이 '염이(念異)'를 '유념(有念)'으로 번역하고, '염무이(念無異)'를 '무념(無念)'으로 번역한 것을 보면, '염무이상(念無異相)'의 깨달음은 '염이 없으면[無念] 이상(異相)이 없다[念無異相]'라는 사실의 깨달음이라고 보는 것이 옳을 것이다.

하늘에 떠서 시시각각 변하는 구름은 실재하는 사물이 아니라 마음이 일으킨 망념이다. 이러한 통찰을 통해서 전5식은 제6 의식의 전변임을 깨닫는다. 그리고 이것을 깨달음으로써 전5식과 제6 의식에 의한 추분별집착상(麤分別執著相)/추분별(麤分別)인 육진경계를 버린다.

여기에서 추분별집착상/추분별, 즉 육진경계는 염이상이고 염이상을 깨닫는 마음, 즉 내적 자아는 염무이상이다. 이렇게 외부의 대상인 변화하는 모습[念異相]의 육진경계는 본래 변하지 않는 모습[念無異相]의 내적 자아, 즉 자신의 마음이 일으킨 망념임을 깨달아 추분별집착상/추분별을 버린다는 것이다. 그리고 이것은 염이상인 육진경계, 즉 외부의 대상은 망상임을 알고 버렸지만, 내적 자아를 변화하지 않는 모습[念無異相]으로 취하고 있으므로 상사각(相似覺)이라고 부른다.

【眞】 如法身菩薩等 覺於念住念無住相 以離分別麤念相故
名隨分覺
【實】 如法身菩薩 覺念無念皆無有相 捨中品分別故 名隨分覺

【진제】 법신보살(法身菩薩)은 등은 염주상(念住相)과 염무주상(念

無住相)을 깨달아 추념상(麤念相)에 대한 분별을 여의므로 수분각
(隨分覺)이라고 부른다.

【 실차난타 】 염(念)과 무념(無念)이 모두 상(相)이 없다는 것을 깨
달아 중품분별(中品分別)을 여의므로 수분각이라고 부른다.

진제 삼장은 '각어념주념무주상(覺於念住念無住相)'으로 번역하고, 실
차난타 삼장은 '각념무념개무유상(覺念無念皆無有相)'으로 번역하여,
수분각(隨分覺)의 내용에 대한 번역이 다르다. 진제 삼장의 번역에 의
존하는 사람들은 이 부분을 '생각의 주상(住相)을 깨달아 생각에 주상
(住相)이 없다.' 또는 '생각이 머무는 것을 깨달으면, 생각에 주상(住相)
이 없게 된다.'라고 번역한다. 그런데 실차난타 삼장의 번역은 이런 의
미로 번역할 수가 없다. 실차난타 삼장의 번역을 참고하여 진제 삼장
의 번역을 번역하면, '각어념주념무주상(覺於念住念無住相)'은 '염주상
과 염무주상을 깨달아'로 번역할 수 있다. 그리고 이 번역은 상사각(相
似覺)에서 수분각(隨分覺)으로 깨달음이 진전된 것을 보여준다.

상사각은 염이상인 육진경계, 즉 외부의 대상은 망상이지만 내적
자아인 마음은 변화하지 않는 모습[念無異相]이라는 깨달음이다. 그러
나 이 깨달음은 자아(自我)를 변하지 않는 실체로 집착하므로 완전한
깨달음[究竟覺]이 아니라 비슷한 깨달음[相似覺]이라고 부른다.

상사각에서 자아는 변하지 않고 존재하는 실체다. 즉 몸 안에 변
함없이 상주(常住)하는 마음이 있다고 생각하는 망념이 염무이상이다.
이(異)는 변한다는 의미이고, 주(住)는 변하지 않고 같은 상태를 유지

한다는 의미이기 때문에 염무이상은 염주상(念住相)과 같은 의미이다.

수분각은 상사각에서 이어지는 깨달음이다. 수분각에서는 상사각에서 깨달은 염무이상을 통찰하여 그것이 염주상임을 깨닫는다. 즉 몸 안에 변하지 않는 마음이 있다는 생각[念無異相]은 그 마음이 상주한다는 생각[念住相]임을 깨닫는 것이다. 이것은 제7 말나식의 자각이다.

자아가 상주한다는 생각은 '업보는 있으나 작자는 없다'라는 연기의 도리에 무지하여 나타난 망상이다. 자아도 없고[無我], 자아에 속하는 것도 없다[無我所]는 것이 붓다의 가르침이다. 이렇게 통찰하여 자아가 상주한다는 생각이 망상임[念住相]을 깨달아 염(念)은 머물지 않음[念無住相]을 깨닫는다. 그리하여 대상을 분별하여 인식하는 자아가 있다는 생각[分別麤念相]을 여읜다. 이것은 각자가 자신의 자아가 무아임을 깨닫는 것이므로 각자 자신의 분수에 따른 깨달음[隨分覺]이다.

법신보살(法身菩薩)은 10지(十地) 이상의 지위에 있는 보살이다. 법신(法身)은 연기와 공성을 의미하며, 보살의 수행 과정에 10지에서 공성을 깨닫기 때문에 10지 이상을 법신보살이라고 부른다. 그런데 상사각은 자아의 공성, 즉 무아를 깨닫는 것이므로 상사각을 법신보살의 깨달음이라고 한다.

【眞】 如菩薩地盡 滿足方便 一念相應 覺心初起 心無初相 以 遠離微細念故 得見心性 心卽常住 名究竟覺

【實】 若超過菩薩地 究竟道滿足 一念相應 覺心初起 始名爲 覺 遠離覺相 微細分別 究竟永盡 心根本性 常住現前 是爲如

來 名究竟覺

【 진제 】 보살지(菩薩地)의 수행을 마친 보살은 방편을 만족하고 일념(一念)에 상응하여 각심(覺心)이 처음 일어날 때, 미세념(微細念)을 멀리 여의었기 때문에 마음에 초상(初相)이 없고, 심성(心性)을 보게 되어 마음이 상주하는 것을 구경각(究竟覺)이라고 부른다.

【 실차난타 】 보살지를 초과한 사람은 일념에 상응하여 각심(覺心)이 처음 일어나는 것을 비로소 각(覺)이라고 부른다. 각상(覺相)을 멀리 여의고 미세분별(微細分別)이 구경(究竟)에 길이 다하여 마음의 근본 성품이 상주(常住) 현전(現前)하면 이것을 여래(如來)라고 하고 구경각이라고 부른다.

이 부분의 번역을 어렵게 하는 것은 '일념(一念)'이라는 개념이다. '일념'이 '일념지간(一念之間)'의 일념(一念)처럼 한 생각이 일어나는 짧은 시간을 의미하는지, 원효대사의 해석처럼 생주이멸(生住異滅) 사상(四相)을 총괄한 것을 일념이라고 하는지[34] 명확하지 않다.

성본 스님은 『대품반야경』과 『보성론』에 '일념상응(一念相應)'이라는 말이 나오는 것에 주목하여, 일념을 가장 짧은 시간의 의미로 해석

---

34 "總此四相名爲一念". 은정희 역주, 『원효의 대승기신론 소·별기』(서울: 일지사, 1991), p. 157.

한다.[35]

성본 스님이 참고한 『대품반야경』을 살펴보자.

이 보살마하살은 6바라밀(六波羅密)을 행하여 불도(佛道)를 수학(修學)하여 붓다의 10력(十力), 4무소외(四無所畏), 18불공법(十八不共法), 대자대비(大慈大悲), 일체종지(一切種智)를 성취하지 못하여도, 이 사람은 불도를 수학하여 능히 이 불도(佛道) 인연(因緣)을 구족한 후에 일념상응혜(一念相應慧)로써는 일체종지(一切種智)를 얻을 수 있다. … 일체종지는 얻은 자, 얻은 법, 얻은 곳이 없는 법[無法]이라서 오히려 알 수 없는데, 하물며 어찌 있는 법[有法]이겠는가? 그 이유는 무엇인가? 일체법의 본성(本性)이 그러하여, 붓다가 만든 것도 아니고, 성문이나 벽지불이 만든 것도 아니고, 여타의 다른 사람이 만든 것도 아니며 일체법은 작자(作者)가 없기 때문이다.

〈是菩薩摩訶薩行六波羅蜜修學佛道 乃至未成就佛十力 四無所畏 四無礙智 十八不共法 大慈大悲 一切種智 是爲修學佛道 能具足是佛道因緣已 以一念相應慧得一切種智 … 一切種智 得者 得法 得處 無法尚不可知 何況有法？ 何以故？ 一切法本性爾 非佛作 非聲聞 辟支佛作 亦非餘人作 一切法無作者故〉[36]

이 경에서 '일념상응혜(一念相應慧)'는 일체종지(一切種智)를 얻는 지혜

---

35 정성본, 『대승기신론(상)』(서울: 민족사, 2019), p. 132.
36 『摩訶般若波羅蜜經』卷第二十二, 道樹品第七十一, 『대정장』 8. p. 378b.

다. 그런데 일체종지는 그것을 얻은 자도 없고, 얻은 법도 없고, 얻은 곳도 없는 법으로서 알 수 없는 법이다. 그 이유는 일체법의 본성이 그러하기 때문이며, 일체법은 작자가 없어서 붓다가 만든 것도 아니고, 그 밖의 다른 사람이 만든 것도 아니기 때문이다.

얻은 자도 없고, 얻은 법도 없고, 얻은 곳도 없는 알 수 없는 법으로서 붓다가 만든 것도 아니고, 그 밖의 다른 사람이 만든 것도 아닌, 일념상응혜로 얻는 일체종지는 무엇일까? 붓다는 이전에 살펴본 『상윳따니까야』「2.13. 의지하여」(『불경』, 802쪽)에서 자신이 깨달은 12연기에 대하여 '여래가 출현하거나 출현하지 않거나 그 계(界)는 상주한다'라고 말한다. 그리고 다음과 같이 말한다.

> 비구들이여, 무명에 의지하여 행위들이 있다. 비구들이여, 여기에서 이 의존성[idappaccayatā]은 진여[tathatā, 眞如]이며, 거짓이 아니며[avitathatā], 차별이 없다[anaññathatā]. 비구들이여, 이것을 연기라고 부른다.

붓다는 자신이 깨달은 연기를 누구에 의해서 만들어진 것이 아닌, 진실하고[avitathatā] 평등한[anaññathatā] 진여[tathatā, 眞如]라고 말한다. 우리는 여기에서 『대품반야경』에서 일념상응혜로써 얻는다고 말하는 일체종지는 12연기임을 알 수 있다.

다음으로 『보성론』을 살펴보자.

진여에 잡다한 번뇌가 있다는 것[眞如有雜垢者]은 청정심(淸淨心)과 염오심(染汚心)이 동시에 있다는 것인데, 이것이 불가사의(不可思議)다. 불가사의라고 말하는 까닭은 **심오한 인연법[연기법]을 믿는 것은** 성문과 벽지불의 경계가 아니기 때문이다. 그래서 『성자승만경(聖者勝鬘經)』[37] 가운데 부처님이 승만에게 말하기를 "천녀여! 자성이 청정한 마음에 염오(染汚)가 있음을 이해하기는 어렵다. 두 법이 함께 있음[有二法]을 이해하기는 어렵다. 말하자면 자성청정심을 이해하기 어렵고, 그 마음이 번뇌에 오염되는 것도 이해하기 어렵다. 이러한 두 법은 그대와 대법(大法)을 성취한 보살마하살이 듣고 받아들일 수 있을 뿐, 그 밖의 성문이나 벽지불 등은 오직 붓다의 말에 의지하여 이 두 법을 믿을 뿐이기 때문이다."라고 했고, 게송에서는 이곳을 염정상응처(染淨相應處)라고 했다.

모든 때를 멀리 여읜다[遠離諸垢]는 것은 진여에 본래 염오가 있다가 뒤에 청정해진다고 말하는 것이 아니니, 이곳[染淨相應處]은 불가사의다. 그래서 경에서 말하기를 "마음은 자성이 청정하다."라고 했다. 자성청정심은 본래 청정하다. 그처럼 마음의 본체(本體)를 여래는 이렇게 안다. 그래서 경에서는 **여래의 일념심상응혜(一念心相應慧)가 아누다라삼막삼보리(阿耨多羅三藐三菩提)를 얻는다**고 했고, 게송에서는 "더럽다가 청정해지는 것이 아니다(不染而淸淨)."라고 했다.

---

[37] 『승만경』을 의미한다. 『승만경』은 『승만사자후일승대방편방광경(勝鬘師子吼一乘大方便方廣經)』의 약칭인데, 여기에서는 『성자승만경』으로 부르고 있다.

『보성론』에서는 『승만경』의 말씀을 빌려, 염정(染淨)이 화합한 여래장
에 대하여 이야기한다. 여래장은 자성이 청정한 마음이 번뇌에 오염
된 것인데, 이것은 이해하기 어려운 불가사의며, 그 불가사의는 심오
한 연기법이라는 것이다. 우리는 이미 『승만경』에서 4성제를 여래의
모태(母胎), 즉 여래장이라고 부르며, 4성제는 12연기의 유전문과 환
멸문을 의미한다는 것을 살펴본 바 있다. 『보성론』에서도 이러한 『승
만경』의 말씀으로 여래장을 설명하면서 심오한 연기법을 염정상응처
(染淨相應處), 즉 청정한 마음에 번뇌가 있는 곳이라고 말한다. 그런데
수행을 통해서 모든 번뇌를 멀리 여읜다는 것은 본래 번뇌에 물든 진
여가 수행을 한 후에 청정해지는 것을 말하는 것이 아니다. 자성청정
심은 본래 청정하며 여래는 마음의 본체가 이렇게 자성이 청정하다는

---

38 『究竟一乘寶性論』僧寶品第四, 『대정장』 31. p. 827a.

것을 알고 있으며, 이것이 여래가 일념심상응혜(一念心相應慧)로 얻은 위없는 바른 깨달음[阿耨多羅三藐三菩提]이다.

『육조단경』에서 신수(神秀)는 청정한 본심과 더러운 번뇌를 둘로 보았다. 그는 청정한 본심에서 더러운 번뇌를 벗겨내야 한다고 생각했다. 그래서 "수시로 부지런히 털고 닦아서〈時時勤拂拭〉 티끌과 먼지가 묻지 않게 하라.〈莫使有塵埃〉"라고 말한다. 그러나 혜능(惠能)은 청정한 본심과 더러운 번뇌를 두 개의 사물로 보지 않았다. 마음은 본래 청정하므로 물들 수 없다. 번뇌는 마음을 더럽히는 존재가 아니라 마음이 어두울 때 나타난 망념이다. 망념은 닦아서 없어지는 것이 아니라 깨달으면 사라진다. 그래서 혜능은 "불성은 항상 청정하니〈佛性常淸淨〉 어느 곳에 티끌과 먼지가 있을까.〈何處有塵埃〉"라고 반문한다.

붓다가 깨달은 12연기는 이와 같은 것이다. 12연기의 유전문(流轉門)은 무명(無明)에서 시작한다. 무명은 마음 이외의 존재가 아니라 진실을 알지 못하는 마음이다. 비유하면, 친구가 나에게 한 충고를 비난으로 생각하고 크게 화가 났다. 그런데 알고 보니 진실로 나를 위한 충고였다. 그것을 아는 순간 화는 사라진다. 마음에 번뇌가 일어나는 것은 무명 때문이므로 무명이 사라지면 모든 번뇌가 사라진다. 이것이 12연기다. 붓다는 이것을 깨닫고 여래가 되었다.

『대품반야경』에서 일념상응혜로 얻는 일체종지도 12연기고, 『보성론』에서 일념심상응혜로 얻는 위없는 바른 깨달음도 12연기다. 12연기의 유전문은 자성청정심이 번뇌에 물드는 과정이고, 환멸문은 자성청정심이 드러나는 과정이다. 그런데 유전문과 환멸문은 두 마음이 아니다. 마음이 어두우면 번뇌가 일어나고, 마음이 밝으면 모든 번뇌가 일시에 사라진다. 이 도리를 이해하기 어렵기 때문에『승만경』에서 "자성청정심을 이해하기 어렵고, 그 마음이 번뇌에 오염되는 것도 이해하기 어렵다."라고 한 것이다.

유전문과 환멸문은 한마음[一心]이기 때문에 유전문을 떠나서 환멸문이 따로 있지 않다. 불교 수행은 유전문을 버리는 것이 아니라, 유전문에 의지하여 유전문을 환멸문으로 전환하는 것이다.『대승기신론』은 이것을 강조한다. 생멸하는 망념을 일으키는 심생멸문과 자성청정심을 깨닫는 심진여문이 일심에 의지하여 존재한다는 대전제가 그것을 시사한다. 그래서 의장문(義章門)을 해석하는 결론 부분에서는 생멸문에서 진여문으로 들어가는 법을 다음과 같이 말한다.

> 다음으로 생멸문에서 진여문으로 곧바로 들어가는 것을 현시(顯示)하겠다. 이른바 5온의 색(色)과 심(心)을 추구하건대, 육진경계는 필경에 염(念)이 없고, 심은 형상(形相)이 없어서 시방(十方)으로 그것을 구하여도 끝내 얻을 수 없다. … 무명의 미혹함 때문에 심을 망념(妄念)이라고 하지만 심은 실제로 부동(不動)이다. 만약 마음에 망념이 없다는 것을 관찰하여 알면 곧 수순하여 진여문에 들어가게 된다.

이전에 진여문을 설명하는 부분에서 "일체법을 이야기할지라도 이야기하는 것(주관; 能說)과 이야기되는 것(객관; 可說)이 있지 않고, 비록 생각할지라도 생각하는 것[能念]과 생각되는 것[可念]이 있지 않다는 것

을 아는 것을 수순(隨順)이라고 부른다."라고 한 것은 이것을 말한 것
이다.

중생들이 "산은 산이고 물은 물이다."라고 말하는 것은 산과 물을
보는 마음(주관)과 보이는 산과 물(객관)이 개별적으로 존재한다는 생
각에서 한 말이다. 그러나 우리가 산이라고 부르는 것은 밖에 실재하
는 산이 아니고, 산을 보는 마음은 안에 실재하는 마음이 아니다. 보는
자와 보이는 것은 모두 망념이다. 그래서 이를 통찰할 때는 "산은 산이
아니고, 물은 물이 아니다."라고 말한다. 그렇다고 망념을 버리면 진심
(眞心)이 남을까? 마음은 연기한 것이다. 연기한 마음을 실재하는 주관
과 객관으로 분별하면 망념이고, 연기한 것임을 깨닫고 보면 주관과
객관은 연기하는 한마음이다. 그래서 80권 『화엄경』 제9 「광명각품(光
明覺品)」에서는 이렇게 말한다.

차별된 현상을 분명히 알되, 언설(言說)에 집착하지 마라. 일(一)과 다
(多)가 따로 없다는 것을 아는 것이 불교를 따르는 것이다. 중생과 국
토를 같다고도 할 수 없고, 다르다고도 할 수 없다. 이렇게 잘 관찰하
는 것을 불법의 의미를 알았다고 하는 것이다.

〈了知差別法 不著於言說 無有一與多 是名隨佛敎 衆生及國土 一異不可得 如
是善觀察 名知佛法義〉[39]

---

39 『大方廣佛華嚴經』 권13(『대정장』 10, p. 65a)의 필자 번역.

이렇게 언설에 집착하지 않고 "산은 산이고 물은 물이다."라고 한다면 이것은 진실이다. 우리가 버려야 할 것은 무명에서 비롯된 분별(分別)일 뿐 인식활동을 하는 마음이 아니다. 그래서 유식사상에서는 전의(轉依), 즉 전식득지(轉識得智)를 이야기한다. 분별을 일으키는 식(識)을 없애는 것이 아니라, 그 식을 지혜(智慧)로 전환해야 한다는 것이다.

일념상응(一念相應)은 바로 이런 의미를 지닌다. 분별하는 생각을 버리고 분별을 버리는 것이 일념상응이다. 그리고 이렇게 분별없는 일념으로 마음을 관하면 각심(覺心), 즉 깨달은 마음이 처음으로 일어나는데, 그 마음은 초상(初相)이 없다. 각심에 초상이 없다는 것은 그 마음이 연기한 공성이기 때문이다. 마음은 연기하는 업보일 뿐 작자가 아니라는 사실을 깨닫는 마음이 초상이 없는 각심이다. 즉 마음은 어느 시점에 처음 생겨서 머물면서 변해 가다가 마지막에 사라지는 생주이멸(生住異滅)의 상(相)이 없음을 깨닫는 것이 초상 없음의 깨달음이다. 그리고 이것은 마음은 항상 연기한다는 깨달음, 즉 생주이멸이 없이 연기하는 법계의 깨달음이다.

이때 멀리 여읜다고 하는 미세념(微細念)/미세분별(微細分別)은 주객(主客)의 분별, 자타(自他)의 분별이다. 바꾸어 말하면 제8 아뢰야식을 자아로 집착하는 망념이다. 그리고 심성(心性)을 깨닫는다는 것은 아뢰야식의 공성을 깨닫는 것을 의미하며, 마음의 근본 성품이 항상 현전(現前)한다[常住現前]고 하는 것은 연기하는 아뢰야식이 언제나 현전하는 것을 의미한다.

여기에서 '득견심성 심즉상주(得見心性 心卽常住)/심근본성 상주현전(心根本性 常住現前)’을 “변함없이 상주하는 마음이 있으며, 그 심성을 볼 수 있게 된다(得見心性 心卽常住)."/“변함없이 항상 머물면서 우리 앞에 나타나는 마음의 근본 성품이 있다(心根本性 常住現前)."라는 의미로 오해할 여지가 있다. 즉 마음의 본성을 ‘아트만’이나 ‘브라만’ 같은 불변의 실체로 오해할 수 있다. 그러나 여기에서 말하는 마음의 본성은 연기와 공성이다. 그러므로 이 말은 ‘마음의 본성이 연기임을 깨닫고 보면, 우리 앞에 항상 현전하는 마음은 연기하는 공성임을 알게 된다’라는 의미다.

【眞】 是故 修多羅說 若有衆生 能觀無念者 則爲向佛智故

【實】 是故 經說 若有衆生 能觀一切妄念無相 則爲證得如來智慧

【진제】 그래서 수다라(修多羅)에서 말하기를 “능히 무념(無念)을 관(觀)하는 중생은 불지(佛智)를 향한다.”라고 했다.

【실차난타】 그래서 경에서 말하기를 “능히 일체의 망념이 상(相)이 없음〔無相〕을 관하는 중생은 곧 여래의 지혜를 증득한다.”라고 했다.

여기에서 능관무념(能觀無念)은 일념상응과 같은 의미다. 모든 분별 망념을 여의고 일념에 상응한 보살은 부처님의 지혜, 즉 일체종지를 증득한다는 것을 경의 말씀으로 논증〔經證〕하는 부분이다.

【眞】 又心起者 無有初相可知 而言知初相者 卽謂無念

【實】 又言心初起者 但隨俗說 求其初相 終不可得 心尚無有
何況有初

【진제】 그리고 마음이 일어난다는 것은 인지의 대상으로 초상(初相)이 있는 것은 아니지만, 초상을 인지한다는 말은 무념(無念)을 말한 것이다.

【실차난타】 그리고 마음이 처음 일어난다고 말한 것은 단지 속설(俗說)에 따른 것일 뿐, 그 초상(初相)은 끝까지 인지할 수 없다. 마음이 존재하는 것이 아니거늘 하물며 초상이 있겠는가?

이 부분은 실차난타 삼장의 번역이 명쾌하여 다른 설명을 필요로 하지 않는다.

【眞】 是故 一切衆生 不名爲覺 以從本來 念念相續 未曾離念
故 說無始無明 若得無念者 則知心相生住異滅 以無念等故
而實無有始覺之異 以四相俱時而有 皆無自立 本來平等 同一
覺故

【實】 是故 一切衆生 不名爲覺 以無始來 恒有無明 妄念相續
未曾離故 若妄念息 卽知心相 生住異滅 皆悉無相 以於一心
前後同時 皆不相應 無自性故 如是知已 則知始覺 不可得 以
不異本覺故

【 진제 】 그러므로 일체중생을 각(覺)이라고 부르지는 않으며, 본래부터 염(念)과 염이 상속하여 아직 염을 떠나지 못했기 때문에 무시무명(無始無明)을 설한 것이다. 만약 무념(無念)을 얻으면 심상(心相)의 생주이멸(生住異滅)이 무념과 같으므로 실로 시각(始覺)이 본각(本覺)과 다름이 없음을 아나니, (始覺은) 4상(四相; 生住異滅)이 함께 할 때 존재하는데, 4상은 모두 자립하지 못하는 본래 평등한 동일한 각(覺)이기 때문이다.

【 실차난타 】 그러므로 일체중생을 각(覺)이라고 부르지 않나니, 무시이래(無始以來)로 항상 무명이 있어 망념이 상속하여 아직 망념을 떠나지 못했기 때문이다. 만약 망념이 그치면 곧 심상의 생주이멸이 모두 무상(無相)임을 안다. 왜냐하면 일심(一心)에는 전(前), 후(後), 동시(同時) 모두 상응하지 않으며, (일심에는) 자성이 없기 때문이다. 이렇게 알면 시각(始覺)은 얻을 수 없음을 알게 되나니, 본각과 다름이 없기 때문이다.

지금까지 중생이 불각(不覺)에서 이승(二乘)과 초발의보살(初發意菩薩)의 상사각(相似覺), 그리고 법신보살의 수분각(隨分覺)을 거쳐서 보살의 수행을 마치고 구경각(究竟覺)을 얻는 과정을 이야기했다. 이 과정은 중생이 불각에서 시각(始覺)에 이르는 과정인데, 이 부분은 시각의 내용이 본각(本覺)과 다름이 없음을 밝힌 것이다. 시각이 본각과 다름이 없다는 말은 시각이 수행을 통해 얻은 새로운 것이 아니라 본래 갖추고 있는 본각의 자각임을 의미한다. 시각은 수행을 통해서 얻는 새로운 경지가 아니라, 우리가 보는 일상의 경계가 그대로 연기하는 실상임을 깨닫는 것이다.

【眞】 復次 本覺隨染分別 生二種相 與彼本覺 不相捨離 云何
爲二 一者智淨相 二者不思議業相
【實】 復次 本覺隨染分別 生二種差別相 一淨智相 二不思議
用相

【진제】 다음으로 본각(本覺)이 염(染)을 따라 분별하여 두 종류의
모습을 나타내며, 그 두 모습은 저 본각과 서로 버리거나 떠나지
않는다. 그 둘은 어떤 것인가? 하나는 지정상(智淨相)이고 다른
하나는 부사의업상(不思議業相)이다.
【실차난타】 다음으로 본각이 염(染)을 따라 분별하여 두 가지 차
별상을 나타낸다. 하나는 정지상(淨智相)이고 다른 하나는 부사의
용상(不思議用相)이다.

본각(本覺)은 모든 생명이 본래 가지고 있는 자성청정심(自性淸淨心)
이다. 모든 생명이 본래 자성청정심을 가지고 있다는 말은 생명이라
는 존재가 자신의 몸속에 자성청정심이라는 마음을 소유하고 있다는
말이 아니다. 생물 시스템에 대한 이론에 따르면, 마음은 사물이 아니
라 과정, 즉 생명의 과정 그 자체이다.[40] 마투라나(Humberto R. Maturana)
는 "생물 시스템은 인지 시스템이다. 그리고 생명은 인지의 과정이다."

---

40 프리쵸프 카프라, 『생명의 그물』, 김용정 · 김동광 옮김, (서울: 범양사출판부, 1998), p. 228.

라고 말한다.[41] 붓다는 모든 존재가 연기하는 과정적 존재임을 깨달았다. 붓다는 실체를 부정하고 과정을 긍정하면서 '업보는 있으나 작자는 없다'라고 말했고, 이것이 공(空)의 의미이다.

본각도 마찬가지다. 본각은 중생의 몸속에 본래부터 존재하는 실체가 아니라 작자(作者)가 없는 인지(認知)의 과정[業報]이다. 그리고 이 인지의 과정에 인지하는 존재인 자아도 없고, 인지되는 대상인 객관도 없으므로, 주객의 분별을 떠난 본래의 마음을 자성청정심이라고 부른다.

마투라나는 인지를 '세계를 탄생시키는' 행동으로 본다.[42] 붓다도 "일체는 12입처(十二入處)"라고 말했다. 모든 생명은 자신의 신체구조를 통한 인지를 통해 자신의 세계를 만든다. 인간은 자신의 지각구조를 통해 인지함으로써 인간의 세계를 만들고, 다른 생물은 각기 자신의 신체를 통한 인지를 통해 각자의 세계를 만든다. 이렇게 모든 생명은 자신의 인지를 통해 자신의 세계를 만들고, 그것을 대상으로 인식하며 살아간다. 이렇게 인지의 과정으로서의 마음은 두 가지 작용, 즉 대상을 인지하는 작용과 세계를 만드는 작용을 한다.

'본각이 염(染)을 따라 분별하여 두 종류의 모습을 나타낸다'는 것은 인지 과정으로서의 본각은 염(染)을 대상으로 그것의 실상을 인지하면서[智淨相/淨智相], 동시에 세계를 만드는 일을 한다[不思議業相/不思議用相]는 것을 의미한다.

41 　프리쵸프 카프라, 위의 책, p. 350.
42 　프리쵸프 카프라, 위의 책, p. 360.

【眞】 智淨相者 謂依法力熏習 如實修行 滿足方便故 破和合識相 滅相續心相 顯現法身智淳淨故 此義云何 以一切心識之相 皆是無明 無明之相 不離覺性 非可壞 非不可壞 如大海水 因風波動 水相風相 不相捨離 而水非動性 若風止滅 動相則滅 濕性不壞故 如是衆生 自性淸淨心 因無明風動 心與無明 俱無形相 不相捨離 而心非動性 若無明滅 相續則滅 智性不壞故

【實】 淨智相者 謂依法熏習 如實修行 功行滿足 破和合識 滅轉識相 顯現法身淸淨智故 一切心識相 卽是無明相 與本覺 非一 非異 非是可壞 非不可壞 如海水與波 非一 非異 波因風動 非水性動 若風止時 波動卽滅 非水性滅 衆生亦爾 自性淸淨心 因無明風動 起識波浪 如是三事 皆無形相 非一 非異 然性淨心是動識本 無明滅時 動識隨滅 智性不壞

【진제】 지정상(智淨相)이란 법력(法力)의 훈습에 의지하여 여실하게 수행하고 방편을 만족함으로써 화합식상(和合識相)을 파괴하고 상속심상(相續心相)을 소멸하여 순수하고 청정한 법신지(法身智)가 현현(顯現)한 것을 말한다. 다시 말하면, 일체의 심식(心識)의 상(相)은 모두가 무명(無明)인데 무명의 상(相)은 각성(覺性)을 여의지 않아 파괴할 수 있는 것도 아니고 파괴할 수 없는 것도 아니다. 비유하면 큰 바다의 물이 바람으로 인하여 파도가 움직일 때, 물의 상(相)과 바람의 상(相)은 서로 버리거나 여의지 않는 것

과 같다. 그러나 물은 움직이는 성질이 아니라서, 바람이 그치면 움직이는 모습은 사라지지만 습성(濕性)은 파괴되지 않는다. 이와 같이 중생의 자성청정심이 무명의 바람으로 인해서 움직이면, 마음과 무명이 함께 형상이 없이 (구별되지 않고) 서로 버리거나 여의지 않는다. 그러나 마음은 움직이는 성질이 아니기 때문에 무명이 멸하면 상속(相續)이 멸하지만, 지성(智性)은 파괴되지 않는다.

【 실차난타 】 정지상(淨智相)이란 법훈습(法熏習)에 의지하여 여실하게 수행하고 공행(功行)을 만족함으로써, 화합식(和合識)을 파괴하고 전식상(轉識相)을 소멸하여 법신(法身)의 청정한 지혜를 현현하기 때문에 그렇게 부른다. 일체의 심식상(心識相)은 곧 무명상(無明相)으로서 본각과 같지도 않고 다르지도 않으며[非一非異], 파괴할 수 있는 것도 아니고 파괴할 수 없는 것도 아니다. 비유하면 바닷물이 파도와 같지도 않고 다르지도 않은 것과 같다. 파도는 바람으로 인하여 움직이지만, 물의 본성은 움직이지 않는다. 바람이 멈출 때, 파도의 움직임은 곧 소멸하지만, 물의 본성은 소멸하지 않는다. 중생도 그와 같다. 자성청정심이 무명의 바람으로 인해 움직여 식(識)이라고 하는 파랑을 일으키면 이들 세 가지(自性淸淨心, 無明, 識)는 모두 형상이 없으며, 같지도 않고 다르지도 않다. 그러나 자성청정심은 움직이는 식(識)의 근본이므로, 무명이 멸할 때 움직이는 식도 따라서 멸하지만, 지성(智性)은 파괴되지 않는다.

지정상(智淨相)은 본각의 인지 작용이다. 앞에서 본각의 지정상과 부사의업상(不思議業相)은 염(染)을 따라서 분별함으로써 생긴다고 했다. 염은 무명에서 연기한 망념을 의미한다. 이것은 본각의 지정상과 부사의업상이 무명에서 벗어나는 본각의 인지 작용임을 의미한다. 바꾸어 말하면 불각(不覺)에서 구경각(究竟覺)으로의 전환이 본각의 지정상과 부사의업상에 의해서 이루어짐을 의미한다.

중생들이 자아와 세계라고 집착하는 것은 모두 망념이며, 이 망념은 연기하고 있는 마음을 잘못 안 것이다. 망념을 바로 깨달으면 참된 마음[眞心]이고, 참된 마음을 바르게 알지 못하면 망념이다. 따라서 망념의 실상을 깨달으면 그 망념이 곧 참된 마음임을 알게 된다. 중생[妄念]을 떠나 따로 여래[眞心]가 존재하는 것이 아니라, 중생의 참모습이 여래이므로 중생은 자신의 참모습을 깨달아야 한다. 이렇게 지정상에 의해서 불각(不覺)의 중생이 구경각의 여래 법신을 성취하게 되며, 이 것을 유식사상에서는 '전의(轉依)'하고 한다.

'전의'는 의타기성(依他起性), 즉 연기성(緣起性)을 근거로 이루어진다. 중생도 여래도 연기하고 있다. 이와 같이 의타기성, 즉 연기성은 염법(染法; 중생)과 정법(淨法; 여래)의 의지처가 된다. 그런데 중생들은 자신들의 근거가 되는 연기, 즉 공성에 무지하여 허망한 것을 진실로 알고 집착하여 갖가지 번뇌를 일으키고 있다. 여기에서 허망한 것이란 중생들이 분별하고 있는 자아와 세계, 즉 변계소집성(遍計所執性)이다. 여래는 연기를 깨닫고 자아와 세계를 분별하지 않는 진실의 세계에서 살아간다. 원성실성(圓成實性)은 이러한 진실의 세계를 의미한다. 전의는 의타기성에 근거하여 허망한 변계소집성을 없애고 진실한 원성실성을 얻는 것이다. 의타기성에 대한 무지에서 허망한 변계소집성이 있으므로, 의타기성의 진실을 깨달아 무지와 번뇌를 없애면 변계소집성이 소멸하고 원성실성을 증득하게 된다.[43] 전의는 앎을 통해서 이루어지는 것이 아니라 실천을 통해서 이루어진다. 왜냐하면 마음은 고정된 형태가 있는 것이 아니라[空], 업에 의해 형성되기[緣起] 때문이다. 중생이 곧 부처님이지만 부처님이 되기 위해서는 6바라밀과 같은 보살행을 실천해야 하는 것이다. '지정상이란 법력(法力)의 훈습에 의지하여 여실하게 수행하고 방편을 만족함으로써 화합식상(和合識相)을 파괴하고 상속심상(相續心相)을 소멸하여 순수하고 청정한 법신지(法身智)가 현현(顯現)한 것을 말한다.'라고 한 것은 이것을 말한 것이다.

여기에서 말하는 화합식상(和合識相)은 아뢰야식을 의미하고, 실차난타 삼장이 전식상(轉識相)으로 번역한 상속심상(相續心相)은 아뢰야식이 전변한 전5식, 제6 의식, 제7 말나식을 의미한다. 그리고 이들이 소멸하고 나타나는 순수하고 청정한 법신지(法身智)는 대원경지(大圓鏡智), 평등성지(平等性智), 묘관찰지(妙觀察智), 성소작지(成所作智)이다. 아뢰야식이 전변한 분별의 세계에서 살아가는 중생이 붓다의 가르침을 믿고 실천하며 여실하게 수행함으로써 원성실성을 회복하면 아

---

43 『成唯識論』, 권9 "此能捨彼二麤重 故便能證得廣大轉依 依謂所依 卽依他起與染淨法 爲所依故 染謂虛妄遍計所執 淨謂眞實圓成實性 轉謂二分 轉捨轉得 由數修習無分別智 斷本識中二障麤重故 能轉捨依他起上遍計所執 及能轉得依他起中圓成實性".(『대정장』 31, p. 51a.)

뢰야식은 대원경지가 되고, 말나식은 평등성지가 되며, 의식은 묘관찰지가 되고 전5식은 성소작지가 된다. 이렇게 전식득지(轉識得智)가 이루어진 것을 '무명이 멸하면 상속은 멸하지만 지성은 파괴되지 않는다 〈若無明滅 相續則滅 智性不壞〉'라고 한다.

【眞】 不思議業相者 以依智淨 能作一切勝妙境界 所謂無量
功德之相 常無斷絕 隨衆生根 自然相應種種 而得利益故
【實】 不思議用相者 依於淨智 能起一切勝妙境界 常無斷絕
謂如來身 具足無量增上功德 隨衆生根示現 成就無量利益

【진제】 부사의업상(不思議業相)이란 지정상(智淨相)에 의지하여 일체의 승묘(勝妙)한 경계를 짓는 것을 말한다. 즉 무량한 공덕상(功德相)이 항상 단절됨이 없이 중생의 근기에 따라 갖가지로 저절로 상응하여 (중생들이) 이익을 얻는 것을 말한다.

【실차난타】 부사의용상(不思議用相)이란 정지상(淨智相)에 의지하여 언제나 단절이 없이 일체의 승묘한 경계를 짓는 것을 말한다. 여래의 몸이 무량한 증상(增上) 공덕(功德)을 구족하고 중생의 근기에 따라 시현(示現)하여 무량한 이익을 이루는 것을 말한다.

앞에서 살펴보았듯이, 인지 과정으로서의 본각(本覺)은 염(染)을 대상으로 그것을 바르게 인지하면서, 새로운 세계를 만드는 일을 한다.
지정상(智淨相)은 바른 인지기능으로서 변계소집성, 즉 화합식상

(和合識相)과 상속심상(相續心相)을 멸하고, 법신의 청정한 지혜인 원성실성을 깨닫는다. 이제 지정상에 의해 깨달은 원성실성에 의지하여 여래의 세계를 이룩하는 일을 하게 되는데, 이것이 부사의업상(不思議業相)/부사의용상(不思議用相)이다. 바꾸어 말하면, 부사의업상/부사의용상은 구경각(究竟覺)을 성취한 본각의 삶을 의미한다. 모든 여래는 구경각을 성취하여 전식득지(轉識得智)하고 무량한 공덕으로 중생들에게 이익을 주는 삶을 살면서 불국토를 성취하는데, 이러한 여래의 삶을 부사의업상/부사의용상이라고 한다.

【 각(覺)의 네 가지 체상(體相) 】

【眞】 復次 覺體相者 有四種大義 與虛空等 猶如淨鏡 云何爲四
【實】 復次 覺相 有四種大義 清淨如虛空明鏡

【진제】 다음으로 각(覺)의 체상(體相)은 허공 같고, 맑은 거울 같은 네 가지 대의(大義)가 있다.
【실차난타】 다음으로 각(覺)의 상(相)은 청정하기가 허공이나 맑은 거울 같은 네 가지 대의가 있다.

여기에서 잠시 지금까지의 논의를 간단히 정리해 보자.

이 논의의 주제는 심생멸문(心生滅門)이다. 심생멸문은 여래장에 의지하는 생멸심(生滅心), 즉 아뢰야식을 의미한다. 아뢰야식은 생멸심이지만, 불생불멸(不生不滅)의 여래장에 의지하므로 불생불멸과 생멸이 화합한 생멸심이다. 그래서 이 아뢰야식에는 여래의 법신(法身)인 각의 상태〈覺義〉와 중생의 환신(幻身)인 불각의 상태〈不覺義〉가 있다.

이런 전제 아래서 먼저 각의 상태〈覺義〉를 설명한다. 각의 상태는 모든 망념(妄念)이 사라진 법계일상(法界一相)의 심체(心體)로서 여래의 법신이다. 이 법신에 의지하여 본각(本覺)과 시각(始覺)이라는 이름이 있다. 왜냐하면 우리는 모두 법계일상(法界一相)의 법신인데, 이를 알지 못하고 망념을 일으켜 너와 나를 분별하고, 자아와 세계를 구별한다. 이러한 중생이 불각(不覺)이다. 이 불각이 상사각(相似覺), 수분각(隨分覺)을 거쳐서 구경각(究竟覺)을 성취하면 이것을 시각(始覺)이라고 하는데, 시각의 깨달음은 법계일상(法界一相)의 심체(心體)를 깨닫는 것이기 때문에 본각(本覺)과 다름이 없다.

이 본각은 염(染)을 따라 분별하면, 지정상(智淨相)과 부사의업상(不思議業相)이 있다. 이 본각의 지정상은 불생불멸과 생멸이 화합한 아뢰야식을 깨부수고 생멸하는 상속심상(相續心相)을 멸하여 법신을 드러낸다. 그리고 부사의업상이 이 청정한 지혜에 의지하여 승묘(勝妙)한 불경계(佛境界)를 드러낸다.

이상의 논의는 결국 아뢰야식에 의지하여 살아가는 중생들이 아뢰야식 속에 있는 불생불멸의 여래장을 믿고 망념을 버려 법계일상(法界一相)의 심체(心體)를 깨달아야 한다는 것을 말하기 위한 것이다. 이제 그 결론으로 각(覺)의 체상(體相)/상(相)의 네 가지 의미를 이야기한 것이 네 가지 거울의 비유다.

【眞】一者 如實空鏡 遠離一切心境界相 無法可現 非覺照義故

【實】一 眞實空大義 如虛空明鏡 謂一切心境界相 及覺相 皆
不可得故

【진제】첫째는 여실공경(如實空鏡)으로서, 일체의 심경계상(心境
界相)을 멀리 여의어 나타날 법이 없나니, 각(覺)은 비추는 의미가
아니기 때문이다.

【실차난타】일(一)은 허공이나 밝은 거울과 같은 진실공대의(眞實
空大義)로서, 일체의 심경계상과 각상(覺相)을 모두 얻을 수 없는
것을 말한다.

각(覺)의 체상(體相)을 여실공(如實空)과 여실불공(如實不空)으로 설명
하는 가운데, 여기에서는 여실공을 거울에 비유한다. 앞에서 심진여
(心眞如)를 언설(言說)에 의지하여 여실공과 여실불공으로 나누어 설
명하면서 여실공은 실상(實相)을 드러내는 것이고, 여실불공은 자체가
무루성공덕(無漏性功德)을 가진 것이라고 말했다. 이것은 각의 체상은
심진여를 의미함을 보여준다.

심진여는 연기하는 마음이다. 이 연기하는 마음은 '업보는 있으나
작자는 없는 공성(空性)'이다. 이때 여실공은 작자가 없는 것을 의미하
고, 여실불공은 업보의 있음을 의미한다.

그렇다면 마음은 무엇인가?

붓다는 우리가 마음이나 의식이라고 부르는 것은 실체로서 존재

하는 것이 아니라, 삶을 통해 연기하는 것임을 강조한다. 『맛지마니까야』「21. 큰 갈애소멸경(M.N.38. Mahā taṇhāsaṅkhaya-sutta)」(『불경』, 456~457쪽)에서 붓다는 우리의 몸속에 있는 식(識)이 인식과 행위의 작자로서 업을 짓고, 죽어서는 다음 세상에서 그 과보를 받는다고 생각하는 사띠(Sāti)라는 비구를 크게 꾸짖고, 다음과 같이 가르친다.

비구들이여, 어떤 조건에 의지하여 분별의식[viññāṇa, 識]이 생기면, 그것에 의하여 그것으로 명칭을 붙인다오. 보는 나[眼]와 보이는 형색[色]들에 의지하여 분별의식이 생기면 시각분별의식[cakkhuviññāṇa, 眼識]이라는 명칭을 붙이고, 듣는 나[耳]와 들리는 소리[聲]들에 의지하여 분별의식이 생기면 청각분별의식[sotaviññāṇa, 耳識]이라는 명칭을 붙이고, 냄새 맡는 나[鼻]와 향기[香]들에 의지하여 분별의식이 생기면 후각분별의식[ghānaviññāṇa, 鼻識]이라는 명칭을 붙이고, 맛보는 나[舌]와 맛[味]들에 의지하여 분별의식이 생기면 미각분별의식[jivhaviññāṇa, 舌識]이라는 명칭을 붙이고, 만지는 나[身]와 촉감[觸]들에 의지하여 분별의식이 생기면 촉각분별의식[kāyaviññāṇa, 身識]이라는 명칭을 붙이고, 마음[mano, 意]과 대상[dhamma, 法]에 의지하여 분별의식이 생기면 마음분별의식[manoviññāṇa, 意識]이라는 명칭을 붙인다오. 비구들이여, 비유하면 어떤 조건에 의지하여 불이 타면, 그것에 의하여 그것으로 명칭을 붙이는 것과 같다오. 장작에 의지하여 불이 타면 장작불이라는 명칭을 붙이고, 장작개비에 의지하여 불이 타면 장작개비 불이라는 명칭을

붙이고, … 때에 의지하여 불이 타면 때 불이라는 명칭을 붙이는 것
과 같다오. 비구들이여, 이와 같이 어떤 조건에 의지하여 분별의식이
생기면, 그 조건에 의하여 그것으로 명칭을 붙인다오.

몸속에 존재하는 의식이 눈을 통해 외부의 사물을 인지하는 것이 아
니라, 눈으로 사물을 봄으로써 나타난 인지(認知)를 우리가 의식이라
고 부른다는 것이다. 이러한 붓다의 이야기는 인지, 즉 마음을 체화(體
化)된 행동으로 보는 인지과학자 바렐라(Francisco J. Varela, 1946~2001)[44]
등의 견해와 일치한다.[45] 붓다는 우리가 영혼이나 마음이라고 부르는
것은 지각활동이 체화된 인지의 과정임을 깨달았다.

이렇게 경험이 체화된 마음이 아뢰야식이다. 앞에서 살펴보았듯
이, 유식사상에서는 과거의 삶에 의한 선악업의 결과로 더럽게 혹은
깨끗하게 여러 가지로 훈습된 수많은 습기, 즉 종자가 모여 있는 마음
을 '심(心)', 즉 '아뢰야식'이라고 부른다. 이 마음에 모여 있는 종자에서
모든 법(法)이 일어난다. 종자가 인(因)이 되어 법이 과(果)로써 나타나
는 것이다. 이와 같이 아뢰야식은 업의 결과, 즉 법이 종자로 모여 있는
곳이며, 동시에 법을 일으키는 업이 발생하는 근원이다. 『대승기신론』

44　칠레 탈카우아노 출생의 생물학자. 마뚜라나와 함께 자기생성 개념을 창안한 인지과
학자.

45　바렐라·톰슨·로쉬, 『인지과학의 철학적 이해』, 석봉래 옮김(서울: 옥토, 1997), p. 227.
여기에서 바렐라 등은 다음과 같이 이야기한다. "우리는 인지는 여러 가지 감각 운동
능력을 지닌 신체를 통해 나타나는 경험에 의존하는 것이 인지라는 점을 강조하고자
한다."

은 이러한 아뢰야식을 중심으로 논의를 전개한다.

　중생들은 경험이 체화된 아뢰야식을 몸속에 상주하는 내적 자아로 집착하여 아뢰야식의 종자가 현현하는 법(法)을 외부에 실재하는 대상으로 분별한다. 이것이 아뢰야식의 전변이다. 이러한 사실을 깨닫는 것이 유식무경(唯識無境)의 깨달음이며, 유식무경이 각(覺)의 체상(體相)이다. 유식무경은 '업보는 있으나 작자는 없다'라는 말의 다른 표현이다. 유식(唯識)은 '업보로서의 인지는 있다'는 의미고, 무경(無境)은 '인지하거나 인지되는 실체로서의 작자(作者)는 없다'는 의미다.

　여실공경(如實空鏡)은 인지의 과정에 인지하는 작자도 없고, 인지되는 대상도 없음을 아무 대상도 비추지 않고 있는 거울에 비유한 것이다. 산티아고 학파의 인지과학자들은 '인지 작용은 우리의 지각과 인지 능력에 독립된 세계를 세계와 독립하여 존재하는 인지 체계가 표상하는 데서 성립한다'는 가정 – 인지과학에 널리 퍼져 있는 – 에 이의를 제기하고, 인지를 체화된 행위(embodied action)로 본다.[46] 마음은 실체가 아니라 지속되는 인지의 과정이다. 인지가 지속되는 과정은 순환적인 훈습(熏習; 경험의 體化)과 현행(現行; 種子의 投射)이다. 마치 거울 속에 아무런 상(像)이 없듯이, 마음은 그 안에 어떤 고정된 실체도 없는 훈습과 현행의 과정일 뿐이다. 실체 없는 과정으로서의 마음이 여실공경이다.

46　바렐라·톰슨·로쉬, 위의 책, p. 32.

【眞】 二者 因熏習鏡 謂如實不空 一切世間境界 悉於中現 不出不入 不失不壞 常住一心 以一切法 卽眞實性故 又一切染法 所不能染 智體不動 具足無漏 熏衆生故

【實】 二 眞實不空大義 如虛空明鏡 謂一切法圓滿成就 無能壞性 一切世間境界之相 皆於中現 不出不入 不滅不壞 常住一心 一切染法 所不能染 智體具足無邊無漏功德 爲因熏習一切衆生心故

【진제 】 둘째는 인훈습경(因熏習鏡)으로서 여실불공(如實不空)을 말한다. 일체의 세간 경계가 모두 그 가운데 나타나, 나가지도 않고 들어가지도 않으며, 상실되지도 않고 파괴되지도 않는 상주(常住)하는 일심(一心)으로서, 일체법이 곧 진실성이기 때문이다. 그리고 일체의 염법(染法)에 물들지 않으며, 지체(智體)는 움직이지 않고 무루(無漏)를 구족하여 중생을 훈습하기 때문이다.

【실차난타 】 이(二)는 허공이나 밝은 거울과 같은 진실불공대의(眞實不空大義)로서, 일체법을 원만하게 성취한 파괴할 수 없는 본성으로서 일체 세간의 경계상(境界相)이 모두 그 가운데 나타나, 나가지도 않고 들어가지도 않으며, 소멸하지도 않고 파괴되지도 않는 상주하는 일심(一心)이다. 일체의 염법에 물들지 않으며, 지체는 끝없는 무루 공덕을 구족하여 일체중생의 마음을 훈습하는 인(因)이 되기 때문이다.

산티아고 이론에 따르면, 인지는 독립적이고 미리 주어진 세계의 표상(表象)이 아니라 탄생하는 세계의 표상이다. 살아가는 과정에서 특정 생물에 의해 탄생하는 것은 세계가 아니면서 동시에 세계다. 그 세계는 항상 그 생물의 구조에 따라 달라진다. 하나의 종에 포함되는 개별 생물들은 거의 똑같은 구조를 가지고 있기 때문에 비슷한 세계를 탄생시킨다. 나아가 우리 인간들은 언어와 사상이라는 추상적인 세계를 공유하며, 그 추상적인 세계를 통해 우리의 세계를 함께 만들어낸다.[47] 우리는 대상을 탄생시키는 것과 마찬가지로 자아를 탄생시킨다. 우리의 자아 또는 에고는 어떤 독립적인 존재도 갖지 않으며, 우리의 내부적인 구조적 결합의 결과일 뿐이다.[48]

산티아고 이론이 이야기하듯이, 마음은 실체 없는 인지의 과정이지만, 그 과정에서 세계와 자아를 탄생시킨다. 유식사상의 훈습과 현행은 마음이 자아와 세계를 만드는 과정을 의미한다. 즉 훈습은 자아를 형성하는 과정이고, 현행은 세계를 형성하는 과정이다. 앞에서 이야기한 여실공경(如實空鏡)이 인지 과정으로서의 마음을 말한 것이라면, 인훈습경(因熏習鏡), 법출리경(法出離鏡), 연훈습경(緣熏習鏡)은 마음이 훈습과 현행을 통해 자아와 세계를 형성하는 것을 의미한다.

인훈습경은 훈습을 통해 자아와 세계를 형성하는 측면을 말한 것이다. 이것은 뒤에 정법훈습(淨法熏習)을 논할 때 언급하는 2종의 진여

---

47 프리쵸프 카프라, 앞의 책, p. 355~356.
48 프리쵸프 카프라, 위의 책, p. 387.

훈습의(眞如薰習義), 즉 자체상훈습(自體相熏習)과 용훈습(用熏習) 가운데 자체상훈습에 상응한다. 자체상훈습이란 무시이래로 무루법(無漏法)을 구족하고 부사의업(不思議業)을 갖추어 경계를 만드는 성품이다. 바꾸어 말하면 연기하는 마음 자체, 즉 진여의 자체상은 무루법으로서 부사의업을 지어 세계를 형성하고 있다. 이러한 마음 자체의 훈습력이 있으므로 자신에게 진여법이 있음을 믿고 중생이 발심하여 수행할 수 있다.

이러한 진여 자체의 훈습력을 여기에서 인훈습경(因熏習鏡)이라고 한 것이다. 여기에서 말하는 일체의 세간경계(世間境界)는 연기하는 마음에 의해 인지된 내용을 의미한다. 그 인지된 모든 내용, 즉 일체의 세간경계가 마음 안에 형성되지만, 그것은 외부의 대상에 의해 주어진 표상이 아니라 종자의 현현이다. 그래서 그것은 마음 밖으로 나가거나 들어오지 않고 항상 일심(一心), 즉 주관과 객관이 분리되지 않는 마음에 머문다. 이렇게 주관과 객관의 분별을 떠난 일심 가운데 머무는 일체법은 진실하고 무루법(無漏法)을 구족하고 있으므로 중생을 훈습하여 발심 수행하게 한다. 다시 말해서 중생들이 생사를 버리고 열반을 구하려는 마음을 일으킬 수 있는 것은 중생의 마음에 본래부터 이러한 진여 자체의 훈습력이 있기 때문이라는 것이다.

【眞】 三者 法出離鏡 謂不空法 出煩惱礙智礙 離和合相 淳淨明故

【實】 三 眞實不空離障大義 如虛空明鏡 謂煩惱所知二障永

斷 和合識滅 本性淸淨 常安住故

【진제】 셋째는 법출리경(法出離鏡)으로서 불공법(不空法)을 말하나니, 번뇌애(煩惱碍)와 지애(智碍)에서 벗어나고 화합상(和合相)을 여의어서 깨끗하고 맑고 밝기 때문이다.

【실차난타】 삼(三)은 허공이나 밝은 거울과 같은 진실불공이장대의(眞實不空離障大義)로서 두 가지 장애(障礙)인 번뇌장(煩惱障)과 소지장(所知障)이 길이 끊어지고, 화합식상(和合識相)이 소멸하여 청정한 본성이 항상 안주하기 때문이다.

법출리경(法出離鏡)은 일심(一心) 가운데 머무는 일체법의 성격을 말한 것이다. 주관과 객관의 분별을 떠난 일심 가운데 머무는 일체법은 그 자체로 진실하고 무루인 것을 청정한 본성이 안주하는 거울로 표현한 것이다. 바꾸어 말하면, 우리의 마음에 있는 인지는 본래 유식무경(唯識無境)으로서 청정한 진실인데, 이것을 알지 못하고, 마치 우리의 인지를 외부의 대상 세계에 의한 표상(表象)으로 보는 무명에 의해서 분별과 망상의 세계가 벌어진다는 것을 시사하는 말이다.

【眞】 四者 緣熏習鏡 謂依法出離故 遍照衆生之心 令修善根 隨念示現故

【實】 四 眞實不空示現大義 如虛空明鏡 謂依離障法 隨所應化 現如來等種種色聲 令彼修行 諸善根故

【 진제 】 넷째는 연훈습경(緣熏習鏡)으로서 법출리(法出離)에 의지
하여 중생의 마음을 두루 비추어서 선근(善根)을 닦도록 중생들의
생각에 따라 몸을 나타내기 때문이다.

【 실차난타 】 넷째는 허공이나 밝은 거울과 같은 진실불공시현대
의(眞實不空示現大義)으로서 이장법(離障法)에 의지하여 교화할 중
생을 따라 여래의 평등한 갖가지 모습과 소리를 나타내어 그들을
여러 선근을 수행하도록 하기 때문이다.

연훈습경(緣熏習鏡)은 2종의 진여훈습의(眞如薰習義) 가운데 용훈습(用
薰習)에 상응한다. 용훈습은 중생이 깨달음을 얻는 외연(外緣)의 힘을
의미하는데, 본각(本覺)의 진실하고 청정한 마음은 일체중생이 성불할
수 있도록 돕는 외연이 된다는 의미에서 연훈습경이라고 한다.

② 불각의 상태〈不覺義〉

【 眞 】 所言不覺義者 謂不如實知 眞如法一故 不覺心起 而有
其念 念無自相 不離本覺 猶如迷人 依方故迷 若離於方 則無
有迷 衆生亦爾 依覺故迷 若離覺性 則無不覺 以有不覺 妄想
心故 能知名義 爲說眞覺 若離不覺之心 則無眞覺自相可說

【 實 】 不覺義者 謂從無始來 不如實知眞法一故 不覺心起 而
有妄念 然彼妄念 自無實相 不離本覺 猶如迷人 依方故迷 迷
無自相 不離於方 衆生亦爾 依於覺故 而有不覺 妄念迷生 然
彼不覺 自無實相 不離本覺 復待不覺 以說眞覺 不覺旣無 眞

覺亦遣

【 진제 】 불각의 상태〈不覺義〉란 진여법〈眞如法〉은 하나〔一〕임을 여실하게 알지 못하여 불각심〈不覺心〉이 일어나 그 망념〈妄念〉이 있는 것을 말한다. 그러나 망념은 그 자체의 독자적인 모습〔自相〕이 없어서 본각〈本覺〉을 여의지 않는다. 비유하면 길을 잃은 사람은 길에 의지하여 길을 잃었으므로 길을 떠나서는 길을 잃을 일이 없는 것과 같다. 중생도 마찬가지이다. 각〈覺〉에 의지하여 미혹한 것이므로 각성〈覺性〉을 떠나서는 불각〈不覺〉이 없다. 불각의 망상심이 있으므로 이름〔名義〕을 진각〈眞覺〉이라고 말하는 것임을 알 수 있다. 만약 불각심을 여의면 진각의 자상〈自相〉이라고 이야기할 수 있는 것도 없다.

【 실차난타 】 불각의 상태〈不覺義〉는 무시이래로 참된 법은 하나라는 것을 여실히 알지 못하기 때문에 불각심이 일어나 망념이 있는 것을 말한다. 그러나 그 망념은 스스로는 실상〈實相〉이 없어 본각을 여의지 않는다. 비유하면 길 잃은 사람이 길에 의지하여 길을 잃었을 뿐, 길 잃는 것은 자상〈自相〉이 없어서 길을 여의지 않는 것과 같다. 중생도 마찬가지다. 각에 의지하기 때문에 불각〈不覺〉이 있고, 망념의 미혹이 생긴다. 그러나 그 불각은 스스로는 실상이 없어 본각을 여의지 않는다. 그리고 불각을 상대〈相待〉하여 진각을 설한 것이므로, 불각이 없으니 진각도 내버린다.

이 부분은 12연기의 무명(無明)에 대한 설명이라고 할 수 있다.

우리는 지금까지 심생멸문(心生滅門) 가운데 각의 상태〈覺義〉를 살펴보았다. 심생멸문은 생멸심과 불생불멸심이 화합한 마음인데, 생멸심은 불각의 상태〈不覺義〉에 상응하고, 불생불멸심은 각의 상태〈覺義〉에 상응한다. 따라서 생멸심과 불생불멸심이 화합한 아뢰야식은 각의 상태와 불각의 상태가 화합한 마음이다. 그런데 각의 상태와 불각의 상태의 화합은 생멸심과 불생불멸심이라는 두 마음의 결합을 의미하는 것이 아니라 한마음[一心]이 작용하는 두 가지 방식[二門]을 의미한다. 즉 중생의 마음〈衆生心〉은 아뢰야식인데, 중생은 이 마음의 진실, 즉 진여를 알지 못하고 산다[生滅門]. 그렇지만 중생이 알지 못하고 있다고 해서 진실이 변하거나 사라지지 않는다[眞如門]. 중생은 불생불멸의 진여를 알지 못하여 생멸하는 망념을 일으키며 살아가지만[不覺義], 불생불멸의 진여는 중생의 마음에 변함없이 상주하기[覺義] 때문에 아뢰야식을 진망화합식(眞妄和合識)이라고 한다.

불생불멸의 진여가 본래 중생의 마음[本覺]이다. 그런데 중생이 무명 속에서 망상을 일으키며 살아가다가 진여를 깨달으면, 이것을 시각(始覺)이라고 부른다. 그리고 본각(本覺)이라는 말은 시각이라는 말로 인해서 붙여진 이름일 뿐, 본각과 시각은 근본적으로 차이가 없다.

이와 같은 논의를 거쳐서 『대승기신론』은 이제 불생불멸의 각의 상태〈覺義〉에서 생멸하는 불각의 상태〈不覺義〉가 어떻게 나타나는지를 설명한다. 바꾸어 말하면, 지금까지 각의 상태를 설명한 것은, 불각의 상태가 각의 상태에 의존하여 일어나기 때문에, 불각의 상태를 설명하기 위하여 각의 상태를 설명한 것이다.

먼저 불각의 상태라는 말의 의미를 규정한 것이 '진여법(眞如法)은 하나임을 여실하게 알지 못하여 불각심이 일어나서 존재하는 망념을 말한다〈謂不如實知 眞如法一故 不覺心起 而有其念〉'이다. '진여법은 하나'라는 말은 '일체법(一切法)은 연기하기 때문에 법계일상(法界一相)이 일체법의 진실'이라는 의미이다. 이러한 진실을 알지 못하는 마음이 불각심이며, 이것은 12연기의 무명에 상응한다. 그리고 그 불각심이 일으킨 망념이 불각의 상태다.

『대승기신론』이 여기에서 강조하는 것은 망념이 그 자체로 존재하는 것이 아니라 중생의 본심(本心), 즉 본각에 의지하고 있다는 점이다. 그렇다면 본각은 무엇이기에 망념의 의지처가 되는가? 앞에서 살펴보았듯이, 본각은 중생의 몸속에 본래부터 존재하는 실체가 아니라 '연기하는 마음', 즉 작자가 없는 인지의 과정[業報]이다. 이 인지의 과정에 인지하는 존재인 자아도 없고 인지되는 대상인 객관도 없으므로, 주객의 분별을 떠난 본래의 인지, 즉 본각을 자성청정심이라고 부른다. 이와 같이 본각은 중생의 연기하는 근본적인 인지를 의미한다. 그리고 불각심은 잘못된 인지를 의미한다. 본각도 인지이고 불각심도 인지이다. 불각심은 단지 잘못된 인지일 뿐이다. 그렇다면 무엇을 잘못 인지한 것인가? 일체법은 연기하므로 법계일상(法界一相)인데, 불각심은 그것을 분별하여 잘못 인지한 마음이다. 그리고 망념은 그 불각심이 법계일상의 일체법을 잘못 인지한 결과 나타난 착각(錯覺)이다. 이 착각은 본각에 대한 착각이며, 법계일상에 대한 착각이다. 만약에 법계일상이라는 사실이 없다면 이에 대한 착각도 있을 수 없다.

그렇다면 이러한 착각은 왜 일어나는가? 착각은 인지 작용이다. 만약에 우리에게 인지 작용이 없다면, 우리는 착각을 일으킬 수 없다. 본각은 진실한 인지 작용을 의미하므로, 모든 착각, 즉 망상은 본각의 인지 작용에 의지하고 있다고 한 것이다.

종합하여 이야기하면, 망념은 법계일상에 대한 착각이며, 그 착각은 본각의 인지 작용에 의지하여 일어난다. 그래서 '망념은 법계일상에 대한 착각이므로 자상(自相)이 없으며, 본각의 인지 작용을 여의지 않는다〈念無自相 不離本覺〉'라고 한 것이다.

【眞】復次 依不覺故 生三種相 與彼不覺 相應不離 云何爲三
【實】復次 依於覺故 而有不覺 生三種相 不相捨離

【진제】 다음으로 불각(不覺)에 의지하기 때문에 세 가지 상(相)이 생겨서 저 불각과 상응하여 떨어지지 않는다. 무엇이 세 가지 상인가?
【실차난타】 다음으로 각(覺)에 의지하기 때문에 불각이 있어 세 가지 상(相)을 낳아 서로 버리거나 여의지 않는다.

앞에서 무명(無明)에 대하여 설명하고, 이제부터는 무명에서 망념이 연기하는 것을 설명한다. 즉 법계일상을 알지 못하는 중생이 살아가면서 자아와 세계를 분별하는 과정을 무명업상(無明業相), 능견상(能見相), 경계상(境界相)으로 설명한다.

【眞】 一者 無明業相 以依不覺故心動 說名爲業 覺則不動 動
則有苦 果不離因故

【實】 一 無明業相 以依不覺 心動爲業 覺則不動 動則有苦
果不離因故

첫째는 무명업상(無明業相)이다. 불각(不覺)에 의지하여 마음(心)
이 움직이는 것을 업(業)이라고 부른다. 깨달으면 움직이지 않으
나 움직이면 괴로움이 있다. 과(果)가 인(因)을 여의지 않기 때문
이다.

무명업상(無明業相)은 12연기의 행(行)에 상응한다. 진여법(眞如法)은
하나임을 여실하게 알지 못하는 것이 불각(不覺)이다. 앞에서 살펴보
았듯이, 마투라나는 "인지의 내용은 인지 그 자체다."라고 말한다. 이것
은 인지된 대상과 인지하는 마음이 둘이 아님을 의미하며, 유식무경(唯
識無境)과 같은 의미이다. '진여법은 하나[眞如法一]'라는 말은 유식무
경을 의미하며, 법계일상을 의미한다. 이것이 마음의 실상, 즉 진여다.
　마음이 움직인다는 것은 욕망이 생기는 것을 의미한다. 욕망은 대
상에 대한 욕망이다. 욕망의 대상이 되는 인지 내용이 인지 그 자체임을
안다면 욕망은 일어나지 않는다. 그런데 욕망이 일어나는 까닭은 인지
내용이 외부에 실재한다는 착각 때문이다. 예를 들면, 아름다운 꽃을 보
고 그 꽃을 꺾어야겠다는 마음이 일어났다면, 이것이 마음이 움직인 것
이다. 아름다운 꽃이 밖에 있으므로 그것에 욕심이 생긴 것이다. 그렇다

면 진실로 아름다운 꽃이 밖에 있을까? 사실은 '아름다운 꽃'이라는 인지 내용은 '아름다운 꽃'으로 보고 있는 인지일 뿐이다. 이전에 살펴보았던 우유와 요구르트의 비유에서도 알 수 있듯이, 우리가 대상으로 인지하는 것은 실재하는 대상이 아니라 우리의 욕구가 만든 개념이다. 그런데 이런 사실을 알지 못하기 때문에 욕망이 일어난다. 이것을 '마음이 움직인다'라고 하며, 이것이 중생이 무명의 상태에서 일으키는 업(業)이다. 이렇게 욕망을 일으켜서 업을 지으면 반드시 그에 상응하는 괴로움이 생기는 것은 업보의 관계가 인과의 관계이기 때문이다.

【眞】二者 能見相 以依動故能見 不動則無見
【實】二 能見相 以依心動 能見境界 不動則無見

둘째는 능견상(能見相)이다. 마음의 움직임에 의지하여 경계(境界)를 보는 능견(能見)이 있다. 마음이 움직이지 않으면 견(見)은 없다.

능견상(能見相)은 12연기의 식(識)에 상응한다. 욕망이 일어나서 지은 업에 의해 형성된 식은 항상 어떤 대상, 즉 경계를 인식한다. 이때 인식하는 식은 욕망의 주체가 되며, 욕망의 주체가 된 식이 능견(能見)이다. 마음이 움직이지 않으면 견(見)이 없다는 것은, 욕망이 일어나지 않으면 식이 발생하지 않는다는 의미다. 우리는 모든 대상을 보는 것이 아니다. 같은 길을 가면서도, 보는 것은 사람마다 각기 다르다. 배고픈 사람에게는 식당이 보이고, 옷이 필요한 사람은 옷 가게가 보인다.

　앞에서 살펴보았듯이, 식은 업의 결과로 형성된 것이다. 여기에서는 업은 욕망에 의해서 일어나고, 그 업에 의해서 욕망의 대상을 분별하는 식이 형성된다는 것을 말하고 있다.

【眞】 三者 境界相 以依能見故 境界妄現 離見則無境界
【實】 三 境界相 以依能見 妄境相現 離見則無境

셋째는 경계상(境界相)이다. 능견(能見)에 의지하여 경계(境界)가 허망하게 나타난다. 견(見)을 여의면 경계는 없다.

경계상(境界相)은 12연기의 명색(名色)에 상응한다. 명색(名色, nāma-rūpa)을 아비다르마 불교에서는 색법(色法; 물질)과 심법(心法; 정신)으로 이해했다. 명(名, nāma)은 심법(心法)을 의미하고 색(色, rūpa)은 색법(色法)을 의미한다고 생각한 것이다. 이후로 명색은 아비다르마 불교의 해석에 따라 색법과 심법을 의미하는 것으로 이해되고 있다. 그러나 이것은 잘못된 이해다.

명색은 우파니샤드에서 사용하던 개념이다. 『찬도그야 우파니샤드』(ch.6.3.2.)에서는 명색에 대하여 다음과 같이 말한다.

그 신(神)은 "내가 이들 세 신성(神性, devatā) 안에 살아 있는 자아(atman)로 들어가서 이름과 형색(nāma-rūpe, 名色)을 드러내자!"라고 생각했다.[49]

---

49 Radhakrishnan, 앞의 책, p.450.(필자 번역)

명색은 이미 우파니샤드에서 브라만(Brahman)이 만물을 창조하고 개체 속에 아트만(Ātman)으로 들어가서 드러낸 그 존재의 고유한 이름과 형색의 의미로 사용된 개념이다. 모든 존재는 저마다 다른 이름과 형색을 지닌다. 책상은 책상의 고유한 형색과 이름이 있으므로, 우리는 책상을 형색을 보면 그것이 책상인 줄을 안다. 이와 같이 명색은 우파니샤드 철학에서 사물의 고유한 이름과 형색을 의미하는 실재론적 개념이다.

붓다도 명색이라는 개념을 우리가 인식하는 사물의 이름과 형상의 의미로 사용한다. 다만 우파니샤드에서는 명색이 객관적 존재가 지닌 고유한 이름과 형색을 의미하지만, 붓다는 이름과 형색을 인지 과정에서 우리가 붙인 개념으로 본다.

『잡아함경』(294)에서 붓다는 다음과 같이 말한다.

> 어리석고 배우지 못한 범부(凡夫)는 무명에 가리고 애욕에 묶여서 이 식신(識身)을 얻으면, 안에는 이 식신이 있고 밖에는 명색이 있다고 생각한다. 이 두 인연으로 촉(觸)이 생긴다.
> 〈愚癡無聞凡夫無明覆 愛緣繫得此識身 內有此識身 外有名色 此二因緣生觸〉[50]

이 경의 말씀은 무명업상(無明業相), 능견상(能見相), 경계상(境界相)의 설명과 일치한다. 범부가 무명에 가리고 애욕에 묶여서 짓는 업이 무

---

[50]　『대정장』2, p. 83c.

명업상이다. 그 업의 과보로 얻은 식신(識身)이 능견상이고, 안에 있는 식신의 대상으로 밖에 있는 명색이 능견(能見)에 의지하여 허망하게 나타난 경계상이다. 『숫따니빠따』(SN.909)(『불경』, 1339쪽)에서는 "보는 사람은 이름과 형색[名色]을 본다."[51]라고 말한다. 이렇게 붓다가 사용한 명색이라는 개념은 식(識)의 대상이 되는 이름과 형색을 의미할 뿐, 물질과 정신을 의미하지 않으며, 여기에서 말하는 경계상은 식을 의지하여 발생하는 12연기의 명색에 상응한다.

【眞】 以有境界緣故 復生六種相 云何爲六
【實】 以有虛妄境界緣故 復生六種相

허망한 경계의 연(緣)이 있으므로 다시 여섯 가지 상(相)이 생긴다.

능견상은 식(識)이고 경계상은 명색이다. 경계의 연(緣)이 있다는 것은 능견상인 식에 명색을 지닌 분별의 대상이 주어지는 것을 의미한다. 즉 주관과 객관의 대립구조 속에서 주관이 대상을 인식하는 상황을 의미한다. 이러한 주관과 객관의 대립구조가 12입처, 즉 내6입처(內六入處)와 외6입처(外六入處)다. 『대승기신론』은 이제부터 중생들이 진여법은 하나라는 사실을 알지 못하고 나와 세계를 분별하여 주관과 객관의 대립구조 속에서 대상을 인식할 때 어떤 일이 벌어지는지를 보

---

51 'passaṃ naro dakkhiti nāmarūpaṃ'.

여준다.

【眞】 一者 智相 依於境界心起 分別愛與不愛故
【實】 一 智相 謂緣境界 生愛非愛心

【진제】 첫째는 지상(智相)이다. 경계를 의지하여 마음이 일어나 애(愛)와 불애(不愛)를 분별하기 때문이다.
【실차난타】 첫째는 지상(智相)이다. 경계를 의지하여 생긴 애(愛), 비애심(非愛心)을 말한다.

지상(智相)은 12연기의 6입처(六入處)와 촉(觸)에 상응한다. 경계는 명색을 의미하고, 그 경계에 의지하여 일어나는 마음은 명색을 대상으로 지각하는 6입처(六入處; 眼·耳·鼻·舌·身·意)를 의미한다.

심진여(心眞如)를 해설하면서 언급했듯이 6입처는 6근이 아니다. 6입처는 지각활동을 할 때 일어나는 자아의식(自我意識)이다. 보는 행위를 할 때, 우리는 보는 자아가 의식된다. 이렇게 볼 때 나타나는 자아의식이 안입처(眼入處)이고, 이에 대립하여 보이는 대상이 색입처(色入處)다. 자아의식은 욕망으로 인하여 나타난다. 관심 없는 대상을 볼 때는 자아의식이 나타나지 않는다. 무심하게 길을 갈 때, 눈으로 길을 보며 걷지만, '내가 무엇을 본다'라는 자아의식은 나타나지 않는다. 그런데 자신이 좋아하거나 싫어하는 어떤 것을 보면, 이때 무엇인가가 보이고, 동시에 '그것을 보는 나'라는 자아의식이 생긴다. 이때 나타나는

'보는 나'가 안입처이고 '보이는 대상'이 색입처(色入處)이다. 그리고 이 때 보이는 대상은 항상 이름과 형색[名色]으로 인식된다.

좋아하는 것과 좋아하지 않는 것을 분별하는 것[分別愛與不愛]은 촉(觸)이다. 6입처를 의지하여 발생하는 촉은 외부의 대상에 대한 공간적 접촉이 아니라 정서적인 접촉이다.

『잡아함경』(306)에서는 촉에 대하여 다음과 같이 설명한다.

> 안(眼)과 색(色)을 연하여 안식(眼識)이 생기고 삼사화합(三事和合)이 촉(觸)이며, 촉에서 수(受), 상(想), 사(思)가 함께 생긴다.
> 〈眼色緣生眼識 三事和合觸 觸俱生受想思〉[52]

이 경에서는 촉을 내6입처(內六入處; 眼·耳·鼻·舌·身·意)와 외6입처(外六入處; 色·聲·香·味·觸·法) 그리고 6식(六識; 眼識·耳識·鼻識·舌識·身識·意識)의 화합(和合)으로 설명한다. 그리고 촉에서 새로운 의식인 수(受), 상(想), 사(思)가 함께 발생한다고 한다. 먼저 촉에서 수, 상, 사가 발생하는 것에 대하여 살펴보자.

정원에 피어 있는 장미를 본다고 하자. '정원에 장미가 피어 있다'라고 생각한다면, 그것은 촉, 즉 '장미가 있다'라는 느낌이 생긴 것이다.

장미를 보면 우리에게 아름답다는 느낌이 생긴다. 이렇게 '무엇이 아름답다' 또는 '무엇이 보기 싫다'라는 어떤 감정을 느끼는 것을 수

---

[52] 『대정장』2, p.87c.

(受)라고 한다. 장미를 보고서 아름답다고 느끼는 것만은 아니다. '이 장미는 보통 장미보다 더 붉고, 더 크다'라고도 생각할 수 있다. 이렇게 다른 것과 비교하고 논리적으로 사유하는 것을 상(想)이라고 한다. 장미를 보고 '이것을 꺾어 꽃병에 꽂아놓고 싶다'라는 생각이 들 수 있다. 이렇게 어떤 일을 하고자 하는 의도(意圖)를 사(思)라고 한다. 이렇게 우리의 감정[受], 이성[想], 의지[思]는 촉에 의해서 지각된 대상에 대한 의식이다. 그래서 이 경에서 촉에서 수, 상, 사가 생긴다고 한 것이다.

이렇게 촉에서 발생한 수, 상, 사는 5온의 수온(受蘊), 상온(想蘊), 행온(行蘊)이 되는데, 이들은 각각 뒤에 나오는 집취상(執取相), 계명자상(計名字相), 기업상(起業相)에 해당한다.

'경계에 의지하여 마음이 일어나 애(愛)와 불애(不愛)를 분별한다'라는 것은 명색을 대상으로 인지하는 6입처, 즉 지각하는 자아의식이 인지된 명색을 좋고 싫음의 대상으로 접촉한다는 뜻이다. '자라 보고 놀란 가슴 솥뚜껑 보고 놀란다'라는 속담처럼, 우리는 이전에 형성된 애, 불애의 감정으로 대상을 접촉한다. 이와 같이 대상을 접촉하는 촉은 공간적 접촉이 아니라 식 속에 형성된 명색에 대한 정서적 접촉이다.

【眞】二者 相續相 依於智 生其苦樂覺心 起念相應不斷故
【實】二 相續相 謂依於智 苦樂覺念 相應不斷

【진제】 둘째는 상속상(相續相)이다. 지상(智相)에 의지하여 생긴 고락(苦樂)을 느끼는 마음이 일어나는 망념에 끊임없이 상응하기

때문이다.

【 실차난타 】 둘째는 상속상(相續相)이다. 지상(智相)에 의지하여 고락을 느끼는 망념에 끊임없이 상응하는 것을 말한다.

상속상(相續相)은 5온의 식온(識蘊)에 상응한다.

식(識)은 12입처를 인연으로 발생한 분별심이다. 12입처에서 연기한 식은 촉(觸)에 의지하여 새롭게 발생한 수(受), 상(想), 사(思)를 대상으로 인식하는 가운데 인식하는 자신까지도 대상으로 인식한다. 우리는 환경에 대하여 인식할 뿐만 아니라, 우리 자신과 우리 내부 세계에 대해서도 인식한다. 우리는 대상을 인식하면서 자신이 대상을 인식하고 있다는 사실을 인식한다. 우리는 단지 알 뿐만 아니라 알고 있다는 사실을 안다. 이것이 식이다.

식은 촉에 의지하여 발생하는 수, 상, 사를 대상이 되는 존재로 인식하면서, 그들을 분별하는 식 자신도 존재로 인식하게 된다. 이렇게 스스로를 존재로 인식한 식이 5온의 식온이다. 이 식온은 이렇게 인식 대상을 고락(苦樂)의 대상으로 인식하면서 상속하기 때문에 상속상(相續相)이라고 한다.

『상윳따니까야』「2.40. 탐욕이 있으면(S.N.12.64. Atthirāgo)」(『불경』, 832쪽)에서 붓다는 이것을 다음과 같이 말한다.

비구들이여, 이미 존재하는 중생들을 머물게 하거나, 다시 존재하고 싶어 하는 중생들을 돕는 네 가지 음식이 있다오. 그 넷은 어떤 것인가? 첫째는 딱딱하거나 부드러운 덩어리음식[搏食], 둘째는 접촉음식[觸食], 셋째는 의사음식[意思食], 넷째는 분별음식[識食]이라오. 비구들이여, 이들 네 가지 음식이 이미 존재하는 중생들을 머물게 하거나, 다시 존재하고 싶어 하는 중생들을 돕는다오.

비구들이여, 만약에 덩어리음식에 대하여 탐욕이 있고 좋아하고 갈애[愛]가 있으면, 거기에 분별의식[識]이 머물면서 자란다오. 분별의식이 머물면서 자라는 곳에, 그곳에 이름과 형색[名色]의 출현이 있다오. 이름과 형색의 출현이 있는 곳에, 그곳에 행위[行]들의 증가가 있다오. 행위들의 증가가 있는 곳에, 그곳에 미래에 이후의 존재[後有]의 발생이 있다오. 미래에 이후의 존재의 발생이 있는 곳에, 그곳에 미래에 생(生)과 노사(老死)가 있다오. 비구들이여, '미래에 생과 노사가 있는 곳에 슬픔이 있고 근심이 있고 불안이 있다'라고 나는 말한다오.

접촉음식, 의사음식, 분별음식에 대해서도 마찬가지라오.

명색은 식(識)에 의해서 대상으로 인식된 존재다. 우리가 존재로 인식한 것은 우리의 마음속에 그것의 이름과 형색, 즉 명색이 있기 때문이다. 이 경에서는 우리의 마음에 이러한 명색이 생기는 까닭은 네 가지 음식에 대하여 좋아하고 탐내는 마음, 즉 희탐(喜貪)을 가질 때 식이 사라지지 않고 머물면서 커가기 때문이라고 한다. 그리고 식이 사라지지 않고 머물면서 커가기 때문에 미래에 새로운 존재[後有]가 생긴다고 한다.

여기에서 '희탐을 가질 때 식이 사라지지 않고 머물면서 커간다'라는 말은 식은 모든 대상을 기계적으로 분별하는 것이 아니라, 좋아하고 탐나는 대상을 분별하면서 유지되고 성장한다는 뜻이다. 이것을 이 경은 네 가지 음식의 비유로 설명한다. 음식을 취하여 생물이 유지되고 성장하듯이, 식은 희탐의 대상을 인식하는 가운데 그것을 자양분으로 취하여 유지되고 성장한다.

첫째 음식인 단식(摶食)은 원어로는 'kabaliṅkāra-āhāra'인데 'kabaliṅkāra'는 '덩어리로 된'이라는 의미의 형용사이고, 'āhāra'는 '영양분' 또는 '음식'의 의미다. 우리가 먹는 음식은 모두 덩어리로 되어 있다. 밥 덩어리, 고깃덩어리, 이런 것들이 음식이다. 우리의 몸은 이들 음식물을 섭취함으로써 이루어지고 유지되고 자란다. 우리는 이 몸을 '나'라고 생각한다. 이 몸이 세상에 태어나서 늙고 병들어 죽는다고 생각하는 것이 중생이다. 그래서 이 경에서 단식이 중생을 유지시키고, 새로운 중생이 생기도록 한다고 하고 있다.

두 번째 음식인 촉식(觸食)의 원어는 'phassa-āhāra'인데, 'phassa'는 18계(十八界)를 인연으로 생긴 촉(觸)이다. 따라서 촉식(觸食)은 '대상이 있다는 느낌', 즉 촉을 의미한다.

세 번째 음식인 의사식(意思食)의 원어는 'manosañcetana-āhāra'인데, 내6입처(內六入處)의 의(意)를 의미하는 'mano'와 '생각, 사유, 지각, 의도'를 의미하는 'sañcetana'의 합성어다. 전에 살펴본 바와 같이 촉에 의지하여 발생한 수(受), 상(想), 사(思)는 각각 지각, 사유, 의도를 의미하므로 의사식(意思食)은 수, 상, 사를 의미한다고 할 수 있다.

네 번째 음식인 식식(識食)의 원어는 'viññāṇa-āhāra'인데, 'viññāṇa'는 내6입처와 외6입처(外六入處)를 인연으로 발생한 식(識)이다. 따라서 식식은 12입처를 인연으로 발생한 식을 의미한다고 할 수 있다.

우리가 존재라고 생각하고 있는 것은 5온이며, 불교에서는 5온을 '일체법'이라고 부른다. 중생들은 이 5온이 객관적으로 존재한다고 생각한다. 그러나 5온은 객관적 존재가 아니라, 12입처와 촉에서 연기한 색, 수, 상, 사, 식을 우리가 끊임없이 취하여 존재라고 착각하고 있는 망상 덩어리다. 우리가 몸[色]을 변함없이 존재한다고 생각하는 것은 음식물을 계속 섭취하기 때문이다. 감정[受]이나 생각[想]도 마찬가지로 식이 촉에 의지하여 생긴 수, 상, 사를 계속하여 취하여, 그것을 존재로 인식한 것이다. 그리고 이것을 존재로 인식하는 가운데 분별하는 의식[識]을 끊임없이 취하여, 그것을 몸속에 상주(常住)하는 의식[識]이라고 생각한다. 이렇게 우리가 존재라고 생각하고 있는 5온은 12입처와 촉을 의지하여 연기한 색, 수, 상, 사, 식을 대상으로 식이 끊임없이 욕탐으로 취한 결과 나타난 망상 덩어리[蘊]다. 나무가 수분이나 자양분을 취하여 존재하며 자라나듯이, 5온은 색, 수, 상, 사, 식을 자양분으로 취하여 존재하면서 자란다. 이렇게 색, 수, 상, 사, 식은 5온을 존재하게 하고 자라나게 하는 음식과 같다.

우리가 중생의 상태에서 벗어나지 못하고 있는 것은 단식, 촉식, 의사식, 식식이라는 네 가지 음식을 취하고 있기 때문이다. 이 네 가지 음식을 탐내어 좋아하면 식이 사라지지 않고 머물면서 커가고, 이렇게 식이 커갈 때 명색이 나타나며, 명색이 나타날 때, 행(行)이 자라나고, 행이 자라날 때 미래에 자신의 존재가 생기며, 이 미래의 존재가 늙고 병들어 죽는다고 생각하기 때문에 생사윤회의 괴로움이 계속된다는 것이 이 경의 내용이다.

『대승기신론』의 이어지는 이야기는 이런 내용이다.

상속상(相續相)이 지상(智相)에 의지한다는 것은 식이 12입처에 의지하여 발생한다는 뜻이고, 고락을 느끼는 마음이 생겨서, 일어나는 망념에 끊임없이 상응한다는 것은 12입처와 촉에 의지하여 일어나는 망념, 즉 색, 수, 상, 사를 대상으로 끊임없이 고락의 감정을 일으켜서 이들 망념이 음식이 되어 식이 상속하여 머물면서 증장(增長)한다는 뜻이다. 이렇게 식온은 식이 끊임없이 상속하여 이루어진 것이기 때문에 상속상이라고 부른다.

【眞】 三者 執取相 依於相續 緣念境界 住持苦樂心 起著故

【實】 三 執著相 謂依苦樂覺念相續 而生執著

【진제 】 셋째는 집취상(執取相)이다. 상속상(相續相)에 의지하고 망념경계(妄念境界)를 의지하여 고락심(苦樂心)을 주지(住持)[53]하여 집착을 일으키기 때문이다.

【실차난타 】 셋째는 집착상(執著相)이다. 고락을 느끼는 망념〔苦樂

53　주지(住持): 산실(散失)하지 않고 유지함.

覺念)의 상속에 의지하여 집착을 일으키는 것을 말한다.

집취상(執取相)은 5온의 수온(受蘊)에 상응한다.

집취상이 상속상에 의지한다는 것은 촉(觸)에 의지하여 발생한 수(受)가 상속상인 식(識)의 대상으로 끊임없이 취해짐으로써 5온의 수온이 된다는 뜻이고, 망념경계(妄念境界)를 의지하여 고락심(苦樂心)을 주지(住持)하여 집착한다는 것은 식에 의해서 분별된 망념경계에 지속적으로 고락의 감정을 일으켜서 망념을 집착한다는 뜻이다.

【眞】 四者 計名字相 依於妄執 分別假名言相故

【實】 四 執名等相 謂依執著 分別名等諸安立相

【진제】 넷째는 계명자상(計名字相)이다. 집착에 의지하여 가명(假名)의 개념(言想)을 분별하기 때문이다.

【실차난타】 넷째는 집명등상(執名等想)이다. 집착상(執著相)에 의지하여 이름과 같은 여러 개념(安位相)을 분별하는 것을 말한다.

계명자상(計名字相)은 5온의 상온(想蘊)에 상응한다.

세상의 모든 존재, 즉 유(有)는 이름이 있다. 그 이름은 집착의 대상에 편의상 이름을 붙인(假名) 개념(言想)일 뿐이다. 그런데 중생들은 그 이름으로 분별한 것을 실재하는 존재로 착각한다. 이렇게 이름으로 분별하여, 집취상(執取相)에 의해서 취해진 5온을 존재로 착각하는 것이 계명자상이다.

『맛지마니까야』「11. 꿀덩어리경(M.N.18. Madhupiṇḍika-sutta)」(『불경』, 390쪽)에서는 이를 다음과 같이 말한다.

마하 깟짜나(Mahā Kaccāna) 존자께서는 다음과 같이 말씀하셨습니다. "존자들이여, 세존께서 간단하게 하신 말씀의 의미를 나는 이렇게 자세하게 이해하고 있습니다. 존자들이여, 보는 나[眼]와 보이는 형색[色]들을 의지하여 시각분별의식[cakkhuviññāṇa, 眼識]이 생깁니다. 셋의 만남이 접촉[觸]입니다. 접촉을 의지하여 느낌[受]이 있으며, 느낀 것을 개념으로 인식하고[yaṃ vedeti taṃ sañjānāti], 개념으로 인식한 것을 사유하고[yaṃ sañjānāti taṃ vitakketi], 사유한 것을 억측하며[yaṃ vitakketi taṃ papañceti], 억측하기 때문에 과거·미래·현재의 시각[眼]에 의해서 지각되는 형색[色]들에 대한 억측[papañca, 戲論]과 개념[saññā, 想]과 명칭(名稱, saṅkhā)이 사람에게 발생합니다.

듣는 나[耳]와 소리[聲], 냄새 맡는 나[鼻]와 향기[香], 맛보는 나[舌]와 맛[味], 만지는 나[身]와 촉감[觸], 마음[意]과 지각대상[法]도 마찬가지입니다.54 셋의 만남이 접촉입니다. 접촉을 의지하여 느낌이 있으며, 느낀 것을 개념으로 인식하고, 개념으로 인식한 것을 논리적으로 사유하고, 논리적으로 사유한 것을 억측하고, 억측하기 때문에 과거·미래·현재의 마음으로 분별하는 법(法)에 대한 억측과 개념과 명

---

54 필자 축약.

칭이 사람에게 발생합니다.

이 경은 12입처에서 식(識)이 연기하여 촉(觸)이 발생하고, 촉에서 수(受)가 발생하여 수가 집착하는 대상에 대한 명칭이 형성되는 과정을 설명하고 있다. 우리가 사용하는 이름은 고락의 감정으로 느낀 것을 개념으로 인식하여[yaṃ vedeti taṃ sañjānāti], 그것을 논리적으로 사유(思惟)하고[taṃ vitakketi], 억측함으로써[papañceti] 형성된다는 것이다.

촉(觸)에서 발생한 망념을 개념으로 인식하여 논리적으로 사유하고 억측하는 것이 5온의 상온(想蘊)이다. 이 경은 이러한 상온의 계명자상(計名字相)으로서의 모습을 잘 보여준다.

【眞】 五者 起業相 依於名字 尋名取著 造種種業故
【實】 五. 起業相 謂依執名等 起於種種諸差別業

【진제 】 다섯째는 기업상(起業相)이다. 이름[名字]에 의지하여 가명(假名)을 심사(尋伺)[55]하고 취착(取著)하여 갖가지 업을 짓기 때문이다.

【실차난타 】 다섯째는 기업상이다. 집명등상(執名等相)에 의지하여 갖가지 여러 차별(差別)된 업을 일으키는 것을 말한다.

---

55 심사(尋伺): 심(尋)은 대상에 대하여 그 뜻과 이치를 대강 심구(尋究)하는 것. 사(伺)는 한 걸음 더 나아가 세밀하게 분석하고 사찰(伺察)하는 정신작용.

기업상(起業相)은 5온의 행온(行蘊)에 상응한다.

앞에서 살펴본 『상윳따니까야』「2.40. 탐욕이 있으면(S.N.12.64. Atthirāgo)」(『불경』, 832쪽)의 "분별의식[識]이 머물면서 자라는 곳에, 그곳에 이름과 형색[名色]의 출현이 있다오. 이름과 형색의 출현이 있는 곳에, 그곳에 행위[行]들의 증가가 있다오. 행위들의 증가가 있는 곳에, 그곳에 미래에 이후의 존재[後有]의 발생이 있다오."라는 말씀 가운데, '이름과 형색[名色]의 출현'은 계명자상(計名字相)에 상응하고, '행위[行]들의 증가'는 기업상에 상응한다.

앞에서 식(識)은 색(色), 수(受), 상(想), 사(思)를 대상으로 머물면서 이들을 취하여 증장(增長)한다는 것을 살펴보았다. 이 식의 증장이 행(行)의 증가다. 12연기에 의하면 식은 행에 의지하여 발생한다. 따라서 식이 증장하려면 행이 증가(增加)해야 한다. 붓다가 깨달은 것은 이러한 사실이었다.

『상윳따니까야』「2.41. 성(城, S.N.12.65. Nagaraṃ)」(『불경』, 833~835쪽)에서 붓다는 자신이 연기법을 깨닫는 과정을 이렇게 말한다.

비구들이여, 예전에 정각(正覺)을 성취하지 못한 보살이었을 때, 나는 이렇게 생각했다오.
'이 세간은 늙고 죽고 없어지고[cavati] 생기는[upapajjati] 고난에 빠져 있다. 그런데 이러한 노사(老死)의 괴로움에서 벗어날 줄을 모르고 있다. 실로 언제쯤이나 노사의 괴로움에서 벗어날 줄을 알게 될까?'
비구들이여, 그때 나는 이렇게 생각했다오.

'도대체 무엇이 있는 곳에 노사가 있을까? 무엇에 의지하여 노사가
있을까?'

비구들이여, 그때 통찰지[般若]로 이치에 맞는 생각을 함으로써 나에
게 다음과 같은 이해가 생겼다오.

'생이 있는 곳에 노사가 있다. 생에 의지하여 노사가 있다.'

비구들이여, 그때 나는 이렇게 생각했다오.

'도대체 무엇이 있는 곳에 생이 있을까? … 유(有)가 있을까? … 취
(取)가 있을까? … 갈애[愛]가 있을까? … 느낌[受]이 있을까? … 접촉
[觸]이 있을까? … 6입처(六入處)가 있을까? … 도대체 무엇이 있는
곳에 이름과 형색[名色]이 있을까? 무엇에 의지하여 이름과 형색이
있을까?'

비구들이여, 그때 통찰지로 이치에 맞는 생각을 함으로써 나에게 다
음과 같은 이해가 생겼다오.

**'분별의식[識]이 있는 곳에 이름과 형색이 있다. 분별의식에 의지하여
이름과 형색이 있다.'**

비구들이여, 그때 나는 이렇게 생각했다오.

'도대체 무엇이 있는 곳에 분별의식이 있을까? 무엇에 의지하여 분
별의식이 있을까?'

비구들이여, 그때 통찰지로 이치에 맞는 생각을 함으로써 나에게 다
음과 같은 이해가 생겼다오.

**'이름과 형색이 있는 곳에 분별의식이 있다. 이름과 형색에 의지하여
분별의식이 있다.'**

비구들이여, 그때 나는 이렇게 생각했다오.

'그런데 **분별의식은 되돌아가서 이름과 형색에서 더 이상 가지 못한다. 늙거나 태어나거나 죽거나 없어지거나 생긴다면, 그것은 바로 이름과 형색에 의존하고 있는 분별의식일 따름이다. 분별의식에 의지하여 이름과 형색이, 이름과 형색에 의지하여 6입처가, 6입처에 의지하여 접촉이 …생에 의지하여 노사와 근심·슬픔·고통·우울·고뇌가 생긴다.** 이와 같이 순전한 괴로움 덩어리[苦蘊]의 쌓임[集]이 있다.'

'쌓임이다[samudayo, 集]! 쌓임이다!' 비구들이여, 나에게 이와 같이 이전에 들어 본 적 없는 법(法)들에 대하여 안목이 생기고, 앎이 생기고, 통찰지가 생기고, 명지(明智)가 생기고, 광명이 생겼다오.

비구들이여, 그때 나는 이렇게 생각했다오.

'무엇이 없는 곳에 노사가 없을까? 무엇이 소멸하면[滅] 노사가 소멸할까?'

비구들이여, 그때 통찰지로 이치에 맞는 생각을 함으로써 나에게 다음과 같은 이해가 생겼다오.

'생이 없는 곳에는 노사가 없다. 생이 소멸하면 노사가 소멸한다.'

비구들이여, 그때 나는 이렇게 생각했다오.

'무엇이 없는 곳에 생이 없을까? … 유가 없을까? … 취가 없을까? … 갈애가 없을까? … 느낌이 없을까? … 접촉이 없을까? … 6입처가 없을까? … 무엇이 없는 곳에 이름과 형색이 없을까? 무엇이 소멸하면 이름과 형색이 소멸할까?'

비구들이여, 그때 통찰지로 이치에 맞는 생각을 함으로써 나에게 다음과 같은 이해가 생겼다오.

'분별의식이 없는 곳에는 이름과 형색이 없다. 분별의식이 소멸하면 이름과 형색이 소멸한다.'

비구들이여, 그때 나는 이렇게 생각했다오.

'무엇이 없는 곳에 분별의식이 없을까? 무엇이 소멸하면 분별의식이 소멸할까?'

비구들이여, 그때 통찰지로 이치에 맞는 생각을 함으로써 나에게 다음과 같은 이해가 생겼다오.

'이름과 형색이 없는 곳에는 분별의식이 없다. 이름과 형색이 소멸하면 분별의식이 소멸한다.'

비구들이여, 그때 나는 이렇게 생각했다오.

'참으로 나는 깨달음의 길을 이해했다. 이름과 형색이 소멸하면 분별의식이 소멸하고, 분별의식이 소멸하면 이름과 형색이 소멸하고, 이름과 형색이 소멸하면 6입처가 소멸하고, 6입처가 소멸하면 접촉이 소멸하고, … 생이 소멸하면 노사와 근심·슬픔·고통·우울·고뇌가 소멸한다. 이와 같이 순전한 괴로움 덩어리의 소멸이 있다.'

'소멸이다[nirodho]! 소멸이다!' 비구들이여, 나에게 이와 같이 이전에 들어 본 적 없는 법들에 대하여 안목이 생기고, 앎이 생기고, 통찰지가 생기고, 명지가 생기고, 광명이 생겼다오.

우리의 삶은 식(識)과 명색이 상호적인 인과관계를 반복하는 과정이다. 이러한 식과 명색의 상호적 인과관계는 업을 통해서 이루어진다.

식이 명색을 대상으로 인식함으로써 명색은 식에 의존하여 드러난다. 이렇게 드러난 명색을 대상으로 집착하여 업을 지음으로써 식은 새로운 명색을 인식할 수 있는 식으로 증장한다. 이렇게 증장한 식에 의해서 명색이 대상으로 드러나고, 그 대상을 집착하여 업을 지음으로써 식은 다시 증장한다. 이러한 순환적인 인과관계가 식과 명색의 상호의존관계이다. 이것을 유식사상에서는 종자생현행(種子生現行), 현행훈종자(現行熏種子)로 표현한다. 종자(種子)는 식이고, 현행(現行)은 명색이다. 명색이 명언종자(名言種子)로서 식을 훈습하고, 명언종자(名言種子)가 훈습된 식은 명색을 인식의 대상으로 드러낸다. 붓다가 깨달은 연기법은 이러한 식과 명색이 상호의존적으로 전개되는 생로병사(生老病死)의 근본구조이다.

그래서 붓다는 "분별의식[識]은 되돌아가서 이름과 형색[名色]에서 더 이상 가지 못한다. 늙거나 태어나거나 죽거나 없어지거나 생긴다면, 그것은 바로 이름과 형색[名色]에 의존하고 있는 분별의식[識]일 따름이다. 분별의식에 의지하여 이름과 형색이, 이름과 형색에 의지하여 6입처가, 6입처에 의지하여 접촉이 …. 생에 의지하여 노사와 근심·슬픔·고통·우울·고뇌가 생긴다."라고 말한다. 이것이 12연기의 행(行)이다. 무명의 상태에서 식과 명색이 상호의존하는 삶, 즉 업을 통해서 형성된 식에 의지하여 명색이 나타나면, 6입처, 촉, 수, 애, 취를 통해서 새로운 유(有)가 식의 대상으로 주어지는 것, 이것이 12연기의 무명(無明)에서 연기한 행의 구체적인 모습이다.

【眞】 六者 業繫苦相 以依業受果 不自在故

【實】 六 業繫苦相 謂依業受苦 不得自在

여섯째는 업계고상(業繫苦相)이다. 업(業)에 의해 괴로운 과보[苦
果]를 받아 자유롭지 못하기 때문이다.

업계고상(業繫苦相)은 12연기의 생, 노사, 근심, 슬픔, 고통, 우울, 고뇌
에 상응한다.

앞에서 언급했듯이, 12연기의 무명에서 유(有)에 이르는 과정은
기업상(起業相)이고, 생, 노사, 근심, 슬픔, 고통, 우울, 고뇌는 그 업의
결과로 뒤따르는 업계고상이다.

【眞】 當知 無明能生一切染法 以一切染法 皆是不覺相故

【實】 是故當知 一切染法 悉無有相 皆因無明而生起故

【진제】 마땅히 무명이 일체 염법(染法)을 내고 있음을 알아야 한
다. 일체 염법(染法)은 모두가 불각상(不覺相)이기 때문이다.

【실차난타】 그러므로 일체 염법(染法)은 모두 무명을 인하여 생
기(生起)하기 때문에 자상(自相)이 없음을 알아야 한다.

지금까지의 논의에 대한 결론으로서, 12연기의 유전문(流轉門)과 5온
은 무명에서 연기한 망념(妄念)임을 밝힌 것이다.

【眞】 復次 覺與不覺有二種相 云何爲二 一者同相 二者異相

【實】 復次 覺與不覺 有二種相 一同相 二異相

다음으로 각(覺)과 불각(不覺)은 두 가지 상(相)이 있다. 첫째는 동상(同相)이고 둘째는 이상(異相)이다.

지금까지 심생멸문을 각의 상태〈覺義〉와 불각의 상태〈不覺義〉로 나누어 논의했는데, 여기에서 같은 점〈同相〉과 다른 점〈異相〉을 통해 각의 상태와 불각의 상태를 비교하면서 심생멸문에 대한 논의를 마무리한다.

【眞】 同相者 譬如種種瓦器 皆同微塵性相 如是無漏 無明 種種業幻 皆同眞如性相 是故修多羅中 依於此眞如義故 說一切衆生 本來常住 入於涅槃 菩提之法 非可修相 非可作相 畢竟無得 亦無色相可見 而有見色相者 唯是隨染業幻所作 非是智色不空之性 以智相無可見故

【實】 言同相者 如種種瓦器 皆同土相 如是無漏無明種種幻用 皆同眞相 是故佛說 一切衆生 無始已來 常入涅槃 菩提 非可修相 非可生相 畢竟無得 無有色相 而可得見 見色相者 當知 皆是隨染幻用 非是智色不空之相 以智相不可得故 廣如彼說言

【진제】 동상(同相)이란, 비유하면 갖가지 기와와 그릇이 모두 같은 미진성(微塵性)의 상(相)이듯이 무루(無漏)와 무명의 갖가지 업

환(業幻)은 모두 같은 진여성상(眞如性相)이다. 그래서 수다라(修多羅) 가운데서 이 진여의 상태에 의하여, "일체중생은 본래부터 열반(涅槃)에 들어가 상주하고 있으며, 보리(菩提)의 법은 닦을 수 있는 모습도 아니요, 지을 수 있는 모습도 아니며, 필경 얻을 수가 없으며, 또한 볼 수 있는 색상(色相)이 없음에도 색상을 보는 자가 있는 것은 오직 염(染)에 따라 업환(業幻)이 만든 것일 뿐, 이것은 지색불공(智色不空)의 성(性)이 아니다. 지상(智相)은 볼 수 있는 대상으로 존재하지 않기 때문이다."라고 한 것이다.

【 실차난타 】 동상(同相)이란 비유하면 기와와 그릇이 모두 같은 흙[土相]인 것과 같다. 이와 같이 무루와 무명의 갖가지 환용(幻用)은 모두 동일한 진상(眞相)이다. 그래서 부처님께서 말씀하시기를 "일체중생은 무시이래로 항상 열반에 들어 있으며, 보리는 닦을 수 있는 것[非可修相]이 아니며, 낳을 수 있는 것이 아니며[非可生相], 끝내 얻을 수 없으며[畢竟無得], 볼 수 있는 색상(色相)이 없다. 색상을 보는 것은 모두 염(染)에 따르는 환(幻)의 용(用)[隨染幻用]일 뿐, 이것은 지색불공(智色不空)의 상(相)은 아니라는 것을 알아야 한다. 왜냐하면 지상은 불가득(不可得)이기 때문이다."라고 자세하게 말씀하셨다.

먼저 각(覺)과 불각(不覺)의 공통점을 논한다. 기와와 그릇의 비유에서 미진성(微塵性)은 각(覺)을 뜻하고, 기와와 그릇은 무루과 무명의 업환(業幻)을 뜻한다. 진흙으로 만들어진 기와와 그릇은 이름과 형색[名色]

의 차이로 인해서 서로 다르게 보이지만, 이들이 지닌 진흙이라는 본성[微塵性]은 다르지 않다. 즉, 기와와 그릇도 미진성이고 진흙도 미진성이다. 본각(本覺)은 불각(不覺)의 본성이므로 본성의 측면에서 보면 각과 불각은 차이가 없다는 뜻이다.

그렇다면 불각의 본성인 본각은 어떤 것인가? 그것은 심진여(心眞如)다. 이전에 살펴보았듯이, 심진여는 연기하는 마음이며, 법계일상(法界一相)이다. 붓다는 우리가 마음이나 의식이라고 부르는 것은 실체로서 존재하는 것이 아니라, 삶을 통해 연기하는 것임을 깨달았으며, 그것이 12연기다. 이전에 살펴본 『상윳따니까야』 「2.13. 의지하여」(『불경』, 802쪽)에서 붓다는 연기를 진여라고 부른다.

> 비구들이여, **무명에 의지하여 행위들이 있다.** 비구들이여, 여기에서 **이 의존성[idappaccayatā]은 진여[tathatā, 眞如]이며,** 거짓이 아니며[avitathatā], 차별이 없다[anaññathatā]. 비구들이여, 이것을 **연기**라고 부른다.

무명에 의지하여 행위들[行]이 있다는 것은 불각(不覺)의 업환(業幻)이 있음을 뜻한다. 그런데 무명에 의지하여 행위들[行]이 나타나는 이 의존성(idappaccayatā)은 진여이며, 이것을 연기라고 한다는 것이 이 경의 의미다. 다시 말하면, 12연기의 유전문(流轉門), 즉 불각의 업환도 연기라는 진여를 벗어나지 않음을 이 경은 말하고 있다.

문제는 연기한다는 사실을 알지 못하는 데 있을 뿐, 연기 그 자체에는 문제가 없다. 중생도 연기하는 법계일상(法界一相)으로 살아가고, 붓다도 연기하는 법계일상으로 살아간다. 단지 중생은 일체법이 연기한다는 사실을 알지 못할 뿐이다. 자신이 알든 알지 못하든, 모든 중생은 연기하는 법계일상을 벗어나지 못한다. 따라서 모든 중생은 본래 열반에 들어 있다. 불교 수행은 열반에 들어가기 위한 것이 아니라, 이미 열반에 들어 있음을 깨닫기 위한 것이다. 그러므로 깨달음[菩提之法]은 닦을 수 있는 것도 아니고[非可修相], 만들 수 있는 것도 아니며[非可作相]. 수행을 통해서 얻을 것도 없다[畢竟無得].

'볼 수 있는 색상(色相)이 없음에도 색상을 보는 자가 있는 것은 오직 염(染)에 따라 업환(業幻)이 만든 것일 뿐〈無色相可見 而有見色相者 唯是隨染業幻所作〉'이라는 것은 시각(始覺)을 말한 것이다. 시각은 불각(不覺)의 범부가 상사각, 수분각을 거쳐서 마침내 진여를 깨닫는 구경각을 뜻한다. 이때 시각(始覺)은 깨달음이라는 대상이 있어서 그것을 깨닫는 것이 아니라 본래부터 주객(主客)의 분별이 없는 마음의 본성을 비로소 깨닫는 것이므로 '깨달음[菩提之法]은 볼 수 있는 형색(形色)이 없다[無色相可見]'라고 한 것이다. '그렇지만 색상(色相)을 보는 자가 있다는 것은 오직 염(染)에 따라 업환(業幻)이 만든 것일 뿐[而有見色相者]'이라는 말은 시각(始覺)이 무명의 상태에서[隨染] 상사각, 수분각 등의 수행[業幻]을 통해서 얻은[所作] 깨달음임을 뜻이다.

'이것은 지색불공(智色不空)의 성(性)이 아니다. 지상(智相)은 볼 수 있는 것이 없기 때문이다〈非是智色不空之性 以智相無可見故〉'라는 말은 시각(始覺)이 본각과 다름이 없음을 의미한다. 지상은 불각의 상태〈不

覺義〉 가운데 경계(境界)를 의지하여 그것을 지각하는 마음, 즉 6입처
다. 6입처는 색(色)을 대상으로 지각하기 때문에 여기에서 지색불공지
성(智色不空之性)이라고 하고 있으며, 시각(始覺)의 깨달음은 대상을 지
각하는 주관(主觀)인 6입처에 의한 것이 아니기 때문에 '이것은 지색불
공(智色不空)의 성(性)이 아니다〈非是智色不空之性〉'라고 한 것이다. 그리
고 시각(始覺)은 망념, 즉 6입처의 경계가 무상임을 깨달은 것이기 때
문에 '지상(智相)은 볼 수 있는 것이 없기 때문이다〈以智相無可見故〉'라
고 한 것이다.

　　【眞】 異相者　如種種瓦器　各各不同　如是　無漏　無明　隨染幻
　　差別　性染幻差別故
　　【實】 異相者　如種種瓦器　各各不同　此亦如是　無漏　無明　種
　　種幻用相差別故

　　【진제】 이상(異相)이란 갖가지 기와와 그릇이 각각 같지 않듯이
　　무루와 무명은 수염환차별(隨染幻差別)이고, 성염환차별(性染幻差
　　別; 無明法은 평등성을 어긴 것으로서, 그 본성에 있는 차별)이기 때문이다.
　　【실차난타】 이상(異相)이란 갖가지 기와와 그릇이 각각 같지 않
　　듯이 무루와 무명의 갖가지 환용상(幻用相)의 차별이기 때문이다.

무루는 번뇌가 없는 상태를 의미하며, 4성제의 도성제(道聖諦), 즉 8정
도를 뜻한다. 이러한 무루의 차별을 수염환차별(隨染幻差別)이라고 한

다. 무루의 차별을 수염환차별이라고 하는 까닭은, 무루법(無漏法)은 본래 차별이 없으나 염법(染法)의 차별상에 따라 차별이 있기 때문이다. 이것은 8정도라는 수행의 구조는 차이가 없지만, 중생들이 물든 탐진치(貪瞋痴)의 정도에 따라 구체적인 수행에 차이가 있음을 의미한다.

무명은 진여 법신을 알지 못하는 것을 의미한다. 중생들은 연기하는 법계일상의 진여 법신을 알지 못하기 때문에, 주객(主客)을 구분하여 갖가지 차별된 분별(分別)을 일으킨다. 즉 무명에 의지하여 일어나는 12연기의 유전문(流轉門)이 무명의 차별이며, 이것을 성염환차별(性染幻差別)이라고 한다. 무명의 차별을 성염환차별이라고 하는 까닭은 12연기의 유전문은 그 본성(本性)이 염법(染法)인 무명이 일으킨 허망한 차별이기 때문이다.

원효대사는 『대승기신론소』에서 "무루는 본각(本覺)과 시각(始覺)이고, 무명은 근본불각(根本不覺)과 지말불각(支末不覺)이다. 이 둘은 모두 업의 작용이 있어서 현현(顯現)한 것일 뿐, 고정된 존재가 아니기 때문에 업환(業幻)이라고 부른다.〈無漏者 本覺始覺也 無明者 本末不覺也 此二皆有業用顯現 而非定有 故名業幻〉[56]"라고 하여 무루의 차별을 본각과 시각의 차별로 보고 있는데, 사실은 이렇게 보는 것이 옳다. 이미 본각과 시각에 대한 논의가 앞에 있었고, 무명에서 여러 차별상이 연기하는 것을 설명했으며, 그 논의의 결과를 여기에서 이야기한 것이므로 『대승기신론』의 논의 안에서 본다면 원효대사의 해석이 옳다. 필자는

---

56 은정희 역주, 『원효의 대승기신론 소·별기』, p. 212.

니까야의 관점에서 해석하여 그 의미를 좀 더 확실하게 드러내기 위해서 8정도를 무루로 해석한 것일 뿐, 근본에서는 차이가 없다. 그리고 무명을 근본불각(根本不覺)과 지말불각(支末不覺)으로 해석한 것도 필자의 해석과 다름이 없다. 왜냐하면 12연기의 12지(支) 가운데 무명은 근본불각이고, 나머지는 지말불각이기 때문이다.

아무튼, 여기에서 각(覺)과 불각(不覺)의 같은 점과 다른 점을 논하는 것은, 모든 중생이 본래 열반에 있지만[同相], 다양한 수행(修行)과 다양한 중생이 존재하는 현실[異相]을 설명하기 위한 것이다.

(3) 생멸인연(生滅因緣)

【眞】 復次 生滅因緣者 所謂衆生 依心意意識轉故
【實】 復次 生滅因緣者 謂諸衆生 依心意識轉

다음으로 생멸인연(生滅因緣)이란 이른바 중생이 마음[心]에 의지하여 의(意)와 의식(意識)을 전변(轉變)하는 것을 말한다.

이 부분은 심생멸(心生滅)을 설명하면서 '여래장에 의지하여 생멸심이 존재하는 것을 말한다. 이른바 불생불멸(不生不滅)이 생멸(生滅)과 화합하여 동일(同一)하지도 않고 다르지도 않은 것을 아리야식(阿梨耶識)이라고 부른다.〈依如來藏故 有生滅心 所謂不生不滅與生滅和合 非一非異 名爲阿梨耶識〉'라는 말을 자세하게 설명하는 부분이다. 생멸인연(生滅因

緣)은 생멸심의 연기를 의미한다. 그리고 여기에서는 연기를 아뢰야식의 전변(轉變)로 설명한다. 즉, 진여는 불생불멸심(不生不滅心)인데 어떻게 생멸심이 있을 수 있는가를 아뢰야식의 전변으로 설명한 것이다.

무착(無着; Asaṅga)은 『섭대승론본(攝大乘論本)』 제2 「소지의분(所知依分)」에서 아뢰야식의 전변을 다음과 같이 설명한다.

> 아뢰야식(阿賴耶識)을 떠나서는 달리 얻을 수 없으므로 아뢰야식이 심체(心體)가 된다. 이 아뢰야식이 종자(種子)가 되어 의(意)와 식(識)이 전변한다. 어찌하여 심(心)이라고도 부르는가? 갖가지 법(法)의 훈습(熏習) 종자(種子)가 적집(積集)되어 있기 때문이다.
> 〈心體第三 若離阿賴耶識無別可得 是故成就阿賴耶識以爲心體由此爲種子 意及識轉何因緣故亦說名心 由種種法熏習種子所積集故〉[57]

훈습된 종자가 모여 있는 아뢰야식이 심체(心體)가 되어 의(意)와 식(識)이 전개된다는 것이 유식사상의 아뢰야식 전변이다.

유식사상에서는 우리의 마음을 이렇게 심(心), 의(意), 식(識), 세 가지로 나눈다. 인간은 착한 일도 하고 악한 일도 하면서 살아간다. 인간의 마음은 이러한 선악업(善惡業)에 의해 훈습(熏習)된다. 훈습이란 종이에 향기가 배어들 듯이 인간의 행위가 마음에 습관으로 배어드는 것을 말한다. 마음이 훈습되면 그 마음에는 습기(習氣)가 있게 되는데,

---

57 『대정장』 31, p. 134a.

이 습기를 종자(種子)라고도 부른다.[58] 인간의 마음은 과거의 삶에 의한 선악업의 결과로 더럽게 혹은 깨끗하게 여러 가지로 훈습된 수많은 습기, 즉 종자가 모여 있다.[59] 이렇게 업의 결과인 종자가 모여 있는 마음이 '심(心)'이며 '아뢰야식'이다. 이 마음에 모여 있는 종자에서 모든 법(法)이 일어난다. 종자가 인(因)이 되어 법이 과(果)로써 나타나는 것이다. 이렇게 아뢰야식은 업의 결과, 즉 법이 종자로 모여 있는 곳이며, 동시에 법을 일으키는 업이 발생하는 근원이다.

우리가 '내적(內的) 자아(自我)'라고 집착하고 있는 것은 이 아뢰야식이다. 이렇게 업의 결과이며 업이 발생하는 근원인 아뢰야식을 불변의 내적 자아로 생각하고 집착하는 마음이 '의(意)'이며 '말나식'이다. '식(識)'은 감각적 지각을 통해 대상을 인식하는 안식(眼識), 이식(耳識), 비식(鼻識), 설식(舌識), 신식(身識), 의식(意識), 즉 '6식(六識)'을 말한다. 이렇게 유식사상에서는 대상을 인식하는 여섯 가지 의식을 '6식'이라고 부르고 말나식을 '제7식(第七識)', 아뢰야식을 '제8식(第八識)'이라고 부른다. 우리들이 이야기하는 자아와 세계는 모두 이들 마음이 전변(轉變)한 것이다.[60]

이렇게 유식사상에서는 업의 근원이 마음인 점을 강조하여 자아와 세계를 마음의 전변으로 보고, 가장 근원이 되는 마음, 즉 제8식을

58　護法等菩薩 造,『成唯識論』, 玄奘 譯, 권2. "種子旣是習氣異名".(『대정장』 31, p. 8b)

59　같은 책, "諸有情心 染淨諸法所熏習故 無量種子之所積集".

60　위의 책, 권1. "由假說我法 有種種相轉 彼依識所變 此能變唯三 謂異熟思量 及了別境識".(『대정장』 31, p. 1a)

중심으로 자아와 세계를 설명한다. 생사의 세계[世間]이건, 열반의 세계[出世間]이건, 모두가 제8식의 종자에서 연기한다. 이 마음은 세간과 출세간의 모든 종자를 섭지(攝持)하므로 '종자식'이라고도 부른다. 그리고 유식사상에서는 이러한 아뢰야식에서 세간(世間)이 연기하는 것을 전변(轉變)이라고 하고, 세간에서 벗어나는 출세간의 연기를 전의(轉依)라고 한다.

① **아뢰야식**(阿賴耶識)**에서 의**(意; 第7 末那識)**의 전변**(轉變)

【眞】 此義云何 以依阿梨耶識說有無明 不覺而起能見能現能取境界 起念相續 故說爲意 此意復有五種名 云何爲五

【實】 此義云何 以依阿賴耶識有無明 不覺起能見能現能取境界 分別相續說名爲意 此意復有五種異名

【진제】 그 내용은 어떠한가? 아리야식(阿梨耶識)에 의지하여 무명(無明) 불각(不覺)이 있어 능견(能見), 능현(能現), 능취경계(能取境界)를 일으키는 것을 말한다. 망념을 일으키는 일이 상속하기 때문에 이것을 의(意)라고 부른다. 의는 다시 다섯 가지 이름이 있다.

【실차난타】 그 내용은 어떠한가? 아뢰야식에 의지하여 무명 불각이 있어 능견, 능현, 능취경계를 일으키는 것을 말한다. 분별이 상속하는 것을 의(意)라고 부르며, 의는 다시 다섯 가지 다른 이름〔異名〕이 있다.

아뢰야식의 전변(轉變)을 간단하게 설명하는 부분이다. 생멸인연은 대체로 이전에 살펴본 불각의 상태〈不覺義〉에 상응한다.

'아뢰야식에 의지하여 무명 불각(不覺)이 있어 능견(能見), 능현(能現), 능취경계(能取境界)를 일으킨다〈以依阿梨耶識說有無明不覺 而起能見 能現能取境界〉'라는 말은 이전에 불각의 상태의 '진여법은 하나[一]임을 여실하게 알지 못하여 불각심(不覺心)이 일어나 그 망념이 있다〈不如實 知 眞如法一故 不覺心起 而有其念〉'에 상응한다. 아뢰야식이 없으면 아뢰야식에 대한 무명 불각도 있을 수 없으므로, 아뢰야식에 의지하여 무명 불각이 있다고 한 것이며, '불각심이 일어나서 망념이 있다'라는 말은 아뢰야식에 대한 무지로 인하여 능견, 능현, 능취경계가 일어나서 아뢰야식의 전변에 의한 망념이 있다는 의미다.

이렇게 아뢰야식에 대한 무지에 의해서 일어난 불각심(不覺心), 즉 능견, 능현, 능취경계를 상속(相續)하게 하는 것이 자아의식인 의(意, manas; 末那識)다. 우리는 자신의 지각구조를 통해 인지함으로써 자신의 세계를 만든다. 그리고 자신이 만든 세계를 대상으로 인식하며 살아간다. 이렇게 인지의 과정으로서의 마음은 두 가지 작용, 즉 대상을 인지하는 작용과 세계를 만드는 작용을 한다. 여기에서 능견은 이러한 사실을 알지 못한 중생이 대상을 인지하는 작용을 인지하는 자아로 착각하는 것이고, 능현은 세계를 만들어서 대상화하는 것을 의미하며, 능취경계는 대상화된 세계를 욕망의 대상으로 취하는 것[能取境界]을 의미한다. 아뢰야식에는 업의 결과인 종자(種子)가 모여 있을 뿐[有業報], 작자로서의 자아는 없다[無作者]. 이러한 아뢰야식의 진여를 알지 못하고 아뢰야식을 자아로 취하는 마음이 의(意)이며, 의는 범어 'manas'의 한역(漢譯)이므로 음역(音譯)하여 말나식(末那識)이라고 부른다.

이 부분은 불각의 상태〈不覺義〉의 '불각(不覺)에 의지하기 때문에 세 가지 상(相)이 생겨서 저 불각(不覺)과 상응하여 떨어지지 않는다〈依不覺故 生三種相 與彼不覺 相應不離〉'에 상응한다.

이제 자아의식, 즉 의(意)의 작용을 다섯 가지 다른 이름으로 구체적으로 설명한다.

【眞】 一者 名爲業識 謂無明力不覺心動故
【實】 一 名業識 謂無明力 不覺心動

첫째는 업식(業識)이라고 부른다. 무명(無明)의 힘이 불각심(不覺心)을 움직이는 것을 말한다.

아뢰야식에서 의(意), 즉 자아의식이 전변한다는 것은 어떤 의미인가? 아뢰야식은 이전의 업의 결과가 종자의 형태로 모여 있는 과보식이다. 우리가 자아라고 말하는 것은 과거에 행한 자신의 업이다. "너는 누구인가?"라는 질문을 받으면, 누구나 자신의 과거를 이야기한다. "나는 어디에서 태어났고, 어느 학교에 다녔고, 어떤 생각으로 살았고, 어떤 일을 했다."라고 말한다. 이렇게 자신이 기억하는 과거가 자신이 '나'라고 생각하는 존재의 실상이다. '나'라는 존재가 태어나서 살고 있는 것이 아니라, 삶을 통해 형성된 경험의 집합을 우리는 '나'라는 존재로 생각하고 있다. 우리의 이러한 무지의 삶을 업식(業識)이라고 부른다. 업의 결과인 아뢰야식을 업의 작자(作者)로 착각하여 '내가 있다는 생각', 즉 불각심(不覺心)을 일으키는 것이 업식(業識)인 것이다. 바꾸어 말하면, 우리는 '업보는 있으나 작자는 없다'라는 진실을 알지 못하여 자아에 기반을 두고 행동하게 되는데, 이것이 업식이며, 무명에 의지하여 발생하는 12연기의 행(行)을 뜻한다. 이 업식은 불각의 상태〈不覺義〉의 무명업상(無明業相)에 상응한다.

【眞】 二者 名爲轉識 依於動心能見相故
【實】 二 名轉識 謂依動心 能見境相

둘째는 전식(轉識)이라고 부르는 것으로서 동심(動心)에 의지하고 있는 능견상(能見相)을 말한다.

능견상(能見相)은 대상을 인지하는 작용인데, 실차난타 삼장은 능견경상(能見境相)이라고 하여 능견상이 대상을 인지하는 작용임을 분명하게 보여준다. 앞의 업식(業識)이 '인지하는 자아가 있다는 생각'이라면, 전식(轉識)은 그 생각으로 명색(名色)을 가지고 대상을 분별하는[能見相] 의식이다. 이것은 명색과 상호의존하는 12연기의 식(識)에 상응하며, 불각의 상태〈不覺義〉의 능견상과 같은 것이다.

【眞】 三者 名爲現識 所謂能現一切境界 猶如明鏡 現於色像

現識亦爾 隨其五塵 對至卽現 無有前後 以一切時 任運而起
常在前故
【實】三 名現識 謂現一切諸境界相 猶如明鏡 現眾色像 現識
亦爾 如其五境 對至卽現 無有前後 不由功力

셋째는 현식(現識)이라고 부르는 것으로서 이른바 일체의 경계를
나타내는 것을 말한다. 비유하면, 밝은 거울이 색상(色像)을 나타
내는 것과 같다. 현식도 마찬가지로 5진(五塵)을 따라 대상에 이
르면 나타나는 것으로서 (現識과 五塵 사이에) 전후(前後)가 없나니,
일체시(一切時)에 자연히[任運]⁶¹일어나 항상 앞에 있기 때문이다.

이전에 살펴보았듯이, 산티아고 이론에 따르면, 인지는 독립적이고 미
리 주어진 세계의 표상이 아니라 탄생하는 세계의 표상이다. 살아가는
과정에서 특정 생물에 의해 탄생하는 것은 세계가 아니면서 동시에
세계다. 그 세계는 항상 그 생물의 구조에 따라 달라진다.

　마투라나와 바렐라는 우리가 물질을 만들어 내는 '바깥 거기(out
there)'가 아무것도 없는 진공이라고 주장하지 않는다. 그곳에는 물질세
계가 존재한다. 그러나 그 세계는 미리 결정된 어떤 특징도 갖지 않는
다. 산티아고 이론의 저자들은 '아무것도 존재하지 않는다'라고 주장하

61　임운(任運): '아무런 사정도 첨가하지 않고 저절로, 자연(自然)히, 여연(如然)히, 법연(法
　　然)히, 으레'라는 뜻.

지 않는다. 단지 그들은 인지 과정과 무관한 '어떤 것도 존재하지 않는다'라고 주장할 따름이다. 객관적으로 존재하는 구조란 없다. 다시 말해서 우리가 지도로 작성할 수 있도록 미리 주어진 어떤 영토도 없다. 스스로 자동제작하는 지도가 그 영토의 지형을 탄생시키는 것이다. [62]

'인지가 세계를 낳는다'는 산티아고 이론처럼, 현식(現識)은 세계를 낳는 마음의 작용이다. 세계를 낳는다는 것은, 아무것도 없는 공간에 마음이 존재를 만든다는 뜻이 아니다. 눈으로 보면 색(色)이 보인다. 우리는 그 색이 마음 밖에 있는 물질이라고 생각하지만, 사실은 봄으로써 마음에 형성된 표상이다. 붓다도 산티아고 이론과 마찬가지로, 밖에 '아무것도 없다'라고 말하지 않는다. 단지 우리가 '있다'라고 말할 수 있는 것은 오직 우리의 인지의 영역[境界] 안에서만 가능하며, 그것은 인지의 결과라는 것이다. 바꾸어 말하면, 우리는 '있는 것'을 보는 것이 아니라, 봄으로써 '있게 된다'라는 것이다. 붓다는 이것을 "일체는 12입처다."라고 말했다. 세상의 모든 존재는 우리가 안(眼)·이(耳)·비(鼻)·설(舌)·신(身)·의(意)로 색(色)·성(聲)·향(香)·미(味)·촉(觸)·법(法)을 인지함으로써 나타난 것이라는 말씀이다.

본다는 것[能見]은 보이는 것을 낳는 것[現識]이다. 이렇게 보이는 것을 낳는 인지가 현식(現識)이다. 이 현식은 항상 인지의 대상[五塵]으로 현전(現前)한다. '현식도 마찬가지로 5진을 따라 대상에 이르면 나타나는 것으로서 (現識과 五塵 사이에) 전후가 없나니, 일체시(一切時)에

62　프리초프 카프라, 앞의 책, pp. 355~356.

자연히 일어나 항상 앞에 있기 때문이다'라는 말은 이것을 의미한다.

이 현식은 불각의 상태〈不覺義〉의 경계상(境界相)에 상응하며, 12연기의 식(識)에 의지하여 발생한 명색(名色)에 상응한다. 능견(能見)은 명색(名色)에 의지하는 식(識)이고, 능현(能現)은 식에 의지하는 명색을 의미한다.

붓다는 『디가니까야』 「7. 대인연경(大因緣經, D.N.15. Mahā-Nidāna Sutta)」(『불경』, 218~219쪽)에서 다음과 같이 말한다.

아난다여, '접촉[觸]은 그것의 조건이 있는가?'라고 물으면, '있다'라고 답해야 한다. '어떤 조건에 의지하여 접촉이 있는가?'라고 물으면, '이름과 형색[名色]이라는 조건에 의지하여 접촉이 있다'라고 답해야 한다. 아난다여, '이름과 형색은 그것의 조건이 있는가?'라고 물으면, '있다'라고 답해야 한다. '어떤 조건에 의지하여 이름과 형색이 있는가?'라고 물으면, '분별의식[識]이라는 조건에 의지하여 이름과 형색이 있다'라고 답해야 한다.

아난다여, '분별의식은 그것의 조건이 있는가?'라고 물으면, '있다'라고 답해야 한다. '어떤 조건에 의지하여 분별의식이 있는가?'라고 물으면, '이름과 형색이라는 조건에 의지하여 분별의식이 있다'라고 답해야 한다.

아난다여, 이와 같이 이름과 형색이라는 조건에 의지하여 분별의식이 있고, 분별의식이라는 조건에 의지하여 이름과 형색이 있다. 이름과 형색이라는 조건에 의지하여 접촉[觸]이 있고, 접촉이라는 조건

에 의지하여 느낌[受]이 있으며, 느낌이라는 조건에 의지하여 갈애
[愛]가 있고, 갈애라는 조건에 의지하여 취(取)가 있다. 취라는 조건
에 의지하여 존재[有]가 있고, 존재라는 조건에 의지하여 태어남[生]
이 있으며, 태어남이라는 조건에 의지하여 늙음과 죽음[老死]이 있
고, 늙음과 죽음이라는 조건에 의지하여 근심·슬픔·고통·걱정·고
뇌가 생긴다. 이와 같이 순전(純全)한 괴로움 덩어리[dukkhakkhandha,
苦蘊]의 쌓임[集]이 있다.

이것은 일반적인 연기설과 다른 형태의 연기설이다. 일반적으로 촉
(觸)의 조건[緣]은 6입처(六入處)로 알려져 있다. 그런데 이 경에서는 6
입처의 조건으로 알려진 명색(名色)을 촉(觸)의 조건이라고 말하고, 6
입처는 배제된다. 그리고 일반적으로 식(識)의 조건은 행(行)으로 알려
져 있는데, 이 경에서는 행을 배제하고 명색을 식의 조건으로 이야기
한다. 그리고 다시 명색의 조건으로 식을 이야기한다. 이렇게 일반적
인 연기설과 달리 이 경은 식과 명색을 상호의존적 관계로 설명한다.

　이렇게 일반적인 연기설과는 다른 이 경의 내용을 어떻게 이해해
야 할까? 카프라는 '마투라나의 견해에서, 대상은 언어적 구별의 언어
적 구별이다. 그리고 우리는 일단 우리가 어떤 대상을 갖게 되면 우리
는 구별의 구별의 구별… 이런 식의 과정을 되풀이함으로써 추상적인
개념들을 창조할 수 있다'라고 이야기한다.[63] 식의 대상이 명색이라는

63　프리초프 카프라, 앞의 책, p. 380.

것은 식의 대상이 언어적으로, 즉 이름과 형색으로 구별된 것에 대한 구별이라는 뜻이다. 그리고 '대상은 언어적 구별의 언어적 구별'이라는 말은 대상을 인식하는 식 그 자체가 언어적 구별이라는 뜻이다. 식과 명색이 상호의존한다는 것은 언어적 구별의 언어적 구별이 순환적으로 이루어지는 것이 우리의 인식임을 뜻한다.

이와 같이 식에 의해서 명색이 드러나듯이, 능견(能見)에 의해서 드러나는 능현(能現)은 언어적 구별로서의 대상이며, 12연기의 명색에 상응한다.

【眞】 四者 名爲智識 謂分別染淨法故
【實】 四 名智識 謂分別染淨諸差別法

넷째는 지식(智識)이라고 부르는 것으로서 염정법(染淨法)/염정제 차별법(染淨諸差別法)을 분별(分別)하기 때문이다.

지식(智識)은 불각의 상태〈不覺義〉의 지상(智相)에 상응한다.

불각의 상태에서 살펴보았듯이, 지상은 명색을 대상으로 지각하는 6입처(六入處; 眼·耳·鼻·舌·身·意)를 의미한다. 6입처는 지각활동을 할 때 내재(內在)하는 자아의식(自我意識)이다. 우리는 대상을 볼 때, 보는 자아가 있다는 생각으로 보는데, 이 생각은 지각할 때 드러나지는 않지만, 항상 지각의 배경으로 존재한다. 예를 들면, '내가 꽃을 본다'라는 지각은 꽃을 보는 나를 전제하고 있다. 이렇게 지각할 때 지각의 전제가 되는 자아의식이 6입처다. 이 육입처는 욕망으로 인하여 나타난다. 따라서 좋은 것과 나쁜 것[染淨]을 분별한다. 이와 같이 불각의 상태의 지상이 지식이며 이것은 6입처, 즉 지각하는 자아의식이다.

【眞】 五者 名爲相續識 以念相應不斷故 住持過去無量世等 善惡之業 令不失故 復能成熟 現在未來苦樂等報 無差違故 能令現在已經之事 忽然而念 未來之事 不覺妄慮

【實】 五 名相續識 謂恒作意相應不斷 任持過去善惡等業 令 無失壞 成熟現未苦樂等報 使無違越 已曾經事 忽然憶念 未 曾經事 妄生分別

【진제】 다섯째는 상속식(相續識)이라고 부르는 것으로서 염(念)이 끊임없이 상응하기 때문이며, 무량한 과거세(過去世)의 선악업(善惡業)을 주지(住持)하여 상실되지 않게 하기 때문이며, 또 능히 현재 미래의 고락(苦樂) 등의 보(報)를 차위(差違) 없이 성숙시키기 때문이며, 능히 현재와 이미 지난 일을 홀연히 생각나게 하고 미래의 일을 깨닫지 못하고 헛되이 염려하게 하기 때문이다.

【실차난타】 다섯째는 상속식이라고 부르는 것으로서, 항상 작의(作意)[64]가 끊임없이 상속하여, 과거 선악 등의 업을 주지(住持)하여 상실되거나 파괴되지 않게 하고, 현재와 미래의 고락 등의 과

64　작의(作意): 마음을 일깨워 바깥 대상을 향하여 발동케 하는 정신작용.

보를 성숙(成熟)하여 어기거나 어긋나지 않게 하며, 이미 지난 일을 홀연히 기억하고, 아직 겪지 않은 일에 대하여 헛되이 분별을 일으키는 것을 말한다.

상속식(相續識)은 불각의 상태〈不覺義〉의 상속상(相續相)에 상응한다.

불각의 상태〈不覺義〉에서 살펴보았듯이, 상속상은 5온의 식온(識蘊)에 상응한다. 식(識)은 12입처를 인연으로 발생한 분별심이다. 식은 촉(觸)에 의지하여 발생하는 수(受), 상(想), 사(思)를 대상으로 인식하면서, 그들을 분별하는 식 자신도 인식하는 존재로 분별하게 된다. 이렇게 식이 스스로를 '인식하는 존재'로 분별한 식(識)이 5온의 식온이다. 이 식온은 인식 대상을 고락(苦樂)의 대상으로 지속적으로 분별하면서 상속하기 때문에 상속상이라고 한다.

이러한 불각의 상태〈不覺義〉의 상속상을 생멸인연(生滅因緣)에서는 상속식(相續識)이라고 부른다. 그렇다면 상속(相續)은 무엇을 의미할까? 상속의 사전적 의미는 '뒤를 이음', '사망 후에 다른 사람에게 재산이나 권리를 이어받는 일'이다. 따라서 전체적인 의미로는 '뒤에 이어받는 일'을 상속이라고 한다. 상속이 가능하기 위해서는 상속하는 자와 상속받는 자, 그리고 상속되는 것이 있어야 한다.

'망념이 끊임없이 상응하기 때문이며, 무량한 과거세(過去世)의 선악업(善惡業)을 주지(住持)하여 상실되지 않게 하기 때문이며, 또 능히 현재 미래의 고락(苦樂) 등의 보(報)를 차위(差違) 없이 성숙시키기 때문이며, 능히 현재와 이미 지난 일을 홀연히 생각나게 하고 미래의 일

을 깨닫지 못하고 헛되이 염려하게 하기 때문이다〈以念相應不斷故 住持
過去無量世等善惡之業 令不失故 復能成熟 現在未來苦樂等報 無差違故 能令現
在已經之事 忽然而念 未來之事 不覺妄慮〉라는 말은 상속을 설명하는 말이
다. 여기에서 상속되는 것은 '무량한 과거세의 선악업'이다. 이것을 잘
지켜서 상실되지 않도록 하고, 어긋남이 없이 현재와 미래 고락의 과
보로 성숙시키는 것은 끊임없이 상응하는 염(念)이다. 염을 실차난타
삼장은 작의(作意)로 번역했는데, 작의는 'manasikāra'의 한역으로서
'전념(專念), 억념(憶念)'의 의미를 지닌다. 이렇게 작의는 잊지 않고 잘
기억하는 것을 뜻한다. 따라서 여기에서 말하는 상속은 끊임없이 이어
지는 기억(記憶)이 무량한 선악업을 상실되지 않게 잘 지켜서 현재와
미래의 고락 등의 과보로 성숙시키는 것을 의미한다. 따라서 현재와
미래의 고락 등의 과보는 상속받은 자에 해당한다. 그 과거의 업을 상
속받아 형성된 과보가 홀연히 지난 일을 기억하기도 하고, 미래의 일
을 알지 못하기 때문에 공연한 걱정을 한다는 것이다.

　　이것이 상속식이다. 과거의 업의 상속을 살펴보면, 기억이 이어질
뿐, 업을 지어서 상속하는 존재도 없고, 그 업을 상속받은 존재도 없다.
다만 업보가 상속할 뿐이다. 즉 업(業)이 성숙하여 보(報)로 이어지는
과정만 있을 뿐인데, 업보의 상속을 기억하여 자아(自我)로 분별하는
식이 상속식이다. 그리고 이 상속식은 불각의 상태〈不覺義〉의 상속상
과 마찬가지로 대상에 머물면서 증장하는 5온의 식온에 상응한다.

　　『상윳따니까야』「3.28. 종자(S.N.22.54. Bījaṃ)」(『불경』, 903~904쪽)에서
는 다음과 같이 말한다.

"비구들이여, 다섯 종자(種子)가 있다오. 다섯은 어떤 것인가? 뿌리 종자 · 줄기 종자 · 가지 종자 · 열매 종자 · 씨앗 종자, 이들이 다섯이라오. 비구들이여, 이들 다섯 종자가 부서지지 않고 썩지 않고 바람이나 열에 상하지 않고 싱싱하고 잘 심어졌다 할지라도 흙이 없고 물이 없으면, 비구들이여, 이들 다섯 종자가 자라나고 늘어나고 성장하겠는가?"

"세존이시여, 그렇지 않습니다."

"비구들이여, 이들 다섯 종자들이 부서지고 썩고 바람이나 열에 상하고 싱싱하지 않고 잘 심어지지 않으면, 흙이 있고 물이 있다고 할지라도, 비구들이여, 이들 다섯 종자들이 자라나고 늘어나고 성장하겠는가?"

"세존이시여, 그렇지 않습니다."

"비구들이여, 이들 다섯 종자들이 부서지지 않고 썩지 않고 바람이나 열에 상하지 않고 싱싱하고 잘 심어졌으며, 흙도 있고 물도 있다면, 비구들이여, 이들 다섯 종자들은 자라나고 늘어나고 성장하지 않겠는가?"

"세존이시여, 그렇습니다."

"비구들이여, 비유하면 네 가지 분별의식[識]이 머무는 곳[catasso viññāṇaṭṭhitiyo]은 지계(地界)와 같다고 보도록 하시오! 비구들이여, 비유하면 즐기고자 하는 욕망[nandirāgo]은 수계(水界)와 같다고 보도록 하시오! 비구들이여, 비유하면 음식이 있는 분별의식[viññāṇam sāhāram]은 다섯 종자와 같다고 보도록 하시오! 비구들이여, 형색[色]

을 가까이하면 머물고 있는 분별의식이 계속 머물 것이오. 형색을 대상으로, 형색을 의지하여, 즐거움을 추구하면서 자라나고 늘어나고 성장할 것이오. 비구들이여, 느낌[受]·생각[想]·행위[行]들을 가까이하면 머물고 있는 분별의식이 계속 머물 것이오. 느낌·생각·행위들을 대상으로, 느낌·생각·행위들을 의지하여, 즐거움을 추구하면서 자라나고 늘어나고 성장할 것이오. 비구들이여, 만약 어떤 사람이 '나는 형색을 제외하고서, 느낌·생각·행위들을 제외하고서, 분별의식이 오고 가고 나타나고 소멸하고 자라나고 늘어나고 불어나는 일을 설명하겠다'라고 이야기한다면, 그런 일은 있을 수 없다오."

이 경에서 '음식이 있는 분별의식[viññāṇam sāhāraṃ]은 5온의 식온이며 아뢰야식이다. 이 식온은 과거의 업에 의해서 형성된 5온이 종자처럼 모여 있다. 이 분별의식은 욕망의 대상으로 취해진 색온(色蘊), 수온(受蘊), 상온(想蘊), 행온(行蘊)에 머물면서 이를 분별한다. 이 분별은 식온 속의 종자가 현현한 것이다. 그리고 이러한 분별의 결과 새로운 종자가 생긴다. 이렇게 식온은 5온의 다른 네 가지 온(蘊)을 욕망의 대상으로 취하여 분별함으로써 자라난다. 이것을 식주(識住) 증장(增長)이라고 하며, 5온의 식온은 나머지 네 가지 온을 욕망의 대상으로 분별하면서 끊임없이 증장하며 상속한다. 이러한 식온의 상속과 증장을 생멸인연(生滅因緣)에서 상속식이라고 한다. 바꾸어 말하면, 과거의 업이 모인 아뢰야식을 자아로 취하여 욕망의 대상을 분별하면서, 증장하는 아뢰야식을 지속적으로 자아로 취하는 의식이 상속식이다.

【眞】 是故 三界虛僞 唯心所作 離心則無六塵境界 此義云何
以一切法 皆從心起妄念而生 一切分別 即分別自心 心不見心
無相可得 當知世間一切境界 皆依衆生無明妄心 而得住持 是
故一切法 如鏡中像 無體可得 唯心虛妄 以心生則種種法生
心滅則種種法滅故

【實】 是故 三界一切 皆以心爲自性 離心則無六塵境界 何以
故 一切諸法 以心爲主 從妄念起 凡所分別 皆分別自心 心不
見心 無相可得 是故當知 一切世間境界之相 皆依衆生無明妄
念 而得建立 如鏡中像 無體可得 唯從虛妄分別心轉 心生則
種種法生 心滅則種種法滅故

【진제】 그러므로 3계(三界)는 허위(虛僞)이며 오직 마음이 지은
것이다. 마음을 떠나서는 육진경계(六塵境界)가 없다. 무슨 말인
가 하면 일체법은 모두 마음 따라 일어난 망념으로 생긴 것이다.
일체의 분별은 자기 마음을 분별한 것으로서 마음은 마음을 보지
않으므로 얻을 수 있는 상(相)이 없다. 마땅히 알지니 세간의 일체
경계는 모두 중생의 무명(無明) 망심(妄心)에 의지하여 주지(住持)
할 수 있다. 그러므로 일체법은 거울 속의 그림자와 같아서 잡을
수 있는 체(體)가 없으며, 오직 마음일 뿐, 허망하다. 왜냐하면 마
음이 생기면 갖가지 법이 생기고, 마음이 사라지면 갖가지 법이
사라지기 때문이다.

【실차난타】 그러므로 3계는 모두 마음(心)으로 자성(自性)을 삼으

며, 마음을 떠나서는 육진경계가 없다. 왜냐하면 일체제법(一切諸法)은 마음이 주(主)가 되어 망념을 따라 일어난 것이기 때문이다. 무릇 분별된 것은 모두가 자기 마음을 분별한 것으로서 마음은 마음을 보지 않으므로 얻을 수 있는 상(相)이 없다. 그러므로 일체 세간(一切世間)의 경계(境界)의 상(相)은 모두 중생의 무명 망념에 의지하여 건립(建立)된 것임을 알아야 한다. 비유하면 거울 속의 영상이 얻을 수 있는 체(體)가 없는 것과 같이, 오직 허망한 분별 을 따라 마음이 전변한 것으로서, 마음이 생기면 갖가지 법이 생 기고, 마음이 사라지면 갖가지 법이 사라지기 때문이다.

3계(三界)는 중생의 세계로서 욕계(欲界; kāma-dhātu), 색계(色界; rūpa-dhātu), 무색계(無色界; arūpa-dhātu)를 뜻한다. 그리고 3계는 3유(三有), 즉 색유(色有; rūpa-bhava), 무색유(無色有; arūpa-bhava)의 세계다. 3계는 마음이 만들었다는 말은 초기경전에서 붓다가 가르친 말씀이다. 『앙굿 따라니까야』「3.22. 존재(有, A. 3.76. Bhava)」(『불경』, 1087쪽)에서 붓다는 3계에 대하여 다음과 같이 가르친다.

아난다 존자가 세존을 찾아와서 예배하고 한쪽에 앉아 세존께 말씀 드렸습니다.

"세존이시여, '존재[有]'라고들 말합니다. 세존이시여, 존재란 어떤 것입니까?"

"아난다여, 욕계(欲界)를 낳는[kāmadhātuvepakka] 업(業)이 없다면, 욕

유(欲有)가 언명되겠는가?”

“그렇지 않습니다, 세존이시여!”

“아난다여, 이와 같이 업은 밭이고, 분별의식[識]은 종자(種子)이고, 갈애〈愛〉는 물이다. 무명에 뒤덮이고 갈애에 묶인 중생들의 분별의식이 하열한 계[下界]에 머물면, 이와 같이 미래에 이후의 존재[後有]의 생성[punabhavābhinibbatti]이 있다. 아난다여, 존재란 이런 것이다. 아난다여, 색계(色界)를 낳는 업이 없다면, 색유(色有)가 언명되겠는가?”

“그렇지 않습니다, 세존이시여!”

“아난다여, 이렇게 업은 밭이고, 분별의식은 종자이고, 갈애는 물이다. 무명에 뒤덮이고 갈애에 묶인 중생들의 분별의식이 중간의 계[中界]에 머물면, 이와 같이 미래에 이후의 존재의 생성이 있다. 아난다여, 존재란 이런 것이다. 아난다여, 무색계(無色界)를 낳는 업이 없다면, 무색유(無色有)가 언명되겠는가?”

“그렇지 않습니다, 세존이시여!”

“아난다여, 이렇게 업은 밭이고, 분별의식은 종자이고, 갈애는 물이다. 무명에 뒤덮이고 갈애에 묶인 중생들의 분별의식이 수승한 계[上界]에 머물면, 이와 같이 미래에 이후의 존재의 생성이 있다. 아난다여, 존재란 이런 것이다.

붓다는 중생의 분별의식이 하계(下界)에 머물면 욕유(欲有)가 생성되어 욕계(欲界)가 나타나고, 중계(中界)에 머물면 색유(色有)가 생성되어 색계(色界)가 나타나며, 상계(上界)에 머물면 무색유(無色有)가 생성되어 무색계(無色界)가 나타난다고 가르친다. 3계는 이렇게 중생들의 분별의식[識]이 업을 지어 나타난 세계다. 3계는 중생의 분별이 만든 세계일 뿐 외부에 3계라는 대상 세계, 즉 육진경계는 실재하지 않는다. 우리가 보고 있는 대상은 외부에 있는 존재가 아니라 우리의 마음이 일으킨 망념이다. 따라서 우리의 마음은 외부의 대상을 보는 것이 아니라, 이런 사실을 알지 못하여 나와 세계를 분별하고 있을 뿐이다. '마음 밖에 세상은 없다(心外無法)'라는 말은 이것을 뜻한다. '마음은 마음을 보지 않는다'는 말은 눈이 눈을 볼 수 없듯이, 마음은 스스로를 대상으로 삼을 수 없다는 뜻이다.

여기에서 말하는 상(相)은 견분(見分; 주관)의 상대인 상분(相分; 대상)을 뜻한다. 상이 없다는 것은 분별의 대상이 실재하지 않는다는 뜻이다. 마투라나가 "인지의 내용은 인지 그 자체이며 그 이상 말해질 수 있는 것은 아무것도 없다."라고 말하듯이, 인지의 내용, 즉 인지에 의해 탄생된 세계는 인지 그 자체일 뿐, 인지하는 자와 인지되는 대상은 둘이 아니다.

중국 선종의 3조(三祖) 승찬(僧璨)은 『신심명(信心銘)』에서 이렇게 노래한다.

지극(至極)한 도는 어렵지 않다.
간택(揀擇)만 하지 않으면 된다.
보이는 것은 보는 자 때문에 보이고
보는 자는 보이는 것 때문에 보나니

이 둘을 알고자 하는가!

이들은 원래 하나이며 공(空)이다.

〈至道無難 唯嫌揀擇

境由能境 能由境能

欲知兩段 元是一空〉

'세간의 일체 경계는 모두 중생의 무명 망심에 의지하여 주지할 수 있다'라는 것은 모든 인식의 대상이 법계일상(法界一相)을 알지 못하는 무지[無明]에서 일으킨 분별에 의해서만 유지됨을 의미한다. 예를 들면, 벽돌과 기와를 대상으로 인식할 수 있는 것은, 벽돌과 기와가 외부에 실재해서가 아니라 우리의 마음에 벽돌과 기와를 분별하는 명색이 있기 때문이다. 이것을 실차난타 삼장은 "일체세간의 경계의 상(相)은 모두 중생의 무명 망념에 의지하여 건립된 것"이라고 번역한다.

원효대사가 해골바가지의 물을 마시고 깨달아서 읊었다는 '마음이 생기면 갖가지 법이 생기고, 마음이 사라지면 갖가지 법이 사라진다〈心生則種種法生 心滅則種種法滅〉'라는 오도송(悟道頌)은 『대승기신론』에서 생멸인연을 설명하면서 나온 말이다. 마음이 생긴다는 것은 분별이 일어난다는 뜻이고, 마음이 사라진다는 것은 분별이 사라진다는 뜻이다. 한마디로 우리가 보는 차별된 세계는 분별에 의한 망념일 뿐 실상은 법계일상이라는 말씀이다.

② 아뢰야식에서 의식(意識; 第6 意識)의 전변

【眞】 復次 言意識者卽此相續識依 諸凡夫取著轉深 計我我
所 種種妄執 隨事攀緣 分別六塵 名爲意識 亦名分離識 又復
說名分別事識 此識依見愛煩惱 增長義故

【實】 言意識者 謂一切凡夫 依相續識 執我我所 種種妄取六
種境界 亦名分離識 亦名分別事識 以依見愛等熏而增長故

【진제】 다음으로 의식(意識)은 상속식을 의지한다. 범부들은 취
착(取著)이 깊어져서 아(我)와 아소(我所)를 계탁(計度)하여 갖가지
로 허망하게 집착하면서 사(事)를 반연(攀緣)하여 6진(六塵)을 분
별하기 때문에 의식(意識)이라고 부른다. 분리식(分離識)이라고도
부르고 분별사식(分別事識)이라고도 부른다. 이 식(識)은 견애번뇌
(見愛煩惱)에 의하여 증장(增長)하기 때문이다.

【실차난타】 의식이란 모든 범부가 상속식에 의지하여 아(我)와
아소(我所)를 집착하여 갖가지로 허망하게 육진경계(六塵境界)를
취하는 것을 말한다. 분리식이라고도 부르고, 분별사식이라고도
부른다. 견애(見愛) 등의 훈습에 의지하여 증장하기 때문이다.

의식(意識)은 12입처에서 연기한 6식(六識), 즉 안식(眼識), 이식(耳識),
비식(鼻識), 설식(舌識), 신식(身識), 의식(意識)을 의미한다. 의식이 상속
식에 의지한다는 것은 지각대상을 분별하는 6식이 과거의 업이 모인
식온(識蘊)을 자아로 취한 6입처(六入處)라는 자아의식에 의지하여 발

생함을 뜻한다.

견애(見愛)는 견혹(見惑)과 수혹(修惑)을 의미한다. 견혹은 연기와 4성제의 도리를 알지 못하여 생긴 미혹(迷惑)으로서 견도위(見道位)에서 연기와 4성제를 보면 사라진다. 수혹은 탐진치(貪瞋痴) 등 갈애〈愛〉에 의해서 발생하는 미혹으로서 수도위(修道位)에서 8정도를 수행함으로써 사라진다. 간단히 말하면, 무명과 갈애가 견애(見愛)다. 이 식이 견애번뇌(見愛煩惱)에 의하여 증장(增長)한다는 것은 무명과 갈애가 있으면 이에 의지하여 육진경계를 분별하는 의식(意識)이 계속해서 성장한다는 뜻이다.

【眞】 依無明熏習所起識者 非凡夫能知 亦非二乘智慧所覺 謂依菩薩從初正信 發心觀察 若證法身 得少分知 乃至菩薩究竟地 不能知盡 唯佛窮了 何以故 是心 從本已來 自性淸淨 而有無明 爲無明所染 有其染心 雖有染心 而常恒不變 是故 此義 唯佛能知 所謂 心性常無念 故名爲不變 以不達一法界故 心不相應 忽然念起 名爲無明

【實】 無始無明熏所起識 非諸凡夫二乘智慧之所能知解 行地菩薩 始學觀察 法身菩薩 能少分知 至究竟地 猶未知盡 唯有如來 能總明了 此義云何 以其心性 本來淸淨 無明力故 染心相現 雖有染心 而常明潔 無有改變 復以本性 無分別故 雖復徧生一切境界 而無變易 以不覺一法界故 不相應無明分別起生諸染心 如是之義 甚深難測 唯佛能知 非餘所了

【진제】 무명훈습(無明熏習)에 의하여 일어난 식(識)은 범부가 알 수 있는 것이 아니며, 이승(二乘)의 지혜로 깨달을 수 있는 것이 아니다. 보살이 처음의 정신(正信; 十信 중의 첫 단계인 信心)에서 발심(發心)하고 관찰하여, 법신(法身)을 증득(證得)하면 약간은 알 수 있으나, 보살 구경지(究竟地)에 이른다 할지라도 다 알 수는 없고, 오직 부처님만이 다 안다. 왜냐하면, 이 마음은 본래 자성(自性)이 청정하나 무명(無明)이 있어 무명에 물들어서 염심(染心)이 있게 된 것이므로 비록 염심이 있다고 하나 (청정한 자성은) 항상 불변한다. 이 의미는 오직 부처님만이 알 수 있다. 이른바 심성(心性)은 항상 망념이 없다. 그래서 불변(不變)이라고 부른다. 일법계(一法界)를 요달(了達)하지 못하기 때문에 마음이 상응(相應)하지 않고 문득 망념이 일어난 것을 이름하여 무명(無明)이라고 한다.

【실차난타】 무시이래로 무명(無明)이 훈습하여 일어난 식(識)은 범부들이나 이승(二乘)의 지혜가 알고 이해할 수 있는 것이 아니다. 보살지(菩薩地)를 수행하는 보살이 처음으로 관찰하는 법을 배우고, 법신보살(法身菩薩)은 약간 알 수 있으며, 보살의 구경지에 이르러도 다 알지는 못한다. 오직 여래만이 모든 것을 명료하게 알 수 있다. 이 말은 무슨 뜻인가? 그 마음의 본성은 본래 청정한데 무명(無明)의 힘 때문에 염심상(染心相)이 나타난 것으로서 비록 염심이 있으나 항상 명결(明潔)하고 바뀌거나 변화하지 않는다. 그리고 본성은 분별이 없으므로, 비록 일체의 경계를 일으키지만, 변역(變易)이 없다. 일법계를 깨닫지 못하기 때문에 (일법계

에) 상응하지 않는 무명(無明) 분별(分別)이 일어나 모든 염심을 낳은 것이다. 이와 같은 의미는 심심(甚深) 난측(難測)하여 오직 부처님만 알 수 있을 뿐 다른 사람들이 알 수 있는 것이 아니다.

생멸인연(生滅因緣)을 설명하는 과정에서, 지금까지는 아뢰야식[心]에서 의(意)와 의식(意識)이 전변하는 것을 설명했고, 이제부터는 아뢰야식에 대한 무지, 즉 무명(無明)에서 의(意)와 의식(意識)이 전변하는 과정에서 발생한 염심(染心)과 이를 버리는 과정을 설명한다. 12연기와 비교하면, 지금까지의 설명은 유전문(流轉門)에 상응하고, 이제부터의 설명은 환멸문(還滅門)에 상응한다.

'무명훈습(無明熏習)'에 의하여 일어난 식(識)〈依無明熏習所起識者〉은 아뢰야식의 전변을 뜻하며, 이것은 연기를 의미한다.

『디가니까야』「7. 대인연경(大因緣經, D.N.15. Mahā-Nidāna Sutta)」(『불경』, 118쪽)에서 붓다는 연기(緣起, paṭicca-samuppada)를 명백하게 이해했다고 말하는 아난다에게 이렇게 말씀하신다.

아난다여, 그렇게 말하지 마라! 아난다여, 그렇게 말해서는 안 된다. 이 연기는 심심미묘(甚深微妙)하다. 아난다여, 이 연기를 알지 못하고 이해하지 못하기 때문에, 이 인류는 뒤엉킨 실타래처럼 태어나고, 뭉친 실타래처럼 태어나 갈대나 억새처럼 살면서 몹쓸 세상, 괴로운 세상, 험한 세상을 떠도는 윤회(輪廻)를 벗어나지 못하고 있다.

붓다는 아난다 같은 제자도 깊고 깊은 미묘한 연기를 다 이해할 수 없다고 말씀하신다. 붓다가 말하는 연기는 우리의 마음에서 생사의 괴로움이 나타나는 과정이다. 이것이 『대승기신론』에서 이야기하는 생멸인연이며, 아뢰야식의 전변이다.

불교 수행은 이러한 연기를 깨닫는 과정이다. 『대승기신론』에서는 범부나 이승(二乘)은 연기를 이해할 수도 없고 깨달을 수도 없으며, 붓다의 서원을 세운 보살이 10지(十地)의 수행단계를 거쳐 붓다의 지위에 이르러야 비로소 완전하게 깨달을 수 있다고 말한다.

대승불교에서 보살의 수행단계는 52위(五十二位)다. 52위는 10신(十信), 10주(十住), 10행(十行), 10회향(十回向), 10지, 등각(等覺), 묘각(妙覺)으로 이루어진다. 이를 간단히 설명하면, 보살이 6바라밀을 수행하면서, 먼저 불법(佛法)과 6바라밀 수행에 대한 확신을 갖는 것이 10신이고, 6바라밀 수행에 안주(安住)하는 것이 10주이며, 6바라밀 수행을 하면서 자신의 이익을 바라지 않고 이타행(利他行)에 전념하는 것이 10행이다. 그리고 자신의 수행 공덕을 일체중생에게 돌려주는 것이 10회향이며, 이렇게 자기를 버리는 수행을 통해 무아와 중도(中道)의 지혜를 얻어 6바라밀의 실천을 통해 중생을 교화하면서 불지(佛智)를 완성해 가는 단계가 10지이다. 이러한 수행의 과정을 거쳐서 비로소 연기의 깨달음에 도달하는데, 모든 의심이 사라져서 깨달음에 대한 확신이 금강(金剛)처럼 확고한 선정[金剛喩定]에 드는 것을 등각(等覺)이라고 하고, 모든 번뇌를 끊고 지혜를 원만하게 갖추는 것을 묘각이라고 한다. 그리고 보살의 구경지(究竟地)는 제10지(第十地)인 법운지

(法雲地)를 의미한다.

이제부터 이러한 계위(階位) 수행을 거쳐서 법계일상의 진실을 깨닫는 과정을 설명한다. 그 과정을 간략하게 말하면, 보살 수행의 첫 단계인 정신(正信; 十信의 첫 단계인 信心을 의미함)에서 처음으로 연기를 깨닫고자 하는 마음을 일으키고, 10지 가운데 초지(初地)인 환희지(歡喜地)에서 법신(法身)을 얻을 때 연기를 약간 이해하지만, 보살의 구경지인 법운지(法雲地)에 이르러도 완전하게 이해할 수 없다. 오직 완전한 깨달음을 성취하여 불지(佛地)에 이르러야 완전하게 이해할 수 있다.

'이 마음은 본래 자성(自性)이 청정하다'라는 말은 자성청정심(自性淸淨心), 즉 본각(本覺)의 지정상(智淨相)을 의미한다. 각의 상태〈覺義〉에서 살펴보았듯이, 본각은 중생의 몸속에 본래부터 존재하는 실체가 아니라 '연기하는 마음', 즉 작자(作者)가 없는 인지(認知)의 과정[業報]을 의미한다. 이 인지의 과정에 인지하는 존재인 자아도 없고, 인지되는 대상인 객관도 없으므로, 주객의 분별을 떠난 본래의 인지, 즉 본각을 자성청정심이라고 부른다.

각의 상태에서는 '중생의 자성청정심이 무명의 바람으로 인해서 움직이면, 마음과 무명이 함께 형상이 없이 서로 버리거나 여의지 않는다. 그러나 마음은 움직이는 성질이 아니기 때문에 무명이 멸하면 상속이 멸하지만, 지성(智性)은 파괴되지 않는다〈衆生 自性淸淨心 因無明風動 心與無明 俱無形相 不相捨離 而心非動性 若無明滅 相續則滅 智性不壞故〉'라고 했다. 여기에서는 이것을 '이 마음은 본래 자성이 청정하나 무명이 있어 무명에 물들어서 염심이 있게 된 것이므로 비록 염심이 있다고 하나 (청정한 자성은) 항상 불변한다〈是心 從本已來 自性淸淨 而有無明 爲無明所染 有其染心 雖有染心 而常恒不變〉'라고 말하고 있다.

'이 의미는 오직 부처님만이 알 수 있다〈此義 唯佛能知〉'는 것은 앞에서 살펴본 『승만경』의 "자성청정심은 이해하기 어렵고, 그 마음이 번뇌에 오염되는 것도 이해하기 어렵다."라는 말씀과 같은 의미다. 그리고 이것은 12연기의 유전문과 환멸문은 오직 연기를 깨달은 부처님만 완전하게 알 수 있다는 뜻이다. 각의 상태〈覺義〉에서 살펴보았듯이, 12연기의 유전문은 자성청정심이 번뇌에 물드는 과정이고, 환멸문은 자성청정심이 드러나는 과정이다. 그런데 유전문과 환멸문은 한마음[一心]이다. 마음이 어두우면 번뇌가 일어나고, 마음이 밝으면 모든 번뇌가 일시에 사라진다. 이 도리는 스스로 깨달아야 알 수 있으므로 오직 부처님만이 알 수 있다고 한 것이다.

'심성(心性)은 항상 망념이 없다〈心性常無念〉'라는 말은 본래 연기하는 마음의 지성(智性), 즉 인지(認知)는 주객(主客)의 분별이 없다는 의미다. '그래서 불변(不變)이라고 부른다〈故名爲不變〉'라는 말은 자성청정심을 불변이라고 하는 것은, 본각의 마음이 시간적으로 변하지 않는 실체라는 의미가 아니라, 연기하는 마음은 언제나 분별에 의한 망념이 없으므로 불변이라고 한다는 의미다. 바꾸어 말하면, 주객의 분별이 없는 본각을 알지 못하는 무명에 물들어서 분별을 일으켜 킨다고 할지라도, 본각은 항상 주객의 분별 없이 연기하는 것을 불변이라고 한다는 뜻이다.

앞에서 살펴본 『상윳따니까야』「2.13. 의지하여(S.N.12.20. Paccayo)」

(『불경』, 802쪽)에서 붓다가 "무명에 의지하여 행위들이 있다오. 여래가 출현하거나 여래가 출현하지 않거나, 실로 그 계, 즉 법의 고정성, 법의 순차성, 이 의존성은 상주한다오. 여래는 그것을 바르게 깨닫고 통달한다오."라고 한 것은 이것을 의미한다. 무명을 의지하여 행위들[行]이 있다는 것은, 무명에 물들어서 물든 마음[行]이 일어난다는 의미다. 이렇게 물든 마음[染心]이 일어나는 것도 고정성과 순차성과 의존성에 의해서 일어난다. 붓다는 이 의존성을 진여[tathatā, 眞如]라고 불렀다. 이것이 『대승기신론』에서 말하는 불변하는 본각이며 자성청정심이다.

'일법계(一法界)를 통달하지 못하여 마음이 상응하지 않는다〈以不達一法界故 心不相應〉'라는 것은 연기하는 법계일상을 통달하지 못하여 마음이 법계에 상응하지 않고 어긋나는 것을 뜻한다. 이에 대한 자세한 설명은 염심(染心)의 여섯 가지 상(相)을 논한 후에 이어진다.

【眞】 染心者 有六種 云何爲六
【實】 此所生染心 有六種別

염심(染心)은 여섯 가지다.

염심(染心)이란 무명(無明)에 물든 마음으로서 망념을 일으킨다. 여기에서는 염심을 아뢰야식이 전변한 여섯 가지 의식, 즉 업식(業識), 전식(轉識), 현식(現識), 지식(智識), 상속식(相續識), 의식(意識)으로 설명한다. 이들을 염심이라고 하는 까닭은 전변한 의식들이 무명에 물든 마음이기 때문이다. 전변을 논할 때는 전변하는 순서로 설했는데, 이 염심을 여의는 것을 논할 때는 염심을 여의는 순서로 설하기 때문에 역순이 된다.

이들 여섯 가지 염심은 수행을 통해서 차례로 여읠 수 있으므로 그 순서대로 염심을 여의는 수행의 계위(階位)를 밝힌다. 이는 '무명훈습(無明熏習)에 의하여 일어난 식(識)은 범부가 알 수 있는 것이 아니며, 이승(二乘)의 지혜로 깨달을 수 있는 것이 아니다. 보살이 처음의 정신(正信)에서 발심(發心)하고 관찰하여, 법신을 증득하면 약간은 알 수 있으나, 보살 구경지(究竟地)에 이른다 할지라도 다 알 수는 없고, 오직 부처님만이 다 안다'라는 것을 구체적으로 설명한 것이다.

【眞】 一者 執相應染 依二乘解脫 及信相應地 遠離故
【實】 一 執相應染 聲聞緣覺 及信相應地諸菩薩 能遠離

첫째는 집상응염(執相應染)이다. 이승(二乘)의 해탈(解脫)과 신상응지(信相應地)에 의해 멀리 여읠 수 있다.

집상응염(執相應染)은 아뢰야식이 마지막으로 전변한 의식(意識)에 상응하는 염심(染心)이다. 의식은 상속식(相續識)에 의지하여 자아를 계탁(計度)하고, 안·이·비·설·신·의를 자아에 속하는 지각기관[我所]으로 계탁(計度)한 후에 이를 집착하여 색·성·향·미·촉·법 6진(六塵)을 대상 세계[境界]로 분별하는 여섯 가지 지각 의식[六識]이다. 의식은 아(我)와 아소(我所)를 계탁(計度)하여 집착하는 의식이므로 이것을 집(執)이라고 하였고, 이에 상응하는 염심이므로 집상응염(執相應染)이라고 한 것이다. 이 6식은 가장 거친 망념(妄念)이므로 이승(二乘)과 범부(凡夫)도 볼 수 있다. 따라서 이승(二乘)도 이것을 보고 알아차려서 멀리 여읠 수가 있다.

6진을 분별하는 의식은 견애번뇌(見愛煩惱)에 의하여 증장(增長)하므로〈此識依見愛煩惱增長〉견혹(見惑)과 수혹(修惑)을 끊음으로써 이 염심을 여읠 수 있다. 견혹은 연기와 4성제의 도리를 알지 못하여 생긴 미혹으로서 견도위(見道位)에서 연기와 4성제를 보면 사라진다. 수혹은 탐진치(貪瞋痴) 등 각의 상태〈覺義〉에 의해서 발생하는 미혹으로서 수도위(修道位)에서 8정도를 수행함으로써 사라진다. 이렇게 연기와 4성제의 도리를 이해하여 8정도를 수행하는 것이 이승(二乘), 즉 성문승(聲聞乘)와 연각승(緣覺乘)의 수행이다. 그래서 이승의 해탈을 통해서 여읠 수 있다고 한 것이다. 이승의 해탈은 개인적으로 자아(自我)에 대한 집착[我執]에서 벗어나 아공(我空), 즉 무아(無我)를 체득하는 것이다. 이승의 해탈은 아집(我執)에서 벗어났기 때문에 육진경계에 대한 애착을 하지 않게 되지만, 여전히 육진경계, 즉 외부에 세계가 존재한다는 생각인 법집(法執)은 남아 있다.

신상응지(信相應地)는 보살의 수행단계인 52위 가운데 10지 이전의 10신, 10주, 10행, 10회향을 뜻한다. 10지는 법계일상을 이해한 법신보살(法身菩薩)의 수행이며, 10지 이전의 수행은 법계일상을 이해하지 못하고, 이를 믿고 수행하는 단계이므로 신상응지라고 한다.

【眞】 二者 不斷相應染 依信相應地 修學方便 漸漸能捨 得淨
心地 究竟離故
【實】 二 不斷相應染 信地菩薩 勤修力 能少分離 至淨心地
永盡無餘

둘째는 부단상응염(不斷相應染)이다. 신상응지(信相應地)에서 방편
(方便)을 수학(修學)하여 점차로 버릴 수 있으며, 정심지(淨心地)를
얻으면 구경(究竟)으로 여읜다.

부단상응염(不斷相應染)은 상속식에 상응하는 염심(染心)이다. 5온의
식온은 갈망하는 대상에 머물러 끊임없이 증장(增長)하면서 상속하므
로 상속식이라고 부르며, 여기에서는 상속식을 부단(不斷)이라고 한
것이다.

　　정심지(淨心地)는 10지의 제1지인 환희지(歡喜地)를 뜻한다. 60권
『화엄경』 제22 「십지품(十地品)」에서는 "보살은 이렇게 환희지에 머물
러 여러 큰 원을 일으켜서 '나는 청정심(淸淨心)을 일체제불(一切諸佛)
께 남김없이 모두 공양하겠다'라는 정심(定心)을 낸다.〈菩薩如是安住歡
喜地 發諸大願 生如是定心 所謂我當以淸淨心 供養一切諸佛 皆無有餘〉"65라고
한다. 이렇게 보살은 환희지에 머물면서 청정한 마음을 남김없이 일체
제불께 공양하기 때문에 환희지를 정심지(淨心地)라고 한다.

65　『대정장』9, p. 545b.

상속식은 대상을 분별하면서 자아의식을 끊임없이 이어가는 분별의식이다. 이 상속식을 정심지(淨心地), 즉 환희지(歡喜地)에서 여의는 까닭은 환희지에서 아상(我想)과 아견(我見)을 버리고 두려움 없이 동체자비심을 일으켜서 무아의 보살행을 시작하기 때문이다. 80권 『화엄경』 제26 「십지품(十地品)」에서는 다음과 같이 말한다.

이 보살은 아상(我想)을 여의었기 때문에 자신도 애착하지 않는데, 하물며 재물이겠는가? 그래서 삶에 대한 두려움이 없다. 다른 곳에는 공양하려고 바라지 않고, 오직 일체중생에게만 나누어준다. 그래서 악명(惡名)의 두려움이 없다. 아견(我見)을 멀리 여의고 아상(我想)이 없으므로 죽음에 대한 두려움이 없다.

〈此菩薩離我想故 尚不愛自身 何況資財 是故無有不活畏; 不於他所希求供養 唯專給施一切衆生 是故無有惡名畏 遠離我見 無有我想 是故無有死畏〉[66]

이 보살은 이렇게 생각한다. "모든 부처님의 정법(正法)은 이렇게 심오하고 적정(寂靜), 적멸(寂滅), 공(空), 무상(無相), 무원(無願), 무염(無染), 무량(無量), 광대(廣大)하건만, 범부(凡夫)들은 사견(邪見)에 떨어져 무명(無明)에 뒤집히고 가려서 교만의 높은 깃발을 세우고, 갈애(渴愛)의 그물 속으로 들어가고, 사특(邪慝)한 거짓의 빽빽한 숲으로 가서 스스로 벗어날 수가 없다. 탐내고 질투하는 마음을 버리지 않

---

66 『대정장』 10, p. 181a.

고, 항상 악취에 태어나는 인연을 지어서 탐욕과 진에(瞋恚)와 우치(愚痴)가 쌓여 모든 업이 밤낮으로 증장한다. 분노와 원한의 바람이 불어 마음에 불이 쉬지 않고 타오른다. 하는 짓은 모두가 전도에 상응하여 욕류(欲流), 유류(有流), 무명류(無明流), 견류(見流)가 **상속하여 일으킨 심(心), 의(意), 식(識) 종자가** 3계(三界)의 밭 가운데서 다시 괴로움의 싹[苦芽]을 틔운다. 말하자면 **명색(名色)과 함께 생겨 떨어지지 않는다.** 이 명색이 증장하여 6입처(六入處)라는 마을에 태어나 그 속에서 대상을 만나서 촉(觸)이 생기고, 접촉하기 때문에 수(受)가 생기고, 수로 인하여 애(愛)가 생기고, 애가 증장함으로써 취(取)가 생기고, 취가 증장함으로써 유(有)가 생기고, 유가 있으므로 노사우비고뇌(生老死憂悲苦惱)가 있다. 이렇게 중생은 괴로움 덩어리[苦聚]를 낳아서 키운다." … 보살은 중생들이 이러한 괴로움 덩어리에서 벗어나지 못하는 것을 보고, 대비(大悲)의 지혜를 일으켜 다시 이렇게 생각한다. "이 모든 중생을 내가 마땅히 구제하여 구경(究竟)에 안락한 곳에 안치(安置)하겠다." 그래서 곧 대자비의 밝은 지혜[大慈光明智]가 생긴다.

〈此菩薩復作是念 諸佛正法 如是甚深 如是寂靜 如是寂滅 如是空 如是無相 如是無願 如是無染 如是無量 如是廣大 而諸凡夫心墮邪見 無明覆翳 立憍慢高幢 入渴愛網中 行諂誑稠林不能自出 心與慳嫉相應不捨 恒造諸趣受生因緣 貪恚 愚癡積集諸業日夜增長 以忿恨風吹心識火熾然不息 凡所作業皆顛倒相應 欲流 有流 無明流 見流 相續起心意識種子 於三界田中 復生苦芽 所謂 名色共生不離 此名色增長 生六處聚落 於中相對生觸 觸故生受 因受生愛 愛增長故

生取 取增長故生有 有生故有生老死憂悲苦惱 如是衆生生長苦聚 … 菩薩見諸

衆生於如是苦聚不得出離 是故即生大悲智慧 復作是念 此諸衆生我應救拔 置

於究竟安樂之處 是故即生大慈光明智〉[67]

환희지(歡喜地)에 머무는 보살은 이렇게 스스로 아상(我想)과 아견(我
見)을 버릴 뿐만 아니라 중생들의 상속심(相續心)을 통찰하여 중생들
이 상속심을 여의도록 하겠다는 자비심을 일으키므로 환희지에서 상
속심을 여읜다고 한다. 이 경에서 눈길을 끄는 것은 상속심을 명색(名
色)과 함께 생겨서 떨어지지 않고 함께 증장하는 식(識)이라고 말하는
점이다. 이것은 상속식(相續識)이 명색과 상호의존하면서 증장하는 식
(識)임을 보여준다.

【眞】 三者 分別智相應染 依具戒地 漸離 乃至無相方便地 究
竟離故
【實】 三 分別智相應染 從具戒地 乃至具慧地 能少分離 至無
相行地 方得永盡

셋째는 분별지상응염(分別智相應染)이다. 구계지(具戒地)에 의해
점차로 여의다가 무상방편지(無相方便地)에 이르면 구경(究竟)으
로 여읜다.

67　『대정장』10, p. 182bc.

분별지상응염(分別智相應染)은 지식(智識)에 상응하는 염심(染心)이다. 지식(智識)은 내6입처(內六入處; 眼·耳·鼻·舌·身·意)를 의미하며, 내6입처는 중생들이 지각활동을 할 때 지각(知覺)의 작자(作者)로 계탁(計度)하는 자아의식(自我意識)이다. 중생들은 보고 듣는 지각활동을 할 때, 무의식적으로 자신의 몸 안에 지각활동을 하는 자아가 있다는 생각을 가지고 보고 듣는다. 보는 행위에는 항상 보는 자아가 전제 조건이 되고, 듣는 행위에는 듣는 자아가 전제 조건이 된다. 그 지각하는 자아에 상대하여 지각되는 타자(他者)가 외6입처(外六入處)인 색(色)·성(聲)·향(香)·미(味)·촉(觸)·법(法)이다. 그리고 이 내6입처와 외6입처에 의지하여 6식이 발생한다. 붓다는 이렇게 내6입처와 외6입처, 즉 12입처를 중생의 세계가 연기하는 토대로 보고, '일체(一切)는 12입처'라고 말했다.

　　우리는 '내가 본다'라는 것을 의식하지 않으면서 대상을 보지만, 무의식적으로 보는 자아를 전제한다. 프랑스의 철학자 데카르트(René Descartes, 1596~1650)는 유명한 방법적 회의(懷疑)를 통해 "나는 생각한다. 고로 존재한다."는 것은 모든 것을 의심하더라도 결코 의심할 수 없는 진리라고 생각했다. 그리고 이것을 모든 학문의 제1원리로 삼았다. 한편 독일의 철학자 칸트(Immanuel Kant, 1724~1804)는 "우리의 경험은 선험적(先驗的) 자아(自我)를 요청(要請)한다."라고 주장했다. 우리는 보고 듣는 자아를 경험을 통해서 인식할 수는 없지만, 보고 듣는 경험이 가능하기 위해서는 경험하기 이전에 보고 듣는 자아가 반드시 존재해야 한다는 것이다. 우리는 보는 자아를 볼 수 없지만, 결코 보는 자아가 존재하지 않는다는 생각은 하지 않는다. 오히려 '보는 자아가 없다면 어떻게 볼 수 있을 것인가?'라고 생각한다. 그래서 『우파니샤드』에서는 다음과 같이 말한다.

> 말로써 표현할 수 없으나 그로 인해 말이 표현될 수 있으니
> 그대여, 바로 그가 브라흐만인 것을 알라. (Kena U. 1.4.)
> 그를 마음속으로 생각할 수 없으나 그로 인해 마음속의 생각이 이루어질 수 있으니
> 그대여, 바로 그가 브라흐만인 것을 알라. (Kena U. 1.5.)
> 눈으로 볼 수 없으나 그로 인해 눈이 사물을 볼 수 있으니
> 그대여, 바로 그가 브라흐만인 것을 알라. (Kena U. 1.6.)
> 귀로 들을 수 없으나 그로 인해 귀가 소리를 들을 수 있으니
> 그대여, 바로 그가 브라흐만인 것을 알라. (Kena U. 1.7.)[68]

> 스스로 생겨난 아트만이 우리의 감각들을 밖으로 향하게 하였으니
> 감각은 안에 들어앉은 아트만을 보지 않고 밖의 대상들만을 보려 든다.
> 해탈을 구하기 위하여 밖으로 향하는 감각들을 스스로 붙잡아 놓을 수 있는 사람만이
> 안으로 들어앉은 아트만을 볼 수 있다. (Kaṭha U. 2.1.1.)
> 지혜 그 자체인 아트만으로 인하여 우리들은 형태, 맛, 냄새, 소리, 촉감

---

[68] 이재숙 옮김, 『우파니샤드 Ⅰ』, pp. 75~76.

그리고 성관계로 인해 생기는 쾌감들을 잘 알고 있다.
이 모든 것은 아트만으로 인한 것이니
이 세상에 아트만으로 인하지 않은 것이 있는가? (Kaṭha U. 2.1.3)[69]

붓다는 이러한 자아의식을 6입처(六入處)라고 불렀다. 붓다는 이 6입처에 대하여 『중아함경』 「업상응품 제3 도경(度經)」에서 다음과 같이 말한다.

어떤 것이 내가 몸소 알고 몸소 깨달아서 너희에게 가르친 것으로서 사문(沙門)이나 범지(梵志), 천(天), 마(魔), 범(梵) 그리고 다른 세간이 굴복할 수 없고, 더럽힐 수 없고, 제압할 수 없는 것인가? 6처법(六處法)이 있음을 내가 몸소 알고 몸소 깨달아서 너희에게 가르쳤다.
〈云何我所自知自覺法爲汝說 非爲沙門 梵志 若天 魔 梵及餘世間所能伏 所能穢 所能制 謂有六處法 我所自知 自覺爲汝說〉[70]

붓다는 당시의 사상가들이 몸 안에 들어 있다고 생각하는 인지의 작자(作者)를 6입처라고 불렀다. 그리고 6입처는 무명에서 연기한 것임을 깨달았다.

이렇게 6입처, 즉 우리의 몸 안에 지각의 주체로서 자아가 있다는

---

69 이재숙 옮김, 위의 책, p. 126.
70 『대정장』 1, p. 435c.

생각은 동서고금(東西古今)을 막론하고 인류가 가지고 있는 뿌리 깊은 자아의식이다. 이 자아의식의 실상을 알고 극복하는 일은 결코 쉬운 일이 아니다. 그래서 『대승기신론』에서는 구계지(具戒地)에서 무상방편지(無相方便地)에 이르는 긴 수행의 과정이 필요하다고 이야기한다. 구계지는 10지(十地)의 제2 이구지(離垢地)를 뜻하고, 무상방편지는 제7 원행지(遠行地)를 뜻한다. 보살이 발심하여 불지(佛地)에 이르기까지는 3대아승지겁(大阿僧祇劫)이 걸린다고 하며, 10지(十地)의 초지(初地)인 환희지(歡喜地)에 이르기까지 1대아승지겁(大阿僧祇劫)이 걸리고, 제7지인 원행지(遠行地)에 이르는 기간이 2대아승지겁(大阿僧祇劫)이 걸린다고 한다. 이는 중생의 자아의식이 얼마나 끊기 어려운 망상(妄想)인지를 이야기한 것이다.

현대의 인지과학자들은 인지하는 마음을, 우리의 경험이 '체화된 마음(embadied mind)'이며 '자아 없는 마음(selfless mind)'이라고 한다. 이것은 불교에서 이야기하는 아뢰야식과 다름이 없다. 인간은 긴 역사 속에서 이제야 비로소 우리의 마음은 자아가 없으며, 경험이 모여서 체화된 것임을 알게 되었다. 이는 인류가 자아 없이 인지가 이루어진다는 것을 알아차리기까지 얼마나 긴 시간이 걸렸는지를 보여준다. 아무튼 분별지상응염은 뿌리 깊은 인간의 잠재적 자아의식이며, 이를 벗어나기 위해서는 긴 시간 많은 수행이 필요하다는 것을 여기에서 말하고 있다.

분별지상응염에서 벗어나는 수행은 구계지에서 시작되어 무상방편지에서 성취된다고 한다. 구계지는 제2 이구지이고 무상방편지는 제7 원행지이므로 보살의 10지 수행 가운데 제2지에서 제7지까지의 수행이 분별지상응염을 극복하는 수행이며, 보살 수행의 전 과정에서 3분의 1에 해당하는 기간이 소요된다. 이는 자아가 있다는 망상에서 벗어나기가 그만큼 어렵다는 것을 보여주는 것이며, 보살의 수행은 자아가 있다는 망상에서 벗어나기 위한 수행임을 의미한다.

『화엄경』에 의하면 보살은 제1 환희지(歡喜地)에서 보시(布施)를 수행한 후에 제2 이구지에서 10선계(十善戒)를 실천하여 지계(持戒)를 수행하고, 제3 발광지(發光地)에서 선정을 닦아 일체법은 연기하므로 불생불멸임을 깨닫고, 제4 염혜지(焰慧地)에서 37조도품(三十七助道品)을 닦아 제5 난승지(難勝地)에서 4성제를 이해하고, 제6 현전지(現前地)에서 12연기를 통찰하여 3계(三界)는 오직 일심(一心)이 만든 것으로서 여래가 설한 12연기도 일심(一心)에 의지하여 분별하신 말씀임을 깨닫는다. 그리고 제7 원행지(遠行地)에서 보살이 수행해야 할 10바라밀(十波羅蜜)의 수행을 원만하게 성취함으로써 모든 수행(修行)을 완성한다.[71]

『대승기신론』에서 분별지상응염은 구계지에 의해 점차로 여의다가 무상방편지에 이르면 구경(究竟)으로 여읜다고 한 것은, 보살의 모든 수행이 자신의 몸 안에 자아가 있다는 망상을 극복하기 위한 것임을 보여준 것이다.

---

[71] 『대정장』10, pp. 181~198 참조.

【眞】四者 現色不相應染 依色自在地 能離故

【實】四 現色不相應染 此色自在地之所除滅

넷째는 현색불상응염(現色不相應染)이다. 색자재지(色自在地)에 의
하여 여읠 수 있다.

현색불상응염(現色不相應染)은 현식(現識)에 상응하는 염심(染心)으로
서 불각의 상태〈不覺義〉의 경계상(境界相)을 의미하며, 12연기의 명색
(名色)에 상응한다.

붓다는『잡아함경』(14)에서 이렇게 말한다.

> 어떻게 식(識)의 쌓임[識集]을 여실하게 아는가? 명색(名色)의 쌓임
> [名色集]을 식(識)의 쌓임[識集]이라고 부른다. 이렇게 식(識)의 쌓임
> [識集]을 여실하게 안다.
>
> 〈云何識集如實知 謂名色集 是名識集 如是識集如實知〉[72]

붓다는 식(識)을 명색이 쌓여 있는 것이라고 말한다. 이렇게 명색이 쌓
여 있는 식을 유식사상에서는 아뢰야식이라고 부른다. 무착(無着)의
『섭대승론본(攝大乘論本)』 제3「소지상분(所知相分)」에서는 "아뢰야식
을 종자로 하는 허망한 분별에 속하는 여러 식 가운데 신(身;眼等五界),

---

[72] 『대정장』10, pp. 181~198 참조.

신자(身者; 染汚意), 수자식(受者識; 意界), 피소수식(彼所受識; 色等外六界), 피능수식(彼能受識; 六識界), 세식(世識; 生死相續不斷性), 수식(數識; 算計性), 처식(處識; 器世間), 언설식(言說識; 見聞覺知 四種言說)은 명언훈습종자(名言熏習種子)로 말미암아 생긴 것이다."[73]라고 말한다. 여기에서 명언훈습종자는 12연기의 명색을 의미하며, 명언훈습종자로 인하여 신(身; 眼等五界), 신자(身者; 染汚意), 수자식(受者識; 意界), 피소수식(彼所受識; 色等外六界), 피능수식(彼能受識; 六識界)이 생긴다는 것은 명색을 의지하여, 6입처, 촉(觸) 등이 연기하는 것을 의미한다.

명색에 상응하는 현색불상응염(現色不相應染)을 여의는 색자재지(色自在地)는 제8 부동지(不動地)를 뜻한다. 보살은 제7지(第七地)에서 모든 수행을 마치고 무생법인(無生法忍)을 성취함으로써 제8 부동지(不動地)에 들어간다. 제8지를 부동지라고 하는 까닭은 일체의 동심(動心)이 그쳐서〈一切動心 憶想分別悉皆止息〉일체의 심(心), 의(意), 식(識)의 행(行)이 현전(現前)하지 않기〈一切心 意 識行皆不現前〉때문이다.[74]

그렇지만 이 보살은 밝은 지혜[智明]를 일으켜 중생을 교화하는데, 중생의 몸의 차별을 잘 알고, 중생의 몸을 잘 분별하고, 태어나는 곳을 잘 관찰하여 응할 바에 따라 몸을 나타내어 교화한다〈此菩薩復起智明 教化衆生 所謂 善知衆生身差別 善分別衆生身 善觀察所生處 隨其所應而爲現身 教化成熟〉. 이렇게 부동지의 보살은 모든 중생의 몸과 마음과 믿음

---

73 『대정장』31. p. 137c.
74 『대정장』10, p. 199a.

과 이해의 갖가지 차별에 따라서 그 몸을 나타낸다〈此菩薩隨諸衆生身心信解種種差別, 於彼佛國衆會之中而現其身〉.[75] 이렇게 색신(色身)을 자유자재로 나타내므로 부동지를 색자재지(色自在地)라고도 부른다.

　7지(七地)까지의 수행은 자아의식을 여의는 수행이다. 즉 나라고 할 만한 것이 없음을 깨닫는 과정이 7지까지의 수행이다. 7지까지의 수행을 통해 모든 분별이 사라짐으로써 제8 부동지(不動地)에 이르면, 일체의 동심(動心)이 그쳐서〈一切動心 憶想分別悉皆止息〉 일체의 심(心), 의(意), 식(識)의 행(行)이 현전하지 않지 않아 자타의 분별이 사라진다. 자타의 분별이 사라진다는 것은, 자아와 타자를 구분하는 명색이 사라지는 것을 의미하며, 제8지 보살은 자타의 분별을 여의었으므로 모든 중생의 몸으로 자유자재로 화현(化現)한다. 바꾸어 말하면, 7지까지의 수행을 통해서 '나라고 할 만한 것이 없다'는 깨달음에 도달했다면, 제8지에서는 '나 아닌 것이 없는 삶'을 살게 된다. 이렇게 제8지에서 명색(名色)에 의한 자타의 분별이 사라지므로 색자재지에서 현색불상응염을 여읜다고 한다.

　【眞】五者 能見心不相應染 依心自在地 能離故
　【實】五. 見心不相應染 此心自在地之所除滅

　다섯째는 능견심불상응염(能見心不相應染)이다. 심자재지(心自在

地)에 의하여 여읠 수 있다.(第二 轉識)

능견심불상응염(能見心不相應染)은 전식(轉識)에 상응하는 염심(染心)으로서 불각의 상태〈不覺義〉의 능견상(能見相)을 의미하며, 12연기의 식(識)에 상응한다. 이 염심을 여의는 심자재지(心自在地)는 제9 선혜지(善慧地)를 의미한다.

이전에 살펴본 『상윳따니까야』 「2.41. 성(城, S.N.12.65. Nagaram)」(『불경』, 833~835쪽)에서 붓다는 식(識)과 명색(名色)에 대하여 이렇게 말한다.

비구들이여, 그때 통찰지로 이치에 맞는 생각을 함으로써 나에게 다음과 같은 이해가 생겼다오.
'이름과 형색[名色]이 있는 곳에 분별의식[識]이 있다. 이름과 형색에 의지하여 분별의식이 있다.'
비구들이여, 그때 나는 이렇게 생각했다오.
'그런데 분별의식은 되돌아가서 이름과 형색에서 더 이상 가지 못한다. **늙거나 태어나거나 죽거나 없어지거나 생긴다면, 그것은 바로 이름과 형색에 의존하고 있는 분별의식일 따름이다.** 분별의식에 의지하여 이름과 형색이, 이름과 형색에 의지하여 6입처가, 6입처에 의지하여 접촉이 …. 생에 의지하여 노사와 근심·슬픔·고통·우울·고뇌가 생긴다. 이와 같이 순전한 괴로움 덩어리[苦蘊]의 쌓임[集]이 있다.'
'쌓임이다[samudayo, 集]! 쌓임이다!' 비구들이여, 나에게 이와 같이 이전에 들어 본 적 없는 법(法)들에 대하여 안목이 생기고, 앎이 생기고, 통찰지가 생기고, 명지(明智)가 생기고, 광명이 생겼다오.

붓다는 우리의 삶이 식(識)과 명색(名色)이 상호의존하는 과정임을 깨달았다. 이러한 식과 명색의 상호적 인과관계는 업을 통해서 순환적으로 이루어지며, 이것이 12연기의 행(行)이다. 12연기에서 '행(行)을 조건으로 식(識)이 있다'라고 하는 것은, 이들의 상호의존적 순환 과정, 즉 업에 의지하여 식이 상속(相續)함을 의미하고, 이 경에서 '명색에 의존하여 식이 있다'라고 하는 것은『잡아함경』(14)에서 말한 '명색이 모인 것이 식[名色集 是名識集]'임을 말한 것이다.

이 과정에서 식은 능견상(能見相)이 되고, 명색은 경계상(境界相)이 된다. 능견(能見)인 식은 명색을 경계로 분별함으로써 중생의 자아와 세계가 나타난다. 즉 중생은 능견인 식을 자아로 집착하고, 경계인 명색을 대상 세계로 분별한다. 우리의 마음은 이렇게 식과 명색이 상호의존하는 구조로 이루어져 있다. 이 상호의존에 의지하여 중생들의 생사가 벌어지며, 보살은 제8지에서 명색을 여의어 경계상을 벗어나고, 이제 제9지에서 식을 여의어 능견상을 벗어난다.

제9 선혜지(善慧地)에 대하여 80권『화엄경』제26「십지품(十地品)」에서는 이렇게 말한다.

선혜지(善慧地)에 들어간 보살은 중생들이 각기 다르게 6취(六趣)의 생(生)을 받는 것은 무명에 뒤덮여서 업(業)의 밭에 갈애〈愛〉의 물을 적시고, 식(識)을 종자로 삼아 명색(名色)을 싹틔워서 3계(三界)가 무

시이래로 항상 상속(相續)하고, 미혹하여 지은 업이 마음을 훈습하여
여러 취(趣)에 태어나는 것이므로 이를 여의면 다시 태어나지 않는
다는 것을 안다. 그리고 수없는 중생의 마음이 좋아하는 것을 알아
서 빠짐없이 그 마음에 상응하여 법문을 베푼다.

〈六趣受生各差別 業田愛潤無明覆 識爲種子名色芽 三界無始恒相續 惑業心習

生諸趣 若離於此不復生 毛端佛衆無有數 衆生心樂亦無極 悉應其心與法門〉[76]

이렇게 선혜지는 중생의 마음을 잘 알아서 그 마음에 상응하여 자재하
게 법을 설하므로 심자재지(心自在地)라고 부르며, 중생이 6취(六趣)를
떠도는 근본이 명색이라는 싹을 피우는 식임을 알아 이를 여의기 때문
에 심자재지(心自在地)에서 능견심불상응염을 여읜다고 한 것이다.

【眞】 六者 根本業不相應染 依菩薩盡地得入 如來地 能離故
【實】 六 根本業不相應染 此從菩薩究竟地入 如來地之所除滅

여섯째는 근본업불상응염(根本業不相應染)이다. 보살진지(菩薩盡
地)에 의지하여 깨쳐 들어가고, 여래지(如來地)에서 여읠 수 있
다.(第一 業識)

근본업불상응염(根本業不相應染)은 업식(業識)에 상응하는 염심(染心)

으로서 불각의 상태〈不覺義〉의 무명업상(無明業相)을 의미하며, 12연기의 행(行)에 상응한다. 이 염심을 깨쳐 들어가는 보살진지(菩薩盡地)는 제10 법운지(法雲地)를 의미하며, 이를 여의는 여래지(如來地)는 불지(佛地)를 의미한다.

제9 선혜지(善慧地)가 바른 앎을 성취하는 수행이라면, 제10 법운지는 바른 실천을 완성하는 수행이다. 제10 법운지에 대하여 80권 『화엄경』 제26 「십지품(十地品)」에서는 이렇게 말한다.

> 보살마하살은 초지(初地)에서 제9지(第九地)에 이르기까지 이러한 무량한 지혜로 관찰하여 깨닫고, 잘 사유하여 수습(修習)하고, 백법(白法)을 잘 만족하고, 가없는 조도법(助道法)을 모으고, 큰 복덕과 지혜를 증장(增長)하고, 대비(大悲)를 널리 행한다. 그리고 세계의 차별을 알아서, 중생계라는 빽빽한 숲에 들어가고, 여래가 가야 할 곳에 들어가 여래의 적멸행(寂滅行)에 수순(隨順)한다.
>
> 〈菩薩摩訶薩從初地乃至第九地 以如是無量智慧觀察覺了已 善思惟修習 善滿足白法 集無邊助道法 增長大福德智慧 廣行大悲 知世界差別 入衆生界稠林 入如來所行處 隨順如來寂滅行〉[77]

이와 같이 10지(十地)의 마지막 계위인 법운지는 이전에 수행하여 깨달은 지혜와 공덕을 모으고 키워서 빽빽한 숲과 같은 험한 중생계(衆

---

[77] 『대정장』 10, p. 205a.

生界)에 들어가서 여래가 행한 것을 여래의 적멸행에 수순하여 실천한다. 이렇게 여래의 적멸행(寂滅行)을 실천함으로써 무명에 의한 행을 여의므로 법운지에서 근본업불상응염을 깨닫고 여래지에서 여읜다고 한다.

【眞】 不了一法界義者 從信相應地 觀察學斷 入淨心地 隨分
得離 乃至如來地 能究竟離故
【實】 不覺一法界者 始從信地 觀察起行 至淨心地 能少分離
入如來地 方得永盡

【진제】 일법계(一法界)를 요달(了達)하지 못한다는 것은 신상응지(信相應地)로부터 관찰하여 치단(治斷)을 배우고 정심지(淨心地)에 들어가 분수에 따라 여의게 되며, 여래지(如來地)에 이르러서 능히 구경(究竟)으로 여의기 때문이다.

【실차난타】 일법계를 깨닫지 못한다는 것은 처음 신지(信地)에서 관찰하여 수행을 일으키고, 정심지에 이르러서 소분(小分)을 여일 수 있으며, 여래지에 들어가야 비로소 영원히 멸진(滅盡)하기 때문이다.

이 부분은 앞에서 여섯 가지 염심(染心)을 논하기 전의 '일법계(一法界)를 요달(了達)하지 못하기 때문에 마음이 상응(相應)하지 않고 문득 망념이 일어난 것을 이름하여 무명(無明)이라고 한다〈以不達一法界故 心不

相應 忽然念起 名爲無明〉/일법계를 깨닫지 못하기 때문에 상응하지 않는 무명(無明) 분별(分別)이 일어나 모든 염심을 낳은 것이다. 이와 같은 의미는 심심(甚深) 난측(難測)하여 오직 부처님만 알 수 있을 뿐 다른 사람들이 알 수 있는 것이 아니다〈以不覺一法界故 不相應無明分別起生諸染心 如是之義 甚深難測 唯佛能知 非餘所了〉'라는 말의 요약이다.

앞에서 살펴본 여섯 가지 염심은 일법계를 깨닫지 못하여 무명 분별이 일어나서 생긴 염심들이다. 앞에서는 이들 염심을 모두 없애기는 매우 어려워서 여래지에 도달해야 비로소 다 없앨 수 있다고 하면서 구체적으로 여섯 가지 염심을 거론하여 염심을 여의는 수행의 계위(階位)를 밝혔다.

여기에서는 지금까지 설명한 것을 요약한다. '일법계를 요달하지 못한다는 것(不了一法界義者)'은 앞에서 말한 무명 분별이 일으킨 여섯 가지 염심을 뜻한다. '신상응지(信相應地)에서 치단(治斷)을 배운다'는 것은 신상응지에서 집상응염(執相應染)을 여읜다는 뜻이고, '정심지(淨心地; 歡喜地)에 이르러 소분(小分)을 여읜다'는 것은 정심지에서 부단상응염(不斷相應染)을 여읜다는 뜻이다. 마지막으로 '여래지에 이르러서 능히 구경(究竟)으로 여읜다'는 것은 여래지에서 비로소 근본업불상응염(根本業不相應染)을 여읠 수 있다는 뜻이다.

【眞】 言相應義者 謂心念法異 依染淨差別 而知相緣相同故

不相應義者 謂卽心不覺 常無別異 不同知相緣相故

【實】 相應義者 心分別異 染淨分別異 知相緣相同 不相應義

者 卽心不覺 常無別異 知相緣相不同

【진제】 상응(相應)의 의미는 심(心)과 염법(念法)의 차이는 염정(染淨)의 차별에 의한 것으로서 지상(知相; 아는 자)과 연상(緣相; 알려지는 대상)이 같다는 뜻이다. 불상응(不相應)의 의미는 마음에 붙어 있는 불각[卽心不覺]은 항상 떨어지지 않아서 지상과 연상이 같지 않다는 뜻이다.

【실차난타】 상응의 의미는 심과 분별(分別)의 차이는 염정 분별의 차이이며, 지상과 연상이 같다는 뜻이다. 불상응의 의미는 마음에 붙어 있는 불각[卽心不覺]은 항상 떨어지거나 달라지지 않아서 지상과 연상이 같지 않다는 뜻이다.

앞에서 논의한 여섯 가지 염심 가운데, 집상응염(執相應染), 부단상응염(不斷相應染), 분별지상응염(分別智相應染)은 상응(相應)하는 염심[相應染]이고, 현색불상응염(現色不相應染), 능견심불상응염(能見心不相應染), 근본업불상응염(根本業不相應染)은 상응(相應)하지 않는 염심[不相應染]이다.

먼저, 상응이라는 말은 두 개의 사물이 서로 대응(對應)한다는 말이다. 여기에서는 집상응염, 부단상응염, 분별지상응염, 세 가지 염심에 각각 이에 상응하는 염법이 있음을 뜻한다.

집상응염은 상속식(相續識)에 의지하여 나타난 의식(意識)으로서, 아(我)와 아소(我所)를 집착하여 육진경계(六塵境界)를 분별하는 6식이다. 이것은 아와 아소를 집착하는 의식이기 때문에 집(執)이라고 부르며, 육진경계에 상응하는 염심이므로 집상응염이라고 한다.

부단상응염은 6식의 의지(依止)가 되는 상속식을 뜻한다. 상속식은 명색과 상호의존하여 끊임없이 망념을 일으키므로 부단(不斷)이라고 하며, 항상 망념에 상응하여 상속하기 때문에 상응염(相應染)이라고 한다.

분별지상응염은 지식(智識)을 뜻한다. 지식은 12연기(十二緣起)의 6입처(六入處)에 해당하는데, 염정법(染淨法)을 분별하므로 분별지(分別智)라고 하고, 염정(染淨)을 분별하면서 염정과 상응하므로 상응염이라고 한다.

다음으로, 불상응이라는 말은 상대할 대상이 없어서 상응하지 않는다는 뜻이다. 여기에서는 현색불상응염, 능견심불상응염, 근본업불상응염, 세 가지 염심에 상응할 대상이 없음을 뜻한다. 이들 세 가지 염심을 불상응염(不相應染)이라고 하는 까닭은, 이들이 본각(本覺)에 붙어 있는 불각[卽心不覺]으로서 본각과 분리되지 않아 상응할 대상이 없기 때문이다. '마음에 붙어 있는 불각[卽心不覺]'이란 불각(不覺)이 진여의 마음, 즉 자성청정심을 떠나서 따로 존재하는 마음이 아님을 뜻한다. 이것을 앞에서 살펴본 지정상(智淨相)의 설명에서는 '자성청정심(自性淸淨心)이 무명의 바람으로 인하여 움직이면 청정심과 무명은 모두 구별되는 형상이 없이 서로 버리거나 떠나지 않는다〈自性淸淨心 因無明風動 心與無明 俱無形相 不相捨離〉'라고 했고, 불각의 상태〈不覺義〉에서 '불각의 상태란 진여법(眞如法)은 하나임을 여실하게 알지 못하여 불각심이 일어나서 존재하는 염(念)은 염의 자상(自相)이 없어 본각을 떠나지 않는다〈所言不覺義者 謂不如實知 眞如法一故 不覺心起 而有其念 念無自相 不離本覺〉'라고 했다. 이렇게 불각(不覺)이 본각, 즉 자성청정심과 떨어지지 않는 것이 즉심불각(卽心不覺)이다.

현색불상응염, 능견심불상응염, 근본업불상응염을 즉심불각이라고 하는 것은 이들이 아뢰야식이 전변(轉變)하기 이전의 내적 상태이기 때문이다. 아뢰야식은 불생불멸과 생멸이 화합한 마음으로서 중생의 마음이다. 여기에서 불생불멸은 각의 상태〈覺義〉이고 생멸은 불각의 상태〈不覺義〉다. 그리고 각의 상태는 심체(心體)로서 일체의 망념상을 여읜 법계일상(法界一相)이며, 여래법신(如來法身)이다. 한편 불각의 상태는 진여법이 하나임을 알지 못하여 일어난 불각심(不覺心)으로서 불각(不覺)에 의지하여 생긴 세 가지 불각심, 즉 무명업상(無明業相), 능견상(能見相), 경계상(境界相)이다.

중생의 마음을 각의 상태〈覺義; 眞如, 不生不滅〉와 불각의 상태〈不覺義; 妄心, 生滅〉가 화합한 아뢰야식이라고 하는 것은 아뢰야식이 불생불멸하는 진여와 생멸하는 망심이라는 두 마음이 모여서 화합한 마음이라는 뜻이 아니라, 아뢰야식이라는 한마음의 본모습을 불생불멸이라고 하고 본모습을 깨닫지 못한 미혹한 상태를 생사라고 한다.

마음의 본모습은 각의 상태〈覺義〉, 즉 진여다. 이 진여를 알지 못하는 마음이 무명이며 불각이다. 따라서 진여가 없다면, 진여를 알지 못하는 무명, 불각도 있을 수 없다. 이렇게 진여에 의지하여 무명, 불각이 있어서 일어난 세 가지 불각심이 무명업상(無明業相), 능견상(能見相),

경계상(境界相)이며, 이것을 불생불멸과 생멸이 화합한 아뢰야식이라고 한 것이다. 그리고 이렇게 불각심은 진여 본심에 의지하여 일어난 것이므로 즉심불각(卽心不覺)이라고 한 것이다.

무명업상은 법계일상을 깨닫지 못하고 살아가는 삶을 의미한다. 이렇게 연기하는 법계가 차별할 수 없는 일상(一相)이라는 사실을 모르고 살면서 지은 업(業)이 모여서 형성된 아뢰야식이 능견상(能見相)이다. 그리고 아뢰야식 속의 명언훈습(名言熏習) 종자를 밖의 경계로 생각하는 것이 경계상(境界相)이다. 이렇게 아뢰야식은 본각의 자성청정심이 무명에 오염된 상태에서 업에 의해서 훈습된 종자를 능견(能見)의 자아와 경계의 세계로 분별하는 중생의 의식구조를 의미한다. 그리고 이것을 즉심불각(卽心不覺)의 불상응염(不相應染)이라고 한다.

이러한 즉심불각의 불상응염은 12연기의 무명-행-식-명색에 상응한다. 필자는 니까야를 번역하여 『불경』을 편찬하면서 붓다가 깨달은 연기를 이렇게 번역했다.(『불경』, 38쪽)

세존께서는 초저녁에 연기를 순관(順觀)과 역관(逆觀)으로 사유하셨습니다.

나라고 할 만한 것이 없다는 사실을 알지 못하기 때문에[無明] 내가 있다고 생각하면서 살아간다[行].

내가 있다고 생각하면서 살아가기 때문에 나와 세계를 분별하는 분별의식[識]이 생긴다.

나와 세계를 분별하는 분별의식에 의지하여 이름과 형색[名色]이 나타난다.

이름과 형색에 의지하여 그것을 보고 듣는 나[六入處]가 나타난다.

그 나에 의지하여 대상을 경험하는 접촉[觸]이 나타난다.

그 접촉에 의지하여 즐겁거나 괴로운 느낌[受]이 나타난다.

그 느낌에 의지하여 느낌을 갈망하는 갈애[愛]가 나타난다.

그 갈애에 의지하여 무상한 5온(五蘊)을 나로 취(取)하게 된다.

오온을 나로 취하기 때문에 내가 있다는 생각[有]이 나타난다.

내가 있다는 생각에 의지하여 내가 태어났다는 생각[生]이 나타난다.

내가 태어났다는 생각에 의지하여 내가 늙어 죽는다는 생각[老死]이 나타난다.

이와 같은 과정이 모여서 온갖 고통을 일으키는 괴로움 덩어리가 나타난다[苦集].

유식사상에서 말하는 아뢰야식의 전변(轉變)은 붓다가 깨달은 연기의 대승적 해석이라고 할 수 있다. 중생들은 연기하는 법계가 나와 세계를 분별할 수 없는 일상(一相)임을 알지 못하기 때문에 '세계 속에서 내가 살고 있다'라는 생각으로 살아간다. 이것이 무명업상(無明業相)이며 근본업불상응염(根本業不相應染)이다. 이렇게 내가 있다는 생각으로 살아가면서 지은 업(業)에 훈습된 종자가 모인 것이 아뢰야식이다. 이 아뢰야식의 인지(認知) 능력이 능견상(能見相)이며 능견심불상응염(能見心不相應染)이다. 아뢰야식의 인지는 아뢰야식 속의 명언종자(名言種子)를 대상으로 이루어진다. 즉 아뢰야식이 인지하는 것은 밖에 있

는 대상이 아니라 아뢰야식 안에 있는 명언종자다. 이것을 앞에서 '무
릇 분별된 것은 모두가 자기 마음을 분별한 것으로서 마음은 마음을
보지 않으므로 얻을 수 있는 상(相)이 없다〈凡所分別 皆分別自心 心不見心
無相可得〉'라고 했다. 그런데 이런 사실을 모르는 중생은 인지 능력을
인지하는 주관으로, 인지되는 명언종자(名言種子; 名色)를 인지의 대상
으로 착각한다. 이렇게 인지의 대상으로 왜곡된 명언종자가 경계상(境
界相)이며 현색불상응염(現色不相應染)이다.

【眞】 又染心義者　名爲煩惱碍　能障眞如根本智故　無明義者
名爲智碍　能障世間自然業智故　此義云何　以依染心　能見能現
妄取境界　違平等性故　以一切法常靜　無有起相　無明不覺妄
與法違故　不能得隨順世間一切境界種種智故
【實】 染心者　是煩惱障　能障眞如根本智故　無明者　是所知障
能障世間業自在智故　此義云何　以依染心　執著無量能取所取
虛妄境界　違一切法平等之性　一切法性　平等寂滅　無有生相
無明不覺妄　與覺違　是故於一切世間種種境界　差別業用　皆悉
不能如實而知

【진제】 그리고 염심(染心)은 번뇌애(煩惱礙)라고 부르나니, 능히
진여의 근본지(根本智)를 가로막기 때문이다. 무명은 지애(智礙)라
고 부르나니, 능히 세간자연업지(世間自然業智)를 가로막기 때문
이다. 이것은 무슨 뜻인가? 염심에 의지하는 능견(能見), 능현(能

現), 망취경계(妄取境界)는 평등성(平等性)에 어긋난 것이기 때문이
며, 일체법은 항상 적정(寂靜)하여 기상(起相)이 없으나 무명불각
(無明不覺)의 망념이 법과 어긋나서 세간 일체경계에 대한 갖가지
지혜에 수순(隨順)하지 못하기 때문이다.

【 실차난타 】 염심은 번뇌장(煩惱障)으로서 능히 진여의 근본지를
가로막기 때문이다. 무명은 소지장(所知障)으로서 능히 세간자연
업지(世間自然業智)[78]를 가로막기 때문이다. 이것은 무슨 뜻인가?
염심에 의지하여 집착하고 있는 무량한 능취(能取), 소취(所取), 허
망경계(虛妄境界)는 일체법의 평등한 본성에 어긋난 것이기 때문
이며, 일체법의 본성은 평등 적멸하여 생상(生相)이 없지만 무명
불각(無明不覺)의 망념은 각(覺)에 어긋난 것이다. 그러므로 일체
세간의 갖가지 경계의 차별된 업용(業用)을 빠짐없이 여실하게 알
지 못한다.

유식사상에서는 여래의 지혜를 가로막는 장애물로 번뇌애(煩惱礙)/번
뇌장(煩惱障)과 지애(智礙)/소지장(所知障) 두 가지를 이야기하는데, 여
기에서는 무명을 의지하여 일어난 염심을 번뇌애/번뇌장으로 보고,
무명을 지애/소지장으로 본다. 염심은 진여근본지(眞如根本智)를 가로

---

78 세간(世間)의 자연업지(自然業智): 후득지(後得智); 근본지(根本智)에 의하여 진리를 깨
    달은 뒤에 다시 분별하는 얕은 지혜를 일으켜서 의타기성(依他起性)의 속사(俗事)를 요
    지(了知)하는 지혜.

막기 때문에 번뇌장이라고 하고, 무명은 세간자연업지(世間自然業智)를 가로막으므로 소지장이라고 한다는 것이다.

『상윳따니까야』「2.72. 눈물(S.N.15.3. Assu)」(『불경』, 864쪽)에서 붓다는 "무명(無明)에 뒤덮이고 갈애[愛]에 속박된 중생들이 흘러 다니고 돌아다닌, 시초를 헤아릴 수 없는 유전(流傳)의 시작은 알 수 없다."라고 말한다. 이렇게 무명과 갈애는 생사유전(生死流轉)의 원인이며, 번뇌장과 소지장은 갈애와 무명의 다른 이름이다.

진여근본지는 진여법은 하나이며 법계일상임을 아는 무분별지(無分別智)를 의미하고, 세간자연업지는 무분별지에 의하여 법계일상을 깨달은 후에, 세간의 중생을 근기에 따라 분별하여 제도하는 지혜를 뜻한다. 차별 없이 평등한 법계일상의 진여를 보지 못하는 것은 애욕에 묶여서 분별하는 마음을 일으키기 때문이고, 갖가지 차별된 중생을 제도하는 붓다의 삶을 살지 못하는 것은 무명에 뒤덮여서 진여를 깨닫지 못하기 때문이다.

'염심에 의지하여 집착하고 있는 무량한 능취(能取), 소취(所取), 허망경계(虛妄境界)는 일체법의 평등한 본성에 어긋난 것이기 때문이다'라는 말은 염심을 번뇌애/번뇌장이라고 하는 이유를 설명한 것이고, '일체법의 본성은 평등 적멸하여 생상(生相)이 없지만 무명불각(無明不覺)의 망념은 법(法)/각(覺)에 어긋난 것이다. 그러므로 일체세간의 갖가지 경계의 차별된 업용(業用)을 빠짐없이 여실하게 알지 못한다'라는 말은 무명을 지애/소지장이라고 하는 이유를 설명한 것이다.

(4) 생멸상(生滅相)

【眞】 復次 分別生滅相者 有二種 云何爲二 一者 麤與心相應
故 二者 細與心不相應故 又麤中之麤 凡夫境界 麤中之細及
細中之麤 菩薩境界 細中之細是佛境界

【實】 復次 分別心生滅相者 有二種別 一 麤謂相應心 二 細謂
不相應心 麤中之麤 凡夫智境 麤中之細 及細中之麤 菩薩智境

【진제】 다음으로 생멸상(生滅相)을 분별하면 두 가지가 있다. 첫
째는 거친 생멸상(麤)으로서 마음과 상응(相應)하기 때문이며, 둘
째는 미세한 생멸상(細)으로서 마음과 상응하지 않기 때문이다.
거친 생멸상(麤) 가운데서도 거친 생멸상(麤)은 범부의 경계이고,
거친 생멸상(麤) 가운데서 미세한 생멸상(細)과 미세한 생멸상(細)
가운데서 거친 생멸상(麤)은 보살의 경계이며, 미세한 생멸상(細)
가운데서도 미세한 생멸상(細)은 부처님의 경계이다.

【실차난타】 다음으로, 심생멸상(心生滅相)을 분별하면 두 가지가
있다. 첫째는 거친 생멸상(麤)으로서 상응심(相應心)을 말한다. 둘
째는 미세한 생멸상(細)으로서 불상응심(不相應心)을 말한다. 거친
생멸상(麤) 가운데서도 거친 생멸상(麤)은 범부지(凡夫智)의 경계
이고, 거친 생멸상(麤) 가운데서 미세한 생멸상(細)과 미세한 생멸
상(細) 가운데서 거친 생멸상(麤)은 보살지(菩薩智)의 경계이다.

불각(不覺)에 의지하여 일어난 망심은 끊임없이 생멸하므로 이를 마음의 생멸상[心生滅相]이라고 한다. 생멸문(生滅門)의 주제가 바로 마음의 생멸상[心生滅相]이다. 그래서 지금까지 불각의 상태〈不覺義〉와 생멸인연(生滅因緣)을 통해서 생멸상(生滅相)의 발생을 설명했다. 그런데 이들 생멸상의 발생을 불각의 상태〈不覺義〉에서는 불각심(不覺心)에 의지하는 무명업상(無明業相), 능견상(能見相), 경계상(境界相)과 경계에 의지하여 발생하는 지상(智相), 상속상(相續相), 집취상(執取相), 계명자상(計名字相), 기업상(起業相), 업계고상(業繫苦相)으로 구분한다. 그리고 생멸인연(生滅因緣)에서는 아뢰야식의 전변으로 생멸상의 발생을 설명하면서 무명 불각의 생태에 있는 제8 아뢰야식, 즉 불각심(不覺心)을 능견(能見), 능현(能現), 능취경계(能取境界)라고 말하고, 불각심의 능취경계를 대상으로 분별하는 작용을 끊임없이 상속하는 제7 말나식, 즉 의(意)를 업식(業識), 전식(轉識), 현식(現識), 지식(智識), 상속식(相續識)이라고 말한다. 그리고 상속식에 의지하여 제6 의식(意識)이 발생한다고 하여 세 단계로 생멸상의 발생을 설명한다.

　　이렇게 생멸상의 발생을 두 측면에서 고찰한 후에, 불각심(不覺心)에 의지하고 있는 무명업상, 능견상, 경계상과 아뢰야식의 불각심(不覺心)인 능견(能見), 능현(能現), 능취경계(能取境界)를 불상응염(不相應染)으로, 경계에 의지하는 지상(智相), 상속상, 집취상을 상응염(相應染)으로 규정한다. 그리고 여기에서는 다시 상응염(相應染)을 거친 생멸상[麤]으로, 불상응염(不相應染)을 미세한 생멸상으로 규정하고, 이를 통해 범부의 경계와 불보살의 경계를 규정한다.

상응(相應)과 불상응(不相應)의 구분, 그리고 추(麤)와 세(細)의 구분은 붓다가 깨달은 연기법에 대한 대승불교의 해석이다. 『잡아함경』(294)에서 붓다는 "범부(凡夫)는 무명에 가리고 애욕에 묶여서 이 식신(識身)을 얻으면, 안에는 이 식신이 있고 밖에는 명색이 있다고 생각한다. 이 두 인연으로 촉(觸)이 생긴다.〈愚癡無聞凡夫無明覆 愛緣繫得此識身 內有此識身 外有名色 此二因緣生觸〉[79]"라고 말한다. 이 말은 무명-행-식-명색의 다른 표현이다. 애욕에 묶여서 업을 짓는 것이 행이고, 행의 결과로 형성된 명색이 모인 것이 식신(識身)이다. 이 식신 안에 명색이 있는데, 중생들은 이것을 알지 못하기 때문에 식(識)이 인지하는 명색을 밖에 있는 대상으로 착각한다. 그리고 '안에 있다고 생각된 식신과 밖에 있다고 생각된 명색을 인연으로 촉이 생긴다'라고 하고 있다.

이러한 12연기의 무명-행-식-명색은 불각의 상태〈不覺義〉의 불각(不覺)에 의지하여 무명업상, 능견상, 경계상이 일어나는 것을 말한 것이다. 무명에 의지하여 행이 있다는 것은, 불각(不覺)에 의지하여 무명업상이 있다는 말이다. 행을 의지하여 식이 있다는 것은, 무명의 상태에서 지은 업의 결과로 능견상이 있다는 말이다. 그리고 식을 의지하여 명색이 있다는 것은, 능견에 의지하여 경계상이 허망하게 나타난 것을 의미한다. 그리고 무명-행-식-명색은 아직 구체적인 대상을 가지고 있지 않은 상태의 잠재의식이라는 점에서 불상응염이며, 미세한 망념[細]이다.

---

[79] 『대정장』 2, p. 83c.

12연기의 촉은 지각하는 자아, 즉 6입처가 그 대상을 접촉하는 일이다. 중생들은 몸 안의 자아가 눈과 귀를 통해서 몸 밖의 색(色)과 소리를 접촉하여 지각한다고 생각한다. 그런데 사실은 우리가 접촉하는 것은 식에 의존하는 명색이다. 『디가니까야』「7. 대인연경(大因緣經, D.N.15. Mahā-Nidāna Sutta)」(『불경』, 218쪽)에서는 촉의 조건을 명색이라고 한다. 그리고 그렇게 말하는 이유를 다음과 같이 설명한다.

"이름과 형색[名色]이라는 조건에 의지하여 접촉[觸]이 있다'라고 이야기했는데, 아난다여, 다음과 같은 이유에서 이름과 형색이라는 조건에 의지하여 접촉이 있다는 것을 알아야 한다. 아난다여, 기호(記號, ākāra)들에 의해서, 특징(特徵, liṅga)들에 의해서, 모습[相, nimitta]들에 의해서, 지시(指示, uddesa)들에 의해서 개념체계(概念體系, nāma-kāya, 名身)가 성립된다. 그 기호들이, 그 특징들이, 그 모습들이, 그 지시들이 없을 때, 형색체계(形色體系, rūpa-kāya, 色身) 속에서 명칭(名稱)의 접촉[adhivacana-samphassa]이 있을 수 있겠느냐?"

"아닙니다, 세존이시여!"

"아난다여, 기호들에 의해서, 특징들에 의해서, 모습들에 의해서, 지시들에 의해서 형색체계가 성립된다. 그 기호들이, 그 특징들이, 그 모습들이, 그 지시들이 없을 때, 개념체계 속에서 대상(對象)의 접촉[paṭighasamphassa, 有對觸]이 있을 수 있겠느냐?"

"아닙니다, 세존이시여!"

"아난다여, 기호들에 의해서, 특징들에 의해서, 모습들에 의해서, 지시들에 의해서 개념체계와 형색체계가 성립된다. 그 기호들이, 그 특징들이, 그 모습들이, 그 지시들이 없을 때, 명칭의 접촉과 대상의 접촉이 있을 수 있겠느냐?"

"아닙니다, 세존이시여!"

"아난다여, 기호들에 의해서, 특징들에 의해서, 모습들에 의해서, 지시들에 의해서 이름과 형색이 성립된다. 그 기호들이, 그 특징들이, 그 모습들이, 그 지시들이 없을 때, 접촉이 있을 수 있겠느냐?"

"아닙니다, 세존이시여!"

"아난다여, 그러므로 이 이름과 형색[名色]이 접촉[觸]의 원인이며, 인연이며, 쌓임이며, 조건이다."

이 경에서 말하듯이, 촉은 기호와 특징 등으로 이루어진 개념체계(槪念體系, nāma-kāya, 名身)와 형색체계(形色體系, rūpa-kāya, 色身), 즉 식과 명색의 상호의존체계에서 발생하는 명칭(名稱)의 접촉이다. 우리는 식 안에 명색이 없는 대상은 인식할 수 없다. 예를 들어서 책상을 본다고 하자. 우리가 책상을 볼 수 있는 것은 책상을 인식하는 식 안에 책상이라는 명색이 있기 때문이다. 식 안에 명색이 없으면, 책상 모양의 사물을 보아도 우리는 그것을 책상으로 인식할 수 없다.

　우리가 인식할 때 접촉하는 것은 외부의 사물이 아니라 식 안의 명색이다. 그러나 중생들은 이것을 알지 못하고, 인식하는 주관이 외부의 대상을 접촉하고 있다고 생각한다. 이것이 12연기의 6입처와 촉이다. 무명에서 명색까지 촉이 발생할 여건이 만들어지고, 6입처를 계

기로 촉이 발생하며, 촉을 통해서 수(受)가 발생한다. 그런데『잡아함
경』(306)에서는 '촉(觸)에서 수(受), 상(想), 사(思)가 함께 생긴다〈觸俱生
受想思〉'[80]라고 한다. 이렇게 촉에 의지하여 발생한 수, 상, 사가 모여서
5온의 수온(受蘊), 상온(想蘊), 행온(行蘊)이 된다. 촉은 우리가 일상에
서 경험하는 모든 존재, 즉 오온이 발생하는 계기다. 그래서『대승기신
론』에서는 6입처와 촉 이후에 연기한 망념을 상응염(相應染)이며, 거
친 생멸상[麤]이라고 말한다.

【眞】 此二種生滅 依於無明熏習 而有所謂依因依緣 依因者
不覺義故 依緣者 妄作境界義故 若因滅則緣滅 因滅故不相應
心滅 緣滅故相應心滅

【實】 此二種相 皆由無明熏習力起 然依因依緣 因是不覺 緣
是妄境 因滅則緣滅 緣滅故相應心滅 因滅故不相應心滅

【진제】 이 두 가지 생멸상은 무명의 훈습에 의하여 존재하는 것
으로서, 인(因)에 의지하고 연(緣)에 의지한다. 인에 의지하는 것
은 불각(不覺)의 모습〔不覺義〕이고, 연에 의지하는 것은 허망하게
경계를 짓는 모습〔妄作境界義〕이기 때문이다. 인이 멸하면 곧 연이
멸한다. 인이 멸하기 때문에 불상응심(不相應心)이 멸하고 연이 멸
하기 때문에 상응심(相應心)이 멸한다.

---

80 『대정장』2, p. 87c.

【실차난타】 이 두 가지 심생멸상(心生滅相)은 모두 무명의 훈습력(熏習力)으로 말미암아 일어난 것으로서, 인(因)에 의지하고 연(緣)에 의지한다. 인은 불각(不覺)이고 연은 망경(妄境)으로서 인이 멸하면 곧 연이 멸한다. 연이 멸하기 때문에 상응심(相應心)이 멸하고, 인이 멸하기 때문에 불상응심(不相應心)이 멸한다.

두 가지 생멸상(生滅相)은 거친[麤] 상응심(相應心)과 미세한[細] 불상응심(不相應心)을 뜻한다. 무명의 훈습에 의한 것이라는 말은 무명에서 연기한 것이라는 말과 같은 말이다. 위에서 살펴보았듯이, 미세한 불상응심은 무명(無明) 불각(不覺)에 의한 것이고, 거친 상응심은 불상응심 가운데 하나인 경계상(境界相)에 의지하는 것이다. 여기에서는 불상응심을 일으키는 무명 불각을 인(因)이라고 부르고, 상응심이 의지하는 경계상을 연이라고 부른다. 인은 범어 'hetu'의 한역으로서 '어떤 결과를 초래하는 원인'을 의미하고, 연은 'pratyaya'의 한역으로서 '함께 작동하면서 공존하는 원인(co-operating cause, the concurrent occasion of an event)'을 뜻한다. 무명 불각은 불상응심을 일으키는 원인이므로 인이라고 한 것이고, 경계상은 상응심과 함께 작동하면서 상응심과 공존하기 때문에 연이라고 한 것이다. 그리고 상응심의 연이 되는 경계상은 무명이 일으킨 것이므로, 무명이라는 인이 멸하면, 상응심의 연인 경계상도 멸한다고 한 것이다. 이것은 무명이 멸하면 행이 멸하고 차례로 식, 명색, 6입처, 촉 등이 멸한다는 12연기의 환멸문과 다르지 않다.

【眞】問曰 若心滅者 云何相續 若相續者 云何說究竟滅 答曰 所言滅者 唯心相滅 非心體滅 如風依水 而有動相 若水滅者 則風相斷絕 無所依止 以水不滅 風相相續 唯風滅故 動相隨滅 非是水滅 無明亦爾 依心體而動 若心體滅則衆生斷絕 無所依止 以體不滅 心得相續 唯癡滅故 心相隨滅 非心智滅

【實】問 若心滅者 云何相續 若相續者 云何言滅 答 實然今心滅者 但心相滅 非心體滅 如水因風而有動相 以風滅故動相卽滅 非水體滅 若水滅者 動相應斷 以無所依 無能依故 以水體不滅 動相相續 衆生亦爾 以無明力 令其心動 無明滅故 動相卽滅 非心體滅 若心滅者 則衆生斷 以無所依 無能依故 以心體不滅 心動相續

【진제】 물음: 만약 마음(心)이 멸한다면 어떻게 상속하며, 만약 상속한다면 왜 구경(究竟)에 멸한다고 말하는가?

대답: 멸한다고 하는 것은 오직 심상(心相)이 멸한다는 것일 뿐, 심체(心體)가 멸한다는 것은 아니다. 비유하면 바람의 움직이는 모습이 물에 의지하여 있으므로 만약 물이 사라진다면 바람의 모습은 의지할 데가 없어져서 단절(斷絕)될 것이다. 그러나 물이 사라지지 않으므로 바람의 모습은 상속된다. 오직 바람이 멸할 뿐이므로 움직이는 모습이 바람을 따라서 멸하는 것일 뿐, 물이 멸하는 것은 아니다. 무명도 마찬가지이다. 심체에 의지하여 움직이므로 만약 심체가 멸한다면, 의지할 바가 없어서 중생도 단절하려니와, 체(體)는 멸하지 않으므로 심(心)이 상속할 수 있는 것

이다. 오직 어리석음[癡]이 멸하기 때문에 심상(心相)이 따라서 멸할 뿐 심지(心智)가 멸하는 것은 아니다.

【 실차난타 】 물음: 만약 마음[心]이 멸한다면 어떻게 상속하며, 만약 상속한다면 왜 구경(究竟)에 멸한다고 말하는가?

대답: 사실은 마음이 멸한다고 하는 것은 단지 심상이 멸한다는 것일 뿐, 심체가 멸한다는 것은 아니다. 비유하면 물은 바람으로 인하여 움직이는 모습이 있는 것과 같다. 바람이 사라지면 움직이는 모습은 사라지지만 물 자체는 사라지지 않는다. 만약 물이 사라진다면 의지할 데[所依]가 없고, 의지하는 것[能依]이 없어서 움직이는 모습은 단절될 것이다. 그러나 물 자체는 사라지지 않으므로 움직이는 모습은 상속된다. 중생도 마찬가지이다. 무명의 힘이 마음을 움직이므로 무명이 사라지면 움직이는 모습은 곧 사라지지만 심체는 사라지지 않는다. 만약 심이 멸한다면, 의지할 데[所依]가 없고, 의지하는 것[能依]이 없어서 중생도 단절하려니와, 심체는 멸하지 않으므로 심의 움직임이 상속하는 것이다.

무착(無着)은 『섭대승론본』 제2 「소지의분(所知依分)」에서 "아뢰야식을 떠나서는 달리 심체(心體)를 얻을 수 없으므로 아뢰야식을 심체라고 한다. 이것을 종자가 되어 의(意)와 식(識)이 전변하기 때문이다.〈若離阿賴耶識無別可得 是故成就阿賴耶識以爲心體由此爲種子 意及識轉〉"[81]라고 말한다. 여기에서 말하는 심체는 아뢰야식이고 심상(心相)은 아뢰야식

---

[81] 『대정장』31. p. 134a.

이 전변한 의와 식이다. 아뢰야식의 본모습, 즉 진여는 여래장이며 여래의 법신으로서 불생불멸하는 심체다. 그런데 이 실상을 알지 못하여 일어난 자아의식인 의(意)와 대상을 분별하는 의식인 식(識)은 생멸하는 심상(心相)이다.

『대승기신론』에서 논의하는 주제는 중생의 마음⟨衆生心⟩이며, 중생의 마음은 진여문과 생멸문이라는 두 문을 통해서 활동하지만, 진여문과 생멸문이 동일한 마음, 즉 일심(一心)의 양면(兩面)이라는 사실이다.

앞에서 살펴보았듯이, 진여는 연기다. 심체라는 표현이 불생불멸하는 실체를 의미하는 것처럼 느끼게 하지만, 여기에서는 연기하는 마음, 즉 법계일상을 심체라고 부른다. 우리는 마음을 개인이 소유하는 영적인 실체로 생각한다. 그러나 마음은 개인적인 것이 아니라 사회적이며 역사적인 것이다. 지금 우리가 쓰는 마음은 과거의 삶의 결과이며, 현재의 사회와 연결되어 있다. 역사적으로 사회적으로 고립된 마음은 없다. 마음은 과거의 경험이 체화되어 현재의 사회 속에서 경험하고 있는 실체 없고 자아 없는 마음이다. 이것을 유식사상에서는 훈습과 현행이라고 부른다. 경험이 체화된 마음을 훈습된 종자라고 부르고, 그것이 사회 속에서 현재의 삶으로 드러나는 것을 현행이라고 부른다. 이렇게 훈습과 현행의 구조로 작동하는 것이 연기하는 마음이며, 아뢰야식이며, 진여이며, 여래장이며, 법신이며, 심체다.

이렇게 훈습과 현행의 구조로 작동하는 아뢰야식은 연기하는 마음의 다른 표현이며, 그 실상은 업보는 있으나 작자는 없는[有業報而無作者] 공(空)이다. 즉 현행(現行)은 업이고 훈습은 과보다. 그러나 이러한 과정에 업을 짓고 보를 받는 작자는 없다. 이것이 아뢰야식의 실상, 즉 진여이다. 이러한 아뢰야식은 문법적으로 명사(名詞)가 아니라 동사(動詞)다. 그런데 아뢰야식 안에 간직된 훈습된 종자는 명언훈습종자(名言熏習種子), 즉 명사다. 이 종자가 현행할 때, 이를 외부에 실재하는 대상처럼 투사됨으로써 동사의 명사화가 이루어진다.

예를 들면, 구름은 문법적으로 명사지만, 실질적으로는 동사적이다. 우리는 구름이 생겼다고 말하고 구름이 사라졌다고 말한다. 이렇게 구름이 생기고 사라지기 위해서는 구름이라는 존재가 있어야 한다. 우리가 생겼다고 말하고 사라졌다고 말하는 구름은 무엇일까? 그것은 우리의 마음속에 있는 구름이라는 명사, 즉 명언훈습종자다. 구름은 스스로 생기는 것이 아니라, 대기 중의 습도가 높아지고 온도가 낮아지면 수분이 응결하는 현상이다. 수분이 응결하면, 우리의 눈에 응결된 수분의 결정(結晶)이 보이게 된다. 우리는 이미 이전에 경험을 통해서 눈에 보이는 응결된 수분의 결정에 '구름'이라는 이름을 지어놓았다. 그리고 그 이름이 우리의 마음속에 종자처럼 기억되고 있다. 우리가 생겼다고 말하는 구름은 우리가 이름 지어서 명사로 기억하는 수분의 결정이다. 우리는 구름이라는 명사를 알기 때문에 구름이 생겼다고 말할 수 있는 것이다.

일정한 조건이 되면 언제나 수분은 응결하여 결정을 이룬다. 구름은 명사적으로 존재하는 것이 아니라 동사적으로 연기하는 것이다. 이렇게 동사로서의 구름, 즉 일정한 조건에는 항상 수분이 응결하여 결정을 이루는 일은 생겨서 변하여 없어지는 존재가 아니다. 같은 조건이 되면 수분이 응결하는 일은 우리가 구름이라는 이름을 붙이든, 붙이지 않든 변함없이 상주하는 불생불멸하는 법(法)이다. 그런데 이 수분의 결정에 '구름'이라는 이름을 붙이고, 그것을 구름이라는 이름으로 분별할 때, 그 결정은 생기고 없어지는 생멸상을 보인다. 이처럼 구름의 생멸상은 우리가 구름이라는 명사로 분별할 때 나타나는 생멸상이다.

업보는 있으나 작자는 없는 연기하는 마음이 심체이고, 명사화(名詞化)한 불각심(不覺心)이 심상이다. 상속은 심상의 상속이다. '작자는 없다'는 사실을 알지 못하기 때문에, 중생들은 연기하는 마음을 자아로 집착한다. 이 집착은 무명이 멸하기 전에는 없어지지 않기 때문에, 자아와 세계를 분별하는 불각심(不覺心)이 상속하며, 이것이 상속상이다.

우리가 수행을 통해서 멸해야 하는 것은 연기하는 마음, 즉 심체가 아니라, 명사화한 심상이다. 업을 지어서 보를 받는 자아가 있다고 생각하는 까닭은 업보는 있으나 작자는 없다는 사실을 알지 못하는 무명 때문이다. 이 무명을 여기에서는 바람에 비유하고, 연기하는 마음을 물에 비유한다. 그리고 불각심을 바람에 의해서 움직이는 물에 비유한다. 본래 움직임이 없는 물에 바람이 불면 물이 움직이듯이, 연기하는 마음에는 자아가 없는데, 이를 알지 못하기 때문에 자아라는 생멸상이 나타나서 상속한다는 것이다. 『대승기신론』은 이렇게 중생을 연기하는 자아 없는 마음의 실상[眞如]을 알지 못함으로써 자아와 세계를 분별하는 마음[不覺心]이 일어나서 상속하는 상태로 규정한다.

2) 훈습론(熏習論)

【眞】 復次 有四種法熏習義故 染法淨法起不斷? 云何爲四 一
者 淨法 名爲眞如 二者 一切染因 名爲無明 三者 妄心 名爲
業識 四者 妄境界 所謂六塵 熏習義者 如世間衣服 實無於香
若人以香 而熏習故 則有香氣 此亦如是 眞如淨法 實無於染
但以無明而熏習故 則有染相 無明染法 實無淨業 但以眞如而
熏習故 則有淨用

【實】 復次 以四種法熏習義故 染淨法起 無有斷絶 一 淨法 謂
眞如 二 染因 謂無明 三 妄心 謂業識 四 妄境 謂六塵 熏習義
者 如世衣服 非臭非香 隨以物熏 則有彼氣 眞如淨法性 非是
染 無明熏故則有染相 無明染法 實無淨業 眞如熏故 說有淨用

다음으로 네 가지 법의 훈습이 있으므로 염법(染法)과 정법(淨法)
이 끊임없이 일어난다.

첫째는 정법으로서 진여라고 부른다.

둘째는 모든 염(染)의 인(因)으로서 무명(無明)이라고 부른다.

셋째는 망심(妄心)으로서 업식(業識)이라고 부른다.

넷째는 망경계(妄境界)로서 이른바 6진(六塵)이다.

훈습이란 비유하면 세간의 의복에 실제로는 향이 없지만 향으로
훈습하면 향기가 있는 것과 같다. 이와 마찬가지로 진여 정법에
는 실제로 염(染)이 없지만 단지 무명으로 훈습하므로 염상(染相)

이 있다. 그리고 무명 염법에는 실제로 정업(淨業)이 없지만 단지 진여로 훈습하므로 정용(淨用)이 있다.

훈습(熏習)은 유식사상에서 연기를 설명하기 위해 사용한 개념이다. 무착(無着)은 『섭대승론본』 제2 「소지의분(所知依分)」에서 훈습의 의미를 이렇게 설명한다.

> 훈습은 아뢰야식에 의존하여 함께 생기고 함께 멸하며, 그것을 생기게 하는 인성(因性)이다. 이것이 훈습의 의미다. 비유하면 삼베에 꽃의 훈습이 있으면 삼베와 꽃향기는 함께 생기고 함께 멸하면서 이 삼베는 항상 그 향기를 내는 인(因)을 띠고 생긴다. 그리고 탐(貪) 등을 행하는 자는 탐 등이 훈습되어 저 탐 등에 의지하여 함께 생기고 함께 멸하며, 이 심(心)은 탐 등이 생기는 인(因)을 띠고 생긴다. 다문(多聞)하는 자는 다문이 훈습되어 다문에 의지하는 작의(作意)가 함께 생기고 함께 멸하면서, 이 심(心)은 그것이 일어나는 인(因)을 띠고 생긴다. 그 사람은 이 훈습을 섭지(攝持)하므로 지법자(持法者)라고 부른다.
>
> 〈何等名爲薰習 薰習能詮何爲所詮 謂依彼法俱生俱滅 此中有能生彼因性 是謂所詮 如苣蕂中有花薰習 苣蕂與華俱生俱滅 是諸苣蕂帶能生彼香因而生 又如所立貪等行者 貪等薰習 依彼貪等俱生俱滅 此心帶彼生因而生 或多聞者多聞薰習 依聞作意俱生俱滅 此心帶彼記因而生 由此薰習能攝持故 名持法者〉[82]

---

82 『대정장』 31. p. 134c.

붓다는 생사에 유전(流傳)하는 중생이 생사를 벗어나 열반을 성취할 수 있음을 연기의 유전문과 환멸문으로 보여주었다. 유식사상에서는 이러한 연기의 유전문과 환멸문을 훈습이라는 개념으로 새롭게 해석한다. 향기가 훈습된 옷감이 향기를 내듯이, 우리의 마음은 훈습에 의해서 그 향기를 낸다는 것이다. 만약에 마음에 본래 향기가 있다면, 더러운 마음은 더러운 향기만 낼 뿐 깨끗한 향기는 내지 못할 것이다. 그러나 마음은 훈습에 의해서 향기를 내므로 훈습에 의해서 맑은 향기를 낼 수도 있고, 더러운 향기를 낼 수도 있다. 바꾸어 말하면 업보는 있으나 작자는 없으므로 업에 따라 갖가지 모습이 드러날 수 있다는 것을 표현하는 말이 훈습이다.

(1) 염법훈습(染法熏習)

【眞】 云何熏習 起染法不斷 所謂 以依眞如法故 有於無明 以有無明染法因故 卽熏習眞如 以熏習故則有妄心 以有妄心卽熏習無明 不了眞如法故 不覺念起 現妄境界 以有妄境界染法緣故 卽熏習妄心 令其念著 造種種業 受於一切身心等苦

【實】 云何熏習染法不斷 所謂依眞如故 而起無明 爲諸染因 然此無明卽熏眞如 旣熏習已 生妄念心 此妄念心 復熏無明 以熏習故不覺眞法 以不覺故 妄境相現 以妄念心熏習力故 生於種種差別執著 造種種業 受身心等衆苦果報

【 진제 】 어떻게 훈습이 끊임없이 염법을 일으키는가? 진여법에 의지하여 무명(無明)이 있으며, 무명이라는 염법의 인(因)이 있어서 진여를 훈습한다. 훈습하기 때문에 망심이 있고, 망심이 있으므로 무명을 훈습한다. 진여법을 확실하게 알지 못하기 때문에 불각(不覺)의 망념이 일어나 망경계(妄境界)를 나타낸다. 망경계라고 하는 염법의 연(緣)이 있어 망심을 훈습하여, 망심으로 하여금 망념을 집착하게 하여 갖가지 업을 짓게 함으로써 일체의 몸과 마음의 괴로움을 받는다.

【 실차난타 】 어떻게 염법을 끊임없이 훈습하는가? 진여를 의지하여 일어난 무명이 모든 염법의 인(因)이 된다. 그리하여 이 무명이 진여를 훈습한다. 훈습이 되면 망념심이 생겨 다시 무명을 훈습한다. 훈습되기 때문에 진법(眞法)을 깨닫지 못하며, 깨닫지 못하기 때문에 망경상(妄境相)이 나타난다. 망념심의 훈습력 때문에 갖가지 차별과 집착이 생겨 갖가지 업을 짓고, 몸과 마음의 여러 괴로운 과보를 받는다.

염법훈습(染法熏習)은 12연기의 유전문에 대한 해석이다. 12연기는 무명에서 시작되는데, 무명의 내용이 명확하지 않다. 『대승기신론』에서는 무명 앞에 진여를 내세워서 무명의 내용을 명시(明示)하고, 이들의 상호관계로 훈습을 설명한다. 앞에서 살펴보았듯이, 붓다는 『상윳따니까야』 「2.13. 의지하여」(『불경』, 802쪽)에서 연기, 즉 연기의 의존성 [idappaccayatā]을 진여(眞如; tathatā)라고 불렀다. 붓다가 명시하지는 않았지만, 12연기의 무명은 연기라는 진여에 대한 무지를 의미한다. 『대승기신론』은 이 진여를 무명과 대립시켜 12연기의 유전문을 염법훈습으로 설명하고, 환멸문을 정법훈습(淨法熏習)으로 설명한다.

염법훈습은 무명이 진여를 훈습하는 것이다. '진여법에 의지하여 무명이 있다'라는 말은 진여라는 존재에 의지하여 무명이라는 존재가 있다는 말이 아니라, 일체법이 연기한다는 진실[眞如]을 알지 못함으로써 연기하는 마음이 무지의 상태[無明]가 된다는 뜻이다. 그리고 이렇게 연기하는 마음이 무지의 상태가 되는 것을 염법훈습이라고 한다.

진여를 알지 못하는 무지, 즉 무명은 모든 염법의 원인[因]으로서, 무명이 연기하는 마음[眞如]을 훈습하면, 연기하는 마음[眞如]에 의지하여 망심(妄心)이 생기고, 이 망심으로 인해서 무명이 훈습되어 무명이 심화(深化)된다. 심화된 무명은 다시 진여를 훈습함으로써 다시 망심이 일어나서 무명을 훈습하고, 이런 순환은 끊임없이 이어진다.

다른 한편으로는 망념에 훈습된 무명에 의해 무지의 상태가 된 진여에서 불각념(不覺念)이 일어나 망경계(妄境界)를 나타낸다. 이 망경계가 염법의 조건[緣]이 되어서 망심을 훈습하면, 망심은 망념을 집착하여 갖가지 업을 짓는다. 그리하여 일체의 몸과 마음의 괴로움을 받는다.

이렇게 염법훈습은 두 가지 과정, 즉 무명-진여-망심-무명-진여-망심으로 순환하는 과정과 망심-무명-진여-불각념-망경계-망심으로 순환하는 과정으로 이루어진다. 이 두 과정은 유식사상의 식전변(識轉變)을 설명한 것이다. 식전변은 심체(心體)인 아뢰야식과 아뢰야식이 전변한 7식, 즉 말나식(末那識; 意)과 6식(六識; 識)이 순환적으로 인과관계를 맺는 과정을 의미하는데, 염법훈습의 두 과정은 이러한 상호관계를 보여준다.

무착은 『섭대승론본』에서 연기에 제일연기(第一緣起)인 분별자성연기(分別自性緣起)와 제이연기(第二緣起)인 분별애비애연기(分別愛非愛緣起)가 있다고 말한다.

> 제법(諸法)이 현현(顯現)하는 이와 같은 연기는 대승 가운데서 지극히 세밀하고 매우 심오하며, 간략히 이야기하면 두 가지 연기가 있다. 첫째는 분별자성연기(分別自性緣起)이며, 둘째는 분별애비애연기(分別愛非愛緣起)이다.
>
> 이 가운데서 아뢰야식을 의지하여 제법(諸法)이 생기(生起)하는 것을 분별자성연기라고 하나니, 갖가지로 자성(自性)을 분별하는 것을 연성(緣性)으로 하기 때문이다. 또 십이지연기(十二支緣起)가 있어 이것을 분별애비애연기라고 하나니, 선취(善趣) 악취(惡趣)에서 애(愛) 비애(非愛)를 분별하여 생긴 갖가지 자체(自體)를 연성(緣性)으로 하기 때문이다.
>
> 아뢰야식 가운데서 제일연기에 우매하면 자성(自性)이 (諸法生起의) 인(因)이라고 분별하기도 하고, 숙작(宿作)이 인(因)이라고 분별하기도 하고, 자재천(自在天)의 변화(變化)가 인(因)이라고 분별하기도 하고, 실아(實我)가 인(因)이라고 분별하기도 하고, 무인무연(無因無緣)이라고 분별하기도 한다. 제이연기에 우매하면 다시 아(我)가 작자(作者)이고 아(我)가 수자(受者)라고 분별한다.

〈諸法顯現如是緣起 於大乘中極細甚深 又若略說有二緣起 一者分別自性緣起 二者分別愛非愛緣起 此中依止阿賴耶識 諸法生起是名分別自性緣起 以能分別種種自性爲緣性故 復有十二支緣起 是名分別愛非愛緣起 以於善趣惡趣 能分別愛非愛種種自體爲緣性故 於阿賴耶識中 若愚第一緣起 或有分別自性爲因 或有分別宿作爲因 或有分別自在變化爲因 或有分別實我爲因 或有分別無因無緣 若愚第二緣起 復有分別 我爲作者 我爲受者〉[83]

무착은 아뢰야식에 의지하여 제법(諸法)이 생기(生起)하는 식전변(識轉變)을 분별자성연기라고 부르고, 무명에 의지하여 생사의 괴로움이 연기하는 12연기를 분별애비애연기라고 한 것이다.『대승기신론』에서는 말하는 염법훈습의 두 과정은 무착이 말하는 분별자성연기와 분별애비애연기를 뜻한다. 무명-진여-망심-무명으로 순환하는 과정은 아뢰야식에서 말나식과 6식이 전변하는 구조이고, 망심-무명-진여-불각념-망경계-망심으로 순환하는 과정은 무명에서 생사의 괴로움이 연기하는 구조이다.

붓다가 가르친 12연기는 무명에서 노사에 이르는 12지(支)의 직선적인 배열이 아니다. 이전에 살펴보았듯이, 12연기의 식과 명색은 상호의존하는 관계다.『상윳따니까야』「2.41. 성(城, S.N.12.65. Nagaram)」(『불경』, 833~834쪽)에 의하면 노사(老死)의 원인을 찾던 붓다는 식(識)과 명색(名色)이 상호의존하고 있기 때문에 생사의 괴로움이 나타난다는

---

83 『대정장』31. p. 134c.

사실을 깨닫는다.

비구들이여, 예전에 정각(正覺)을 성취하지 못한 보살이었을 때, 나는 이렇게 생각했다오.

'실로 이 세간은 태어나고 늙고 죽고 없어지고[cavati] 생기는[upapajjati] 고난에 빠져 있다. 그런데 이러한 노사의 괴로움에서 벗어날 줄을 모르고 있다. 실로 언제쯤이나 노사의 괴로움에서 벗어날 줄을 알게 될까?'

비구들이여, 그때 나는 이렇게 생각했다오.

'도대체 무엇이 있는 곳에 노사가 있을까? 무엇에 의지하여 노사가 있을까?'

비구들이여, 그때 통찰지[般若]로 이치에 맞는 생각을 함으로써 나에게 다음과 같은 이해가 생겼다오.

'생(生)이 있는 곳에 노사가 있다. 생에 의지하여 노사가 있다.'

비구들이여, 그때 나는 이렇게 생각했다오.

'도대체 무엇이 있는 곳에 생이 있을까? … 유(有)가 있을까? … 도대체 무엇이 있는 곳에 이름과 형색[名色]이 있을까? 무엇에 의지하여 이름과 형색이 있을까?'

비구들이여, 그때 통찰지로 이치에 맞는 생각을 함으로써 나에게 다음과 같은 이해가 생겼다오.

'분별의식[識]이 있는 곳에 이름과 형색이 있다. 분별의식에 의지하여 이름과 형색이 있다.'

비구들이여, 그때 나는 이렇게 생각했다오.

'도대체 무엇이 있는 곳에 분별의식이 있을까? 무엇에 의지하여 분별의식이 있을까?'

비구들이여, 그때 통찰지로 이치에 맞는 생각을 함으로써 나에게 다음과 같은 이해가 생겼다오.

'이름과 형색이 있는 곳에 분별의식이 있다. 이름과 형색에 의지하여 분별의식이 있다.'

비구들이여, 그때 나는 이렇게 생각했다오.

'그런데 분별의식은 되돌아가서 이름과 형색에서 더 이상 가지 못한다. 늙거나 태어나거나 죽거나 없어지거나 생긴다면, 그것은 바로 이름과 형색에 의존하고 있는 분별의식일 따름이다. 분별의식에 의지하여 이름과 형색이, 이름과 형색에 의지하여 6입처가, 6입처에 의지하여 접촉이 …. 생에 의지하여 노사와 근심·슬픔·고통·우울·고뇌가 생긴다. 이와 같이 순전한 괴로움 덩어리[苦蘊]의 쌓임[集]이 있다.'

붓다의 깨달음에서 가장 중요한 것은 식(識)과 명색(名色)이 상호의존한다는 사실이다. 12연기의 무명은 식과 명색이 상호의존한다는 사실에 대한 무지를 의미한다. 그렇다면 식과 명색은 왜 상호의존하고 있을까? 이 물음에 대한 답이 무명에 의지하여 행이 있기 때문이다. 그리고 무명과 행에 의해 발생하는 식이 명색과 상호의존하면서 생사의 괴로움을 일으킨다는 것을 12지(支)로 표현한 것이 12연기다. 이와 같이

12연기는 식과 명색의 상호의존을 보여주는 무명-행-식-명색과, 명색을 대상으로 지각하면서 생사의 괴로움을 일으키는 6입처-촉-수-애-취-유─생-노사의 이중적 구조로 되어 있다. 『대승기신론』에서 말하는 염법훈습의 두 과정은 12연기의 이중적 구조를 말한 것이며, 무착은 이것을 제1 분별자성연기와 제2 분별애비애연기로 설명했다.

이러한 훈습은 유식사상에서 식전변(識轉變)을 설명하는 개념이다. 유식사상의 식전변은 아뢰야식과 전변한 의식[轉識]들의 순환적 인과관계다. 제7식인 말나식과 6식은 아뢰야식이 전변한 의식[轉識]이지만, 이 전식(轉識)들이 다시 아뢰야식의 종자를 훈습함으로써 끊임없는 아뢰야식의 전변이 이루어진다. 이렇게 아뢰야식과 전식의 순환적인 상호인과관계를 유식사상에서는 종자의 훈습과 현행으로 설명한다.

훈습은 종자생현행(種子生現行), 현행훈종자(現行熏種子), 종자생종자(種子生種子)의 과정이 순환하는 상호 인과관계 속에서 이루어진다. 종자생현행은 아뢰야식 안의 종자가 성숙하여 말나식과 6식으로 전변하는 것을 의미한다. 현행훈종자는 말나식과 6식의 활동을 통해서 지은 업이 체화(體化)하여 아뢰야식에 종자로 훈습되는 것을 의미한다. 종자생종자는 아뢰야식 속에 훈습된 종자가 아뢰야식 안에서 성장하는 것을 뜻한다.

『대승기신론』에서는 이러한 훈습의 세 가지 과정을 무명훈습(無明熏習), 망심훈습(妄心熏習), 망경계훈습(妄境界熏習)으로 설명한다. 여기에서 무명이 진여를 훈습하여 망심이 일어나 망경계(妄境界)를 나타내

는 무명훈습은 종자생현행이고, 망심이 무명을 훈습하는 망심훈습은
종자생종자이며, 망경계가 망심을 훈습하는 망경계훈습은 현행훈종
자를 뜻한다. 이러한 염법훈습의 두 과정은 하나로 연결된 두 개의 고
리로서, 이를 도시(圖示)하면 다음과 같다.

진여 〈不覺念起〉　→　망경계

〈種子生現行〉　⇑　↘　　　↙　〈現行熏種子〉

무명　⇐　망심　→　조업(造業)　→　수고(受苦)

〈種子生種子〉

● ⇒ 는 훈습(熏習)을 뜻한다.

이 그림에서 우리는 진여를 중심으로 두 개의 순환이 이루어지고 있
음을 볼 수 있다. 하나는 무명-진여-망심-무명의 내적(內的) 순환이
며, 다른 하나는 무명-진여-망경계-망심-무명의 외적(外的) 순환이
다. 무명의 훈습을 받은 진여에서 망심과 망경계가 나타난다. 망심은
망경계를 대상으로 업을 지어 괴로움을 받고, 망경계는 망심을 훈습한
다. 망경계의 훈습을 받은 망심은 무명을 훈습하고, 망심의 훈습을 받
은 무명은 진여를 훈습한다. 이렇게 염법훈습(染法熏習)은 진여를 중심
으로 망심에 의해서 내적 순환이 이루어지고, 망경계에 의해서 외적
순환이 이루어진다. 이때 무명은 진여를 움직이게 자극할 뿐이며, 망
심과 망경계를 일으키는 것은 진여다.

【眞】 此妄境界熏習義 則有二種 云何爲二 一者 增長念熏習
二者 增長取熏習
【實】 妄境熏義 有二種別 一 增長分別熏 二 增長執取熏

【진제】 망경계훈습(妄境界熏習)은 두 가지다. 첫째는 증장념훈습
(增長念熏習)이고 둘째는 증장취훈습(增長取熏習)이다.
【실차난타】 망경훈(妄境熏)은 두 가지다. 첫째는 증장분별훈(增長
分別熏)이고, 둘째는 증장집취훈(增長執取熏)이다.

망경계가 망심을 훈습하는 망경계훈습(妄境界熏習)은 현행훈종자(現行
熏種子)를 의미한다. 망심은 무명이 진여를 훈습함으로써 일어난 마음
으로서, 불각에 의지하여 발생한 무명업상(無明業相), 능견상(能見相),
경계상(境界相)이다. 이를 식전변(識轉變)의 관점에서 보면 아뢰야식의
무명(無明) 불각(不覺)이 일으킨 의(意; 제7 末那識)로서 업식(業識), 현식
(現識), 지식(智識) 등이다. 그리고 여섯 가지 염심(染心) 가운데서는 세
가지 불상응염(不相應染), 즉 근본업불상응염(根本業不相應染), 능견심
불상응염(能見心不相應染), 현색불상응염(現色不相應染)이다.

　망경계는 육진경계(六塵境界)를 뜻한다. 망경계가 망심을 훈습한다
는 것은 내6입처(內六入處; 眼·耳·鼻·舌·身·意)와 외6입처(外六入處; 色
·聲·香·味·觸·法)에 의지하여 6식이 발생하는 것을 의미한다. 『상윳따
니까야』「4.24. 이해(S.N.35.60. Pariññā)」(『불경』, 969쪽)에서 이렇게 말한다.

비구들이여. 보는 나[眼]와 형색[色]을 의지하여 시각분별의식[眼識]이 생긴다오. 셋의 만남[三事和合]이 접촉[觸]이라오. 접촉을 의지하여 느낌[受]이 생긴다오.

우리는 눈[眼]으로 색(色)을 보고 귀[耳]로 소리[聲]를 들으면서 색(色)과 소리[聲]를 분별한다. 우리가 보고 듣는 의식(意識)[妄心]은 이렇게 대상[妄境界]을 봄으로써 형성된다, 이것이 망경계가 망심을 훈습하는 망경계훈습이다. 『대승기신론』에서는 이러한 망경계훈습을 증장념훈습(增長念熏習)과 증장취훈습(增長取熏習) 두 가지로 설명한다.

훈습은 유식사상에서 연기를 설명하는 개념이며, 유식사상에서는 연기를 분별자성연기(分別自性緣起)와 분별애비애연기(分別愛非愛緣起) 두 종류로 이해한다.

분별자성연기에서 자성이란 우리가 인식하는 대상 고유(固有)의 성질을 의미한다. 우리는 대상을 명사(名詞)로 인식하며, 명사가 지칭하는 대상은 그 명사에 상응하는 본성, 즉 자성(自性)이 있다고 생각한다. 그리고 우리가 서로 다른 사물을 분별하는 것은 그들이 서로 다른 본성을 가지고 있기 때문이라고 생각한다. 예를 들면, 책상은 책을 놓고 볼 수 있는 성질을 지니기 때문에 책상이라는 이름이 있고, 의자는 앉을 수 있는 성질을 지니기 때문에 의자라는 이름이 있다. 우리가 의자와 책상을 이름으로 구분하는 것은 그들이 지닌 자성을 이름으로 구분하는 것이다. 분별자성연기는 이렇게 명사라는 언어로 자성을 분별하는 마음, 즉 명언종자(名言種子)를 낳는 연기를 의미한다. 한편 우리는 대상을 좋아하는 것과 싫어하는 것으로 분별하여, 좋아하는 것은 취하고 싫어하는 것은 버린다. 분별애비애연기는 이렇게 좋은 것과 싫은 것을 분별하여 업을 짓는 마음, 즉 업종자(業種子)를 낳는 연기를 의미한다.

이렇게 분별자성연기는 명언종자를 낳는 연기이고, 분별애비애연기는 업종자를 낳는 연기이다. 『대승기신론』은 이러한 명언종자와 업종자가 세 가지 염법훈습에 의해서 훈습된다고 본다. 그래서 각각의 훈습에 두 종류의 훈습이 있다고 이야기한다. 망경계훈습에 증장념훈습과 증장취훈습이 있듯이, 망심훈습(妄心熏習)에는 업식근본훈습(業識根本熏習)과 증장분별사식훈습(增長分別事識熏習)이 있고, 무명훈습(無明熏習)에는 근본훈습(根本熏習)과 소기견애훈습(所起見愛熏習)이 있다. 이들 가운데 증장념훈습, 업식근본훈습, 근본훈습은 명언종자를 훈습하고, 증장취훈습, 증장분별사식훈습, 소기견애훈습은 업종자를 훈습한다.

망경계훈습은 망심(妄心; 內六入處)이 육진경계(六塵境界; 外六入處)를 대상으로 인식하면서 좋고 싫은 것을 분별하여 업을 짓는 것을 의미한다. 육진경계를 실재하는 세계로 알고 그것을 대상으로 살아가는 중생들은 대상을 명색으로 분별할 뿐만 아니라, 새로운 명색을 만들면서 살아간다. 그리고 명색으로 분별한 대상을 상대로 갖가지 업을 지어 그 과보를 받으며 살아간다. 『대승기신론』에서 말하는 증장념훈습은 새로운 명색을 만드는 것을 뜻하고, 증장취훈습은 업을 지어 과보를 받는 것을 뜻한다. 이것은 현행훈종자를 의미하며, 중생들은 육진경계를 명색으로 인식하면서 자아와 세계를 분별하여 새로운 명색, 즉 명언종자를 만들고[增長念熏習], 좋고 싫은 것을 분별하여 업을 짓는 가운데 새로운 습관(習慣), 즉 업종자를 형성한다[增長取熏習].

【眞】 妄心熏習義 則有二種 云何爲二 一者 業識根本熏習 能受阿羅漢 辟支佛 一切菩薩 生滅苦故 二者 增長分別事識熏習 能受凡夫業繫苦故

【實】 妄心熏義 亦二種別 一 增長根本業識熏 令阿羅漢 辟支佛 一切菩薩 受生滅苦 二 增長分別事識熏 令諸凡夫 受業繫苦

【진제】 망심훈습(妄心熏習)은 두 가지다. 첫째는 업식근본훈습(業識根本熏習)으로서 능히 아라한, 벽지불, 일체 보살이 생멸의 괴로움을 받게 하기 때문이다. 둘째는 증장분별사식훈습(增長分別事識熏習)으로서 능히 범부의 업계고(業繫苦)를 받는다.

【실차난타】 망심훈(妄心熏)도 두 가지다. 첫째는 증장근본업식훈(增長根本業識熏)으로서 아라한, 벽지불, 일체 보살이 생멸의 괴로움을 받게 한다. 둘째는 증장분별사식훈(增長分別事識熏)으로서 범부들이 업계고를 받게 한다.

망심훈습(妄心熏習)은 종자생종자(種子生種子)로서, 망경계훈습(妄境界熏習)을 통해 형성된 명언종자(名言種子)와 업종자(業種子)가 아뢰야식 속에서 성장함으로써 무명이 더욱 심해지는 것을 의미한다. 다시 말해서, 육진경계를 대상으로 나타난 자아의식인 말나식과 6식[妄心]의 활동을 통해서 새롭게 형성된 명언종자와 업종자가 아뢰야식 속에 저장되어 성숙하는 것이 망심훈습이다. 이렇게 망심훈습을 통해서 아뢰야식 속에 새로운 명언종자와 업종자가 저장되어 성숙하는데, 명언종자가 성숙하는 것이 업식근본훈습(業識根本熏習)이고 업종자가 성숙하는 것이 증장분별사식훈습(增長分別事識熏習)이다.

업식(業識)은 무명 속에서 불각심(不覺心)이 일으킨 능견(能見), 능현(能現), 능취경계(能取境界)를 분별하는 망념이 상속하는 의(意), 즉 말나식을 의미한다. 그리고 분별사식(分別事識)은 상속식을 의지하여 범부들이 아(我)와 아소(我所)를 계탁하여 6진(六塵)을 분별하는 의식(意識), 즉 6식을 의미한다. 여기에서는 이러한 업식이 무명을 훈습하는 것을 업식근본훈습이라고 부르고, 분별사식(分別事識), 즉 6식의 분별을 늘리는 것을 증장분별사식훈습이라고 부른다. 그리고 분별사식, 즉 분별심을 늘리는 증장분별사식훈습은 범부들이 아(我)와 아소(我所)를 계탁하여 육진경계를 분별함으로써 괴로움을 받는 훈습이므로 아라한을 성취하면 멈춘다. 한편 무명을 훈습하는 업식은 무명훈습에 의지하여 일어난 것으로서 업식은 무명을 훈습하고, 무명은 업식을 훈습하는 상호의존적인 인과관계에 있다. 그런데 이러한 업식과 무명의 상호관계는 오직 붓다만이 알 수 있을 뿐, 아라한이나 벽지불 그리고 일체 보살도 이를 알아서 끊을 수 없으므로, 업식이 무명을 훈습하는 업식근본훈습으로 인해서 생멸의 괴로움을 받는다고 한 것이다.

【眞】無明熏習義 有二種 云何爲二 一者 根本熏習 以能成就
業識義故 二者 所起見愛熏習 以能成就分別事識義故
【實】無明熏義 亦二種別 一 根本熏 成就業識義 二 見愛熏
成就分別事識義

무명훈습(無明熏習)은 두 가지다. 첫째는 근본훈습(根本熏習)으로
서 업식(業識)을 성취한다. 둘째는 소기견애훈습(所起見愛熏習)으
로서 분별사식(分別事識)을 성취한다.

무명훈습(無明熏習)은 종자생현행(種子生現行)으로서 아뢰야식 속에 저
장되어 성숙한 명언종자(名言種子)와 업종자(業種子)가 현행(現行)하는
망심(妄心)과 망경계(妄境界)를 낳는 것을 의미한다. 이때 망심은 업식
(業識)을 의미하고, 망경계는 분별사식(分別事識)을 의미하며, 업식을
낳는 것이 근본훈습(根本熏習)이고, 분별사식을 낳는 것이 소기견애훈
습(所起見愛熏習)이다.
　이상의 염법훈습(染法熏習)을 도시(圖示)하면 아래와 같다.

〈염법훈습도(染法熏習圖)〉

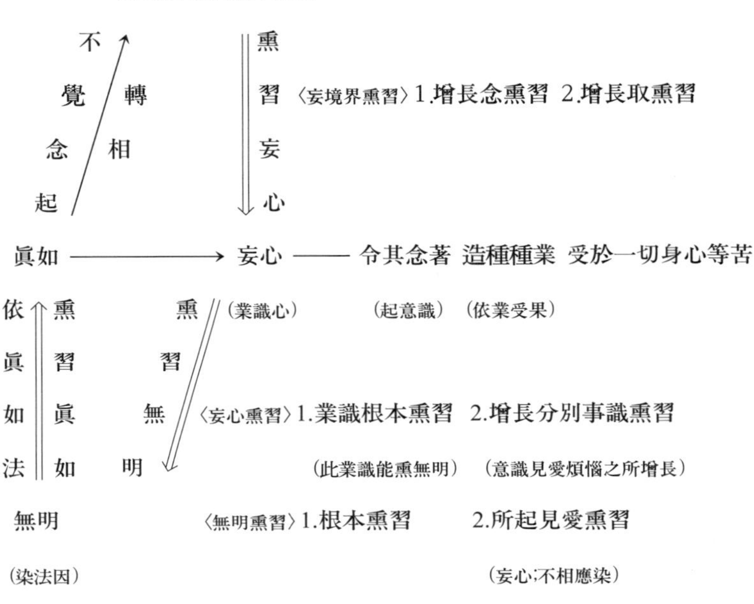

● ⇒ 는 훈습(熏習)을 뜻한다.

(2) 정법훈습(淨法熏習)

【眞】 云何熏習起淨法不斷 所謂以有眞如法故 能熏習無明
以熏習因緣力故 則令妄心厭生死苦 樂求涅槃 以此妄心有厭
求因緣故 卽熏習眞如 自信己性 知心妄動 無前境界 修遠離
法 以如實知無前境界故 種種方便 起隨順行 不取不念 乃至

久遠熏習力故 無明則滅 以無明滅故 心無有起 以無起故 境
界隨滅 以因緣俱滅故 心相皆盡 名得涅槃 成自然業
【實】 云何熏習淨法不斷 謂以眞如熏於無明 以熏習因緣力故
令妄念心 厭生死苦 求涅槃樂 以此妄心 厭求因緣 復熏眞如
以熏習故 則自信己身有眞如法 本性淸淨 知一切境界 唯心妄
動 畢竟無有 以能如是如實知故 修遠離法 起於種種諸隨順行
無所分別 無所取著 經於無量阿僧祇劫 慣習力故 無明則滅
無明滅故 心相不起 心不起故 境界相滅 如是 一切染因染緣
及以染果 心相都滅 名得涅槃 成就種種自在業用

【진제】 어떻게 훈습이 끊임없이 정법(淨法)을 일으키는가? 진여
법이 있으므로 무명(無明)을 훈습할 수 있다. 훈습의 인연력(因緣
力)이 망심(妄心)으로 하여금 생사의 괴로움을 싫어하고 즐겨 열
반을 구하도록 한다. 이렇게 망심이 생사를 싫어하고 열반을 구
하는 인연이 있으므로 곧 진여를 훈습하여 스스로 자기의 본성(本
性)을 믿는다〈信〉. 그리고 마음이 망령되게 움직일 뿐 앞의 경계
〈境界〉는 없다는 것을 알아서〈解〉, (망념을) 멀리 여의는 법을 닦는
다〈行〉. 앞의 경계가 없다는 것을 여실하게 알기 때문에 갖가지 방
편으로 (진여에) 수순(隨順)하는 행〔隨順行〕을 일으켜 (虛妄한 自我를)
취(取)하지 않고〔四取煩惱를 일으키지 않음〕, 염(念; 경계에 대한 허망한 분
별)을 하지 않는다〔法執分別念을 일으키지 않음〕. (이렇게 오래 수행하면)
오랜 훈습력(熏習力) 때문에 무명이 멸하고, 무명이 멸하기 때문

에 마음에 일어나는 것이 없게 된다. 일어나지 않기 때문에 경계가 따라서 멸하고, 인연이 모두 멸하여 심상(心相)이 모두 없어지면 열반을 얻었다고 하고 자연업(自然業)을 성취했다고 한다(證).

【 실차난타 】 어떻게 끊임없이 정법(淨法)을 훈습하는가? 진여가 무명을 훈습하면 훈습의 인연력(因緣力)이 망념심(妄念心)으로 하여금 생사의 괴로움을 싫어하고 열반의 즐거움을 구하도록 한다. 이 망심이 싫어하고 구하는 인연으로 다시 진여를 훈습하면, 훈습으로 말미암아 스스로 자기 자신이 본성이 청정한 진여법을 가지고 있다는 것을 믿게 되고(信), 일체의 경계는 오직 마음이 허망하게 움직인 것일 뿐 필경(畢竟)에는 존재하는 것이 없다는 것을 안다(解). 이렇게 여실하게 알기 때문에 망념을 멀리 여의는 법을 수행하고 갖가지 여러 수순(隨順)하는 행(行)을 일으켜 (대상으로) 분별되는 것도 없고 (자아로) 취착되는 것도 없어진다(行). 무량아승기겁(無量阿僧祇劫)을 이렇게 수행하면 관습력(慣習力)으로 말미암아 무명이 곧 소멸한다. 무명이 소멸하기 때문에 심상(心相)이 일어나지 않고, 심상이 일어나지 않기 때문에 경계상(境界相)이 소멸한다. 이와 같이 일체의 염인(染因), 염연(染緣) 그리고 염과(染果)가 소멸하여 심상이 모두 소멸하면 열반을 얻었다고 하고, 종종(種種)의 자재업용(自在業用)을 성취했다고 한다(證).

정법훈습(淨法熏習)은 12연기의 환멸문을 해석한 것이다. 본래 청정한 자성청정심(自性淸淨心), 즉 진여(眞如) 본각(本覺)이 어떻게 염법(染法)

에 물들어서 염심(染心)이 될까? 이 물음에 대한 답이 염법훈습(染法熏習)이라면, 정법훈습은 '무명 속의 중생이 어떻게 진여를 깨달을 수 있을까?'라는 물음에 대한 답이다.

모든 종교는 구원(救援)을 이야기한다. 구원의 핵심은 죽음이다. 누구나 죽음을 두려워한다. 우리에게는 왜 죽음이 있는가? 어떻게 하면 죽음에서 벗어날 수 있는가? 이 물음에 대한 답이 종교의 구원이다. 기독교의 경우에는 죽음의 원인을 원죄(原罪)라고 한다. 태초에 인간이 창조주의 명(命)을 어기고 죄를 지어 그 벌로 낙원에서 쫓겨났으며, 영생을 누리지 못하고 죽음에 이르게 되었다는 것이다. 죽음의 원인이 원죄이므로, 죽음에서 벗어나는 방법은 죄를 용서받는 것이다. 그런데 인간은 스스로 원죄를 용서받을 수 없다. 오직 예수에 의해서만 구원받을 수 있다. 예수를 믿고 따르는 자만이 구원받아 천국에 가서 영생을 누릴 수 있다.

이렇게 모든 종교는 죽음의 문제를 해결하는 것을 궁극의 목적으로 한다. 붓다도 죽음의 문제를 해결하기 위해서 출가하여 죽음에서 벗어나는 길을 찾았다. 붓다 당시의 브라만교에서는 브라만(Brahman; 梵)이 모든 존재를 창조하고 그 존재 속에 들어가 그 존재의 자아(自我), 즉 아트만(Ātman; 我)이 되었다고 가르쳤다. 모든 존재 속에는 아트만이 있으며, 그 아트만은 생사를 초월한 브라만이다. 그런데 인간들은 태어나서 죽어 없어지는 육신(肉身)을 자아로 생각하기 때문에 죽음을 벗어나지 못한다. 인간은 죽으면 아트만이 하늘로 올라가서 조상의 길을 따라 다시 이 세상에 몸을 받아 태어난다. 이렇게 인간은 이 세상과 저세상을 오고 가면서 생사를 거듭한다. 그러나 아트만은 태어나거나 죽지 않는다. 따라서 아트만이 진정한 자아임을 아는 사람은 죽은 후에 하늘의 길을 따라 브라만들이 모여 사는 범천(梵天)에 태어나서 죽지 않고 영생을 누리게 된다.

붓다는 이러한 브라만교의 교리에 의심을 품었다. 내 안에 나의 자아인 아트만이 있다면 어디에 있을까? 붓다는 우리가 자아라고 생각하는 모든 존재[五蘊]를 통찰했다. 그 통찰의 과정이 색계(色界) 4선(四禪)과 무색계(無色界) 4처(四處) 그리고 멸진정(滅盡定)으로 이루어진 9차제정(九次第定)이다. 그리고 이러한 통찰의 결과 깨달은 것이 연기다.

세상의 모든 존재는 명사로 지시할 수 있는 개별적인 존재가 아니라, 상호작용하면서 나타나는, 즉 연기하는 다르마(dharma; 法)다. 연기하는 다르마에는 자아(自我)라고 할 수 있는 그 어떤 것도 없다. 모든 다르마는 무아(無我; anatman)다. 그리고 무아인 다르마들은 동사적으로 상호작용하면서 하나의 체계(體系)[一法界]를 이룬다. 세계는 개별적인 존재가 모여 있는 장소가 아니라, 상호작용하는 다르마들[諸法]이 하나의 체계를 이루고 있는 다르마 시스템, 즉 법계(法界)다. 붓다는 이러한 사실을 알고 생사가 연기에 대한 무지, 즉 무명에서 비롯된 망상임을 깨달아 생사에서 벗어났다.

불교에서 생사의 문제는 존재(存在)의 문제가 아니라 인식(認識)의 문제다. 다른 종교에서는 생멸하는 존재가 불생불멸하는 존재가 되어야 한다고 가르친다. 그러나 불교는 본래 생사가 없음을 깨달아야 한다고 가르친다. 불교에서 생사의 문제는 불생불멸하는 존재가 되느냐

되지 않느냐의 문제가 아니라, 진실을 아느냐 모르느냐의 문제다.

우리가 생사에서 벗어날 수 있는 것은 생사의 문제가 존재의 문제가 아니라 인식의 문제이기 때문이다. 생멸하는 존재가 생멸하지 않는 존재가 된다는 것은 논리적으로 불가능하다. 왜냐하면 생멸하는 존재와 불생불멸하는 존재는 양립할 수 없는 모순이기 때문이다. 그래서 생사의 문제를 존재의 문제로 생각한 종교에서는 두 가지 이론 가운데 하나를 선택하게 된다. 하나는 생사가 있는 세계와 생사가 없는 세계를 설정하고, 생사가 있는 세계에서 생사가 없는 세계로 가는 것이 생사에서 벗어나는 길이라고 가르친다. 다른 하나는 생멸하는 자아와 불생불멸하는 자아를 설정하고, 생멸하는 자아는 진정한 자아가 아니고, 불생불멸하는 자아가 진정한 자아이므로 생멸하는 자아를 버리고 불생불멸하는 자아를 찾는 것이 생사에서 벗어나는 길이라고 가르친다.

대승불교에서 말하는 불생불멸하는 진여를 존재론적으로 이해하면, 진여는 브라만교의 아트만과 다름이 없는 존재가 된다. 우리의 의식을 생멸하는 표층의식과 불생불멸하는 심층의식으로 나누어서, 진여를 불생불멸하는 심층의식으로 이해하는 것도 마찬가지다. 진여는 불생불멸하는 심층의식이 아니라 연기하는 마음을 의미한다. 연기하는 마음, 즉 진여가 무명의 상태에 있으면 염법훈습이 일어나고, 염법훈습을 알아차리면 정법훈습이 일어난다. 염법훈습을 일으키는 마음도 연기하는 마음이고, 정법훈습을 일으키는 마음도 연기하는 마음이다. 염법훈습이 진여를 중심으로 이루어지듯이, 정법훈습도 진여를 중심으로 이루어진다. 아뢰야식을 생멸과 불생불멸의 화합식(和合識)이라고 하는 것은, 아뢰야식에 의해서 일어나는 염법훈습이 진여를 중심으로 이루어지고 있음을 뜻하는 것일 뿐, 생멸하는 존재와 불생불멸하는 두 존재의 화합을 의미하는 것이 아니다.

인간은 누구나 괴로움을 벗어나 행복하게 살기를 원한다. 『대승기신론』은 행복을 바라는 마음을 진여의 작용으로 본다. 중생들이 생사에서 벗어날 생각을 하지 않고 살아가는 것은 생사에서 벗어날 수 없다고 생각하기 때문이다. 중생들이 생사에서 벗어날 수 없다고 생각하는 것은, 본래 생사가 없다는 사실을 알지 못하는 무명 때문이다. 우리의 마음이 무명에 뒤덮여 있어도 연기하는 마음 자체에 생사가 없다는 사실은 변함이 없다. 그래서 우리는 생사의 괴로움 속에서 생사가 없는 행복을 바란다. 연기하는 마음이 진여법이다. 이 진여법이 무명을 훈습함으로써 망심이 생사의 괴로움에서 벗어나 열반을 얻고자 희망한다. 생사에서 벗어나 열반을 얻고자 하는 망심이 진여, 즉 연기하는 마음을 훈습함으로써 생사를 벗어날 수 있다는 확신을 갖게 된다.

이렇게 정법훈습은 진여가 무명을 훈습하는 진여훈습(眞如薰習)과 망심이 진여를 훈습하는 망심훈습(妄心薰習)으로 이루어지며, 신해행증(信解行證)의 과정을 거쳐서 완성된다. 이를 도시(圖示)하면 아래와 같다.

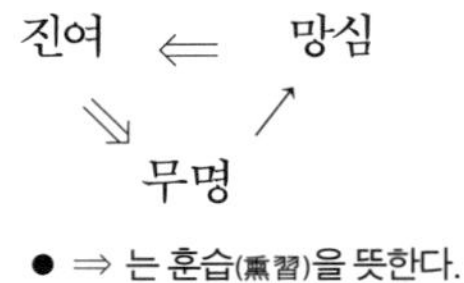

● ⇒ 는 훈습(薰習)을 뜻한다.

염법훈습은 진여를 중심으로 내적으로 순환하는 인과의 고리와 외적으로 순환하는 인과의 고리를 형성하는데, 정법훈습은 외적인 순환은 없고 내적으로 순환하는 인과의 고리가 역방향으로 진행된다. 이러한 염법훈습과 정법훈습의 순환구조는 인공두뇌학(cybernetics)과 일반시스템이론(general systems theory)에서 말하는 포지티브 피드백 루프(positive feedback loop)와 네거티브 피드백 루프(negative feedback loop)와 동일하다.

인공두뇌학자 위너(N. Wiener, 1894~1964)[84]는 동물과 기계에서 공통적으로 나타나는 의사소통과 제어의 패턴(pattern)에서 생명의 핵심적인 특성인 일반적인 패턴의 개념으로 패턴의 개념을 확장하여, "우리는 끝없이 흘러가는 강물 속의 소용돌이에 불과하다. 우리는 지속되는 물질(사물)[85]이 아니라 스스로 영속하는 패턴이다."라고 말했다.[86] 이 말은 『유식삼십송(唯識三十頌)』의 "아뢰야식은 항상 폭류처럼 흘러간다.〈恒轉如瀑流〉"[87]라는 말을 연상시킨다. 세친(世親)은 중생들의 자아와 세계를 전변하는 아뢰야식을 고정된 사물이 아니라 같은 패턴을 유지하면서 흐르는 폭포처럼 보았다.

『대승기신론』에서 마음의 작용을 설명하는 염법훈습과 정법훈습

---

84 인공두뇌학을 창시한 미국의 수학자, 전기공학자.

85 ( )는 필자 삽입. '물질'이라는 번역어보다는 '사물'이라는 번역어가 적절하다고 생각됨.

86 프리초프 카프라, 앞의 책, p. 78.

87 『대정장』 31. p. 60b.

을 순환하는 인과의 고리로 설명하는 것은, 마음을 고정된 실체로 보지 않고 순환하는 인과의 고리에 의해서 유지되는 패턴으로 보았기 때문이다. 피드백 루프(feedback roof)는 일정한 패턴을 유지하는 인과적으로 연결된 구성요소들의 순환적 배열이다. 이 속에서 최초의 원인이 루프의 연결을 통해 전파되며, 각각의 요소는 다음 요소에 영향을 미쳐 마지막 요소가 첫 번째 요소에 그 영향을 피드백(feedback; 되먹임)한다. 이러한 배열의 결과는 첫 번째 고리('입력')가 마지막 고리('출력')에 의해 영향을 받는다는 것이다.[88]

피드백 루프의 순환적 인과관계

$$A \nearrow \searrow$$
$$C \Leftarrow B$$

인공지능학자들은 자기 균형적인 네거티브(negative, ⊖) 피드백과 자기 강화적인 포지티브(positive, ⊕) 피드백이라는 두 가지 종류의 피드백을 구분했다. 포지티브 피드백은 A에서 일어나는 변화가 B에서도 같은 방향의 변화를 일으킬 때, 즉 A가 증가하면 B도 증가하고, A가 감소하면 B도 감소하는 변화를 일으킬 때를 말한다. 이와 반대로 A에서 일어난 변화가 B에서 정반대 방향의 변화가 일어날 때, 즉 A가 증

---

88 프리초프 카프라, 앞의 책, p. 84.

가하면 B가 감소하고, A가 감소하면 B가 증가하는 변화를 일으킬 때, 이를 네거티브 피드백이라고 한다.

염법훈습과 정법훈습은 정확하게 포지티브 피드백 루프와 네거티브 피드백 루프를 보여준다. 『대승기신론』에서 염법훈습과 정법훈습을 논하는 것은 괴로움의 원인과 그것을 소멸하는 법을 설명하기 위해서다. 염법훈습은 '왜 우리에게 생사의 괴로움이 끊임없이 일어나는가?'에 대한 설명이다. 우리가 느끼는 몸과 마음의 괴로움은 무명이 진여를 훈습하여 망심이 일어나고 망경계가 나타나서 망경계가 망심을 훈습하면, 그 망심이 무명을 훈습하고, 무명이 다시 진여를 훈습함으로써 그치지 않고 증가한다.

정법훈습은 '어떻게 괴로움에서 벗어날 수 있는가?'에 대한 설명이다. 괴로움에서 벗어나려는 마음을 일으키면, 진실의 힘, 즉 진여의 훈습력이 무명을 훈습하여 무명이 줄어들고, 무명이 줄어듦으로써 망심이 생사의 괴로움을 싫어하고 열반을 구하려는 마음을 낸다. 열반을 얻으려는 망심이 진여를 훈습하면, 망경계가 진실이 아님을 알게 되며, 이런 수행을 지속하면 무명이 멸하고, 망경계가 멸함으로써 괴로움이 모두 사라지고 열반을 얻게 된다. 이렇게 염법훈습은 괴로움이 증가하는 인과의 고리로 이루어진 포지티브 피드백의 모습을 보여주고, 정법훈습은 괴로움이 소멸하는 인과의 고리로 이루어진 네거티브 피드백의 모습을 보여준다.

이를 도시(圖示)하면 다음과 같다.

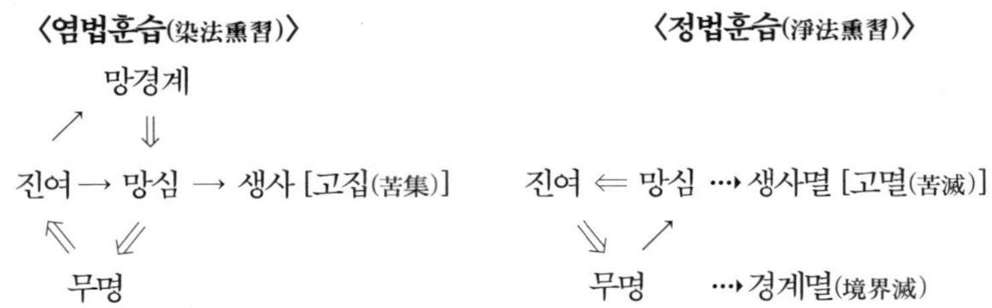

이렇게 염법훈습이라는 네거티브 피드백을 통해서 발생한 망경계와 생사의 괴로움은 정법훈습이라는 포지티브 피드백을 통해서 소멸한다는 것을 보여주는 것이 『대승기신론』의 훈습론(熏習論)이다.

【眞】妄心熏習義 有二種 云何爲二 一者 分別事識熏習 依諸 凡夫二乘人等 厭生死苦 隨力所能 以漸趣向無上道故 二者 意熏習 謂諸菩薩 發心 勇猛速趣涅槃故

【實】妄心熏義 有二種別 一 分別事識熏 令一切凡夫 二乘 厭 生死苦 隨已堪能 趣無上道 二 意熏 令諸菩薩 發心 勇猛速疾 趣入無住涅槃

망심훈습(妄心熏習)은 두 가지가 있다. 첫째는 분별사식훈습(分別 事識薰習)으로서 범부와 이승인(二乘人) 등이 생사의 괴로움을 싫어하여 능력에 따라 점차로 무상도(無上道)를 향해 나아가게 하는 것을 말한다. 둘째는 의훈습(意薰習)으로서 여러 보살이 발심하여 용맹하게 열반(涅槃)/무주열반(無住涅槃)으로 속히 나아가게 하는 것을 말한다.

염법훈습에도 망심훈습이 있고, 정법훈습에도 망심훈습이 있다. 이것은 망심이 피드백의 방향을 결정한다는 것을 의미한다. 망심은 진여 속의 종자(種子; 心)가 현행(現行)한 것[種子生現行]으로서 말나식(末那識; 意)과 6식(六識; 識)을 의미한다. 진여는 무명에 훈습됨으로써 명언종자(名言種子)와 업종자(業種子)를 현행하는데, 명언종자는 망경계로 현행하고, 업종자는 망심으로 현행한다. 망심은 망경계를 외부에 실재하는 대상으로 착각하고 애(愛)와 비애(非愛)를 분별하여 업을 짓는다. 망심은 그 업의 결과로 생사의 괴로움을 느끼면서 다른 한편으로는 새로운 업종자와 명언종자를 만들어서 무명을 훈습한다. 그리고 무명은 다시 진여를 훈습함으로써 망경계와 망심, 그리고 생사의 괴로움이 끊임없이 증가하는 네거티브 시스템이 이루어진다.

피드백은 생물이 동역학적인 균형상태에서 자신을 유지할 수 있게 하는 자동조절적인 항상성의 필수적인 메커니즘이다.[89] 하나의 생명 시스템은 자기균형적(自己均衡的)인 네거티브 피드백과 자기강화적(自己强化的)인 포지티브 피드백을 통해서 자신을 유지하고 보수(補修)한다. 예를 들면, 배가 고프면 식욕이 증가하고 식욕은 음식을 섭취하는 행동을 일으킨다[포지티브 피드백]. 그리고 음식을 충분히 섭취하면

89　프리초프 카프라, 위의 책, p. 87.

식욕이 떨어지고, 식욕의 감소는 음식에 대한 염증(厭症)을 유발하며, 음식에 대한 염증은 음식의 섭취를 멈추게 한다[네거티브 피드백]. 건강한 생명 시스템은 포지티브 피드백과 네거티브 피드백이 조화를 이루며 상호작용한다.

시스템에서 가장 중요한 것은 인지기능(認知機能)[알아차림]이다. 왜냐하면 시스템의 피드백은 인지기능에 의해서 조절되고 통제되기 때문이다. 피드백 과정에서 시스템의 출력[現行]은 시스템의 수신기에 검색되어 되돌아오며, 그렇게 함으로써 미리 설정된 목표에 맞게 시스템이 제대로 작동한 것인지, 그렇지 못한 것인지를 신호로 알려준다. 피드백 루프에 의한 이 검색, 즉 인지기능 때문에 시스템은 목표의 측면에서 시스템의 작동을 규제할 수 있다.

고장 난 시스템은 인지기능이 마비된 시스템이다. 인지기능이 마비되면 이들이 조화를 이루지 못하고 하나의 피드백이 다른 피드백을 압도하고 제압한다. 예를 들면, 폭식증(暴食症)은 포지티브 피드백이 네거티브 피드백을 압도할 때 나타나고, 거식증(拒食症)은 네거티브 피드백이 포지티브 피드백을 압도할 때 나타난다. 배가 부름을 알아차리면 폭식을 멈추게 되고, 배고픔을 알아차리면 거식을 그치게 된다. 이렇게 인지기능이 회복되면 시스템이 정상적으로 작동하게 된다.

중생은 고장 난 생명 시스템이다. 고장 난 시스템은 상황을 인지하지 못하고 한 방향으로만 작동한다. 중생은 염법훈습이라는 포지티브 피드백 루프만 작동하기 때문에 괴로움과 망념이 끊임없이 증가한다. 생명은 인지 시스템이다. 생명 시스템은 본래 포지티브 피드백 루프와 동시에 네거티브 피드백 루프를 갖춘 인지 시스템이므로 포지티브 피드백이 도를 넘을 때 이를 알아차리고 네거티브 피드백을 작동한다. 정법훈습은 고장 난 생명 시스템이 이를 알아차리고 시스템을 정상화하는 네거티브 피드백 루프다. '진여법이 있으므로 무명을 훈습할 수 있다〈以有眞如法故 能熏習無明〉'라는 말은, 생명 시스템은 본래 포지티브 피드백 루프와 동시에 네거티브 피드백 루프를 갖춘 인지 시스템이므로 인지기능의 마비를 치유할 수 있다는 의미다.

염법훈습의 망심훈습은 망심이 무명을 훈습하는데, 정법훈습의 망심훈습은 망심이 진여를 훈습한다. 망심, 즉 6식(六識)과 말나식은 시스템의 상황을 인지하고 방향을 전환하는 감지기(sensor)와 같다. 시스템의 감지기는 정보를 인지하여 처리한다. 예를 들어, 섭씨 25도(℃)로 설정된 에어컨의 감지기는 실내의 온도가 25도를 넘어가면 이를 인지하여 냉각기가 작동하도록 스위치를 전환하고, 25도 아래로 내려가면 이를 인지하여 냉각기가 멈추도록 스위치를 전환한다.

생명 시스템에서 인지기능[六識]과 이를 통제하는 자아의식[末那識]은 피드백의 방향을 전환하는 감지기이며, 이것을 『대승기신론』에서는 망심(妄心)이라고 부른다. 고장 난 생명 시스템이 정상적인 시스템으로 작동하기 위해서는 생명 시스템의 감지기인 인지기능과 자아의식, 즉 6식과 말나식의 기능이 회복되어야 한다. 염법훈습의 망심훈습은 업식(業識)이 무명을 훈습하는 업식근본훈습(業識根本熏習)을 통해 인지기능의 마비[無明]를 심화시키고, 증장분별사식훈습(增長分別事識熏習)을 통해 분별심(分別心)을 키움으로써 더 많은 괴로움을 만든다.

정법훈습은 이러한 괴로움을 겪는 고장 난 시스템에서 이루어진다. 범부와 이승인(二乘人)은 염법훈습이 그치지 않는 고장 난 시스템이다. 이 시스템이 스스로 문제가 있음을 인지한다. 이러한 인지는 인지 시스템[眞如] 고유의 기능이며, 이 기능이 왜곡된 것이 업식과 분별사식, 즉 망심이다. 이 인지 시스템이 스스로 문제를 인지함으로써 인지기능의 마비[無明]가 풀리는 것이 진여가 무명을 훈습하는 진여훈습(眞如薰習)이다. 이렇게 진여훈습에 의해서 인지기능의 마비가 풀리면, 망심인 업식과 분별사식에 변화가 일어난다. 육진경계를 분별하는 분별심을 키워가던 분별사식은 염법훈습이 일으킨 생사의 괴로움을 인지하고 이를 벗어나는 길을 추구한다. 이것이 정법훈습의 망심훈습 가운데 분별사식훈습이다. 한편 무명을 훈습하던 업식, 즉 자아의식[意, 末那識]은 생사를 벗어나 열반을 성취할 마음을 일으키며[發心], 이것이 업식(業識)이 진여를 훈습하는 의훈습(意薰習)이다.

이렇게 생사의 괴로움을 인지함으로서 생사에서 벗어날 마음을 일으켜 길을 찾는다는 것은 괴로움을 일으키는 포지티브 피드백 루프에서 괴로움을 없애는 네거티브 피드백 루프로의 전환을 뜻하며, 이것이 정법훈습의 망심훈습이다.

【眞】眞如熏習義 有二種 云何爲二 一者 自體相熏習 二者 用熏習 自體相熏習者 從無始世來 具無漏法 備有不思議業 作境界之性 依此二義 恒常熏習 以有力故 能令衆生 厭生死 苦 樂求涅槃 自信己身 有眞如法 發心修行

【實】眞如熏義 亦二種別 一 體熏 二 用熏 體熏者 所謂眞如
從無始來 具足一切無量無漏 亦具難思勝境界用 常無間斷 熏
衆生心 以此力故 令諸衆生 厭生死苦 求涅槃樂 自信己身 有
眞實法 發心修行

진여훈습(眞如薰習)도 두 가지가 있다. 첫째는 자체상훈습(自體相
薰習)/체훈(體熏)이고 둘째는 용훈습(用薰習)/용훈(用熏)이다.

【진제 】 자체상훈습(自體相薰習)은 무시이래로 무루법(無漏法)을
구족하고, 경계(境界)의 성품을 짓는 부사의업(不思議業)을 갖추
어, 이 두 가지에 의지하여 항상 훈습하는 것을 말한다. 이 힘이
있으므로 중생으로 하여금 생사의 괴로움을 싫어하고 즐겨 열반
을 구하여, 스스로 자기 자신에게 진여법이 있음을 믿고 발심(發
心)하여 수행하게 할 수 있다.

【실차난타 】 체훈(體勳)이란 진여가 무시이래로 일체의 무량한 무
루법을 구족하고, 또한 난사승경계용(難思勝境界用)을 갖추어 항
상 끊임없이 중생의 마음을 훈습하는 것이다. 이 힘이 있으므로
중생으로 하여금 생사의 괴로움을 싫어하고 즐겨 열반을 구하고,
스스로 자기 자신에게 진여법이 있음을 믿고 발심하여 수행하게
할 수 있다.

진여가 무명을 훈습하는 것이 진여훈습이다. 이 진여훈습은 업식이 진
여를 훈습하는 의훈습(意薰習)에 의해서 이루어진다. 자아의식(自我意

識)인 말나식(末那識, 意)이 자신의 괴로움을 인지하고 열반을 얻으려는 마음을 일으킴으로써 진여의 인지 능력을 각성(覺醒)시키면, 이러한 진여의 각성이 마비된 인지 능력을 회복시키는 것이 진여훈습이다.

진여는 본각(本覺)을 의미한다. 진여가 무시이래로 무루법(無漏法)을 구족하고 경계의 성품을 짓는 부사의업을 갖추었다는 것은 본각(本覺)의 지정상(智淨相)과 부사의업상(不思議業相)을 말한 것이다. 무루법을 구족했다는 것은 지정상을 구족했다는 뜻이고, 부사의업을 갖추었다는 것은 부사의업상을 갖추었다는 뜻이다.

각의 상태〈覺義〉에서 살펴보았듯이, 본각은 중생의 몸속에 본래부터 존재하는 실체가 아니라 작자(作者)가 없는 인지(認知)의 과정[有業報而無作者]이다. 그리고 이 인지의 과정에 인지하는 존재인 자아도 없고, 인지되는 대상인 객관도 없으므로, 주객의 분별을 떠난 본래의 마음을 자성청정심이라고 부르며, 이것이 무루법을 구족한 진여다.

각의 상태에서 언급했듯이 인지는 '세계를 탄생시키는 행동'이다. 모든 생명은 자신의 몸으로 인지함으로써 자신의 세계를 만든다. 붓다가 '일체(一切)는 12입처다'라고 한 것도, 인지에 의해 세계가 만들어진다는 것을 말한 것이다. 모든 생명은 자신의 인지를 통해 자신의 세계를 만들고, 그것을 대상으로 인식하며 살아간다. 이렇게 인지의 과정으로서의 마음은 두 가지 작용, 즉 대상을 인지하는 작용과 세계를 만드는 작용을 한다. 이것이 본각(本覺)의 지정상과 부사의업상이며, 무시이래로 진여가 구족한 무루법과 부사의업이다.

진여훈습에 자체상훈습(自體相熏習)과 용훈습(用熏習)이 있다는 것은 지정상에 의한 훈습과 부사의업상에 의한 훈습이 있다는 뜻이다. 지정상에 의한 훈습은 스스로 각성하여 발심(發心) 수행(修行)하게 하는 훈습이고, 부사의업상에 의한 훈습은 다른 사람을 각성시켜서 발심하게 하는 훈습이다.

【眞】 問曰 若如是義 一切衆生 悉有眞如 等皆熏習 云何有信 無信 無量前後差別 皆應一時 自知 有眞如法 勤修方便 等入 涅槃

【實】 問 若一切衆生 同有眞如 等皆熏習 云何而有 信不信者 從初發意 乃至涅槃 前後不同 無量差別 如是 一切 悉應齊等

【진제】 질문: 그렇다면 일체중생은 모두 진여를 가지고 있으므로 평등하게 모두 훈습할 텐데, 어찌하여 믿는 사람과 믿지 않는 사람이 있으며, (열반에 들어가는 데) 헤아릴 수 없는 전후(前後)의 차별이 있는가? 모두가 마땅히 일시(一時)에 진여법을 가지고 있음을 스스로 알아 부지런히 방편을 닦아서 평등하게 열반에 들어가야 하지 않겠는가?

【실차난타】 질문: 일체중생이 모두 진여를 가지고 있다면, 평등하게 모두 훈습할 텐데, 어찌하여 믿는 사람과 믿지 않는 사람이 있으며, 초발의(初發意)에서 열반에 이르기까지 헤아릴 수 없는 전후의 차별이 이와 같은가? 모두 똑같이 평등해야 하지 않겠는가?

【眞】 答曰 眞如本一 而有無量無邊無明 從本已來 自性差別 厚薄不同故 過恒沙等上煩惱 依無明起差別 我見愛染煩惱 依無明起差別 如是 一切煩惱 依於無明 所起 前後無量差別 唯如來能知故 又 諸佛法 有因有緣 因緣具足 乃得成辦 如木中火性 是火正因 若無人知不假方便 能自燒木 無有是處 衆生亦爾 雖有正因熏習之力 若不値遇諸佛菩薩善知識等 以之爲緣 能自斷煩惱 入涅槃者 則無是處 若雖有外緣之力 而內淨法 未有熏習力者 亦不能究竟厭生死苦樂求涅槃 若因緣具足者 所謂自有熏習之力 又爲諸佛菩薩等慈悲願護故 能起厭苦之心 信有涅槃 修習善根 以修善根成熟故 則値諸佛菩薩 示教利喜 乃能進趣向涅槃道

【實】 答 雖一切衆生 等有眞如 然無始來 無明厚薄 無量差別 過恒沙數 我見愛等 纏縛煩惱 亦復如是 唯如來智之所能知故 令信等 前後差別 又 佛法 有因有緣 因緣具足 事乃成辦 如木中火性 是火正因 若無人知 或有雖知 而不施功 欲令出火 焚燒木者 無有是處 衆生亦爾 雖有眞如體熏因力 若不遇佛諸菩薩等善知識緣 或雖不修勝行 不生智慧 不斷煩惱 能得涅槃 無有是處 又復 雖有善知識緣 儻內無眞如熏習因力 必亦不能厭生死苦 求涅槃樂 要因緣具足 乃能如是 云何具足 謂自相續中有熏習力 諸佛菩薩慈悲攝護 乃能厭生死苦 信有涅槃種 諸善根修習成熟 以是復値諸佛菩薩 示教利喜 令修勝行 乃至成佛 入于涅槃

【 진제 】 답변: 진여는 본래 하나이지만 무량무변한 무명이 있어서 본래부터 자성이 차별되고 두텁고 엷기가 같지 않다. 그래서 갠지스의 모래알보다 많은 상번뇌(上煩惱)가 무명에 의지하여 차별을 일으키고, 아견과 애착에 물든 번뇌〔我見愛染煩惱〕가 무명에 의지하여 차별을 일으킨다. 이렇게 일체의 번뇌는 무명에 의지하여 일어난 것으로서 전후의 무량한 차별이 있는데, 오직 여래만이 알 수 있는 것이다.

그리고 모든 불법(佛法)은 인(因)이 있고 연(緣)이 있으며, 인연이 구족되어야 비로소 이루어진다. 비유하면 나무 속에 있는 불의 성품이 불의 정인(正因)인데, 그것을 아는 사람이 없어 불을 지피지 않았는데도 저절로 나무가 탈 수 없는 것 같다. 중생도 마찬가지이다. 비록 정인이 되는 훈습의 힘을 가지고 있지만, 여러 부처님이나 보살, 선지식을 만나 그것을 연(緣)으로 하지 않고 스스로 번뇌를 끊어 열반에 든다는 것은 있을 수 없다. 비록 외연(外緣)이 있어도 안의 정법(淨法)이 아직 훈습력(熏習力)을 갖지 못한 사람은 끝내 생사의 괴로움을 싫어하고 열반을 즐겨 구하지는 못한다. 인연을 구족한 사람, 다시 말해서 스스로 훈습의 힘을 가지고 있고 또 제불보살(諸佛菩薩)이 자비와 원(願)으로 보호하는 사람은 능히 괴로움을 싫어하는 마음을 일으켜 열반이 있음을 믿고, 선근(善根)을 수습(修習)하면, 닦은 선근이 성숙하여 곧 제불보살이 보여주고 가르치는 이익과 기쁨을 만나 열반도(涅槃道)를 향해 나아갈 수 있다.

【 실차난타 】 답변: 비록 일체중생이 평등하게 진여를 가지고 있지만, 무시이래로 무명의 두텁고 엷음에 갠지스의 모래알보다 많은 무량한 차별이 있고, 아견(我見)과 갈애(愛) 등에 결박된 번뇌(煩惱)도 마찬가지다. 초발의(初發意)에서 열반(涅槃)에 이르는 전후의 차별은 오직 여래의 지혜만이 알 수 있는 것이다.

그리고 모든 불법(佛法)은 인(因)이 있고 연(緣)이 있으며, 인연이 구족되어야 비로소 이루어진다. 비유하면 나무 속에 있는 불의 성품이 불의 정인(正因)인데. 만약 그것을 아는 사람이 없거나, 혹 아는 사람이 있어도 불을 지피지 않으면 불을 내고자 하여도 나무를 태울 수 없는 것과 같다. 중생도 마찬가지이다. 비록 진여의 체훈습(體熏習)이라는 인(因)의 힘을 가지고 있지만, 부처님이나 여러 보살과 같은 선지식의 연(緣)을 만나지 못하거나, 승행(勝行)을 닦지 않아 지혜가 생기지 않고, 번뇌를 끊지 않은 사람은 열반을 얻을 수 없다. 그리고 비록 선지식의 외연이 있어도 만약 안에 진여훈습의 인력(因力)이 없으면, 결코 생사의 괴로움을 싫어하고 열반의 즐거움을 구할 수 없다. 인연을 구족한 사람만이 그렇게 할 수 있다. 인연을 구족한다는 것은 어떤 것인가? 스스로 상속식(相續識) 가운데 훈습의 힘을 가지고 있고, 제불보살이 자비(慈悲)로 지켜주고 보호하는 사람은 능히 생사의 괴로움을 싫어하고 열반의 종자가 있음을 믿어, 선근을 수습하여 성숙시키면, 제불보살이 보여주고 가르치는 이익과 기쁨을 만나 승행(勝行)을 닦아 성불(成佛)에 이르고 열반에 들어갈 수 있다.

'진여는 본래 하나다〈眞如本一〉'를 실차난타 삼장은 '일체중생이 평등하게 진여를 가지고 있다〈一切衆生 等有眞如〉'라고 번역하여 그 의미를 분명하게 보여준다. 진여가 본래 하나라는 말은 본래부터 진여라는 하나의 존재가 있다는 말이 아니라, 모든 중생의 진여가 평등하여 차별이 없음을 뜻한다. 즉, 모든 생명은 연기하는 마음으로 살아가는 인지 시스템이라는 점에서 같다는 뜻이다. 모든 생명은 스스로 알든 알지 못하든, 자아 없는 마음으로 살아가는, 업보는 있으나 작자는 없는 인지 시스템이다. 그런데 각각의 생명은 이러한 사실을 인지하지 못하고 살아간다. 그 무지의 차별로 인해서 각기 차별된 자아가 있다고 생각하는 아견(我見)과 애착(愛着)을 일으킴으로써 각기 다른 삶을 살아간다.

이렇게 오랜 무명 속에서 갖가지 차별을 일으키며 살아가는 중생이 본래의 삶, 즉 진여를 깨닫고 살아가기 위해서는 내적인 원인[因]과 외적인 조건[緣]을 갖추어야 한다. 여기에서 내적인 원인[因]이 자체상훈습(自體相熏習)/체훈(體熏)이고 외적인 조건[緣]이 용훈습(用熏習)/용훈(用熏)이다. 즉 자신이 열반을 얻겠다고 발심하는 것이 자체상훈습이고, 다른 사람이 보여주는 시범(示範)과 가르침이 용훈습이다.

자신이 생사의 괴로움에서 벗어나 열반을 성취하겠다는 마음을 일으켰다고 하더라도 열반을 성취하는 방법과 길을 알지 못하면 열반을 성취할 수 없다. 그리고 다른 사람이 열반을 성취하는 방법을 가르쳐주고 그 길을 보여주어도, 스스로 열반을 얻을 마음을 일으키지 않으면 열반을 성취할 수 없다. 불법은 인연이 있어야 이루어진다는 말은, 이렇게 스스로 발심하는 내적인 원인[因]과 다른 사람의 가르침이라는 외적인 조건[緣]이 있어야 진여를 깨달아 열반을 성취할 수 있다는 의미다.

【眞】 用熏習者 卽是衆生外緣之力 如是外緣 有無量義 略說
二種 云何爲二 一者 差別緣 二者 平等緣 差別緣者 此人 依
於諸佛菩薩等 從初發意始求道時 乃至得佛 於中若見若念 或
爲眷屬 父母諸親 或爲給使 或爲知友 或爲怨家 或起四攝 乃
至一切所作 無量行緣 以起大悲熏習之力 能令衆生 增長善根
若見 若聞 得利益故 此緣有二種 云何爲二 一者 近緣 速得度
故 二者 遠緣 久遠得度故 是近遠二緣分別 復有二種 云何爲
二 一者 增長行緣 二者 受道緣

【實】 用熏者 卽是衆生外緣之力 有無量義 略說二種 一 差別
緣 二 平等緣 差別緣者 謂諸衆生 從初發心 乃至成佛 蒙佛菩
薩等 諸善知識 隨所應化 而爲現身 或爲父母 或爲妻子 或爲
眷屬 或爲僕使 或爲知友 或作怨家 或復示現天王等形 或以
四攝 或以六度 乃至一切菩提行緣 以大悲柔軟心 廣大福智藏
熏 所應化一切衆生 令其見聞 及以憶念 如來等形 增長善根
此緣有二 一 近緣 速得菩提故 二 遠緣 久遠方得故 此二差別
復各二種 一 增行緣 二 入道緣

용훈습(用熏習)이란 곧 중생의 외적인 조건[緣]의 힘이다. 이와 같
은 외적인 조건[緣]은 무량한 의미가 있으나 간략히 이야기하면
차별연(差別緣)과 평등연(平等緣) 두 가지이다.

【진제】 차별연이란 이 사람이 제불보살(諸佛菩薩) 등에 의지하여 처음 도(道)를 구하는 초발의(初發意) 때부터 부처가 되기까지 보거나(若見; 我見을 갖거나) 생각할 때(若念; 망경계에 대한 망념을 일으킬 때) 권속(眷屬)이나 부모와 같은 친척이 되기도 하고, 급사(給使)가 되기도 하고, 친구가 되기도 하고, 원수가 되기도 하고, 혹은 4섭(四攝; 布施·愛語·利行·同事)을 일으키기도 하는 등 일체의 그 사람이 지은 무량한 행연(行緣)이 차별연(差別緣)이다. (이 差別緣은) 대비(大悲) 훈습(熏習)의 힘을 일으켜 중생들로 하여금 선근(善根)을 증장(增長)케 하므로 (이 差別緣을) 보거나 들으면 이익을 얻는다. 이 연(緣)에는 두 가지가 있다. 하나는 가까운 연으로서 빨리 도탈(度脫)을 얻기 때문이며, 다른 하나는 먼 연으로서 시간이 오래 지나서 도탈을 얻기 때문이다. 이 가까운 연과 먼 연, 두 가지 연을 분별하면 다시 두 가지가 있다. 하나는 증장행연(增長行緣)이고 다른 하나는 수도연(受道緣)이다.

평등연이란 일체의 제불보살이 모두 일체중생의 도탈을 원하여 (중생들을) 항상 버리지 않고 자연훈습(自然熏習)하는 것으로서 동체(同體) 지력(智力)으로 보고 들음에 수응(隨應)하여 나타나 업을 짓는 것을 말한다. 다시 말하면 중생들이 삼매에 의해서 평등하게 제불을 보는 것을 말한다.

【실차난타】 차별연이란 여러 중생이 초발심(初發心)에서 성불(成佛)할 때까지 불보살 등의 가피를 입어 여러 선지식이 교화할 중생에 따라 현신(現身)하는 것을 말한다. 부모로 현신하기도 하고,

처자, 권속, 하인, 친구로 현신하기도 하고, 원수 노릇을 하기도 하고, 천왕(天王) 등의 모습을 나타내기도 하고, 혹은 4섭으로, 혹은 6바라밀 내지 일체의 보리행(菩提行)의 연(緣)으로 부드러운 대비심(大悲心)과 광대한 복과 지혜의 창고를 가지고 교화할 대상을 훈습하여 일체중생으로 하여금 그것을 보고 듣게 하여 여래 등의 모습을 억념(憶念)함으로써 선근을 증장하게 한다. 이 연(緣)은 두 가지다. 하나는 가까운 연으로서 속히 깨달음을 얻기 때문이다. 다른 하나는 먼 연으로서 오랜 후에 비로소 얻기 때문이다. 이것은 또 두 가지 차별이 있다. 하나는 증행연(增行緣)이고, 다른 하나는 입도연(入道緣)이다.

평등연이란 일체제불과 모든 보살이 평등한 지혜와 평등한 지원(志願)으로 널리 일체중생을 구제하고자 항상 단절 없이 자연훈습〔任運〕을 이어가는 것을 말한다. 이러한 지혜와 원(願)으로 중생들을 훈습하여 그들이 제불보살을 억념(憶念)하여 보거나 들으면 이익을 짓고, 청정한 삼매에 들어 끊어야 할 장애(障礙)에 따라 무애안(無碍眼)을 얻어 생각생각 가운데 일체 세계에서 평등하게 한량없는 부처님과 여러 보살의 현신(現身)을 보도록 한다.

용훈습(用熏習)은 외적인 연(緣)의 작용을 의미한다.

생물은 열린 시스템(open system)이다. 일반시스템이론(general systems theory)을 창시한 오스트리아의 생물학자 베르탈란피(Ludwig von Bertalanffy, 1901~1972)는 이렇게 말했다.

생물은 외부에 대해 닫혀 있는 정적(靜的) 시스템이 아니며, 항상 똑같은 구성성분을 갖지도 않는다. 그것은 (준) 정상상태의 열린 시스템이다. … 그 속에서 물질이 끊임없이 외부 환경으로 흘러나오고, 또한 외부 환경에서 그 속으로 들어간다.[90]

열린 시스템으로서의 생물은 외부의 환경과 물질을 주고받을 뿐만 아니라, 정보도 주고받는다. 미국의 생물학자 린 마굴리스(Lynn Margulis, 1938~2011)는 "생물은 자기 완결적이고 자율적인 개체라기보다는, 오히려 다른 생물과 물질과 에너지, 그리고 정보를 교환하는 공동체이다."[91]라고 말한다.

용훈습은 수행자가 서로 인연이 되어 공존하는 생명공동체로서 다른 생명과 맺는 상호관계를 뜻한다. 모든 생명은 서로 인연이 되어 공존하는 한 생명이다. 이것이 연기와 무아의 진실이다. 한 생명의 진실, 즉 연기와 무아를 체득하지 못한 중생은 자타(自他)를 분별한다. 이러한 분별심을 버리기 위해서 발심하여 수행하는 수행자에게 주변의 모든 생명은 깨달음을 성취하는 외연(外緣)이 된다.

우리는 부모, 처자, 권속, 하인, 친구, 원수 등 수많은 차별된 인연 속에서 살아간다. 발심하여 수행하기 전에는, 이들은 각기 다른 존재일 뿐이다. 부모는 위에 있는 존재이고, 처자는 사랑하는 존재이고, 하

90　프리초프 카프라, 위의 책, p. 74.에서 재인용.

91　린 마굴리스·도리언 세이건, 『생명이란 무엇인가』, 황현숙 역(서울: 지호, 1999), p. 46.

인은 아래 있는 존재이고, 권속은 가까운 사이고, 친구는 친밀한 사이고, 원수는 싫고 미운 존재다. 이런 차별된 생명들이 발심하여 수행하는 수행자에게는 차별심을 없애고 무분별심을 얻게 하는 외부의 조건[外緣] 가운데 하나인 차별연(差別緣)이다. 차별연 가운데 증장행연(增長行緣)/증행연(增行緣)은 수행을 돕는 외연(外緣)이고, 수도연(受道緣)/입도연(入道緣)은 부처님의 가르침을 들을 수 있게 돕는 외연이다.

평등연이란 무아의 진실을 알고 살아가는 일체의 부처님과 보살들이다. 불보살(佛菩薩)은 분별하지 않고 모든 중생에게 평등한 동체자비(同體慈悲)를 베푼다. 이렇게 평등하게 일체중생에게 자비를 베푸는 것을 자연훈습(自然熏習), 또는 임운(任運)이라고 한다. 불보살은 누구에게나 평등하게 자비를 베풀기 때문에, 중생은 누구나 불보살의 자비를 믿고 따르면 그 동체자비의 훈습을 평등하게 받게 되므로 불보살을 평등연이라고 한다.

【眞】 此體用熏習 分別復有二種 云何爲二 一者 未相應 謂凡夫二乘初發意菩薩等 以意意識熏習 依信力故 而能修行 未得無分別心 與體相應故 未得自在業 修行與用相應故 二者 已相應 謂法身菩薩 得無分別心 與諸佛智用相應 唯依法力 自然修行 熏習眞如 滅無明故

【實】 此體用熏 復有二別 一 未相應 二 已相應 未相應者 謂凡夫二乘初行菩薩 以意意識熏 唯依信力 修行 未得無分別心 修行 未與眞如體相應故 未得自在業修行未與眞如用相應故

已相應者 謂法身菩薩 得無分別心 與一切如來自體相應故 得
自在業 與一切如來智用相應故 唯依法力 任運修行 熏習眞如
滅無明故

【 진제 】 이 체용훈습(體用熏習)을 분별하면 다시 두 가지가 있다.
하나는 미상응(未相應)이다. 범부, 이승(二乘), 초발의보살(初發意
菩薩) 등은 의(意)와 의식(意識)의 훈습으로 신력(信力)에 의지하여
능히 수행을 하나니, 아직 무분별심(無分別心)을 얻어 체(體)와 상
응하지 못하기 때문이며, 아직 자재업수행(自在業修行)을 얻어 용
(用)과 상응하지 못하기 때문이다. 다른 하나는 이상응(已相應)으
로서 법신보살(法身菩薩)이 무분별심(無分別心)을 얻어 제불(諸佛)
의 지용(智用)과 상응하여 오직 법력(法力)에 의지하는 자연수행
(自然修行)으로 진여를 훈습하여 무명을 멸하는 것을 말한다.

【 실차난타 】 이 체용훈(體用熏)은 다시 두 가지로 구별된다. 하나
는 미상응이고, 다른 하나는 이상응이다. 미상응이란 범부, 이승
(二乘), 초행보살(初行菩薩)이 의훈습(意熏習)과 의식훈습(意識熏習)
으로 오직 신력(信力)에 의지하여 수행함으로써 아직 무분별심(無
分別心)을 얻지 못하여 수행이 진여의 체(體)와 상응하지 못하기
때문이며, 아직 자재업(自在業)을 얻지 못하여 수행이 진여의 용
(用)과 상응하지 못하기 때문이다. 이상응이란 법신보살이 무분별
심(無分別心)을 얻어 일체여래의 자체(自體)와 상응하기 때문이며,
자재업(自在業)을 얻어 일체여래의 지용(智用)과 상응하기 때문이

며, 오직 법력(法力)에 의지하는 임운수행(任運修行)으로 진여를 훈습하고 무명을 소멸하기 때문이다.

지금까지 정법훈습에는 망심훈습과 진여훈습이 있고, 진여훈습에는 다시 자체상훈습/체훈과 용훈습/용훈이 있음을 설명하였다. 위에서 는 진여훈습을 자체상훈습과 용훈습으로 나누어 설명했는데, 여기에 서는 이를 분리하지 않고, 상응(相應)의 측면에서 고찰한다.

여기에서 말하는 상응이란 진여와의 상응을 뜻한다. 즉 진여훈습이 란 발심하여 수행하는 것을 의미하는데, 그 수행이 무분별심을 얻어서 진여의 체와 용에 상응한 상태에서 이루어지는 것을 이상응(已相應)이 라고 하고, 무분별심을 얻지 못하여 진여의 체(體)와 용(用)에 상응하 지 못하는 것을 미상응(未相應)이라고 한다. 바꾸어 말하면, 범부나 이 승(二乘) 그리고 초발의보살(初發意菩薩), 즉 10지(十地) 이전의 수행은 아직 무분별지(無分別智)를 얻지 못한 상태에서 믿음에 의지하여 수행 하므로 미상응이라고 부르고, 법신보살, 즉 10지 이후의 수행은 무분별 심을 얻어서 법력(法力)에 의지하여 수행하므로 이상응이라고 부른다.

【眞】 復次 染法 從無始已來 熏習不斷 乃至得佛後 則有斷
淨法熏習 則無有斷 盡於未來 此義云何 以眞如法 常熏習故
妄心則滅 法身顯現 起用熏習故 無有斷
【實】 復次 染熏習 從無始來 不斷 成佛乃斷 淨熏習 盡於未
來 畢竟無斷 以眞如法熏習故 妄心則滅 法身顯現 用熏習起

故無有斷

다음으로 염법(染法)은 무시이래로 훈습이 단절되지 않다가 깨달음을 얻은 후에 단절되지만, 정법훈습(淨法熏習)은 미래세가 다하여도 단절이 없다. 왜냐하면 진여법은 항상 훈습하므로, 망심이 멸하면 법신이 현현(顯現)하여 용훈습(用熏習)을 일으키기 때문에 단절이 없다.

우리가 알든 알지 못하든, 연기하는 법계는 모든 생명이 서로 인연이 되어 공존하는 가운데 진화하는 공동체로서 분별할 수 없는 한 생명이다. 중생은 이러한 사실을 알지 못하여 분별심을 일으키며 살아왔지만, 이러한 사실을 깨닫게 되면, 분별심이 사라지고, 법계와 한 몸이 되어 붓다의 삶을 살게 된다는 것이다. 이것은 탐욕에 깊이 물들어 환경을 파괴하고 끊임없이 분열과 투쟁을 일으키며 멸망을 자초하고 있는 인류에게 희망을 주는 말씀이다. 우리가 깨닫기만 하면 언제든지 이 모든 투쟁과 폭력을 종식하고 영원히 자유롭고, 평등하고, 평화롭게 살 수 있으니, 희망을 버리지 말고 발심하여 수행하라는 『대승기신론』의 간곡한 가르침이다.

이상의 정법훈습을 도시(圖示)하면 아래와 같다.

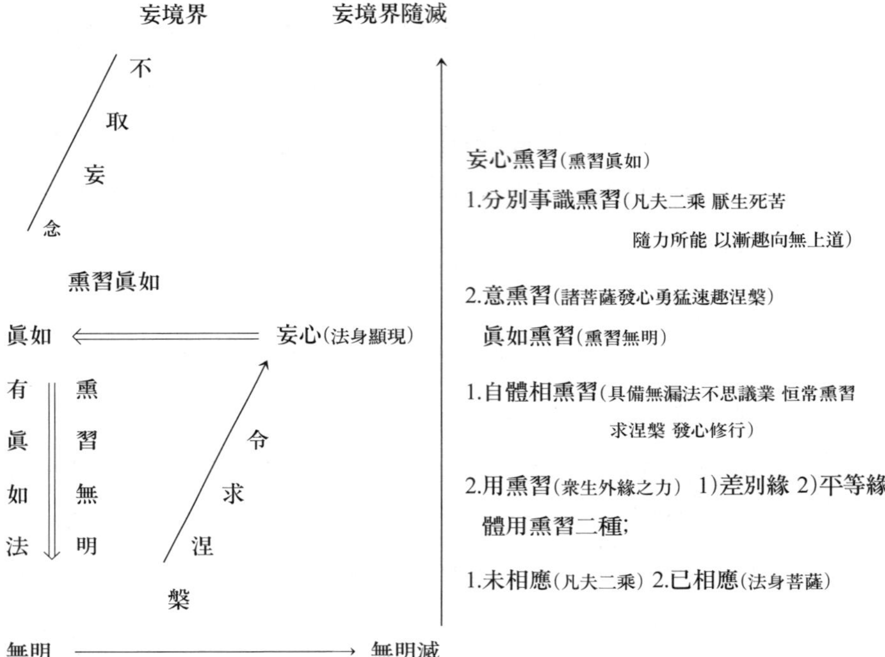

● ⇒ 는 훈습(熏習)을 뜻한다.

3) 중생심(衆生心)의 내용〈義〉: 체대(體大) 상대(相大) 용대(用大)

「입의분(立義分)」에 의하면, 대승에 대한 믿음을 일으키는 근거가 되는 법(法)은 중생심(衆生心)이다. 그렇다면 『대승기신론』의 주제가 되는 중생심이란 어떤 것인가? 이것은 추상적인 형이상학적 존재가 아니라, 지금 중생으로 살아가는 우리 자신의 마음이다. 이 마음은 가장 분명하게 현존한다. 그런데 막상 그 마음을 보려고 하면 보이지 않는다. 이렇게 분명하게 현존하지만 쉽게 드러나 보이지 않는 마음의 내용〈義〉을 보여주어 대승에 대한 믿음을 일으키겠다고 하는 것이『대승기신론』의 취지다. 지금까지는 중생심을 일심(一心)으로 보고 이를 이문(二門), 즉 진여문과 생멸문으로 설명했고, 이제부터 마음의 내용〈義〉에 해당하는 삼대(三大), 즉 체대(體大), 상대(相大), 용대(用大)에 대하여 설명한다.

(1) 체대(體大)

【眞】復次 眞如自體相者 一切凡夫 聲聞 緣覺 菩薩 諸佛 無有增減 非前際生 非後際滅 必竟常恒

【實】復次 眞如自體相者 一切凡夫 聲聞 緣覺 菩薩 諸佛 無有增減 非前際生 非後際滅 常恒究竟

다음으로 진여의 자체(自體)와 상(相)은 일체의 범부, 성문, 연각, 보살, 제불(諸佛)이 증감(增減)이 없다. 전제(前際)에서 생(生)하는 것도 아니고 후제(後際)에서 멸(滅)하는 것도 아니며 필경(畢竟)에 항상(恒常)하다.

진여는 중생심의 실상(實相)이다. '전제(前際)에서 생(生)하는 것도 아니고 후제(後際)에서 멸(滅)하는 것도 아니며, 필경(畢竟)에 항상(恒常)하다'라는 말은 불생불멸하는 실체를 연상시킨다. 그래서 대부분 진여를 불생불멸하는 실체로 오해한다. 이러한 오해가 대승불교는 불교가 아니라는 논란을 일으킨다.

미국의 생물학자 린 마굴리스(Lynn Margulis)는 다음과 같이 말한다.

> 생명은 화학 성분에 의해서가 아니라, 그 화학 물질들의 작용에 따라 구별되는 것이다. 따라서 "생명이란 무엇인가?"라는 질문은 언어적 모순이다. 문법에 맞게 대답하려면 명사, 즉 구체적인 사물을 들어야 할 것이다. 그러나 지구상의 생명은 오히려 동사에 더욱 가깝다. 생명은 자신을 수선하고, 유지하며, 다시 만들고, 자신을 능가한다.[92]

이렇게 생명을 동사적 의미의 자기 생산적인 것으로 파악한 마굴리스는 생물이 자기 생산의 과정에서 환경과 불가분의 관계로 얽혀있음을 강조한다. 그리고 이러한 관계를 통해 생물은 지구에 생명을 부여하기 때문에, 진정한 의미에서 지구는 살아 있다고 주장한다.

> 생물은 자기 완결적이고 자율적인 개체라기보다는, 오히려 다른 생물과 물질과 에너지, 그리고 정보를 교환하는 공동체이다. 숨 쉴 때

---

92 위의 책, pp. 33~34.

마다 우리는, 비록 느리기는 하지만, 역시 호흡하는 생물권의 나머지 생물들과 연결된다. 생물권의 숨결은 매일 지구상의 밤인 쪽에서는 이산화탄소의 농도가 증가하고, 낮인 쪽에서는 감소하는 것으로 표시된다. 일 년의 숨결은 계절의 변화로 나타난다. 북반구에서 광합성 활동이 활발해지면, 남반구에서는 서서히 감소한다.

최대한의 생리학적 범위에서 보면, 생명은 지구 표면 그 자체이다. 여러분의 몸이 세포들로 우글거리는 해골이 아닌 것과 마찬가지로, 지구는 단순히 생물들이 살고 있는 거대한 바윗덩어리가 아니다.[93]

모든 생명은 서로 인연이 되어 공존하는 가운데 진화하는 공동체로서, 크게 보면 한 생명이라는 것이 마굴리스의 생물학적 관점이다.

진여의 자체상(自體相)이 '전제에서 생하는 것도 아니고 후제에서 멸하는 것도 아니며, 필경에 항상하다'라는 말은 한 생명으로 살아가는 생명공동체는 동사적으로 하나로 연결되어 있으므로, 생명의 시작과 끝, 즉 전제의 생과 후제의 멸이 없다는 뜻일 뿐, 명사적 의미의 불생불멸하는 실체라는 뜻이 아니다.

(2) 상대(相大)

【眞】 從本已來 性自滿足 一切功德 所謂 自體有 大智慧光明

---

93 위의 책, p. 46.

義故 遍照法界義故 眞實識知義故 自性淸淨心義故 常樂我淨
義故 淸涼不變自在義故 具足 如是 過於恒沙 不離不斷不異不
思議佛法 乃至 滿足無有所少義故 名爲如來藏 亦名如來法身
【實】 從無始來 本性具足 一切功德 謂大智慧光明義 遍照法
界義 如實了知義 本性淸淨心義 常樂我淨義 寂靜不變自在義
如是等 過恒沙數 非同非異不思議佛法 無有斷絶 依此義故
名如來藏 亦名法身

본래부터 본성(本性)이 스스로 일체 공덕(功德)을 만족(滿足)하고
있다. 다시 말해서 (眞如의) 자체(自體)는 대지혜광명의 상태〈大智
慧光明義〉, 변조법계의 상태〈徧照法界義〉, 진실식지의 상태〈眞實識知
義〉/여실요지의 상태〈如實了知義〉, 자성청정심의 상태〈自性淸淨心義
〉/본성청정심의 상태〈本性淸淨心義〉, 상락아정의 상태〈常樂我淨義〉,
청량불변자재의 상태〈淸涼不變自在義〉/적정불변자재의 상태〈寂靜
不變自在義〉이다.

【진제】 이와 같은 갠지스의 모래알보다 많은, 분리되지 않고〈不
離〉, 단절(斷絶)되지 않고〈不斷〉, 다르지 않은〔不異〕 부사의(不思議)
한 불법(佛法)을 구족하고 있으며, 만족하여 부족함이 없으므로
여래장이라고 부르며, 여래법신(如來法身)이라고 부른다.

【실차난타】 이와 같은 갠지스의 모래알보다 많은, 같지도 않고
다르지도 않은〈非同非異〉 부사의(不思議)한 불법(佛法)은 단절(斷絶)
이 없다. 이 상태〈義〉에 의하여 여래장이라고 부르고, 법신이라고

부른다.

「입의분」에서는 상대(相大)를 여래장이 구족한 무량무변한 공덕이라고 했는데, 여기에서는 그것을 대지혜광명의 상태〈大智慧光明義〉, 변조법계의 상태〈徧照法界義〉, 진실식지의 상태〈眞實識知義〉/여실요지의 상태〈如實了知義〉, 자성청정심의 상태〈自性淸淨心義〉/본성청정심의 상태〈本性淸淨心義〉, 상락아정의 상태〈常樂我淨義〉, 청량불변자재의 상태〈淸凉不變自在義〉/적정불변자재의 상태〈寂靜不變自在義〉라고 이야기한다. 이들에 대한 설명은 아래의 문답을 통해서 이루어진다.

【眞】問曰 上說眞如其體平等離一切相云何復說體有如是種種功德

答曰 雖實有此諸功德義 而無差別之相 等同一味 唯一眞如 此義云何 以無分別 離分別相 是故無二 復以何義 得說差別 以依業識生滅相示此 云何示 以一切法 本來唯心 實無於念 而有妄心 不覺起念 見諸境界 故說無明 心性不起 卽是大智慧光明義故 若心起見 則有不見之相 心性離見 卽是遍照法界義故 若心有動 非眞識知 無有自性 非常非樂非我非淨 熱惱衰變 則不自在 乃至 具有過恒沙等妄染之義 對此義故 心性無動 則有過恒沙等諸淨功德相義示現 若心有起 更見前法 可念者 則有所少 如是淨法 無量功德 卽是一心 更無所念 是故滿足 名爲法身 如來之藏

【實】問 上說眞如離一切相云何今說具足一切諸功德相

答 雖實具有 一切功德 然無差別相 彼一切法 皆同一味 一眞

離分別相 無二性故 以依業識等生滅相 而立彼一切差別之相

此云何立 以一切法 本來唯心 實無分別 以不覺故 分別心起

見有境界 名爲無明 心性本淨 無明不起 卽於眞如 立大智慧

光明義 若心性見境 則有不見之相 心性無見 則無不見 卽於

眞如 立遍照法界義 若心有動 則非眞了知 非本性清淨 非常

樂我淨 非寂靜 是變異 不自在 由是具起過於恒沙 虛妄雜染

以心性無動故 卽立眞實了知義 乃至 過於恒沙清淨功德相義

若心有起 見有餘境 可分別 求則於內法 有所不足 以無邊功

德 卽一心 自性不見有餘法 而可更求 是故滿足 過於恒沙 非

異非一 不可思議 諸佛之法 無有斷絕 故說眞如 名如來藏 亦

復名爲如來法身

질문: 위에서 말하기를 진여는 그 체(體)가 평등하여 일체의 상(相)을 떠났다고 하고서 어찌하여 다시 체에 이와 같은 갖가지 공덕이 있다고 말하는가?

【진제】 답변: 비록 이 모든 공덕의 상태〈功德義〉가 있지만 차별상(差別相)이 없고 평등하고 동등한 일미(一味)이며 오직 하나의 진여이다. 무슨 말인가 하면, 분별이 없어 분별상(分別相)을 떠나 있으므로 무이(無二)다. 그렇다면 왜 차별을 이야기하는가? 업식(業識)의 생멸상에 의해서 이 차별상을 보인 것이다. 어떻게 차별상

을 보이는가?

일체법(一切法)은 본래 오직 마음[唯心]일 뿐 실제로 염(念; 妄念, 分別)은 존재하지 않는다. 그런데 망심(妄心)이 있어서 깨닫지 못하고 염(念; 妄念, 分別)을 일으켜 여러 경계(境界)를 보기 때문에 무명(無明)을 말한 것이다. 심성(心性)은 일어나지 않으며, 이것이 바로 대지혜광명의 상태〈大智慧光明義〉다.

심(心; 妄心)이 일으킨 견(見; 見分, 인식주관)은 보지 못하는 대상[不見之相; 相分]이 있으나, 심성(心性)은 견(見; 見分, 인식주관)을 여의었나니, 이것이 곧 변조법계의(偏照法界義)다.

움직임이 있는 마음[動心; 妄心]은 진정한 인지(認知)[眞識知]가 아니며, 자성(自性)이 없으며, 상락아정(常樂我淨)이 아니며, 열뇌(熱惱)하고 쇠변(衰變)하여 자재(自在)하지 못하며, 내지 갠지스의 모래알보다 많은 망염(妄染)의 상태〈妄染義〉를 가지고 있다. 이 망염의 상태〈妄染義〉에 상대하여 심성(心性)은 움직임이 없으므로 갠지스의 모래알보다 많은 여러 청정한 공덕상(功德相)의 상태〈功德相義〉가 있음을 나타내 보이는 것이다.

만약 심(心; 妄心)이 일어나서 눈앞의 법〈前法〉을 보면, 분별하여 생각할 수 있는 것〈可念者〉은 부족함이 있지만, 이러한 정법(淨法)의 무량공덕은 곧 일심(一心)으로서 다시 분별하여 생각할 것〈所念〉이 없어 만족(滿足)하므로 법신(法身)이라고 부르고, 여래장(如來藏)이라고 부른다.

【 실차난타 】 답변: 비록 일체공덕을 빠짐없이 가지고 있지만 차

별상이 없어서 그 일체법은 모두가 같은 일미(一味)이며 일진(一眞)이며 다 같이 분별상을 떠난 무이성(無二性)이기 때문이다. 그렇지만 업식(業識) 등의 생멸상에 의지하여 저 일체의 차별상을 세운 것이다. 이 차별상은 어떻게 세운 것인가?

일체법은 본래 오직 마음일 뿐 실제로는 분별(分別)이 없다. 그런데 (이러한 사실을) 깨닫지 못하기 때문에 분별심이 일어나 경계가 있다고 보는 것을 무명이라고 부른다. 심성(心性)은 본래 청정하다. 그래서 무명이 일어나지 않은 진여에 즉(卽)하여 대지혜광명의 상태〈大智慧光明義〉를 세운 것이다.

만약 심성이 경계를 본다면 보지 못하는 상(相)이 있겠지만 심성은 견(見, 인식주관, 見分)이 없으므로, 보지 못하는 대상〔不見, 相分〕이 없다. 그래서 진여에 즉(卽)하여 변조법계의 상태〈偏照法界義〉를 세운 것이다.

마음에 움직임이 있으면, 이것은 진실한 인지〔眞了知〕가 아니며, 본성(本性) 청정(淸淨)이 아니며, 상락아정(常樂我淨)이 아니며, 적정(寂靜)이 아니며, 이것은 변이(變異)하며 자재(自在)하지 못한다. 이로 말미암아 갠지스의 모래보다 많은 허망한 잡염(雜染)이 일어난다. 그러나 심성은 움직임이 없다. 그래서 이에 즉하여 진실요지(眞實了知)의 상태〈眞實了知義〉 내지 갠지스의 모래보다 많은 청정공덕상(淸淨功德相)의 상태〈淸淨功德相義〉를 세운 것이다.

만약 마음에 일어남이 있어서 다른 경계가 있음을 보고, 분별할 수 있는 대상〔可分別〕을 구하면 안〈內法〉에 부족한 것이 있지만, 무변(無邊) 공덕(功德)이 곧 일심(一心)이므로 자성(自性)은 다시 구할 다른 법이 있음을 보지 못한다. 그러므로 갠지스의 모래보다 많은, 다르지도 않고, 같지도 않은, 불가사의한 제불(諸佛)의 법(法)을 만족하여 단절이 없으므로 진여를 이야기한 것이며, 여래장이라고 부르고, 여래법신(如來法身)이라고도 부른다.

모든 분별을 여읜 진여에 대하여 왜 여러 가지 공덕의 상태를 분별하여 이야기하는가에 대한 물음에 답변하는 형식으로 진여의 공덕상을 설명한다.

진여, 즉 연기하는 마음은, 업보는 있으나 작자는 없는, 경험(經驗)이 체화(體化)된 자아(自我) 없는 마음이다. 모든 분별은 구별되는 대상을 전제로 한다. 그런데 무아이며 공(空)인 진여는 분별을 여의었기 때문에 진여에 대하여 분별하는 것은 마치 진여를 여러 가지 성질을 소유한 실체로 오해할 소지가 있다. 그럼에도 진여의 여러 가지 차별된 공덕상을 이야기하는 까닭은 중생들이 업식(業識)으로 살아가기 때문이다. 업식은 의(意), 즉 말나식의 다른 이름으로서, 아뢰야식을 자아(自我)로 집착하여 업(業)을 짓는 자아의식(自我意識)이다. 중생들은 자신이 업을 지어서 그 보(報)를 받는 존재라고 생각하며 살아간다. 이렇게 업을 지어서 그 보를 받는 자아의식이 업식이다.

자아의식인 업식과 업식에 의지하여 육진경계를 분별하는 6식(六識)이 망심(妄心)이다. 그리고 망심에 의해 분별된 대상이 망념이다. 망심이 일어나기 전의 진여에 대하여 분별할 수 없지만, 망심으로 살아가는 중생에게 진여를 설명할 때는 망심의 분별에 따라 여러 가지 공덕상을 분별하여 말하지 않을 수 없다.

이전의 각의 상태〈覺義〉에서 말했듯이, 『대승기신론』에서는 모든 망념을 여읜 법계일상(法界一相)을 여래법신(如來法身)이라고 한다. 그리고 법계일상은 유식무경(唯識無境)을 의미한다. 법계의 차별상은 인식대상, 즉 경계(境界)에 있다. 그런데 경계는 망심이 일으킨 망념이다. 따라서 망념을 여읜 법계는 차별상이 없는 일상(一相)이다. 이러한 여래의 법신은 물질과 에너지와 정보를 주고받으면서 한 생명으로 살고 있는 생명공동체를 의미한다. 마투라나는 "생물 시스템은 곧 인지 시스템이며, 과정으로서의 살아 있음(living)은 곧 인지 과정이다."라고 말한다.[94]

모든 생명은 살기 위해서 자신의 환경을 인지한다. 이러한 환경의 인지는 동물과 식물의 구분이 없다. 모든 생명은 서로 인연이 되어 공존하는 가운데 진화하는 공동체로서, 크게 보면 한 생명이다. 대지혜광명(大智慧光明)의 상태〈大智慧光明義〉란 이렇게 한 생명으로 살아가는 생명공동체의 인지 능력을 뜻한다.

모든 생명은 인지를 통해서 세계를 창조한다. 봄으로써 빛의 세계가 드러나고, 들음으로써 소리의 세계가 드러난다. 중국 송나라의 시인 소동파(蘇東坡, 1037~1101)는 「적벽부(赤壁賦)」에서 이렇게 노래한다.

94　프리초프 카프라, 앞의 책, p. 350.

그대도 물과 달을 아는가?

물은 이렇게 흘러가지만

일찍이 간 적이 없고

달은 저와 같이 차고 기울지만

마침내 줄어들거나 늘어나지 않는다네.

변화의 측면에서 본다면

천지는 한순간도 변하지 않을 수 없고

불변의 측면에서 본다면

만물과 나는 모두 다함이 없다네.

그런데 다시 무엇을 부러워하랴!

대저 천지지간의 만물은

저마다 주인으로 존재하나니

실로 나의 소유가 아니라서

터럭 하나라도 취해서는 안 되지만

오직 강 위에 부는 맑은 바람과

산 사이에 떠 있는 밝은 달은

귀가 그것을 얻으면 소리가 되고

눈이 그것을 만나면 빛이 되어서

아무리 취하여도 막는 자가 없고

아무리 써도 닳지 않으니

이것이 만물을 만든 자의

무진장(無盡藏)이라네.

〈客亦知夫水與月乎 逝者如斯 而未嘗往也 盈虛者如彼 而卒莫消長也 蓋將自
其變者而觀之 則天地曾不能以一瞬 自其不變者觀之 則物與我皆無盡也 而又
何羨乎 且夫天地之間 物各有主 苟非吾之所有 雖一毫而莫取 惟江上之淸風
山間之明月 耳得之而爲聲 目遇之而成色 取之無禁 用之不竭 是造物者之 無
盡藏也〉

망심(妄心)으로 분별을 일으켜서 보면 천지의 만물은 생기고 사라지지
만, 분별을 떠나서 보면 모두가 다함이 없는 진여로서 보고 들음으로
써 세계를 만드는 창조주다. 이렇게 생명이 인지를 통해서 세계를 드
러내는 것이 두루 법계를 비추는 변조법계의 상태〈徧照法界義〉다.

　　중생들이 자아와 세계라고 집착하는 것은 모두 망념이며, 이 망념
은 연기하고 있는 마음을 잘못 안 것이다. 따라서 망념의 실상을 깨달
으면 그 망념이 곧 참된 마음[眞心]임을 알게 된다. 중생[妄念]을 떠나
따로 여래[眞心]가 존재하는 것이 아니라, 중생의 참모습이 여래이므
로 중생은 자신의 참모습을 깨달아야 한다. 이렇게 지정상(智淨相)에
의해서 불각(不覺)의 중생이 구경각(究竟覺)의 여래 법신을 성취하게
되며, 이러한 지정상이 진실식지(眞實識知)의 상태〈眞實識知義〉/여실요
지(如實了知)의 상태〈如實了知義〉다.

　　진여는 중생의 몸속에 본래부터 존재하는 실체가 아니라 작자가
없는 인지(認知)의 과정[業報]을 의미한다. 이 인지의 과정에 인지하는
존재인 자아도 없고, 인지되는 대상인 객관도 없다. 이렇게 주객의 분
별을 떠나 연기하는 본래의 마음을 자성청정심이라고 부른다.

진실식지로 연기하는 법계의 진실을 깨달으면, 법계는 분별할 수 없는 일상(一相)으로서 한 생명으로 살아가는 생명공동체이다. 한 생명으로 살아가는 생명공동체는 생멸이 없이 상주하며[常], 행복하며[樂], 진정한 자아이며[我], 모든 번뇌를 여읜 청정한 마음[淨]이다. 이것이 진여(眞如)의 상락아정의 상태〈常樂我淨義〉이다.

청량불변자재의 상태〈淸凉不變自在義〉/적정불변자재의 상태〈寂靜不變自在義〉는 무명에 의해 일어난 망심이 가라앉은 열반(涅槃)을 의미한다.

(3) 용대(用大)

【眞】 復次 眞如用者 所謂 諸佛如來 本在因地 發大慈悲 修諸波羅蜜 攝化衆生 立大誓願 盡欲度脫 等衆生界 亦不限劫數 盡於未來 以取一切衆生 如己身故 而亦不取衆生相 此以何義 謂如實知 一切衆生 及與己身 眞如平等 無別異故 以有如是大方便智 除滅無明 見本法身 自然而有不思議業 種種之用 卽與眞如等 遍一切處 又亦無有用相可得 何以故 謂諸佛如來 唯是法身 智相之身 第一義諦 無有世諦境界 離於施作 但隨衆生 見聞得益故 說爲用

【實】 復次 眞如用者 謂一切諸佛 在因地時 發大慈悲 修行諸度 四攝等行 觀物同已 普皆救脫 盡未來際 不限劫數 如實了知 自他平等 而亦不取衆生之相 以如是大方便智 滅無始無明

證本法身 任運起於不思議業 種種自在差別作用 周遍法界 與

眞如等 而亦無有用相可得 何以故 一切如來 唯是法身 第一義

諦 無有世諦境界 作用但隨衆生見聞等故 而有種種作用 不同

다음으로 진여의 작용〈用〉이란 소위 제불여래(諸佛如來)가 과거에 인지(因地)에 있을 때 대자비를 일으켜 여러 바라밀을 닦아 중생을 섭화(攝化)하면서〔本行〕 중생계(衆生界)를 남김없이 도탈(度脫)하려는 큰 서원을 세워〔本願〕 미래제(未來際)가 다하도록 한량없는 겁 동안 일체중생을 자기의 몸과 같이 취하는 것을 말한다. 그러나 중생상(衆生相)을 취하지 않는다. 무슨 말인가 하면, 일체중생과 자기의 몸이 평등하여 차별과 다름이 없는 진여임을 여실하게 아는 것이다〔方便〕. 이와 같은 대방편지(大方便智)를 가지고 무명을 제거하여 없애고 본래의 법신을 보면 자연(自然)히 부사의업(不思議業)의 갖가지 작용〈用〉이 있게 된다. 즉 진여와 더불어 평등하게 일체처(一切處)에 두루 하면서도 또한 얻을만한 작용의 모습〈用相〉이 있는 것은 아니다. 왜냐하면 제불여래는 오직 법신이며 지상(智相)의 몸이며, 제일의제(第一義諦)로서 세제(世諦)의 경계(境界)가 없어 시작(施作; 作用을 베푸는 일)을 떠나 있지만, 단지 중생들이 보고 들어 얻는 이익에 따라서 작용〈用〉이라고 말하는 것이다.

이전에 각의 상태〈覺義〉에서 살펴보았듯이, 본각(本覺)은 염분별(染分別)에 따라 지정상(智淨相)과 부사의업상(不思議業相)을 일으키는데, 앞에서 살펴본 상대(相大)는 본각의 지정상이고, 지금부터 논의하는 용대(用大)는 본각의 부사의업상이다. 제불여래가 과거에 보살로서 본원(本願)을 세워 여러 방편(方便)으로 본행(本行)을 닦아 수행하여 법신(法身)을 성취한 붓다의 부사의업(不思議業)이 용대이다.

【眞】 此用 有二種 云何爲二

【實】 此用 有二

【眞】 一者 依分別事識 凡夫二乘心所見者 名爲應身 以不知
轉識現故 見從外來取色分齊 不能盡知故 二者 依於業識 謂
諸菩薩 從初發意 乃至菩薩究竟地 心所見者 名爲報身 身有
無量色 色有無量相 相有無量好 所住依果 亦有無量 種種莊
嚴 隨所示現 卽無有邊 不可窮盡 離分齊相 隨其所應 常能住
持 不毀不失 如是功德 皆因諸波羅蜜等 無漏行熏 及不思議
熏之所成就 具足無量樂相故 說爲報身 又 爲凡夫所見者 是
其麤色 隨於六道 各見不同 種種異類 非受樂相故 說爲應身

【實】 一 依分別事識 謂凡夫二乘心所見者 是名化身 此人 不
知轉識影現 見從外來取色分限 然佛化身 無有限量 二 依業
識 謂諸菩薩 從初發心 乃至菩薩究竟地 心所見者 名受用身
身有無量色 色有無量相 相有無量好 所住依果 亦具無量功德
莊嚴 隨所應見 無量無邊無際無斷 非於心外 如是而見 此諸
功德 皆因波羅蜜等 無漏行熏 及不思議熏之所成就 具無邊喜
樂功德相故 亦名報身 又 凡夫等所見 是其麤用 隨六趣 異種

種差別 無有無邊功德樂相 名爲化身

진여의 작용〈用〉에는 두 가지가 있다.

【진제】 하나는 분별사식(分別事識)에 의지하는 것으로서 범부(凡夫)와 이승(二乘)의 마음에 보인 진여의 작용〈用〉을 말하며, 응신(應身)이라고 부른다. (凡夫와 二乘은 자신들이 보는 應身이) 전식(轉識)이 나타난 것임을 알지 못하기 때문에 밖에서 온 것으로부터 취한 색분제(色分齊)를 본 것으로서 (限量이 없는 眞如의 用을) 모두 다 알 수는 없다.

다른 하나는 업식(業識)에 의지하는 진여의 작용〈用〉으로서, 초발의(初發意)에서 보살구경지(菩薩究竟地)까지의 모든 보살의 마음이 본 것을 말하며, 보신(報身)이라고 부른다. (報身은) 몸〈身〉에 무량한 형색〈色〉이 있고, 형색에 무량한 특징〈相〉이 있으며, 특징에 무량한 좋은 상호(相好)가 있다. 머무는 의과(依果) 의과(依果)95 역시 무량한 갖가지 장엄이 있다. 시현(示現)하는 곳이 가없고 다함이 없이 분제상(分齊相)을 여의었으며, 그 응해야 할 바에 따라 항상 주지(住持)하여 훼손되거나 상실되지 않는다. 이러한 공덕은 모두 여러 바라밀과 같은 무루행(無漏行)의 훈습과 부사의업(不思議業)

---

95 의과(依果)[의보(依報)]: 업의 결과 받게 되는 국토, 가옥, 의복, 음식 등의 과보. 세계와 환경을 의미한다.
정보(正報): 업의 결과 받게 되는 자신의 몸을 의미한다.

의 훈습이 성취한 것으로서 무량한 행복⟨無量樂相⟩을 구족하고 있으므로 보신⟨報身⟩이라고 부른다.

그리고 범부⟨凡夫⟩가 보는 것은 추색⟨麤色⟩으로서 6도⟨六道⟩에 따라 각기 서로 다른 갖가지 이류⟨異類⟩의 비수락상⟨非受樂相⟩을 보기 때문에 응신⟨應身⟩이라고 한다.

【실차난타】 하나는 분별사식에 의지하는 것이다. 이승⟨二乘⟩의 마음에 보인 진여의 작용⟨用⟩을 화신⟨化身⟩이라고 부른다. 이 사람은 ⟨化身이⟩ 전식의 그림자가 나타난 것임을 알지 못하고 밖에서 온 것으로부터 취한 색분제를 본다. 그러나 불⟨佛⟩의 화신은 한량⟨限量⟩이 없다.

다른 하나는 업식⟨業識⟩에 의지하는 진여의 작용⟨用⟩으로서 초발심에서 보살구경지에 이르는 모든 보살의 마음이 본 것을 말한다. 수용신⟨受用身⟩이라고 부르는 것으로서, 몸⟨身⟩에 무량한 형색⟨色⟩이 있고, 형색에 무량한 특징⟨相⟩이 있으며, 특징에 무량한 상호⟨相好⟩가 있다. ⟨受用身이⟩ 머무는 의과⟨依果⟩ 또한 무량한 공덕으로 장엄되어 있으며, 응해야 할 바에 따라 봄이 무량⟨無量⟩, 무변⟨無邊⟩, 무제⟨無際⟩, 무단⟨無斷⟩하나 마음 밖에서 이렇게 보는 것이 아니다. 이러한 여러 공덕은 모두 여러 바라밀과 같은 무루행⟨無漏行⟩의 훈습과 부사의업⟨不思議業⟩의 훈습이 성취한 것으로서, 가 없는 행복⟨無邊喜樂功德相⟩을 구족하고 있으므로 보신⟨報身⟩이라고도 부른다.

그리고 범부 등이 보는 것은 추용⟨麤用⟩이다. 6취⟨六趣⟩에 따라 다른 갖가지 차별로서 무변공덕락상(無邊功德樂相)이 없으며 화신(化身)이라고 부른다.

대승불교 운동은 아비다르마 불교에 대한 비판에서 시작된다, 붓다는 우리에게 연기법을 깨달아서 붓다로 살아갈 것을 가르쳤다. 그런데 아비다르마 불교는, 전생에 수기를 받지 못한 보통 사람은 붓다가 될 수 없다고 생각하고, 아라한을 수행의 목표로 삼았다. 아비다르마 불교는 보통의 인간이 붓다가 될 가능성을 부정한 것이다.

대승불교는 이러한 아비다르마 불교를 비판하고, '모든 중생은 불성(佛性)이 있다'라고 주장한다. 누구나 붓다가 될 수 있다는 것이다. 3신불(三身佛), 즉 법신(法身; dharma-kāya), 보신(報身; sambhoga-kāya), 화신(化身; nirmāṇa-kāya) 개념은 이러한 대승불교 운동의 과정에서 나타난 것이다.

붓다는 연기법을 깨달은 사람이며 법계(法界)를 깨달은 사람이다. 『상윳따니까야』「2.13. 의지하여」(『불경』, 802쪽)에서 붓다는 다음과 같이 말한다.

> 비구들이여, 연기(緣起)란 어떤 것인가? 비구들이여, 생(生)에 의존하여 노사(老死)가 있다오. 여래가 출현하거나, 여래가 출현하지 않거나, 실로 그 계(界), 즉 법(法)의 고정성, 법의 순차성, 이 의존성은 상주(常住)한다오. 여래는 그것을 바르게 깨닫고 통달한다오. 그리하여 알려주고, 보여주고, 선언하고, 확립하고, 공개하고, 해석하고, 천명

(闡明)한다오. 그리고 '보라!'고 말한다오.

모든 법은 무상(無常)하지만, 법이 연기하는 순서와 의존하는 관계는 고정되어 있다. 즉 법은 무상하게 변하지만, 일정한 법칙에 따라 연기하는 법의 세계[法界]는 변함없이 상주하며, 붓다는 이것을 깨달았다. 우리는 여기에서 법계(法界)라는 개념이 근본불교에서 시작되고 있음을 알 수 있다.

이러한 법계의 개념과 함께 『증일아함경(增壹阿含經)』「제45 마왕품(馬王品)」에는 5분법신(五分法身)이라는 개념이 나온다.[96] 5분법신은 5온(五蘊)과 상대적인 개념으로서 계신(戒身), 정신(定身), 혜신(慧身), 해탈신(解脫身), 해탈지견신(解脫知見身)을 의미한다. 5온은 연기한 법을 욕망으로 취하여 자신의 존재로 집착하며 유전문의 삶을 사는 중생들의 거짓된 몸[五蘊幻身]이며, 5분법신은 법계의 실상을 알아서 법계와 하나가 되어 환멸문의 삶을 사는 몸, 즉 8정도(八正道)를 실천하여 해탈한 무아의 삶을 사는 붓다의 몸이다.

대승불교인들은 이러한 근본불교의 법계(法界)와 5분법신에 주목하여 법신의 개념을 발전시켰다. 연기하는 법계는 여래가 세상에 출현하기 전부터 상주한다. 이 법계를 깨달은 사람이 붓다다. 그렇다면 법계는 붓다의 근원이다. 법계가 없다면 붓다는 출현할 수 없다. 연기하는 법계야말로 모든 붓다의 근본[本覺]이며 법신불(法身佛)이다. 이를

---

96 『대정장』 2. p. 772c. "其有比丘著利養者 不成五分法身".

깨달아 세상에 출현한 석가모니 붓다는 이 근본 붓다, 즉 본각(本覺)의 화신(化身)이다. 이렇게 붓다 개념은 이제 언제나 변함없는 법신과 그 법신을 깨달아 실현한 화신/응신(應身)으로 나뉘게 된다. 이 세상에 나타나 법계를 깨닫고 중생을 교화한 후에 열반에 든 석가모니 붓다는 화신불이고, 변함없이 상주하는 법계(法界)는 법신불이라고 생각한 것이다.

연기법을 깨달아 무아의 진실을 아는 사람은 그 어떤 것도 자아로 취하지 않는다. 바꾸어 말하면 연기를 깨달아 무아를 실현한 여래는 어떤 모습이나 개념으로 보거나 이해할 수 없다. 『맛지마니까야』 「37. 악기왓차곳따경(M.N.72. Aggivacchagotta-sutta)」(『불경』, 545쪽)에서 붓다는 다음과 같이 말한다.

> 왓차여, 이와 같이 여래를 형색[色]이라는 개념으로 규정하여 묘사한다면, 여래에게 그 (개념으로 규정된) 형색은 제거되고 근절되고 단절되고 없어진, 미래에는 발생하지 않는 법(法)이라오. 왓차여, 여래는 형색이라는 개념에서 벗어났기[rūpasaṅkhāvimutta] 때문에 헤아릴 수 없고 측량할 수 없고 이해하기 어렵다오. … 느낌[受], 생각[想], 행위[行], 분별의식[識]도 마찬가지라오.

연기법을 깨달은 붓다는 이제 더 이상 인간의 모습을 한 석가모니를 의미하지 않는다. 연기법을 깨달은 붓다, 즉 여래는 깨달으면 누구나 될 수 있는 열려 있는 존재임과 동시에 모든 분별을 벗어났기 때문에 어떤 형태로 인식하거나 이해할 수 없는 존재다. 이러한 붓다의 모습을 대승불교 운동가들은 보신(報身)이라고 불렀다. 석가모니 붓다는 오랜 수행을 통해 연기한 법계의 실상을 깨달아서 무아를 실현했다. 그래서 붓다는 어떤 모습도 자아라고 취하지 않는다. 이렇게 어떤 형상도 취하지 않는, 수행이라는 업의 과보로서 출현한 붓다, 이것이 보신불(報身佛)이다.

이렇게 3신불(三身佛) 개념이 형성됨으로써 누구나 붓다가 될 수 있는 근거가 마련된다. 천지 만물 가운데 연기하지 않은 법(法)은 하나도 없다. 꽃이 피고 새가 우는 것이 모두 연기법의 현현(顯現)이다. 산하대지(山河大地)는 서로 의지하여 함께 나타난 법들, 즉 법계(法界)이며, 항상 존재하는 부처님의 몸, 즉 법신이다.

우리는 법계, 즉 법신과 하나가 되어 살기 때문에, 나라고 할 만한 것이 없다. 이런 사실을 알지 못하기 때문에 생로병사의 괴로운 삶이 연기한다. 이런 괴로운 삶에서 벗어나기 위해서는 우리가 본래 법신과 한 몸이라는 사실을 깨달아야 한다. 우리는 본래 법신과 한 몸이기 때문에 누구나 깨달음의 가능성, 즉 불성이 있다. 모든 중생은 불성이 있으므로 붓다가 되려는 원을 세워 보살행을 실천하면 법신을 자신의 몸으로 수용(受用)할 수 있다. 그래서 누구나 붓다가 되려는 원을 세우고 보살행을 닦으면, 그 업의 과보로서 법신을 수용하여 붓다를 이룬다. 이렇게 보살행의 과보로서 성취되는 붓다가 보신불이며 수용신(受用身)이다. 그리고 이러한 보신불이 구체적인 사람의 모습으로 역사 속에 출현한 것이 화신불이다.

『대승기신론』은 이러한 보신과 화신을 진여의 작용〈用〉으로 설명한다. 진여의 작용은 본각(本覺)의 부사의업(不思議業)이다. 보살의 서원을 세워서 수행하여 본각을 체득하면 모든 생명은 한 생명이며, 법계는 일상(一相)이라는 진여를 깨달아 자타의 분별을 떠난 붓다의 삶을 살게 된다. 이러한 부사의업을 짓는 붓다를 범부와 이승(二乘)은 형색(形色)을 지닌 붓다로 본다. 왜냐하면 범부와 이승은 분별사식(分別事識), 즉 6식((六識)에 의지하여 세상을 보기 때문이다. 이렇게 범부와 이승이 6식으로 인지한 붓다는 여래의 색신(色身)이며 응신(應身)/화신(化身)이다. 그러나 6식은 아뢰야식이 전변한 의식으로서, 6식으로 본 여래의 색신은 6식의 그림자일 뿐 응신/화신의 실상(實相)이 아니다. 여래는 자타의 분별이 없으므로 여래의 응신/화신은 법계일상으로서 한량이 없다.

보신, 즉 수용신(受用身)은 자수용신(自受用身)과 타수용신(他受用身)으로 나뉜다. 스스로 법신을 수용하여 법락(法樂)을 누리는 모습이 자수용신이고, 타인에게 법신을 수용하여 법락을 누리는 모습을 보여줌으로써 타인도 법신을 수용하여 법락을 누리게 하는 모습이 타수용신이다.

'보신은 초발의에서 보살구경지까지 모든 보살의 마음이 본다'는 것은 타수용신(他受用身)은 성불의 원을 세워 수행하는 보살의 눈에 보일 뿐 범부와 이승(二乘)의 눈에는 보이지 않는다는 뜻이다. 바꾸어 말하면, 범부와 이승은 형색을 지닌 색신으로 붓다를 보지만, 보살은 보살행의 결과를 수용한 수용신으로 붓다를 본다는 것이다.

범부는 6식으로 세상을 보기 때문에, 법락(法樂)을 누리는 붓다의 수용신을 보지 못하고 6도의 윤회 속에서 형색을 지닌 붓다의 색신(色身), 즉 화신만을 볼 뿐이다. 다시 말해서 부처의 눈에는 부처가 보이고, 돼지의 눈에는 돼지가 보이듯이, 중생은 눈앞에 붓다가 있어도 이를 알아보지 못한다는 뜻이다.

【眞】復次 初發意菩薩等所見者 以深信眞如法故 少分而見 知彼色相莊嚴等事 無來無去 離於分齊 唯依心現 不離眞如 然此菩薩 猶自分別 以未入法身位故 若得淨心 所見微妙 其用轉勝 乃至菩薩地盡 見之究竟 若離業識 則無見相 以諸佛法身 無有彼此 色相迭相見故

【實】初行菩薩 見中品用 以深信眞如故 得少分見 知如來身 無去無來 無有斷絕 唯心影現 不離眞如 然此菩薩 猶未能離 微細分別 以未入法身位故 淨心菩薩 見微細用 如是轉勝 乃至菩薩究竟地中 見之方盡 此微細用 是受用身 以有業識 見受用身 若離業識 則無可見 一切如來 皆是法身 無有彼此 差別色相 互相見故

【진제】 다음으로 초발의보살(初發意菩薩) 등이 보는 것은 (이들이) 진여법을 깊이 믿기 때문에 (眞如를) 약간은 보나니, 저 색상(色相)과 장엄 등의 일이 오고 감이 없으며, 분제(分齊)를 떠나 있으며, 오직 마음에 의해 나타난 것이며, 진여를 떠나 있지 않다는 것을

안다. 그러나 이 보살은 아직 스스로를 분별하나니, 법신위(法身位)에 들어가지 못했기 때문이다. 만약에 정심(淨心)을 얻으면 보이는 것이 미묘하여 보살지진(菩薩地盡)에 이르기까지 그 작용(用)이 수승해진다. 견(見)이 구경(究竟)에 이르러 만약 업식(業識)을 여의면 견상(見相: 見分과 相分)이 없어지나니, 제불(諸佛)의 법신은 피차(彼此)의 색상(色相)을 서로 보는 일이 없기 때문이다.

【 실차난타 】 초행보살(初行菩薩)은 중품(中品)의 작용(用)을 보나니, 진여를 깊이 믿기 때문에 소분(小分)의 견(見)을 얻어 여래신(如來身)은 무거무래(無去無來)하고 단절(斷絶)이 없으며 오직 마음의 그림자가 나타난 것이며, 진여를 여의지 않은 것임을 안다. 그러나 이 보살은 아직 미세한 분별을 여의지 못하나니 법신위(法身位)에 들어가지 못했기 때문이다. 정심보살(淨心菩薩)은 미세한 작용(用)을 보며, 이렇게 점점 수승(殊勝)해지다가 보살구경지에 이르러 그 가운데서 견(見)이 비로소 멸진(滅盡)한다. 이 미세한 작용이 수용신(受用身)이며, 업식(業識)이 있기 때문에 수용신(受用身)을 보는 것이다. 업식을 여의면 볼 수 있는 대상(可見)이 없나니, 일체여래는 모두가 법신으로서, 차별된 색상(色相)을 서로 보는 피차(彼此: 너와 나의 분별)가 없기 때문이다.

보살이 보신(報身)을 본다고 하지만, 수행의 정도에 따라서 보는 깊이가 다르다. 보살의 수행단계인 52위 가운데 10지(十地) 이전의 10신(十信), 10주(十住), 10행(十行), 10회향(十回向)을 신상응지(信相應地)라고 하는데, 여기에서는 초발의보살(初發意菩薩)/초심보살(初心菩薩)이라고 한다. 그리고 정심(淨心)을 얻는 정심지(淨心地)는 10지의 초지(初地)인 환희지(歡喜地)을 뜻한다. 10지 이전의 수행은 믿음에 의지하여 수행하기 때문에 신상응지라고 부르고, 10지 이상의 보살은 법계일상(法界一相)의 법신(法身)을 이해하고 수행하기 때문에 법신보살(法身菩薩)이라고 불린다.

보살구경지(菩薩究竟地)는 10지의 마지막인 법운지(法雲地)를 뜻한다. '보살구경지에서 견(見)이 멸진(滅盡)한다'는 것은 보살 수행의 마지막 단계인 법운지에서 견상(見相), 즉 보는 자[能見]와 보이는 것[所見]의 분별이 사라진다는 것을 뜻한다. 진여의 작용〈用〉을 거론하는 것은, 어떤 작용을 하는 진여가 있어서가 아니라 중생이 분별사식(分別事識)과 업식(業識)이라는 망심을 일으켜 살기 때문에, 그 망심에 의지하여 진여를 설명하기 위해서이다. 진여를 체득하여 살아가는 삶을 분별사식에 의지하여 살아가는 범부와 이승이 보면 화신(化身)으로 보이고, 업식(業識)에 의지하여 수행하는 보살이 보면 수용신, 즉 보신(報身)으로 보이지만, 망심이 소멸하여 자타의 분별이 사라지면 법계일상의 법신만 드러날 뿐, 자타의 분별에 의지하여 시설된 수용신(受用身)은 모습을 감춘다는 뜻이다.

【眞】 問曰 若諸佛法身 離於色相者 云何 能現色相
答曰 卽此法身 是色體故 能現於色 所謂 從本已來 色心不二
以色性卽智故 色體無形 說名智身 以智性卽色故 說名法身

遍一切處 所現之色 無有分齊 隨心能示 十方世界 無量菩薩
無量報身 無量莊嚴 各各差別 皆無分齊 而不相妨 此非心識
分別能知 以眞如自在用義故
【實】問 若佛法身 無有種種差別色相 云何 能現種種諸色
答 以法身 是色實體故 能現種種色 謂 從本已來 色心無二 以
色本性 卽心自性 說名智身 以心本性 卽色自性 說名法身 依
於法身 一切如來 所現色身 遍一切處 無有間斷 十方菩薩 隨
所堪任 隨所願樂 見無量受用身 無量莊嚴土 各各差別 不相
障导 無有斷絕 此所現色身 一切衆生 心意識不能思量 以是
眞如自在甚深用故

질문: 제불(諸佛)의 법신이 색상(色相)을 여읜 것이라면 어떻게 색
상(色相)을 나타낼 수 있는가?

【진제 】 답변: 이 법신(法身)이 바로 색(色)의 체(體)이기 때문에
색을 나타낼 수 있다. 본래 색과 심(心)은 둘이 아니다. 색성(色性)
은 곧 지(智)이기 때문이다. 무형(無形)의 색체(色體)를 지신(智身)
이라고 부르며, 지성(智性)이 곧 색이므로 법신이라고 부른다. 일
체처(一切處)에 두루 나타낸 색은 분제(分齊)가 없나니, 능히 마음
에 따라서 시방세계의 무량한 보살과 무량한 보신(報身)과 무량한
장엄을 각각 차별되게 나타내지만 모두 분제가 없어서 서로 방해
하지 않는다. 이것은 심식(心識)으로 분별하여 알 수 있는 것이 아
니니 진여의 자재(自在)한 작용〈用〉이기 때문이다.

【**실차난타**】답변: 법신이 곧 색(色)의 실체이기 때문에 능히 갖가지 색을 나타낼 수 있다. 말하자면, 본래 색과 심(心)은 둘이 아니다. 색의 본성(本性)이 곧 심의 자성(自性)으로서 지신이라고 부른다. 그리고 심의 본성이 곧 색의 자성으로서 법신이라고 부른다. 법신에 의지하여 일체여래(一切如來)가 나타낸 색신(色身)은 일체처에 두루 하여 간단(間斷)이 없으며, 시방(十方)의 보살이 능력에 따라, 원하고 좋아하는 바에 따라 무량한 수용신(受用身)과 무량한 장엄토(莊嚴土)의 각각의 차별을 보되 서로 장애(障礙)하지 않고 단절이 없다. 이렇게 나타낸 색신은 일체중생의 심(心), 의(意), 식(識)으로는 사량(思量)할 수 없나니, 이것은 진여의 자재(自在)하는 심심(甚深)한 작용(用)이기 때문이다.

일반적으로 색(色)과 심(心)을 물질과 정신으로 해석한다. 그리고 물질과 정신을 이원적인 실체로 생각한다. 이러한 생각에서 '법신(法身)에 물질적인 요소가 없다면 어떻게 물질적인 형태들이 나타날 수 있는가?'라는 물음이 제기된다. 이러한 물음은 색과 심이 둘이 아니라는 사실에 의해서 해소된다.

【생멸문(生滅門)에서 진여문(眞如門)으로 들어가는 방법】
【**眞**】復次 顯示 從生滅門 即入眞如門 所謂 推求五陰色之與心 六塵境界 畢竟無念 以心無形相 十方求之 終不可得 如人迷故 謂東爲西 方實不轉 衆生亦爾 無明迷故 謂心爲念 心實

不動 若能觀察 知心無念 卽得隨順 入眞如門故

【實】 復次 爲令衆生 從心生滅門 入眞如門故 令觀色等相 皆不成就 云何不成就 謂分析麤色 漸至微塵 復以方分析 此微塵 是故 若麤 若細 一切諸色 唯是妄心分別影像 實無所有 推求餘蘊 漸至刹那 求此刹那相別非一 無爲之法 亦復如是 離於法界 終不可得 如是十方 一切諸法 應知悉然 猶如迷人 謂東爲西 方實不轉 衆生亦爾 無明迷故 謂心爲動 而實不動 若知動心卽不生滅 卽得入於眞如之門

【진제】 다음으로 생멸문(生滅門)에서 진여문(眞如門)으로 들어가는 것을 나타내 보이겠다. 5온(五蘊)의 색(色)과 심(心)을 추구해 보면 육진경계(六塵境界)는 필경(畢竟)에 무념(無念)이고 심(心)은 형상(形相)이 없으므로 시방(十方)으로 그것을 구하여도 끝내 얻을 수가 없다. 비유하면 길을 잃은 사람이 동쪽을 서쪽이라고 할지라도 방위는 실제로 바뀌지 않는 것과 같다. 중생도 마찬가지다. 무명의 미혹함에서 심을 염(念)이라고 하지만 심은 실제로는 부동(不動)이다. 만약 능히 관찰하여 심이 무념임을 알면 곧 수순하여 진여문에 들어가게 된다.

【실차난타】 다음으로 중생으로 하여금 심생멸문(心生滅門)에서 진여문으로 들어가도록 색(色) 등의 상(相)〔五蘊의 相〕이 모두 성취되지 않음을 관(觀)하도록 한다. 어떻게 성취되지 않음을 관하는가? 거친 색〔麤色〕을 분석하여 점차로 미진(微塵)에 이르고, 다시

방편을 써서 이 미진을 분석함으로써 거친 것이든 미세한 것이든, 일체의 모든 색(色)은 오직 망심이 분별한 영상(影像)으로서 실제로는 존재하지 않는다는 것을 관한다. 나머지 온(蘊)을 추구(追求)하여 점차로 찰나(刹那)에 이르고, 이 찰나를 추구하여 (나머지 蘊의) 상(相)의 별(別)이 비일(非一)임을 관한다. 무위(無爲)의 법(法)도 또한 이와 같아서 법계(法界)를 떠나서는 결코 얻을 수 없다. 이렇게 관하여 시방의 일체 제법을 모두 그와 같이 알아야 한다. 비유하면 길 잃은 사람이 동을 서라고 해도 방향은 실제로 바뀌지 않는 것과 같다. 중생도 마찬가지다. 무명의 미혹 때문에 심이 동(動)하지만 실제로는 부동(不動)이다. 만약 동심(動心)이 곧 불생멸(不生滅)이라는 것을 알면 곧 진여문에 깨쳐 들어갈 수 있다.

지금까지 진여문(眞如門)과 생멸문(生滅門)을 거론한 것은 중생들이 생사(生死)에서 열반(涅槃)으로 가는 길을 보여주기 위해서였다. 우리는 어떻게 하면 생사에서 벗어나 열반에 들 수 있을까? 이제 이 물음에 대한 답이 제시된다.

이전의 심진여문(心眞如門)에서 진여를 설명하면서 이렇게 말했다.

중생심의 진여[心眞如]는 일법계대총상법문(一法界大總相法門)의 체(體)다. 마음의 본성[心性]은 생멸하지 않는 모습[不生不滅相; 眞如相]이다. 일체 제법은 오직 망념(妄念)에 의하여 차별을 있을 뿐이다. 망념을 벗어나면 일체의 경계상(境界相; 인식의 대상으로서의 차별된 모습)은 없다. 그러므로 일체법(一切法)은 본래 언어에 의해 구별된 모습[言說相]과 문자에 의해 차별된 모습[名字相]과 망심(妄心)에 의해 분별된 모습[心緣相]을 떠나 있으며, 궁극적으로는 평등하고 변이(變異)하지 않고 파괴할 수 없다. 오직 이것은 일심(一心)이기 때문에 진여(眞如)라고 부른다. 모든 언설은 가명(假名)으로서 그 말이 지시하는 실체(實體)는 없다. 일체의 언설은 망념에 따라 나타난 것으로서 그 언어가 가리키는 사물이 실제로 존재하는 것이 아니기 때문이다.

이렇게 일체법의 진실을 알아 망념에서 벗어나 마음의 본성[心性]을 알면 생멸문에서 진여문으로 들어갈 수 있다는 것이 『대승기신론』의 주장이다.

일체법(一切法)은 5온(五蘊)을 의미한다. 그런데 유부(有部) 아비다르마는 일체법을 유위법(有爲法)과 무위법(無爲法)으로 나누고, 5온을 유위법으로 규정한 후에, 다시 5온을 색법(色法)과 심법(心法)으로 이분(二分)하여 5위75법(五位七十五法)이라는 다르마(Dharma)의 체계를 만들었다. 조애너 메이시(Joanna Macy, 1929~2025)는 이러한 아비다르마를 다음과 같이 비판한다.

아비다르마(부파불교)에서 상좌부(上座部; Theravadin)와 유부(有部; Sarvastivadin) 두 학파는 인과관계의 본성을 분석적으로 이론화하면서 고도의 정교성과 복합성을 부가하게 된다. 난해하고 정교한 복잡한 언어와 논리를 지닌 아비다르마의 발전은 전체적으로 불교의 인

과율에 대한 후대의 많은 학문적 견해에 영향을 끼쳤다. 그러나 그
것이 발전하는 가운데 약간의 변화가, 즉 연기(緣起)를 설명하는 방
법상에 미묘하면서도 중요한 차이들이 나타났다.

이 차이들은 자주 간과되었다. 오늘날 불교를 가르치는 많은 사람,
그리고 체르바스키와 콘즈 같은 대학자들조차도 아비다르마 불교
이전에는 나타나지 않았던 사변적 요소들을 초기의 가르침에 귀속
시키고 있다. 이 차이들이 붓다의 가르침에 대한 해석을 왜곡했기
때문에, 그리고 그것들은 인과율에 대해 오히려 선형적인 견해로 치
우치는 움직임을 보여주기 때문에, 여기에서 그것들을 구체화하고
요약하는 것은 중요한 일이다. 그것들은 다음과 같은 네 부분으로
되어 있다. (1) 순간성[刹那]이라는 개념, (2) 무위법(無爲法)의 가정,
(3) 실체와 속성의 구분, (4) 12연기(the nidāna series)를 삼세(三世)의
인과적 연쇄로 보는 설명[三世兩重因果說].97

초기경전들은 현상들의 무상(無常)과 상호작용은 강조했지만, 현상
들의 존재론적 본질을 분석하려고 하지는 않았다. 아비다르마 학자
들은 상호작용하고 있는 요소들, 즉 제법(諸法, dharmas)의 고유한 특
성을 확정하려고 시도했다. 아비다르마 학자들이 생각한 다르마는
경험의 심리-물리적 구성단위, 즉 건물의 벽돌과 같이 분해될 수 있
는 세속적 실재의 근본요소를 의미한다. 그래서 다르마들은 구별되

---

97 조애너 메이시, 『붓다의 연기법과 인공지능』, 이중표 옮김(서울: 불광출판사, 2020), p.
132.

고, 나열되고, 분류되었으며, 그것들의 성질과 수와 지속성에 대한 정교한 이론들이 수립되었다. 그 이론들은 다르마들을 분리된 실체들로, 즉 "궁극적으로 실재하는 실체"로 실체화하는 데 이바지했다. 스트렝(F. Streng)이 언급했듯이, 이것은 "본질주의적 사고로 회귀하는 불행한 기류"였다.[98]

아비다르마 학자들이 이 실체론을 (초기불교의) 실재에 대한 역동적인 관점에 적용시키려고 노력한 결과, 이 법들은 번갯불처럼 빨리 상호 교체하기 때문에, 상호작용을 하거나 시간 속에서 상호간에 상속하는 것 이상을 하기에는 너무나 빠른 순간적인 것으로 여겨지게 되었다. 그 결과 무상성(無常性; aniccatā)은 순간성(khaṇikā, 刹那)이 되었으며, 인과관계는 단순한 연속이 되었다. 법들은 상속관계 이상의 어떤 관계를 갖기에는 너무나 순간적인 것으로 이해되었다.[99]

『대승기신론』은 이러한 아비다르마의 왜곡에서 벗어나 연기하는 마

---

98 Streng, *Reflections*, p. 74.

99 순간적인 별개의 실체들이 어떻게 인과관계를 가질 수 있는지, 또는 연쇄적인 발생 이상의 어떤 관계를 가질 수 있는지를 설명하려고 애쓰는 가운데, 설일체유부(說一切有部) 학자들은 지속하는 토대, 즉 자성(自性; svabhava)을 가정했다. 이것은 그들을 실체와 속성을 구분하는 본질주의의 이분법으로 회귀시켰고, 붓다의 무상과 무아의 교설을 손상시킨다는 비난을 받게 만들었다(Stcherbatsky, *Central Conception of Buddhism*, pp. 30~31). 경량부(經量部) 학자들은 제법(諸法)의 찰나성(刹那性)을 역설하면서 설일체유부의 견해인 실체주의를 반대했다. 그들은 제법(諸法)을 너무나 순간적이어서 나타나는 순간에 자멸하는(刹那生滅하는) 찰나적인 것(point-instants)으로 보았다. 그렇게 함으로써 경량부 학자들은 인과관계를 구성하는 데 그다지 힘을 기울이지 않았다.

음의 실상을 깨달아야 진여문에 들어갈 수 있다고 말하고 있다. '5온 (五蘊)의 색(色)과 심(心)을 추구해 보면 육진경계(六塵境界)는 필경(畢竟)에 무념(無念)이고 심(心)은 형상(形相)이 없으므로 시방(十方)으로 그것을 구하여도 끝내 얻을 수가 없다'라는 말은 5온을 색법(色法)과 심법(心法)으로 나누어서 일체법의 고유한 특성을 확정하려고 시도했던 유부(有部) 아비다르마의 실체론(實體論)을 비판한 것이다.

붓다는 5온을 일체법을 구성하는 요소로 보지 않고, 이전에 살펴보았듯이, 12입처에서 연기한 것이라고 가르쳤다.[100] 『대승기신론』은 이러한 근본불교의 입장에서 아비다르마의 실체론을 비판하고, 무명에서 벗어나 연기의 실상을 깨달음으로써 진여문에 들어갈 수 있음을 강조한 것이다.

---

100 『잡아함경』(306). "眼色緣生眼識 三事和合觸 觸俱生受想思".

2
대치사집
(對治邪執)

–

삿된 집착을 치유(治癒)함

【眞】 對治邪執者 一切邪執 皆依我見 若離於我 則無邪執 是

我見 有二種 云何爲二 一者 人我見 二者 法我見

【實】 對治邪執者 一切邪執 莫不皆依我見而起 若離我見 則

無邪執 我見有二種 一 人我見 二 法我見

삿된 집착〈邪執〉을 치유하는 것에 대하여 말하겠다.

일체의 삿된 집착〈邪執〉이 모두 아견(我見 ; 아트만과 같은 實體가 있다는

생각)에 의지하고 있으므로 아견을 떠나면 삿된 집착도 없어진다.

아견에는 인아견(人我見)과 법아견(法我見) 두 가지가 있다.

철학에서 존재론은 이 세계를 구성하고 있는 실체(實體), 즉 실유(實有)

를 문제 삼는다. 끊임없이 변화하는 다양한 형상계의 배후에 변함없

이 존재하는 궁극적 실체는 무엇인가? 이 물음에 대한 답으로 당시의 우파니샤드 철학에서는 브라흐만(Brahman)과 아트만(Ātman)을 주장했고, 유물론자들은 지(地)·수(水)·화(火)·풍(風) 4대(四大)를 주장했다. 여기에서 말하는 아견(我見)은 아트만의 존재를 인정하는 견해로서 실체론을 의미한다. 그리고 인아견(人我見)은 실체로서의 인간이 있다는 견해이고, 법아견(法我見)은 실체로서의 사물이 있다는 견해이다.

붓다 당시 우파니샤드의 아트만과 자이나교의 지와(Jīva)는 인아(人我)이고, 유물론자의 지·수·화·풍 4대는 법아(法我)이다. 붓다 당시에 우파니샤드 철학자들은 인간의 본질은 아트만으로서 사후에는 이 아트만이 다음 세상에 태어난다는 윤회설을 주장했고, 새롭게 출현한 유물론자들은 인간은 지·수·화·풍 4대가 일시적으로 모여 있는 현상일 뿐 실체가 아니기 때문에 인간은 사후에 지·수·화·풍으로 돌아간다고 주장했다. 이렇게 실체로서의 인간, 즉 인아를 인정하면 상견(常見)이 되고, 이를 부정하고 법아(法我)만을 인정하면 단견이 된다. 붓다는 연기법을 깨달아 당시의 모든 실체론을 사견(邪見)으로 판단하고 이를 비판했다.

1) 인아견(人我見)의 치유(治癒)

【眞】人我見者 依諸凡夫說 有五種 云何爲五 一者 聞修多羅 說 如來法身 畢竟寂寞 猶如虛空 以不知爲破著故 卽謂虛空 是如來性

云何對治 明虛空相 是其妄法 體無不實 以對色故有 是可見

相 令心生滅 以一切色法 本來是心 實無外色 若無色者 則無

虛空之相 所謂 一切境界 唯心妄起故有 若心離於妄動 則一

切境界滅 唯一眞心 無所不遍 此謂如來廣大性智究竟之義 非

如虛空相故

【實】 人我見者 依諸凡夫說 有五種 一者 如經中說 如來法身

究竟寂滅 猶如虛空 凡愚聞之 不解其義 則執如來性 同於虛

空 常恒遍有

爲除彼執 明虛空相 唯是分別 實不可得 有見有對 待於諸色

以心分別 說名虛空 色旣唯是妄心分別 當知虛空 亦無有體

一切境相 唯是妄心之所分別 若離妄心 卽境界相滅 唯眞如心

無所不遍 此是如來自性 如虛空義 非謂 如空 是常 是有

인아견(人我見)이란 범부(凡夫)들에 의지하여 이야기되는 것으로

서 다섯 가지가 있다.

【진제】 첫째는 불경에서 "여래의 법신은 필경(畢竟) 적막(寂寞)하

여 마치 허공과 같다."라고 하는 말을 듣고, 그것이 집착을 깨기

위한 말임을 알지 못하고 허공이 곧 여래성(如來性)이라고 생각하

는 것이다.

어떻게 치유해야 하는가? 허공상(虛空相)이 곧 망법(妄法)으로서

그 체(體)는 부실(不實)하여 없는데 색(色)과 상대하여 있으며, 이

가견상(可見相)이 마음을 생멸(生滅)하도록 한다는 것을 밝히면 된

다. 일체의 색법(色法)은 본래 이 마음으로서 실제로 밖의 색(色)은 없다. 밖의 색이 없다면 허공상도 없다. 말하자면 일체의 경계는 오직 마음이 허망하게 일어나기 때문에 있는 것이다. 만약 마음이 허망하게 움직임을 여의면 일체의 경계가 멸(滅)하고 오직 하나의 진심(眞心)만이 두루 하지 않음이 없게 된다. 이것을 여래의 광대성지구경의 상태〈廣大性智究竟義〉라고 하는 것이므로 허공상(虛空相) 같은 것이 아니다.

【 실차난타 】 첫째는 경에서 "여래법신은 구경(究竟) 적멸(寂滅)하여 마치 허공과 같다."라고 설한 것을 듣고 어리석은 범부들이 그 의미를 이해하지 못하여 여래성이 허공처럼 항상 두루 존재한다고 집착하는 것이다.

그 집착을 제거하기 위해서는 허공상이 오직 분별(分別)일 뿐 실제로는 불가득(不可得)임을 밝히면 된다. 여러 색(色)을 상대(相待)하여 지각의 대상으로 존재하는 것〈有見有對〉을 심(心)이 분별하여 허공이라고 부른다. 색이 이미 망심(妄心)의 분별에 지나지 않으므로 허공 역시 실체가 없음을 알아야 한다. 일체의 경계상(境界相)은 오직 이 망심이 분별한 것이다. 만약 망심을 여의면 경계상은 멸하고, 오직 진여심(眞如心)만 두루 하지 않는 곳이 없게 된다. 이것이 여래의 자성(自性)은 허공 같다는 말의 의미로서 허공처럼 상주(常住)하면서 실제로 존재한다는 뜻이 아니다.

법신(法身), 진여(眞如), 여래장(如來藏) 등의 개념을 실체적 자아로 이해하는 것을 비판한다.

　첫째로 법신을 인간의 실체적 자아로 이해하는 것을 비판한다. '여래의 법신은 허공과 같다'라는 말은 은유(隱喩)다. 그런데 은유를 사실로 이해하여, '여래의 법신은 허공이다'라고 이해하여 우주 공간에 여래의 법신이 가득 차 있는 것으로 이해하면 안 된다는 것이다.

【眞】二者 聞修多羅說 世間諸法 畢竟體空 乃至涅槃 眞如之

法 亦畢竟空 從本已來 自空離一切相 以不知爲破著故 卽謂

眞如涅槃之性 唯是其空

云何對治 明眞如法身 自體不空 具足無量性功德故

【實】二者 如經中說 一切世法 皆畢竟空 乃至涅槃 眞如法

亦畢竟空 本性如是 離一切相 凡愚聞之 不解其義 卽執涅槃

眞如法 唯空 無物

爲除彼執 明眞如法身 自體不空 具足無量性功德故

　둘째는 불경에서 "세간의 모든 법은 필경에 체(體)가 공(空)하며, 열반과 진여법도 역시 필경에 공이며 본래 스스로 공하여 일체의 상(相)을 여의었다."라고 하는 말을 듣고 그것이 집착을 깨기 위한 말임을 알지 못하고, 진여와 열반의 성(性)이 오직 공할 뿐이라고 생각하는 것이다.

　어떻게 대치해야 하는가? 진여법신(眞如法身) 자체(自體)가 무량성공덕(無量性功德)을 구족하여 공(空)하지 않음을 밝히면 된다.

둘째로 공(空)을 허무(虛無)로 이해한 허무주의를 비판한 것이다.

【眞】 三者 聞修多羅說 如來之藏 無有增減 體備一切功德之
法 以不解故 即謂 如來之藏 有色心法 自相差別
云何對治 以唯依眞如義說故 因生滅染義 示現說差別故
【實】 三者 如經中說 如來藏 具足一切諸性功德 不增不減 凡
愚聞已 不解其義 則執如來藏 有色心法 自相差別
爲除此執 明以眞如本無染法差別 立有無邊功德相 非是染相

셋째는 불경에서 "여래장은 증감(增減)이 없이 체가 일체의 공덕
법(功德法)을 구비하고 있다."라고 하는 말을 듣고, 이 말을 바르
게 이해하지 못하여 여래장은 색법(色法)과 심법(心法)을 지니고
있어 자상(自相)에 차별이 있다고 집착하는 것이다.

【진제】 어떻게 대치할 것인가? (불경의 말씀은) 오직 진여의 상태
〈眞如義〉에 의지하여 이야기한 것이며, 생멸(生滅)하는 염법(染法)
의 상태〈染義〉로 인하여 (염법의 상태와) 차별을 드러내 설한 것임을
밝히면 된다.

【실차난타】 이러한 집착을 제거하기 위해서는 진여는 본래 염법
의 차별이 없으므로 무변공덕상(無邊功德相)을 거론〈擧論〉〈安立〉한
것일 뿐, 무변공덕상이 염상(染相)이 아님을 밝히면 된다.

셋째는 여래장을 개별적인 자아로 이해하는 것을 비판한다. 즉 '모든

중생은 여래장이다'라는 말은 각각의 중생이 여래장을 소유하고 있다는 뜻이 아니라 모든 중생이 한 생명으로 살고 있음을 의미한다.

【眞】 四者 聞修多羅說 一切世間 生死染法 皆依如來藏而有 一切諸法 不離眞如 以不解故 謂如來藏自體 具有一切世間生死等法

云何對治 以如來藏從 本已來 唯有過恒沙等諸淨功德 不離不斷 不異眞如義故 以過恒沙等煩惱染法 唯是妄有 性自本無 從無始世來 未曾與如來藏相應故 若如來藏體有妄法 而使證會 永息妄者 則無是處故

【實】 四者 如經中說 一切世間 諸雜染法 皆依如來藏起 一切法 不異眞如 凡愚聞之 不解其義 則謂 如來藏具有一切世間染法

爲除此執 明如來藏 從本具有 過恒沙數淸淨功德 不異眞如 過恒沙數煩惱染法 唯是妄有 本無自性 從無始來 未曾暫與如來藏相應 若如來藏染法相應 而令證會 息妄染者 無有是處

넷째는 불경에서 "일체세간의 생사염법(生死染法)/잡염법(雜染法)은 모두 여래장에 의지하여 존재한다. 일체제법은 진여를 여의지 않는다."라고 하는 말을 듣고, 이 말을 이해하지 못하여, 여래장 자체(自體)가 일체세간의 생사 등의 법/염법(染法)을 구비하고 있다고 생각하는 것이다.

어떻게 대치할 것인가? 여래장은 본래 갠지스의 모래알보다 많은 여러 청정한 공덕만을 지니고 있으며, 진여를 떠나지도 않고, 진여와 단절되지도 않고, 진여와 다르지도 않다. 갠지스의 모래 알보다 많은 번뇌 염법은 오직 허망하게 존재할 뿐 자성(自性)은 본래 존재하지 않으며, 무시이래로 여래장과 상응한 적이 없다. 만약 여래장의 체(體)에 망법(妄法)이 존재한다면, 증득(證得)하고 이해함으로써 망법을 영원히 종식할 수 없을 것이다.

생사 등의 모든 염법은 무명에서 연기한 것이다. 그리고 무명은 진여에 대한 무지를 의미한다. 중생은 무명에 의지하고 있지만, 그 무명은 진여에 대한 무지이므로 모든 중생은 그 무지를 제거하여 여래가 될 수 있다는 의미에서 여래장이라고 부른다. 이것을 "일체세간의 생사 염법(生死染法)/잡염법(雜染法)은 모두 여래장에 의지하여 존재한다. 일체제법은 진여를 여의지 않는다."라고 말한 것일 뿐, 일체의 염법을 소유한 여래장이라는 존재가 있다는 뜻이 아니다.

【眞】 五者 聞修多羅說 依如來藏故 有生死 依如來藏故 得涅
槃 以不解故 謂 衆生 有始 以見始故 復謂 如來所得涅槃 有
其終盡 還作衆生
云何對治 以如來藏 無前際故 無明之相 亦無有始 若說三界
外 更有衆生始起者 卽是外道經說 又如來藏 無有後際 諸佛
所得涅槃 與之相應 則無後際故
【實】 五者如經中說依如來藏有生死得涅槃 凡愚聞之不知其

義 則謂依如來藏生死有始 以見始故復謂涅槃有其終盡
爲除此執 明如來藏無有初際 無明依之 生死無始 若言三界外
更有衆生始起者 是外道經中說 非是佛教 以如來藏無有後際
證此 永斷生死種子 得於涅槃 亦無後際 依人我見 四種見生
是故 於此 安立彼四

다섯째는 불경에서 "여래장에 의지하여 생사가 있고 여래장에 의지하여 열반을 얻는다."라고 하는 말을 듣고, 이 말을 이해하지 못하여, 중생은 시작이 있고, 시작이 있다고 보기 때문에, 여래가 얻은 열반이 다하여 끝나면 다시 중생이 된다고 생각하는 것이다.

【진제】어떻게 대치할 것인가? 여래장은 시작〈前際〉이 없으므로 무명(無明)의 상(相)도 시작이 없다. 만약 3계(三界)의 밖에 처음 생기(生起)하는 중생이 있다고 한다면 이것은 외도(外道)의 경에서 하는 말이다. 그리고 여래장은 끝〈後際〉이 없으며 모든 부처님이 얻은 열반은 그 여래장과 상응하므로 끝〈後際〉이 없다.

【실차난타】이러한 집착을 제거하기 위해서는 여래장은 시작〈初際〉이 없고, 무명은 여래장에 의지하므로 생사에 시작이 없다는 것을 밝히면 된다. 만약 3계의 밖에 처음 생기하는 중생이 있다고 한다면 이것은 외도의 경에서 하는 말로서 불교가 아니다. 여래장은 끝〈後際〉이 없으므로 이것을 증득하여 생사의 종자(種子)를 길이 끊고 열반을 얻으면, 그 열반 또한 끝〈後際〉이 없다.

인아견(人我見)에 의지하여 네 가지 사견(邪見)이 생긴다. 그래서 여기에서 그 네 가지 사견을 거론(擧論)〈安立〉하였다.

예로부터 "본래 진여에 생사가 없다면, 왜 생사가 생겼을까? 진여에서 생사가 생긴다면 생사를 멸하여 진여를 얻어도 다시 진여에서 생사가 생기지 않을까?"라는 물음이 있었다. 여기에서는 이러한 물음에 답하고 있다.

'전제(前際)'는 '앞'을 의미하는 'pūrva'와 끝을 의미하는 'anta'의 합성어 'pūrvanta'의 한역으로서 '앞의 끝', 즉 시작되는 시점을 의미한다. 그리고 '후제(後際)'는 '뒤'를 의미하는 'apara'와 끝을 의미하는 'anta'의 합성어 'aparanta'의 한역으로서 '뒤의 끝', 즉 끝나는 시점을 의미한다. 생사(生死)는 생명의 시간적인 시작과 끝이다. 생명의 시작이 태어남〈生〉이고 생명의 끝이 죽음〈死〉이다. 이러한 생사는 생명을 명사적인 존재(存在)로 볼 때 나타난다. 그러나 생명은 공간 속에 일정한 시간을 머무는 존재가 아니라 주변의 환경과 끊임없이 상호작용하는 동사적인 시스템이다. 이 시스템을 명사적인 존재로 오해할 때 생사가 나타나는 것일 뿐, 실제로 태어나서 죽는 생명체는 없다. 이것을 생사즉열반(生死卽涅槃)이라고 한다. 따라서 생명 시스템을 바르게 이해하여 생사가 곧 열반임〈生死卽涅槃〉을 깨달으면 생사라는 망념이 사라질 뿐, 열반을 얻은 후에 다시 생사가 시작되는 일은 없다.

2) 법아견(法我見)의 치유(治癒)

【眞】 法我見者 依二乘鈍根故 如來但爲說人無我 以說不究
竟 見有五陰生滅之法 怖畏生死 妄取涅槃
云何對治 以五陰法 自性不生 則無有滅 本來涅槃故
【實】 法我見者 以二乘鈍根 世尊但爲說人無我 彼人 便於五
蘊 生滅畢竟執著 怖畏生死 妄取涅槃
爲除此執 明五蘊法 本性不生 不生故 亦無有滅 不滅故 本來
涅槃

【 진제 】 법아견(法我見)은 이승(二乘) 둔근(鈍根)에 의해 존재한다.
여래는 인무아(人無我)만을 설하고 구경(究竟)을 설하지 않으셨다.
(그런데 二乘 鈍根은) 5온이라고 하는 생멸하는 법(法)이 있는 것을
보고 생사를 두려워하여 허망하게 열반(涅槃)을 취한다.
어떻게 대치할 것인가? 5온법(五蘊法)은 그 자성(自性)이 불생(不
生)이므로 멸(滅)이 없어 본래 열반이다.
【 실차난타 】 법아견이란 이승(二乘) 둔근에 의한 것이다. 세존께서
는 인무아만을 설하시었는데, 이승은 5온은 필경에 생멸한다는 집
착을 일으켜, 생사를 두려워하고, 허망하게 열반을 취한다.
이러한 집착을 제거하기 위해서는 5온법은 본성이 불생이며, 불
생이기 때문에 멸(滅)도 없으며, 불멸(不滅)이기 때문에 본래 열반
임을 밝히면 된다.

붓다는 당시의 실체론을 비판하고 연기법을 깨달아 가르쳤다. 연기 법에 의해서 말해지는 무아(無我; anātman)는 단순히 인간의 아트만을 부정하는 말이 아니다. 모든 존재는 스스로 존재하는 실체성이 없다 는 것이 무아의 의미다. 그런데 유부 아비다르마에서는 아공법유(我空法有)를 주장했다. 인간의 아트만은 없지만, 인간을 구성하는 요소 로서의 다르마(法)는 실재한다는 것이다. '~에 대하여'라는 의미의 접 두어 'abhi'와 법을 의미하는 다르마(dharma)의 합성어인 아비다르마 (abhidharma)라는 말 자체가 다르마에 대하여 이를 분석하고 분류한다 는 의미다. 이러한 이해에 근거하여 유부 아비다르마는 삼세실유(三世實有) 법체항유(法體恒有)를 주장했다. 시간적으로 과거세, 현재세, 미 래세는 실제로 존재하고, 그 시간 속에서 다르마는 항상 변함없이 존 재한다는 것이다. 그래서 그 다르마의 종류를 망라하여 분류한 것이 소위 5위75법(五位七十五法)이다.

5위75법은 일체법을 유위법(有爲法)과 무위법(無爲法)으로 나누 어, 5온을 유위법으로 규정하고, 허공(虛空)과 열반을 무위법으로 규정 한 것이다. 조애너 메이시는 유위법과 무위법을 구분한 아비다르마를 다음과 같이 비판한다.

또 하나 아비다르마가 변형시킨 것은 열반(nibbāna)과 허공(akaśa)이 라고 하는 조건이 없이 존재하는 실재, 즉 무위법(無爲法)이 존재한 다는 가정이다. 이것은 무위(無爲; asaṇkhata, sk. asaṃskṛta)라고 하는 용 어의 사용에 변화가 나타났음을 의미한다. 초기경전에서 유위(有爲;

saṅkhata)는 '결합되어 하나로 만들어진', '복합된', '조직된'— 따라서 '소멸될 수밖에 없는'을 의미한다. 그 말은 '조건에 의한'이라는 의미가 아니므로, 그 반대말인 ('열반'에 적용되는) 무위도 '조건에 의하지 않는'을 의미하지 않는다. 실로 초기경전에서 조건에 의하지 않는 것, 즉 인과율의 영역에서 벗어나 있는 것으로 간주되는 것은 아무것도 없다. … 해탈도 초기경전에서 인과율에서 벗어난 것으로 이야기되지 않는다. 그것은 오히려 인과율을 사용해서, 즉 조건성에 의거해서 성취된다. 열반은 조건이 되는 니다나(nidāna; 緣)들의 연속(12연기)에서 벗어남으로써가 아니라, 수행을 통해 집(集; samudaya)을 멸(滅; nirodha)로 바꿈으로써 성취될 수 있다고 말해진다. "나는 해탈이 인과적으로 관련되어 있다고 말하며, 인과적으로 관련되어 있지 않다고는 말하지 않는다"[101] 라고 붓다는 말했던 것이다.

아비다르마 불교에 의해 무위가 '조건이 없음'을 의미하는 데 사용되기 시작했다는 것은, 예를 들면, 『담마쌍가니』(Dhammasaṅgaṇi; 『法集論』)의 제법분류(諸法分類) 속에서 여실히 드러난다. 거기에는 열반만이 무위법의 범주 속에 들어 있는데, 다른 학파에서는 허공도 포함시킨다. 이와 같이 무위의 의미는 아헤뚜잠(ahetujam), 즉 '원인에 의해 생긴 것이 아닌'과 같은 의미로 쓰이게 된다.

이러한 움직임은 보다 실체론적, 선형적 견해로의 변천의 관점에서

---

101 S.N. 12. 23. Upanisā(vol. Ⅱ. p. 30.). "vimutim pāham bhikkhave sa-upanisaṃ vadāmi no anupanisaṃ".

이해될 수 있는데, 거기에서는 결과가 그 원인 속에 선재(先在)하며, 결과는 원인에 의해서 산출된다. 열반은 이러한 방식으로 산출될 수 없는 것이기 때문에 인과의 영역에서 완전히 벗어난 것일 수밖에 없다고 생각되었으며, 또한 조건이 없는 것으로 가정되었다. 이러한 움직임은 열반을 형이상학적 절대자와 동등시하려고 하는 해석을 부추겼다. 그것은 또한 구원을 우리가 살고 있는 위태롭고 곤궁한 세계와는 다른 차원으로 옮겨놓는 결과를 가져왔다.[102]

이승(二乘)의 법아견(法我見)은 이러한 아비달마의 이론을 뜻한다. 5온이 본래 생사가 없는 열반이라는 말은 유위법과 무위법을 구분한 아비다르마의 견해를 비판한 것이다.

【眞】 復次 究竟離妄執者 當知 染法淨法 皆悉相待 無有自相可說 是故 一切法 從本已來 非色非心 非智非識 非有非無 畢竟不可說相 而有言說者 當知 如來善巧方便 假以言說 引導衆生 其旨趣者 皆爲離念 歸於眞如 以念一切法 令心生滅 不入實智故

【實】 若究竟離分別執著 則知一切染法淨法 皆相待立 是故 當知 一切諸法 從本已來 非色非心 非智非識 非無非有 畢竟皆是 不可說相 而有言說 示教之者 皆是如來善巧方便 假以

---

102 조애너 메이시, 앞의 책, pp. 135~136.

言語 引導衆生 令捨文字 入於眞實 若隨言執義 增妄分別 不
生實智 不得涅槃

【 진제 】 다음으로 망집(妄執)을 구경(究竟)으로 여읜 사람은 염법
(染法)과 정법(淨法)이 모두 상대(相待)하는 것이므로 언설로 표현
할 수 있는 자상(自相)이 없다는 것을 안다. 따라서 일체법은 종본
이래(從本已來)로 색(色)도 아니고 심(心)도 아니며, 지(智)도 아니
고 식(識)도 아니며, 유(有)도 아니고 무(無)도 아니어서 필경에 언
설로 표현할 수 있는 상(相)이 아니다. 그럼에도 언설로 표현하는
것은 여래가 선교방편(善巧方便)으로 언설을 빌어서 중생을 인도
한 것임을 알아야 하며, 그 취지는 모두 망념을 여의고 진여로 돌
아가게 하기 위함으로서, 일체법을 염(念; 分別)함으로써 심생멸
(心生滅)로 하여금 실지(實智)에 들어가지 못하게 하기 때문이다.
【 실차난타 】 마침내 분별집착을 여의면 일체의 염법과 정법은 모
두 상대하여 건립된 것임을 안다. 그러므로 마땅히 알아야 하나
니, 일체제법은 종본이래로 색(色)도 아니고 심(心)도 아니며, 지
(智)도 아니고 식(識)도 아니며, 유(有)도 아니고 무(無)도 아니어
서 필경에 언설로 표현할 수 있는 상(相)이 아니다. 그런데 언설
로 그것을 보여 가르치는 것은 모두 여래가 선교방편으로 언어를
빌려 중생을 인도하여 문자를 버리고 진실에 깨쳐 들어가게 하신
것이다. 만약 언어 집착에 따르면 망분별(妄分別)이 증장(增長)하
여, 실지가 생기지 않고, 열반을 얻을 수 없다.

심진여문(心眞如門)에서 언급했듯이, 연기하는 일체법은 본래 언설(言
說)을 여의었기 때문에 언어로 분별할 수 없다. 분별 망념을 여의어 일
체법의 진실, 즉 진여를 체득한 사람은 염법(染法)과 정법(淨法)이 상대
적인 개념일 뿐 염법과 정법이 실체적으로 존재하는 것이 아님을 안
다. 그리고 물질과 정신, 지혜와 분별의 차별이나 유무(有無)의 구별도
모두 분별임을 알게 된다.

3
분별발취도상
(分別發趣道相)

—

발심(發心)하여 도(道)에 나아가는 모습을 분별함

【眞】 分別發趣道相者 謂一切諸佛所證之道 一切菩薩 發心 修行 趣向義故 略說發心 有三種 云何爲三 一者 信成就發心 二者 解行發心 三者 證發心

【實】 分別修行正道相者 謂一切如來得道正因 一切菩薩 發心修習 令現前故 略說發心 三種相 一 信成就發心 二 解行發心 三 證發心

【진제】 분별발취도상(分別發趣道相)이란 일체제불이 증득한 도를 향해 일체보살이 발심 수행하여 나아가는 것을 말한다. 간략히 말하면 발심에는 신성취발심(信成就發心), 해행발심(解行發心), 증발심(證發心) 세 가지가 있다.

【실차난타】 분별수행정도상(分別修行正道相)이란 일체여래가 도

를 얻은 바른 원인〈正因〉인 일체보살의 발심 수습(修習)이 현전(現前)하게 하는 것을 말한다. 발심은 간략히 말해서 세 가지 모습이 있다. 첫째는 신성취발심(信成就發心)이고, 둘째는 해행발심(解行發心)이며, 셋째는 증발심(證發心)이다.

발심하여 도에 나아가는 모습은 정법훈습(淨法熏習)을 의미한다. 이전에 정법훈습을 논하면서 밝힌 정법훈습의 과정은 자신의 본성이 여래장임을 믿고〈信〉 경계는 망심의 작용일 뿐 실재하지 않음을 이해하여〈解〉 망념을 여의는 수행을 함으로써〈行〉 무명을 멸진하여 열반을 증득하는〈證〉 것이다. 이러한 신해행증(信解行證)의 과정을 여기에서 구체적으로 밝힌다.

10신(十信), 10주(十住), 10행(十行), 10회향(十廻向), 10지(十地), 등각(等覺), 묘각(妙覺)의 52위로 이루어진 보살의 수행 계위(階位)는 신해행증의 과정이다. 분별발취도상(分別發趣道相)에서는 이것을 신성취발심(信成就發心), 해행발심(解行發心), 증발심(證發心)으로 이야기하고 있다.

참고로 원효대사는 『대승기신론소』에서 다음과 같이 설명한다.

신성취발심(信成就發心)은 10주(十住)의 지위(地位)에서 10신(十信)을 겸하여 취한다. 10신(十信)의 지위에서 신심을 수습(修習)하여 신심을 성취하고 결정심을 일으켜서 10주(十住)에 들어가므로 신성취발심(信成就發心)이라고 한다. 해행발심(解行發心)은 10회향(十廻向)의

지위에서 10행(十行)을 겸하여 취한다. 10행위(十行位) 가운데서 법공(法空)을 이해하고 법계(法界)에 수순하여 6도행(六度行)을 닦아 6도행이 성숙하면 회향심(廻向心)을 일으켜서 10회향(十廻向)의 지위에 들어가므로 해행발심(解行發心)이라고 한다. 증발심(證發心)은 초지(初地) 이상에서 10지(十地)까지의 지위에서 이전의 두 가지 상사발심(相似發心; 信成就發心과 解行發心)에 의지하여 법신(法身)을 증득하고 진심(眞心)을 일으킨다.

〈信成就發心者 位在十住 兼取十信 十信位中修習信心 信心成就 發決定心 卽入十住故名信成就發心也 解行發心者 在十廻向 兼取十行 十行位中 能解法空 隨順法界 修六度行 六度行純熟 發廻向心 入向位故 言解行發心也 證發心者 位在初地以上 乃至十地 依前二重相似發心 證得法身發眞心也〉[103]

1) 신성취발심(信成就發心)

【眞】 信成就發心者 依何等人 修何等行 得信成就 堪能發心 所謂 依不定聚衆生 有熏習善根力故 信業果報 能起十善 厭生死苦 欲求無上菩提 得値諸佛 親承供養 修行信心 經一萬劫 信心成就故 諸佛菩薩敎令發心 或以大悲故 能自發心 或因正法欲滅 以護法因緣 能自發心 如是信心成就 得發心者 入正定聚 畢竟不退 名住如來種中 正因相應

---

103 은정희 역주, 『원효의 대승기신론 소·별기』, p. 325. (필자의 한글 번역)

【實】 信成就發心者 依何位 修何行 得信成就 堪能發心 當
知是人 依不定聚 以法熏習善根力故 深信業果 行十善道 厭
生死苦 求無上覺 値遇諸佛 及諸菩薩 承事供養 修行諸行 經
十千劫 信乃成就 從是已後 或以諸佛菩薩教力 或以大悲 或
因正法 將欲壞滅 以護法故 而能發心 旣發心已 入正定聚 畢
竟不退 住佛種性 勝因相應

신성취발심은 어떤 사람들이 어떤 행을 닦아 믿음〈信〉을 성취하여
발심할 수 있는가? 이른바 부정취(不定聚) 중생이 선근(善根)을 훈
습한 힘이 있어서 업의 과보를 믿고 10선(十善)을 일으켜 생사의
괴로움을 싫어하고 무상보리(無上菩提)를 구하고자 하여, 제불(諸
佛)을 만나 직접 받들어 공양하고 신심(信心)을 수행하면 일만겁
(一萬劫)을 지나 신심을 성취한다. 제불보살이 가르쳐 발심케 하
거나 혹은 대비심으로 스스로 발심하기도 하고, 혹은 정법이 사
라지려 함에 정법을 수호하려는 인연으로 스스로 발심하기도 한
다. 이렇게 신심을 성취하여 발심한 사람은 정정취(正定聚)에 들
어가 끝까지 물러서지 않으므로 여래의 종자(種子) 가운데 머물러
정인(正因)에 상응한다.

중생(衆生)은 세 종류가 있다. 하나는 불도(佛道)를 성취하도록 결정된
중생으로서, 이를 정정취(正定聚)라고 부른다. 다른 하나는 불도를 성
취하도록 결정되지 않은 중생으로서, 이를 부정취(不定聚)라고 부른다.

마지막은 삿된 견해를 집착하여 불도를 성취할 수 없는 중생으로서 사정취(邪定聚)라고 부른다.

신성취발심(信成就發心)은 부정취 중생이 정정취 중생으로 전환하는 것을 뜻한다. 바꾸어 말하면, 스스로 붓다가 될 수 있다는 확신(確信)을 가지면, 누구나 불도를 성취할 수 있다는 의미다.

【眞】 若有衆生 善根微少 久遠已來 煩惱深厚 雖値於佛 亦得供養 然起人天種子 或起二乘種子 設有求大乘者 根則不定 若進若退 或有供養諸佛 未經一萬劫 於中遇緣 亦有發心 所謂 見佛色相 而發其心 或因供養衆僧 而發其心 或因二乘之人 敎令發心 或學他發心 如是等發心 悉皆不定 遇惡因緣 或便退失 墮二乘地

【實】 或有衆生 久遠已來 善根微少 煩惱深厚 覆其心故 雖値諸佛 及諸菩薩 承事供養 唯種人天受生種子 或種二乘菩提種子 或有雖求大菩提道 然根不定 或進或退 或有値佛 及諸菩薩 供養承事 修行諸行 未得滿足 十千大劫 中間遇緣 而發於心 遇何等緣 所謂 或見佛形相 或供養衆僧 或二乘所敎 或見他發心 此等發心 皆悉未定 若遇惡緣 或時退墮二乘地故

【진제】 선근(善根)이 적고, 오랜 세월 번뇌가 깊고 두꺼운 중생은 비록 부처님을 만나 공양해도, 인천(人天)의 종자(種子)를 일으키거나, 이승(二乘)의 종자를 일으키며, 설사 대승을 구하는 자가

396

있어도, 근(根)이 부정(不定)하여 나아가다가 물러서다가 한다. 간혹 제불에게 공양하기를 일만 겁(劫)이 지나기 전에, 그 도중에 연(緣)을 만나 발심하기도 하는데, 소위 부처님의 색상(色相)을 보고서 발심하기도 하고, 혹은 중승(衆僧)을 공양함으로 인해서 발심하기도 하며, 혹은 이승인(二乘人)의 가르침이 발심케 하기도 하며, 혹은 남이 발심하는 것을 배워서 발심하기도 하지만, 이와 같은 발심은 모두가 부정(不定)하여, 악인연(惡因緣)을 만나면 퇴실(退失)하여 이승지(二乘地)에 떨어지기도 한다.

【 실차난타 】 오랜 세월 살아오면서 선근이 적은 중생은 깊고 두꺼운 번뇌가 그 마음을 뒤덮고 있으므로 비록 여러 부처님과 보살님을 만나 받들어 모시고 공양한다고 해도, 단지 인천(人天)에 태어날 종자를 심거나, 혹은 이승(二乘)의 보리(菩提) 종자를 심거나, 혹은 비록 대보리도(大菩提道)를 구하는 자가 있다 할지라도, 근(根)이 부정(不定)하여 나아가다가 물러서다가 한다. 혹은 부처님과 여러 보살님을 만나 공양하고 받들면서 여러 행을 수행하여 십천대겁(十千大劫)을 만족하지 못하고 중간에 연(緣)을 만나서 발심하는 경우도 있나니, 어떤 연을 만나는가 하면, 부처님의 형상을 보거나, 중승(衆僧)을 공양하거나 이승(二乘)의 가르침을 받거나, 다른 사람이 발심하는 것을 보거나 하는 것이다. 이러한 발심들은 모두가 미정(未定)으로서, 악연을 만나면 언제라도 이승지에 물러나 떨어지기 때문이다.

부처님 법을 만나 공양을 올리고 공부한다고 하지만, ‘나도 부처님처럼 살겠다’라고 발심하는 사람은 많지 않고, 대부분 세속의 복을 빌거나 사후(死後)의 명복을 빈다. 불도를 이루겠다고 발원하고 수행하는 사람도 대부분 도중에 포기하고 물러선다. 『대승기신론』에서는 십천 대겁(十千大劫), 즉 일만 겁을 불보살을 만나 공양하지 않으면 결코 신성취발심을 이룰 수 없다고 함으로써 신성취발심이 결코 단시간에 이루어질 수 있는 일이 아님을 강조한다.

【眞】復次 信成就發心者 發何等心 略說有三種 云何爲三 一者 直心 正念眞如法故 二者 深心 樂集一切諸善行故 三者 大悲心 欲拔一切衆生苦故

【實】復次 信成就發心 略說有三 一 發正直心 如理正念眞如法故 二 發深重心 樂集一切諸善行故 三 發大悲心 願拔一切衆生苦故

다음으로 신성취발심(信成就發心)은 어떤 마음을 일으키는 것인가? 간략하게 이야기하면 세 가지가 있다. 첫째는 직심(直心)/정직심(正直心)으로서 이치에 맞게 진여법(眞如法)을 바르게 생각하는 것〈正念〉을 말한다. 둘째는 심심(深心; 깊은 마음)으로서 즐겨 일체의 모든 선행(善行)을 쌓는 것을 말한다. 셋째는 대비심(大悲心)으로서 일체중생의 괴로움을 없애주려는 마음을 말한다.

신성취발심의 내용을 구체적으로 밝히고 있다. 진여법을 바르게 생각한다는 것은 연기를 바르게 이해한다는 뜻이고, 즐겨 선행을 쌓는다는 것은 연기의 도리에 따라 살아가는 것을 뜻한다. 그리고 대비심으로 일체중생의 괴로움을 없애주려는 마음은 자리이타(自利利他)의 동체자비심(同體慈悲心)을 의미한다.

> 【眞】 問曰 上說 法界一相 佛體無二 何故不唯念眞如 復假求學諸善之行
>
> 【實】 問 一切衆生 一切諸法 皆同一法界 無有二相 據理 但應正念眞如 何假復修一切善行 救一切衆生

【진제】 질문: 위에서 말하기를 법계(法界)는 일상(一相)이며 불체(佛體)는 무이(無二)라고 하고서, 왜 오직 진여만을 생각하지 않고, 다시 여러 선행을 구하여 배우라고 하는가?

【실차난타】 질문: 일체중생과 일체제법이 모두 동일한 법계여서 이상(二相)이 없다면, 이치에 의거하여 마땅히 진여를 바르게 생각하면 될 터인데, 왜 거짓되게 다시 일체의 선행을 닦고, 일체중생을 구제하는가?

질문의 요지는 법계일상의 진여는 일체의 분별이 없는 무이(無二)인데, 이를 생각하면서 왜 다시 선악을 분별하여 선행을 닦고, 자타를 분별하여 중생을 구제하라고 하는가이다.

【眞】 答曰 譬如大摩尼寶 體性明淨 而有鑛穢之垢 若人雖念
寶性 不以方便 種種磨治 終無得淨 如是衆生 眞如之法 體性
空淨 而有無量煩惱染垢 若人雖念眞如 不以方便 種種熏修
亦無得淨 以垢無量遍一切法故 修一切善行 以爲對治 若人修
行 一切善法 自然歸順眞如法故

【實】 答 不然 如摩尼寶 本性明潔 在鑛穢中 假使有人 勤加
憶念 而不作方便 不施功力 欲求清淨 終不可得 眞如之法 亦
復如是 體雖明潔 具足功德 而被無邊客塵所染 假使有人 勤
加憶念 而不作方便 不修諸行 欲求清淨 終無得理 是故 要當
集一切善行 救一切衆生 離彼無邊客塵垢染 顯現眞法

답변: 비유하면 대마니보(大摩尼寶)는 체성(體性)이 밝고 맑지만,
거친 광석의 때가 있으므로, 비록 사람들이 마니보(摩尼寶)의 밝
고 맑은 성질을 생각해도, 방편을 써서 갖가지로 갈고 닦지 않으
면, 결코 청정한 마니보를 얻을 수 없는 것과 같다. 이렇게 중생의
진여법은 체성(體性)이 공정(空淨)하지만, 무량한 번뇌의 더러운
때가 있으므로, 비록 어떤 사람이 진여를 생각해도, 방편을 써서
갖가지로 훈습하고 수행하지 않으면 공정(空淨)을 얻을 수 없다.
번뇌의 때가 무량하여 일체법에 두루 하므로 일체의 선행을 닦아
서 대치해야 하나니, 일체의 선법을 수행한 사람은 자연히 진여
법에 돌아가 순응하게 된다.

신성취발심은 생각만으로 성취되는 것이 아니라, 실천 수행을 통해서 성취된다는 것을 밝히고 있다.

【眞】 略說方便 有四種 云何爲四
【實】 彼方便行 略有四種

간략히 이야기하면 방편에는 네 가지가 있다.

【眞】 一者 行根本方便 謂觀一切法 自性無生 離於妄見 不住生死 觀一切法 因緣和合 業果不失 起於大悲 修諸福德 攝化衆生 不住涅槃 以隨順法性無住故 二者 能止方便 謂慚愧悔過 能止一切惡法 不令增長 以隨順法性 離諸過故 三者 發起善根增長方便 謂勤供養 禮拜三寶 讚歎隨喜 勸請諸佛 以愛敬三寶 淳厚心故 信得增長 乃能志求 無上之道 又因佛法僧力所護故 能消業障 善根不退 以隨順法性 離癡障故 四者 大願平等方便 所謂 發願盡於未來 化度一切衆生 使無有餘 皆令究竟 無餘涅槃 以隨順法性 無斷絶故 法性廣大 遍一切衆生 平等無二 不念彼此 究竟寂滅故
【實】 一 行根本方便 謂觀一切法 本性無生 離於妄見 不住生死 又觀 一切法 因緣和合 業果不失 起於大悲 修諸善行 攝化衆生 不住涅槃 以眞如離於生死涅槃相故 此行隨順 以爲根本 是名行根本方便 二 能止息方便 所謂慚愧 及以悔過 此能止

息 一切惡法 令不增長 以眞如離一切過失相故 隨順眞如 止
息諸惡 是名能止息方便 三 生長善根方便 謂於三寶 所起愛
敬心 尊重供養 頂禮稱讚 隨喜勸請 正信增長 乃至志求 無上
菩提 爲佛法僧威力所護 業障淸淨 善根不退 以眞如 離一切
障 具一切功德故 隨順眞如 修行善業 是名生長善根方便 四
大願平等方便 謂發誓願 盡未來際 平等救拔 一切衆生 令其
安住 無餘涅槃 以知一切法 本性無二故 彼此平等故 究竟寂
滅故 隨順眞如此三種相 發大誓願 是名大願平等方便

【진제】 첫째는 행근본방편(行根本方便)으로서, 일체법의 자성(自
性)/본성(本性)이 무생(無生)임을 관하여 망견(妄見)을 떠나 생사에
머물지 않고, 일체법은 인연이 화합한 것으로서 업(業)의 과(果)는
망실되지 않음을 관하여 대비(大悲)를 일으켜 여러 복덕을 닦아
중생을 섭화(攝化)하면서 열반에 머물지 않는 것을 말한다. 즉 법
성(法性)에 수순하여 (생사와 열반 어디에도) 머물지 않는 것(無住)을
말한다.

둘째는 능지방편(能止方便)으로서, 자신의 허물을 부끄러워하고
뉘우쳐서 일체의 악법(惡法)을 그쳐 증장(增長)하지 못하게 하는 것
을 말한다. 즉 법성에 수순하여 모든 허물을 여의는 것을 말한다.

셋째는 발기선근증장방편(發起善根增長方便)으로서, 부지런히 삼
보(三寶)에 공양, 예배하고, 제불을 찬탄, 수희(隨喜)하고, (說法 住
世를) 권청(勸請)하여, 삼보를 애경(愛敬)하는 마음이 순후(淳厚)해

짐으로써 믿음이 증장하여 무상(無上)의 도를 구하는 뜻을 갖게 되는 것을 말한다. 그리고 불법승(佛法僧)의 힘이 지켜주기 때문에 업장을 소멸하고 선근(善根)에서 물러서지 않게 되는 것을 말한다. 즉 법성에 수순하여 치장(癡障)을 여의는 것을 말한다.

넷째는 대원평등방편(大願平等方便)으로서, 미래세가 다하도록 일체중생이 하나도 남김없이 모두가 구경에 무여열반(無餘涅槃)하도록 교화하여 제도하겠다고 발원하는 것을 말한다. 즉 법성에 수순하여 단절이 없는 것을 말하는 것으로서, 법성은 광대하여 일체중생에 두루 하며, 평등하여 둘이 없으므로 나와 남을 분별할 수 없으며, 구경(究竟)에 적멸(寂滅)하다.

【실차난타】 첫째는 행근본방편(行根本方便)으로서, 일체법의 본성(本性)이 무생(無生)임을 관하여 망견(妄見)을 떠나 생사에 머물지 않고, 일체법은 인연이 화합한 것으로서 업(業)의 과(果)는 망실되지 않음을 관하여 대비(大悲)를 일으켜 여러 복덕을 닦아 중생을 섭화(攝化)하면서 열반에 머물지 않는 것을 말한다. 즉 진여는 생사열반상(生死涅槃相)을 여의었기 때문에 이 행(行)은 이러한 진여에 수순하는 것을 근본으로 하므로 행근본방편이라고 부른다.

둘째는 능지방편(能止方便)으로서, 자신의 허물을 부끄러워하고 뉘우쳐서 일체의 악법(惡法)을 그쳐 증장하지 못하게 하는 것을 말한다. 진여는 일체의 과실상(過失相)을 여의었으므로 진여에 수순하여 제악(諸惡)을 그치는 것을 능지식방편(能止息方便)이라고 부른다.

셋째는 생장선근방편(生長善根方便)으로서, 삼보에 대하여 일으킨 애경심(愛敬心)으로 삼보를 존중, 공양, 정례(頂禮), 칭찬, 수희, 권청하여 바른 믿음〈正信〉이 증장함으로써 무상보리(無上菩提)를 구하게 되면 불법승의 위력의 가호(加護)를 받아 업장이 청정해지고, 선근(善根)이 줄어들지 않는 것을 말한다. 진여는 일체의 장애를 여의고, 일체공덕을 구족하므로 진여에 수순하여 선업을 수행하는 것을 생장선근방편이라고 부른다.

넷째는 대원평등방편(大願平等方便)으로서, 미래제(未來際)가 다하도록 일체중생을 평등하게 구제하여 그들을 무여열반(無餘涅槃)에 안주(安住)하게 하겠다는 서원을 일으키는 것을 말한다. 일체법은 본성이 무이(無二)이며, 피차(彼此)가 평등하며, 구경에 적멸(寂滅)하다는 것을 알기 때문에, 진여의 이러한 세 가지 모습에 수순하여 큰 서원(誓願)을 일으키는 것을 대원평등방편이라고 부른다.

신성취발심은 이치에 맞게 진여법을 바르게 생각하는 직심(直心)과 일체의 모든 선행을 쌓는 심심(深心)과 일체중생의 괴로움을 없애주려는 대비심(大悲心)을 성취하는 것이다. 여기에서는 이러한 세 가지 마음을 성취하기 위한 네 가지 방법을 구체적으로 설명한다.

행근본방편(行根本方便)은 직심을 성취하는 방법이고, 능지방편(能止方便)과 생장선근방편(生長善根方便)은 심심을 성취하는 방법이며, 대원평등방편(大願平等方便)은 대비심을 성취하는 방법이다.

【眞】 菩薩 發是心故 則得少分 見於法身 以見法身故 隨其願
力 能現八種利益衆生 所謂 從兜率天 退 入胎 住胎 出胎 出
家 成道 轉法輪 入於涅槃 然是菩薩 未名法身 以其過去 無量
世來 有漏之業 未能決斷 隨其所生 與微苦相 應亦非業繫 以
有大願自在力故 如修多羅中 或說有退墮惡趣者 非其實退 但
爲初學菩薩 未入正位 而懈怠者 恐怖令使勇猛故 又 是菩薩
一發心後 遠離怯弱 畢竟不畏 墮二乘地 若聞 無量無邊阿僧
祇劫 勤苦難行 乃得涅槃 亦不怯弱 以信知 一切法 從本已來
自涅槃故

【實】 菩薩 如是發心之時 則得少分 見佛法身 能隨願力 現八
種事 謂從兜率天宮 來 下 入胎 住胎 出胎 出家 成佛 轉法輪
般涅槃 然猶未得名爲法身 以其過去 無量世來 有漏之業 未
除斷故 或由惡業 受於微苦 願力所持 非久被繫 有經中說 信
成就發心菩薩 或有退墮惡趣中者 此爲初學心 多懈怠 不入正
位 以此語之 令增勇猛 非如實說 又 此菩薩 一發心後 自利利
他 修諸苦行 心無怯弱 尚不畏墮二乘之地 況於惡道 若聞無
量阿僧祇劫 勤修種種難行苦行 方始得佛 不驚不怖 何況有起
二乘之心 及墮惡趣 以決定信 一切諸法 從本已來 性涅槃故

보살은 이 마음을 일으키기 때문에 약간이나마 법신을 보게 되
며, 법신을 보기 때문에 그 원력에 따라 여덟 가지 모습을 나타내
어 중생에게 이익이 되게 하나니, 소위 도솔천에서 나오는 모습,

태에 들어가는 모습, 태에 머무는 모습, 태에서 나오는 모습, 출가하는 모습, 성도하는 모습, 법륜을 굴리는 모습, 열반에 드는 모습을 나타낸다. 그러나 이 보살은 아직 법신이라고 불리지 못한다. 왜냐하면 과거 무량한 세상으로부터 내려오는 유루(有漏)의 업을 아직 끊지 않아서 태어난 곳에 따라 작은 괴로움과 상응하기 때문이다. 그러나 이는 업에 묶여서 그런 것이 아니라, 대원(大願)의 자재(自在)한 힘이 있어서 그런 것이다. 불경에서 간혹 '악취(惡趣)에 물러나 떨어지는 자가 있다'라고 말하는 것은 실제로 물러난 것이 아니라, 아직 정위(正位)에 들어가지 못하고 해태(懈怠)한 초학보살(初學菩薩)을 두렵게 하여 그들을 용맹정진하게 하기 위해서다.

【 진제 】 그리고 이 보살은 한번 발심한 후에는 겁약(怯弱)을 멀리 여의기 때문에 필경 이승지(二乘地)에 떨어지는 것을 두려워하지 않으며, 무량아승기겁(無量阿僧祇劫) 동안 고행과 난행(難行)을 부지런히 해야 열반을 얻을 수 있다는 말을 들어도 역시 겁을 먹거나 나약해지지 않나니, 일체법은 종본이래(從本已來)로 자성이 열반임을 믿어 알기 때문이다.

【 실차난타 】 그리고 이 보살은 한번 발심한 후에는 자리이타(自利利他)의 모든 고행을 닦아 마음에 겁약(怯弱)이 없나니, 이승(二乘)의 지위에 떨어지는 것도 두려워하지 않는데 하물며 악도(惡道)를 두려워하겠는가? 이 보살은 일체제법은 본래부터 본성이 열반이라는 것을 확고하게 믿기 때문에, 무량아승기겁 동안 갖가지 난

행과 고행을 부지런히 닦아야 비로소 부처를 이룰 수 있다는 말
을 들어도 놀라거나 두려워하지 않는데, 하물며 이승(二乘)의 마
음을 일으키거나 악취(惡趣)에 떨어지겠는가?

2) 해행발심(解行發心)

【眞】 解行發心者 當知 轉勝 以是菩薩 從初正信已來 於第一
阿僧祇劫 將欲滿故 於眞如法中 深解現前 所修離相 以知法
性體 無慳貪故 隨順修行檀波羅蜜 以知法性 無染 離五欲過
故 隨順修行尸波羅蜜 以知法性 無苦 離瞋惱故 隨順修行羼
提波羅蜜 以知法性 無身心相 離懈怠故 隨順修行毘梨耶波羅
蜜 以知法性常定 體無亂故 隨順修行禪波羅蜜 以知法性體明
離無明故 隨順修行般若波羅蜜

【實】 解行發心者 當知 轉勝 初無數劫 將欲滿故 於眞如中
得深解故 修一切行 皆無著故 此菩薩 知法性 離慳貪相 是淸
淨施度 隨順修行檀那波羅蜜 知法性 離五欲境 無破戒相 是
淸淨戒度 隨順修行尸羅波羅蜜 知法性 無有苦惱 離瞋害相
是淸淨忍度 隨順修行羼提波羅蜜 知法性 離身心相 無有懈怠
是淸淨進度 隨順修行毘梨耶波羅蜜 知法性 無動無亂 是淸淨
禪度 隨順修行禪那波羅蜜 知法性 離諸癡闇 是淸淨慧度 隨
順修行般若波羅蜜

【 진제 】 해행발심(解行發心)은 더욱 수승한 것임을 알아야 한다. 이 보살은 처음 정신(正信)을 수행한 이후 제일(第一) 아승기겁(阿僧祇劫)을 채우고자 하여, 진여법 가운데서 닦아야 할 이상(離相)에 대한 깊은 이해가 현전(現前)하나니, 법성의 체(體)는 간탐(慳貪)이 없다는 것을 알고, 이에 수순하여 보시바라밀을 수행하고, 법성은 염법(染法)이 없어 5욕(五欲)의 허물을 여읜 것을 알고, 이에 수순하여 지계바라밀을 수행하며, 법성은 괴로움이 없어 진뇌(瞋惱)를 여읜 것을 알고, 이에 수순하여 인욕바라밀을 수행하며, 법성은 신상(身相)과 심상(心相)이 없어 게으름을 여읜 것을 알고, 이에 수순하여 정진바라밀을 수행하며, 법성은 상정(常定)하여 체에 산란함이 없다는 것을 알고, 이에 수순하여 선바라밀을 수행하며, 법성의 체는 밝아서 무명을 여읜 것을 알고, 이에 수순하여 반야바라밀을 수행한다.

【 실차난타 】 해행발심은 더욱 수승한 것임을 알아야 한다. 첫 번째 무수겁〈初無數劫〉을 채우고자 하여 진여 가운데서 깊은 이해를 얻어 집착이 없는 일체의 행(行)을 닦는다. 이 보살은 간탐상(慳貪相)을 여읜 법성(法性)이 청정한 보시바라밀〈施度〉임을 알아, 이에 수순하여 단나바라밀(檀那波羅蜜)을 수행하며, 오욕(五欲)의 경계를 여의어 파계상(破戒相)이 없는 법성이 청정한 지계바라밀〈戒度〉임을 알아, 이에 수순하여 시라바라밀(尸羅波羅蜜)을 수행하며, 진해상(瞋害相)을 여의어 고뇌(苦惱)가 없는 법성이 청정한 인욕바라밀〈忍度〉임을 알아, 이에 수순하여 찬제바라밀(羼提波羅蜜)을 수

행하고, 신심상(身心相)을 여의어 해태(懈怠)가 없는 법성이 청정한 정진바라밀(進度)임을 알아, 이에 수순하여 비리야바라밀(毘梨耶波羅蜜)을 수행하고, 움직임이 없고 산란(散亂)함이 없는 법성이 청정한 선정바라밀(禪度)임을 알아, 이에 수순하여 선나바라밀(禪那波羅蜜)을 수행하고, 모든 치암(癡闇)을 여읜 법성이 청정한 지혜바라밀(慧度)임을 알아, 이에 수순하여 반야바라밀(般若波羅蜜)을 수행한다.

해행발심(解行發心)은 정정취에 들어가 본격적으로 보살의 수행, 즉 6바라밀(六波羅密)을 닦는 것을 뜻한다. 정신(正信)을 수행한다는 것은 10신위(十信位)와 10주위(十住位)의 수행을 의미한다. 10신위와 10주위에서 신성취발심을 수행한 보살이 10행위(十行位)에서 6바라밀을 수행한 후에 회향심(廻向心)을 일으켜서 10회향위(十廻向位)에 들어가는 것을 해행발심이라고 한다.

3) 증발심(證發心)

【眞】證發心者 從淨心地 乃至菩薩究竟地 證何境界 所謂 眞如 以依轉識 說爲境界 而此證者 無有境界 唯眞如智 名爲法身 是菩薩 於一念頃 能至十方無餘世界 供養諸佛 請轉法輪 唯爲開導 利益衆生 不依文字 或示超地 速成正覺 以爲怯弱衆生故 或說我於無量阿僧祇劫 當成佛道 以爲懈慢衆生故 能

示如是無數方便 不可思議 而實菩薩 種性根等發心 則等所證
亦等無有超過之法 以一切菩薩 皆經三阿僧祇劫故 但隨衆生
世界 不同 所見 所聞 根欲性異故 示所行 亦有差別

【實】 證發心者 從淨心地 乃至菩薩究竟地 證何境界 所謂 眞
如 以依轉識 說爲境界 而實證中 無境界相 此菩薩 以無分別
智 證離言說眞如法身故 能於一念 遍往十方一切世界 供養諸
佛 請轉法輪 唯爲衆生 而作利益 不求聽受美妙音詞 或爲怯
弱衆生故 示大精進 超無量劫 速成正覺 或爲懈怠衆生故 經
於無量阿僧祇劫 久修苦行 方始成佛 如是示現 無數方便 皆
爲饒益一切衆生 而實菩薩種性 諸根發心作證 皆悉同等 無超
過法 決定皆經三無數劫 成正覺故 但隨衆生世界不同 所見所
聞 根欲性異 示所修行 種種差別

【진제】 증발심(證發心)이란 정심지(淨心地)에서 보살구경지(菩薩
究竟地)까지이다. 이 과정에 어떤 경계를 증득하는가? 소위 진여
를 증득한다. 전식(轉識)에 의지하여 경계라고 말하지만, 진여를
증득하면 경계는 없고 오직 진여지(眞如智)만 있으므로 법신이라
고 부른다. 이 보살은 일념(一念) 사이에 능히 시방(十方)의 남김
없는 세계(無餘世界)에 이르러 제불(諸佛)을 공양하고 법륜 굴리시
기를 청하며, 오직 중생을 개도(開導)하여 이익이 되게 할 뿐 문자
(文字)에 의지하지 않는다. 혹은 보살지(菩薩地)를 초월하여 속히
정각(正覺)을 성취하는 모습을 보이나니, 이는 겁 많고 나약한 중

생들을 위함이며, 혹은 "나는 무량아승기겁 동안 (수행하여) 불도(佛道)를 이루리라."라고 말하나니, 이는 게으르고 교만한 중생들을 위함이다. 능히 이와 같은 무수한 불가사의한 방편을 나타내지만, 실제로 보살의 종성(種性)과 근(根)은 평등하며, 발심도 평등하며, 증득한 바도 평등하여 초과(超過)하는 법(法)이 없다. 왜냐하면, 일체의 보살은 모두 3아승기겁(三阿僧祇劫)을 지나기 때문이다. 단지 중생들의 세계가 같지 않고, 보고 듣는 근(根)과 욕(欲)과 성(性)이 다르므로 나타내 보이는〈示現〉 소행(所行)도 차별이 있을 뿐이다.

【 실차난타 】 증발심은 정심지에서 보살구경지까지이다. 이 과정에 어떤 경계를 증득하는가? 소위 진여를 증득한다. 전식(轉識)에 의지하여 경계를 이야기하지만, 실제로 진여를 증득한 내용 가운데는 경계상(境界相)이 없다. 이 보살은 무분별지(無分別智)로 언설을 여읜 진여법신(眞如法身)을 증득하므로 능히 일념(一念)에 시방의 일체 세계를 두루 다니면서 제불을 공양하고, 전법륜(轉法輪)을 청하나니, 오직 중생을 위하여 이익을 지을 뿐, 좋은 말 듣기를 구하지 않는다. 겁약(怯弱)한 중생을 위하여 대정진(大精進)으로 무량겁(無量劫)을 초과(超過)하여 정각(正覺)을 속히 성취하는 모습을 보이는 보살도 있고, 해태(懈怠)한 중생을 위하여 무량아승기겁을 경과하여 고행을 오래 닦아 비로소 성불하는 모습을 보이는 보살도 있다. 이렇게 무수한 방편을 나타내 보이지만 모두가 일체중생을 요익하게 하기 위함일 뿐, 실제로는 보살의 종성(種

性)과 능력과 발심과 작증(作證)은 모두 동등(同等)하여 초과(超過)하는 법이 없이 모두 3무수겁(三無數劫)을 경과하여 정각(正覺)을 이루도록 결정되어 있다. 다만 중생의 세계가 같지 않고, 보고 듣는 근(根)과 욕(欲)과 성(性)이 다르므로 나타내 보이는 수행도 갖가지 차별이 있다.

증발심(證發心)은 해행발심(解行發心)을 성취한 보살이 10지위(十地位)에 들어와서 수행하는 것을 말한다. 정심지(淨心地)는 10지(十地) 가운데 초지(初地)인 환희지(歡喜地)를 의미하고, 보살구경지(菩薩究竟地)는 제십지(第十地)인 법운지(法雲地)를 의미한다. '전식(轉識)에 의지하여 경계를 이야기한다'는 것은 중생들이 아뢰야식이 전변한 말나식(末那識)과 6식(六識)에 의지하여 육진경계(六塵境界)가 있다고 말하는 것을 뜻한다.

【眞】 又 是菩薩發心相者 有三種心微細之相 云何爲三 一者 眞心 無分別故 二者 方便心 自然遍行利益衆生故 三者 業識心 微細起滅故 又 是菩薩 功德成滿 於色究竟處 示一切世間 最高大身 謂以一念相應慧 無明頓盡 名一切種智 自然而有不思議業 能現十方 利益衆生

【實】 此證發心中 有三種心 一 眞心 無有分別故 二 方便心 任運利他故 三 業識心 微細起滅故 又 此菩薩 福德智慧 二種莊嚴 悉圓滿已 於色究竟 得一切世間 最尊勝身 以一念相應

慧 頓拔無明根 具一切種智 任運而有不思議業 於十方無量世
界 普化衆生

그리고 이 보살의 발심상(發心相)은 세 가지 마음의 미세(微細)한
상(相)이 있다. 첫째는 진심(眞心)으로서 분별이 없는 마음이다.
둘째는 방편심(方便心)으로서 저절로 두루 중생에게 이익되는 행
을 하는 마음이다. 셋째는 업식심(業識心)으로서 미세하게 일어나
고 소멸하는 마음이다.

【진제】 또한 이 보살은 공덕을 원만하게 성취하여 색구경처(色究
竟處)에서 일체 세간에서 가장 높고 큰 몸을 시현(示現)한다. 말하
자면 일체종지(一切種智)라고 부르는 일념(一念)에 상응하는 지혜
로써 무명을 돈진(頓盡)하여 자연부사의업(自然不思議業)이 있어
시방(十方)에 나타나 중생을 이익 되게 한다.

【실차난타】 또 이 보살은 복덕과 지혜 두 가지 장엄(莊嚴)을 모두
원만하게 성취하고서 색구경천(色究竟天)에서 일체의 세간에서
가장 존승(尊勝)한 몸을 얻어 일념(一念)에 상응하는 지혜로 무명
의 뿌리를 단박에 뽑아버리고, 일체종지를 구족함으로써 자연스
럽게《任運》 부사의업(不思議業)이 있어, 시방의 무량세계(無量世界)
에서 중생을 널리 교화한다.

【眞】 問曰 虛空無邊故 世界無邊 世界無邊故 衆生無邊 衆生
無邊故 心行差別 亦復無邊 如是境界 不可分齊 難知難解 若

無明斷 無有心想 云何能了 名一切種智

【實】問 虛空無邊故 世界無邊 世界無邊故 衆生無邊 衆生無
邊故 心行差別 亦復無邊 如是境界 無有齊限 難知難解 若無
明斷 永無心相 云何能了一切種 成一切種智

【진제】 질문: 허공이 무변(無邊)하므로 세계가 무변하고, 세계가
무변하므로 중생이 무변하며, 중생이 무변하므로 심행(心行)의 차
별 또한 무변하다. 이와 같은 경계는 부분으로 나누기〈分齊〉가 불
가능하며, 알기 어렵고 이해하기 어렵다. 만약 무명이 끊어지면
심상(心想)이 존재하지 않을 것인데, 무엇을 요지(了知)할 수 있기
에 일체종지라고 부르는가?

【실차난타】 질문: 이와 같은 경계는 제한(齊限)이 없어서 알기 어
렵고 이해하기 어렵다. 만약 무명이 끊어지면 심상(心相)이 영원
히 존재하지 않을 것인데, 어찌하여 일체종(一切種)을 요지하여
일체종지를 이룬다고 하는가?

【眞】答曰 一切境界 本來一心 離於想念 以衆生妄見境界故
心有分齊 以妄起想念 不稱法性故 不能決了 諸佛如來 離於
見想 無所不遍 心眞實故 即是諸法之性 自體顯照 一切妄法
有大智用 無量方便 隨諸衆生 所應得解 皆能開示 種種法義
是故得名 一切種智

【實】答 一切妄境 從本已來 理實唯一心爲性 一切衆生 執著

妄境 不能得知 一切諸法 第一義性 諸佛如來 無有執著 則能現見 諸法實性 而有大智 顯照一切染淨差別 以無量無邊 善巧方便 隨其所應 利樂衆生 是故 妄念心滅 了一切種 成一切種智

【 진제 】 답변: 일체의 경계는 본래 일심(一心)으로서 상념(想念)을 여읜 것이다. 그러나 중생은 허망하게 경계를 보기 때문에 마음에 분제(分齊)가 있고, 허망하게 일어난 상념이므로 법성(法性)이라고 부르지 않으며, (一切諸法의 第一義性을) 확실하게 요지(了知)할 수 없다. 제불여래는 견상(見想)을 여의어 두루 하지 않는 곳이 없으며, 마음이 진실하다. 이것이 바로 제법(諸法)의 자성(自性)〈法性〉으로서, 자체(自體)는 일체의 망법(妄法)을 드러내 비추고, 대지(大智)의 용(用)과 무량(無量)한 방편을 가지고 있으므로, 중생들이 얻은 이해에 따라 갖가지 법의 상태〈法義〉를 열어서 보여준다. 그래서 일체종지(一切種智)라고 부른다.

【 실차난타 】 답변: 일체의 허망한 경계〈妄境〉는 종본이래(從本已來)로 실제로는 일심(一心)을 본성(本性)으로 한다. 일체중생은 허망한 경계〈妄境〉를 집착하므로 일체제법의 제일의성(第一義性)을 알 수 없다. 제불여래는 집착이 없으므로 능히 제법의 실성(實性)을 현견(現見)하고, 대지(大智)가 있어서 일체의 염정(染淨)의 차별을 현조(顯照)하며, 무량무변(無量無邊)한 선교방편(善巧方便)으로 응할 바에 따라 중생에게 이익과 즐거움을 준다. 그래서 망념심(妄念

心)이 멸하면 일체종(一切種)을 요지(了知)하여 일체종지를 이룬다.

【眞】 又問曰 若諸佛有自然業 能現一切處 利益衆生者 一切
衆生 若見其身 若睹神變 若聞其說 無不得利 云何世間 多不
能見
【實】 問 若諸佛有無邊方便 能於十方 任運利益諸衆生者 何
故衆生 不常見佛 或睹神變 或聞說法

【진제】 다시 질문: 만약 제불은 자연업(自然業)이 있어서 능히 일
체처(一切處)에 현현(顯現)하여 중생들을 이익 되게 한다면, 일체
중생은 그 몸을 보거나, 신통변화(神通變化)를 보거나, 그 말씀을
듣거나 하여 이익을 얻지 못하는 중생이 없어야 하거늘, 어찌하
여 세간에는 부처님을 보지 못하는 중생들이 많은가?
【실차난타】 다시 질문: 제불은 가없는 방편이 있어서 시방세계
에서 저절로〈任運〉 모든 중생에게 이익을 준다면, 왜 부처님을 보
지 못하고, 신변(神變)을 보지 못하고, 설법을 듣지 못하는 중생들
이 있는가?

【眞】 答曰 諸佛如來 法身平等 遍一切處 無有作意故 而說自
然 但依衆生心現 衆生心者 猶如於鏡 鏡若有垢 色像不現 如
是衆生心 若有垢 法身不現故
【實】 答 如來實有 如是方便 但要待衆生 其心淸淨 乃爲現身

如鏡有垢 色像不現 垢除則現 衆生亦爾 心未離垢 法身不現
離垢則現

【진제 】 답변: 제불여래의 법신은 평등하여 일체처(一切處)에 두루 하지만 작의(作意; 어떤 것을 하겠다는 인위적인 의도)가 없으므로 자연(自然)이라고 하며, 단지 중생의 마음에 의지하여 나타날 뿐이다. 중생의 마음은 마치 거울과 같다. 거울에 때가 있으면 색상(色像)이 나타나지 않듯이, 중생의 마음에 번뇌의 때가 있으면 법신은 나타나지 않는다.

【실차난타 】 답변: 여래는 이러한 방편을 실제로 가지고 있으나 반드시 중생을 기다려 그 마음이 청정하면 현신(現身)한다. 비유하면, 거울에 때가 있으면 색상이 나타나지 않지만, 때를 제거하면 곧 나타나는 것과 같다. 중생도 마찬가지다. 마음이 때를 여의지 못하면 법신이 나타나지 않지만, 때를 여의면 곧 나타난다.

【眞】 已說解釋分

지금까지 해석분(解釋分)을 설했다.

4

수행신심분 修行信心分

— 대승을 믿고 수행하는 법

【眞】次說 修行信心分 是中 依未入正定衆生故 說修行信心 何等信心 云何修行 略說信心 有四種 云何爲四 一者 信根本 所謂 樂念眞如法故 二者 信佛有無量功德 常念親近 供養恭敬 發起善根 願求一切智故 三者 信法有大利益 常念修行 諸波羅蜜故 四者 信僧 能正修行自利利他 常樂親近 諸菩薩衆 求學如實行故

【實】 云何修習信分 此依未入正定衆生說 何者爲信心 云何而修習 信有四種 一 信根本 謂 樂念眞如法故 二 信佛具足無邊功德 謂 常樂頂禮 恭敬供養 聽聞正法 如法修行 迴向一切智故 三 信法有大利益 謂 常樂修行 諸波羅蜜故 四 信正行僧 謂 常供養諸菩薩衆 正修自利利他行故

다음으로 수행신심분(修行信心分)을 설하겠다. 여기에서는 아직 정정취(正定聚)에 들어가지 못한 중생에 의지하여 신심(信心)을 수행하는 것에 대하여 설한다.

어떤 신심을 어떻게 수행하는가? 간략히 말하면 신심에는 네 가지가 있다.

첫째는 근본(根本)을 믿는 것으로서 진여법(眞如法)을 즐겨 생각하기 때문이다.

둘째는 부처님〈佛〉에게 무량한 공덕이 있음을 믿는 것으로서, 부처님을 항상 생각하고, 친근(親近)하고, 공양하고, 공경하고, 선근을 일으켜서 일체지(一切智)를 구하고자 원하기 때문이다

셋째는 가르침〈法〉에 큰 이익이 있음을 믿는 것으로서, 항상 여러 바라밀을 수행하려고 생각하기 때문이다.

넷째는 자리이타(自利利他)의 행을 바르게 수행하는 승가〈僧〉를 믿는 것으로서, 항상 여러 보살중(菩薩衆)을 친근(親近)하기를 좋아하면서 여실(如實)한 행(行)을 구하여 배우기 때문이다.

【眞】 修行有五門 能成此信 云何爲五 一者 施門 二者 戒門 三者 忍門 四者 進門 五者 止觀門

【實】 修五門行 能成此信 所謂 施門 戒門 忍門 精進門 止觀門

수행에 다섯 가지 문(門)이 있어서 이들 신심(信心)을 성취시킨다.

첫째는 보시문(布施門)이다. 둘째는 지계문(持戒門)이다. 셋째는

인욕문(忍辱門)이다. 넷째는 정진문(精進門)이다. 다섯째는 지관문(止觀門)이다.

1) 보시문(布施門)

【眞】 云何 修行施門 若見一切來求索者 所有財物 隨力施與 以自捨慳貪 令彼歡喜 若見厄難 恐怖危逼 隨己堪任 施與無 畏 若有衆生 來求法者 隨己能解 方便爲說 不應貪求 名利恭 敬 唯念自利利他 迴向菩提故

【實】 云何 修施門 謂 若見衆生來從乞求 以己資財 隨力施與 捨自慳著 令其歡喜 若見衆生 危難逼迫 方便救濟 令無怖畏 若有衆生 而來求法 以己所解 隨宜爲說 修行如是 三種施時 不爲名聞 不求利養 亦不貪著 世間果報 但念自他利益安樂 迴向阿耨多羅三藐三菩提

보시문은 어떻게 수행하는가?

누구든지 와서 구하는 자를 보면, 가지고 있는 재물을 힘닿는 대로 베풀어 주고, 스스로 간탐(慳貪)을 버려, 그 사람을 기쁘게 한다〈財施〉. 만약 액난(厄難)이나 공포나 위험이나 핍박을 당하는 사람을 보면, 자기가 감당할 수 있는 정도에 따라 두려움을 없애준다〈無畏施〉. 만약 법을 구하는 중생이 있으면, 자기가 이해하는 방편에 따라 이야기해 준다〈法施〉. 이와 같이 보시하면서 명리(名利)

나 공경(恭敬)을 탐내거나 구하지 않고, 오직 자리이타(自利利他)
만을 생각하면서 보리(菩提; 阿耨多羅三藐三菩提)에 회향한다.

2) 지계문(持戒門)

【眞】 云何 修行戒門 所謂 不殺 不盜 不婬 不兩舌 不惡口 不
妄言 不綺語 遠離貪嫉 欺詐 諂曲 瞋恚 邪見 若出家者 爲折
伏煩惱故 亦應遠離慣鬧 常處寂靜 修習少欲知足 頭陀等行
乃至小罪 心生怖畏 慚愧改悔 不得輕 於如來所制禁戒 當護
譏嫌 不令衆生 妄起過罪故

【實】 云何 修戒門 所謂 在家菩薩 當離 殺生 偸盜 邪婬 妄言
兩舌 惡口 綺語 慳貪 瞋嫉 諂誑 邪見 若出家者 爲欲折伏 諸
煩惱故 應離慣鬧 常依寂靜 修習止足 頭陀等行 乃至小罪 心
生大怖 慚愧悔責 護持如來 所制禁戒 不令見者 有所譏嫌 能
使衆生 捨惡修善

지계문은 어떻게 수행하는가?

【진제】 살생하지 않고, 도둑질하지 않고, 음행하지 않고, 이간질
하지 않고, 욕설하지 않고, 거짓말하지 않고, 교묘하게 꾸며 말하
지 않고, 탐욕과 질투와 거짓과 속임수와 아첨과 간사함과 성냄
과 사견(邪見)을 멀리 여읜다. 출가자는 번뇌를 절복(折伏)하기 위
하여 마땅히 산란하고 시끄러운 곳을 멀리 떠나 항상 고요한 곳

에서 지내면서 적은 욕심으로 만족을 아는 두타행(頭陀行)을 수습
(修習)하며, 내지 작은 죄도 마음에 두려운 생각을 일으켜 부끄러
워하고 뉘우치는 등 여래가 제정(制定)한 금계(禁戒)를 가벼이 여
기지 않고, 꾸짖거나 싫어하는 것을 막아, 중생들이 망령되이 허
물과 죄를 일으키지 않도록 한다.

【실차난타】 재가보살(在家菩薩)은 살생, 투도, 사음, 망언(妄言),
양설(兩舌), 악구(惡口), 기어(綺語), 간탐(慳貪), 진질(瞋嫉), 첨광(諂
誑), 사견(邪見)을 멀리하고, 출가자(出家者)는 여러 번뇌를 절복(折
伏)하기 위해 마땅히 산란하고 시끄러운 곳을 떠나, 항상 고요한
곳에서 지내면서 지족(止足)을 수습(修習)하고, 두타(頭陀) 등을 행
하면서, 작은 죄에도 마음에 큰 두려움과 무서움을 느껴 참괴(慚
愧)하고, 회책(悔責)하며, 여래가 제정한 금계(禁戒)를 호지(護持)
하여 보는 사람이 나무라거나 싫어하지 않도록 하며, 중생이 악
을 버리고 선을 닦도록 한다.

3) 인욕문(忍辱門)

【眞】 云何 修行忍門 所謂 應忍他人之惱 心不懷報 亦當忍於
利衰毀譽稱譏苦樂等法故
【實】 云何 修忍門 所謂 見惡不嫌 遭苦不動 常樂觀察甚深句
義

인욕문은 어떻게 수행하는가?

【진제】다른 사람이 괴롭히는 것을 참아내어 마음에 보복하려는 생각을 품지 않고, 또한 이익과 손해, 헐뜯음과 높임, 칭찬과 비난, 즐거움과 괴로움 등의 법을 참아낸다.

【실차난타】헐뜯음을 당해도 미워하지 않고, 괴로움을 만나도 (마음을) 움직이지 않으며, 항상 즐겁게 심오한 구의(句義)를 관찰한다.

4) 정진문(精進門)

【眞】云何 修行進門 所謂 於諸善事 心不懈退 立志堅强 遠離怯弱 當念 過去久遠已來 虗受一切身心大苦 無有利益 是故應勤修諸功德 自利利他 速離衆苦

【實】云何 修精進門 所謂 修諸善行 心不懈退 當念 過去無數劫來 爲求世間貪欲境界 虗受一切身心大苦 畢竟無有少分滋味 爲令未來遠離此苦 應勤精進 不生懈怠 大悲利益一切衆生

정진문은 어떻게 수행하는가?

【진제】착한 일에서 게으르거나 물러서는 마음이 없이 뜻을 견고하게 세워 겁내거나 나약하지 않고, "과거 오래전부터 헛되이 받아오고 있는 일체의 몸과 마음의 큰 괴로움은 이익이 없는 것이다. 그러므로 마땅히 여러 공덕을 부지런히 닦아 나도 이롭게

하고 남도 이롭게 하여 빨리 여러 괴로움을 벗어나겠다.”라고 생
각한다.

【실차난타】 여러 선행(善行)을 닦으면서 게으르거나 물러서지 않
고, “과거 무수겁(無數劫)을 지내오며 구했던 세간의 탐욕(貪欲) 경
계와 헛되이 받은 일체의 몸과 마음의 큰 괴로움은 필경 조금의
재미도 없는 것이다. 미래에는 이러한 괴로움을 멀리 여의기 위
하여 마땅히 부지런히 정진하되, 게으르고 나태하지 않으며, 대
비(大悲)로써 일체중생을 이익 되게 하리라.”라고 생각한다.

【眞】 復次 若人 雖修行信心 以從先世來 多有重罪惡業障故
爲魔邪諸鬼之所惱亂 或爲世間事務 種種牽纏 或爲病苦所惱
有如是等衆多障礙 是故 應當勇猛精勤 晝夜六時 禮拜諸佛 誠
心懺悔 勸請隨喜 迴向菩提 常不休廢 得免諸障 善根增長故

【實】 其初學菩薩 雖修行信心 以先世來 多有重罪惡業障故
或爲魔邪所惱 或爲世務所纏 或爲種種病緣之所逼迫 如是等
事 爲難非一 令其行人 廢修善品 是故 宜應 勇猛精進 晝夜六
時 禮拜諸佛 供養讚歎 懺悔勸請 隨喜迴向 無上菩提 發大誓
願 無有休息 令惡障銷滅 善根增長

다음으로, 비록 어떤 사람/초학보살(初學菩薩)이 신심(信心)을 수
행해도, 앞 세상으로부터 내려오는 무거운 죄악의 업장이 많아서
삿된 마와 여러 귀신의 뇌란(惱亂)을 받으며, 혹 세간의 사무에 갖

가지로 끌리거나 얽매이기도 하고, 혹 병고의 괴로움을 당하기도 하는 등, 이와 같은 많은 장애가 있다. 그러므로 마땅히 용맹정진 하여, 밤낮으로 여섯 차례 여러 부처님께 예배하고, 지성스런 마음으로 참회, 권청, 수희하며, 위없는 깨달음〈無上菩提〉에 회향해야 한다. 큰 서원을 일으켜 항상 쉬거나 그치지 않으면, 여러 장애를 면하고 선근이 증장한다.

5) 지관문(止觀門)

【眞】 云何 修行止觀門 所言 止者 謂止一切境界相 隨順奢摩他觀義故 所言 觀者 謂 分別因緣生滅相 隨順毘鉢舍那觀義故 云何 隨順 以此二義 漸漸修習 不相捨離 雙現前故
【實】 云何 修止觀門 謂 息滅一切戱論境界 是止義 明見因果生滅之相 是觀義 初各別修 漸次增長 至于成就 任運雙行

지관문은 어떻게 수행하는가?
【진제】 지(止)는 일체의 경계상(境界相)을 그치는 것으로서 사마타(奢摩他, samatha) 관(觀)에 수순(隨順)하는 것을 말한다. 관은 인연(因緣) 생멸상(生滅相)을 분별하는 것으로서 위파사나(毘鉢舍那, vipasyana, vipassana) 관에 수순하는 것을 말한다. 어떻게 수순하는가? 이 둘(止와 觀)을 점점 수습(修習)하여 서로 버리거나 여의지 않고 함께 현전(現前)하게 한다.

【 실차난타 】 일체의 희론(戱論) 경계(境界)를 그쳐 없애는 것이 지
(止)다. 인과(因果) 생멸(生滅)의 모습을 분명하게 보는 것이 관(觀)
이다. 처음에는 각각 따로 수행하지만, 점차 증장하여 저절로(任
運) 쌍행(雙行)을 성취하도록 한다.

지관(止觀)은 사마타(samatha)와 위파사나(vipassana)의 한역으로서 선정
(禪定) 수행의 기본요소다. 붓다가 가르친 선정 수행은 먼저 밖으로 치
닫는 산란한 마음을 멈추는 데서 출발하는데, 이것을 사마타(samatha;
止)라고 한다. 산란한 마음을 멈춘 다음에는 신(身), 수(受), 심(心), 법
(法)에 차례로 주의를 집중하는데, 이것을 사띠(sati; 正念)라고 한다. 이
렇게 네 가지 대상에 주의를 집중하는 것을 4념처(四念處)라고 하며,
각각의 대상에 마음이 고정되는 것을 사마디(samādhi; 三昧, 定)라고 한
다. 한편 마음을 집중하면서 신, 수, 심, 법을 관찰하는데, 이것을 위파
사나(vipassana; 觀)라고 한다. 이러한 관찰을 통해서 신, 수, 심, 법의 실
상을 알아차리게 되는 것을 삼빠자나(sampajāna; 正知)라고 하며, 관찰
하여 알아차리는 통찰지(通察智)를 빤냐(paññā; 般若, 慧)라고 한다. 지관
(止觀) 수행이란 사마타에서 사마디에 이르는 과정과 위파사나에서 빤
냐에 이르는 과정을 수행하는 것을 말한다. 그리고 지(止)와 관(觀)을
동시에 닦는 것을 지관겸수(止觀兼修)라고 하며, 보조국사는 이를 정혜
쌍수(定慧雙修)라고 불렀고,『육조단경』에서는 정혜즉등(定慧卽等)이라
고 한다.

　여기에서는 사마타(止) 수행을 통해서 외부의 경계상(境界相)/희

론경계(戱論境界)를 없애고, 위파사나(觀) 수행을 통해서 연기를 통찰하게 된다고 하여 지관 수행의 의미를 분명하게 밝히고 있다.

【眞】 若修止者 住於靜處 端坐正意 不依氣息 不依形色 不依於空 不依地水火風 乃至 不依見聞覺知 一切諸想 隨念皆除 亦遣除想 以一切法 本來無相 念念不生 念念不滅 亦不得 隨心外念境界 後以心除心 心若馳散 卽當攝來住於正念 是正念者 當知 唯心 無外境界 卽復此心 亦無自相 念念不可得 若從坐起 去來進止 有所施作 於一切時 常念方便 隨順觀察 久習淳熟 其心得住 以心住故 漸漸猛利 隨順得入眞如三昧 深伏煩惱 信心增長 速成不退 唯除 疑惑 不信 誹謗 重罪業障 我慢 懈怠 如是等人 所不能入

【實】 其修止者 住寂靜處 結加趺坐 端身正意 不依氣息 不依形色 不依虛空 不依地水火風 乃至 不依見聞覺知 一切分別想念 皆除 亦遣除想 以一切法 不生不滅 皆無相故 前心依境 次捨於境 後念依心 復捨於心 以心馳外境 攝住內心 後復起心 不取心相 以離眞如 不可得故 行住坐臥 於一切時 如是修行 恒不斷絶 漸次得入眞如三昧 究竟折伏 一切煩惱 信心增長 速成不退 若心懷疑惑 誹謗不信 業障所纏 我慢懈怠 如是等人 所不能入

【진제】 지(止)를 닦는 사람은 고요한 곳에 머물면서 단정히 앉아

뜻을 바르게 하되, 호흡(氣息)에 의지하지 않고, 형색(形色)에 의지하지 않고, 허공(虛空)에 의지하지 않고, 지(地)·수(水)·화(火)·풍(風)에 의지하지 않고, 내지 견문(見聞: 감각에 의한 지각)·각(覺: 대상에 대한 느낌)·지(知: 대상에 대한 인지)에 의지하지 않고, 일체의 모든 상(想)을 생각 따라 모두 제거하며, 제거한다는 생각도 버린다. 일체의 법은 본래 상이 없으므로 매 순간 불생(不生)이라고 관하고, 매 순간 불멸(不滅)이라고 관하며, 또한 마음 밖의 망념경계(念境界)에 따르지 않으며, 그 후에는 마음으로 마음을 제거한다. 마음이 (바깥 경계로) 치달아서 산란해지면, 곧 거두어들여서 정념(正念)에 머물러야 한다. 이 정념이란 '오직 마음일 뿐 바깥의 경계는 없으며, 이 마음도 또한 자상(自相)이 없어서 매 순간 얻을 수 없음〈念念不可得〉을 아는 것'이다. 앉거나 일어서거나, 오거나 가거나, 나아가거나 멈추거나, 행동하는 모든 때에 항상 방편을 생각하며 수순(隨順)하여 관찰하되, 오랫동안 익혀서 익숙해지면, 그 마음이 안주(安住)하게 된다. 마음이 안주함으로써 점차로 매우 영리해져서〈猛利〉, 진여삼매(眞如三昧)에 수순하여 들어가 번뇌를 깊이 조복(調伏)하고, 신심이 증장하여 속히 불퇴전(不退轉)의 경지를 성취한다. (진여에 대하여) 의혹(疑惑)이 있고, 불신(不信)하고, 비방하고, 무거운 죄업장(罪業障)과 아만(我慢)과 해태(懈怠)가 있는 사람은 제외되나니, 이런 사람들은 들어갈 수 없다.

【 실차난타 】 지(止)를 닦는 사람은 고요한 곳〈寂靜處〉에 머물면서 결가부좌(結跏趺坐)하고서 몸을 단정히 하고 마음을 바르게 하여

호흡에 의지하지 않고, 형색에 의지하지 않고, 허공에 의지하지 않고, 지·수·화·풍에 의지하지 않고, 내지 견문각지에 의지하지 않고, 일체의 분별상념(分別想念)을 모두 제거하며, 제거한다는 생각(除想)마저 버린다. 일체법은 불생불멸(不生不滅)하며 모두가 무상(無相)이므로 먼저 경계(境界)에 의지하는 마음을 버린 다음에 경계를 버린다. 그 후에 망심〈心〉에 의지하는 망념〈念〉을 버린 다음 다시 망심〈心〉을 버린다. 마음이 바깥 경계로 치달리면 마음속으로 거두어들여 머물게 하며, 뒤에 다시 일어나는 마음은 심상〈心相〉을 취하지 않나니, 진여를 떠나서는 (어떤 心相도) 얻을 수 없기 때문이다. 행주좌와(行住坐臥)하는 일체시(一切時)에 이렇게 끊임없이 수행하면, 점차로 진여삼매에 깨쳐 들어가〈得入〉 구경에 일체 번뇌를 절복(折伏)하고 신심이 증장하여 불퇴전의 지위를 속히 성취하게 된다. 마음에 의혹을 품거나, 비방하거나, 불신하거나, 업장에 묶이거나, 아만이 있거나, 게으른 사람들은 들어갈 수 없다.

지(止)를 닦는다는 것은 선정(禪定) 수행을 의미한다.

붓다가 가르친 선정 수행은 9단계로 점차 번뇌를 소멸하는 9차제정(九次第定)이다. 『앙굿따라니까야』 「9.5. 점차적인 소멸(A. 9.31. Anupubbanirodha)」(『불경』, 1172쪽)에서 붓다는 다음과 같이 9단계의 점차적인 소멸을 이야기한다.

비구들이여, 9단계의 점차적인 소멸[九次第滅]이 있다오.

그 아홉은 어떤 것인가?

비구들이여, 초선(初禪)에 들어가면 감각적 욕망에 대한 생각[kāmasaññā]이 소멸하고

제2선(第二禪)에 들어가면 사유와 숙고[vitakkavicārā]가 소멸하고

제3선(第三禪)에 들어가면 희열(喜悅, pīti)이 소멸하고

제4선(第四禪)에 들어가면 들숨과 날숨[assāsapassāsā, 出息入息]이 소멸하고

공무변처(空無邊處)에 들어가면 형색[rūpa, 色]에 대한 생각[saññā]이 소멸하고

식무변처(識無邊處)에 들어가면 공무변처[ākāsānañcāyatana]에 대한 생각이 소멸하고

무소유처(無所有處)에 들어가면 식무변처[viññāṇañācāyatana]에 대한 생각이 소멸하고

비유상비무상처(非有想非無想處)에 들어가면 무소유처[ākiñcaññāyatana]에 대한 생각이 소멸하고

상수멸(想受滅)에 들어가면 생각과 느낌[saññā ca vedanā ca]이 소멸한다오.

비구들이여, 이것이 9단계의 점차적인 소멸이라오.

이를 『대승기신론』과 비교하면, '호흡에 의지하지 않는다'는 것은 들숨과 날숨이 소멸하는 색계(色界)의 제4선을 의미하고, '형색(形色)에

의지하지 않는다'는 것은 형색⟨色⟩에 대한 생각이 소멸하여 색계를 벗어나는 공무변처(空無邊處)를 의미한다. '허공(虛空)에 의지하지 않는다'는 것은 식무변처(識無邊處)를 의미하고, '지·수·화·풍에 의지하지 않고, 내지 견문각지(見聞覺知)에 의지하지 않는다'는 것은 무소유처(無所有處)를 의미한다. '일체의 모든 상(想)을 생각 따라 모두 제거한다'는 것은 비유상비무상처(非有想非無想處)를 의미하고, '제거한다는 생각도 버린다'는 것은 상수멸(想受滅; saññā-vedayita-nirodha)을 의미한다. '일체법은 불생불멸(不生不滅)하며 모두가 무상(無相)이므로' 이하는 선정수행의 개요(槪要)를 말한 것이다.

【일행삼매(一行三昧)/일상삼매(一相三昧)】

【眞】 復次 依如是三昧故 則知法界一相 謂 一切諸佛法身 與 衆生身 平等無二 卽名一行三昧 當知 眞如是三昧根本 若人 修行 漸漸能生無量三昧

【實】 復次 依此三昧 證法界相 知一切如來法身 與一切衆生 身 平等無二 皆是一相 是故說名 一相三昧 若修習此三昧 能 生無量三昧 以眞如是一切三昧根本處故

【진제】 다음으로 이 삼매에 의하여 법계가 일상(一相)임을 안다. 말하자면 일체제불의 법신(法身)과 중생신(衆生身)이 평등(平等) 무이(無二)임을 아는 것이며, 이것을 일행삼매(一行三昧)라고 부른다. 마땅히 알지니, 진여는 삼매의 근본이므로 누구든지 이 삼매

를 수행하면 점점 무량한 삼매를 낼 수 있다.

【 실차난타 】 다음으로, 이 삼매에 의해 법계상(法界相)을 증득하여 일체의 여래법신(如來法身)과 일체의 중생신(衆生身)이 평등(平等) 무이(無二)하여 모두가 일상(一相)임을 안다. 그래서 일상삼매(一相三昧)라고 부른다. 만약 이 삼매를 수습(修習)하면 무량한 삼매를 낼 수 있나니, 진여는 일체삼매(一切三昧)의 근본처(根本處)이기 때문이다.

『대승기신론』에서 추구하는 선정 수행의 목적은 법계일상을 깨닫고 살아가는 일행삼매(一行三昧)/일상삼매(一相三昧)를 얻는 것이다. 바꾸어 말하면, 자신과 여래의 법신이 둘이 아님을 깨달아서 법계와 하나가 된 삶을 사는 것이 수행의 목적이다.

홍미롭게도 『육조단경(六祖壇經)』에서도 일행삼매를 강조한다.

일행삼매(一行三昧)란 갈 때나 올 때나 앉아 있을 때나 누워 있을 때나, 언제나 항상 직심(直心)을 행하는 것이다. 일체법(一切法)에 대하여 집착이 없는 것을 일행삼매라고 한다.

〈一行三昧者 於一切時 行住坐臥 常行直心是 於一切法上 無有執著 名一行三昧〉[104]

104　정성본 역주, 『돈황본 육조단경』(서울: 민족사, 2020), p. 96.(필자의 한글 번역)

이것은 육조(六祖)를 종조(宗祖)로 하는 선종(禪宗)도 『대승기신론』의
영향을 받았음을 보여준다.

【眞】 或有衆生 無善根力 則爲諸魔 外道鬼神之所惑亂 若於
坐中 現形恐怖 或現端正男女等相 當念唯心境界 則滅終不爲
惱 或現天像菩薩像 亦作如來像相好具足 若說陀羅尼 若說
布施持戒忍辱精進禪定智慧 或說平等 空 無相 無願 無怨 無
親 無因 無果 畢竟空寂 是眞涅槃 或令人知宿命過去之事 亦
知未來之事 得他心智 辯才無礙 能令衆生 貪著世間名利之事
又令使人 數瞋數喜性無常准 或多慈愛 多睡 多病 其心懈怠
或卒起精進 後便休廢 生於不信 多疑多慮 或捨本勝行 更修
雜業 若著世事種種牽纏 亦能使人 得諸三昧 少分相似 皆是
外道 所得 非眞三昧

【實】 或有衆生 善根微少 爲諸魔外道鬼神惑亂 或現惡形 以
怖其心 或示美色 以迷其意 或現天形 或菩薩形 乃至佛形 相
好莊嚴 或說總持 或說諸度 或復演說 諸解脫門 無怨無親無
因無果 一切諸法畢竟空寂 本性涅槃 或復令知 過去未來 及
他心事 辯才演說 無滯無斷 使其貪著名譽利養 或數瞋 數喜
或多悲 多愛 或恒樂昏寐 或久不睡眠 或身嬰疹疾 或性不勤
策 或卒起精進 卽便休廢 或情多疑惑 不生信受 或捨本勝行
更修雜業 愛著世事 溺情從好

【진제】 혹 선근(善根)의 힘이 없는 중생은 여러 마(魔)나 외도나 귀신들이 유혹하여 어지럽히기도 한다. 좌선할 때 무서운 모습을 나타내기도 하고, 단정한 남자나 여자의 모습을 나타내기도 하나니, 오직 마음의 경계일 뿐이라고 생각하면 곧 사라져서 결국은 괴롭히지 않는다. 혹 천인(天人)의 모습이나 보살의 모습을 나타내기도 하고, 상호(相好)를 구족한 여래의 모습을 하고서 다라니를 설하거나 보시, 지계, 인욕, 정진, 선정, 지혜 등을 설하기도 하고, 평등(平等), 공(空), 무상(無相), 무원(無願), 무원(無怨), 무친(無親), 무인(無因), 무과(無果)하여 필경에 공적(空寂)한 것이 참된 열반이라고 이야기하기도 한다. 숙명(宿命)과 과거의 일을 알게 하기도 하고, 미래의 일을 알게 하기도 하고, 타심지(他心智)를 얻게도 하고, 변재(辯才)가 걸림이 없게도 하여, 중생들이 세간의 명예와 이름을 탐착하게 하기도 한다. 또는 사람들로 하여금 자주 성내고 자주 기뻐하게 하여 성품에 일정한 기준이 없게 하며, 자애(慈愛)가 많게 하기도 하고, 잠이 많게 하기도 하고, 병이 많게 하기도 하고, 그 마음을 게으르게 하기도 하고, 혹은 갑자기 정진을 하다가 뒤에 곧 그치어 그만두게 하기도 하고, 불신을 일으켜서 의심이 많고 걱정이 많게 하기도 하고, 본래의 수승(殊勝)한 행을 버리고 잡된 행을 하여 세상일을 집착하여 갖가지로 얽매이게 하기도 한다. 또한 사람들로 하여금 약간 비슷한 삼매를 얻도록 하지만, 이들은 모두가 외도들이 얻는 것으로서 참된 삼매가 아니다.

【실차난타】 선근이 적은 중생은 여러 악마, 외도, 귀신이 유혹하

여 어지럽히기도 하고, 무서운 모습을 나타내어 그 마음을 두렵게 하기도 하고, 미색(美色)을 보여주어 그 뜻을 미혹하게 하기도 한다. 천인(天人)의 모습을 나타내기도 하고 보살의 모습이나 부처님의 모습으로 상호를 장엄하고 총지(總持)를 설하기도 하고, 6바라밀을 설하기도 하고, 여러 해탈문(解脫門)과 무원, 무친, 무인, 무과와 일체제법의 필경공적(畢竟空寂)과 본성열반(本性涅槃)을 설하기도 한다. 혹은 과거와 미래의 일 그리고 타심사(他心事)를 알게 하기도 하고, 막히거나 끊기지 않는 변재와 연설로 그 사람이 명예와 이양(利養)을 탐착하게 하기도 하며, 자주 성을 내다가 기뻐하다가 하게 하기도 하고, 자주 슬퍼하다가 좋아하다가 하게 하기도 하고, 항상 잠자기〈昏寐〉를 좋아하게 하기도 하고, 오랫동안 잠을 자지 않게 하기도 하고, 몸에 병이 있게도 하고, 성품을 게으르게 하기도 하고, 갑자기 정진하다가 곧 그치게 하기도 하고, 의혹이 많아 믿고 받아들이지 못하게 하기도 하고, 본래의 수승한 행을 버리고 잡다한 일을 하여 세사(世事)를 애착하여 좋아하는 일에 마음을 빠트리게 하기도 한다.

【眞】 或復 令人 若一日 若二日 若三日 乃至七日 住於定中 得自然香美飮食 身心適悅 不飢不渴 使人愛著 或亦令人 食無分齊 乍多 乍少 顏色變異 以是義故 行者 常應智慧觀察 勿令此心 墮於邪網 當勤正念 不取不著 則能遠離 是諸業障

【實】 或令證得外道諸定 一日 二日 乃至七日 住於定中 得好

飮食 身心適悅 不飢不渴 或復勸令受女等色 或令其飮食乍少
乍多 或使其形容 或好 或醜 若爲諸見煩惱所亂 即便退失往
昔善根 是故宜應審諦觀察 當作是念 此皆以我善根微薄 業障
厚重 爲魔鬼等之所迷惑 如是知已 念彼一切皆唯是心

【진제】 그리고 사람들로 하여금 하루나 이틀, 또는 사흘 내지 7
일을 선정에 머물면서 자연의 향기롭고 맛있는 음식을 얻어 몸과
마음이 쾌적하고, 배고픔이나 목마름이 없게 하여, 사람들이 애
착하게 하기도 한다. 혹은 사람들로 하여금 식사에 분제(分齊)가
없어, 갑자기 많이 먹다가 갑자기 적게 먹어 안색이 달라지게 하
기도 한다.
그러므로 수행자는 항상 지혜롭게 관찰하여 이 마음을 사견(邪
見)의 그물에 떨어지지 않도록 해야 하며, 정념(正念)을 부지런히
닦아 취하거나 집착하지 않으면 곧 이 모든 업장을 멀리 떠날 수
있다.
【실차난타】 외도의 여러 정(定)을 증득하여 하루나 이틀 내지 7일
을 정 가운데 머물면서 좋은 음식을 얻어 신심이 즐겁고 배고프거
나 목마르지 않게 하기도 하며, 여인 등의 색(色)을 수용하도록 권
하기도 하며, 음식을 갑자기 적게 먹다가 갑자기 많이 먹도록 하
기도 하며, 그 모습을 아름답게 하기도 하고 밉게 하기도 한다.
여러 사견과 번뇌의 어지럽힘을 당하면 옛날의 선근을 퇴실(退失)
하게 된다. 그러므로 마땅히 잘 살피고 관찰하여 "이 모든 것은

나의 선근이 적고, 업장이 두텁고 무거워서, 마귀 등이 미혹하게
한 것이다."라고 생각해야 한다. 이렇게 안 후에 "저 모든 것은 오
직 이 마음일 뿐이다."라고 생각해야 한다.

【眞】 應知 外道所有三昧 皆不離見愛 我慢之心 貪著世間名
利恭敬故 眞如三昧者 不住見相 不住得相 乃至出定 亦無懈
慢 所有煩惱 漸漸微薄 若諸凡夫 不習此三昧法 得入如來種
性 無有是處 以修世間諸禪三昧 多起味著 依於我見 繫屬三
界 與外道共 若離善知識所護 則起外道見故
【實】 如是思惟刹那 卽滅遠離諸相 入眞三昧 心相旣離 眞相亦
盡 從於定起 諸見煩惱 皆不現行 以三昧力 壞其種故 殊勝善品
隨順相續 一切障難 悉皆遠離 起大精進 恒無斷絶 若不修行此
三昧者 無有得入如來種性 以餘三昧 皆是有相 與外道共 不得
值遇 佛菩薩故 是故 菩薩於此三昧 當勤修習 令成就究竟

【진제】 마땅히 알지니, 외도의 삼매는 모두 견애(見愛)와 아만(我
慢)의 마음을 떠나지 못한 것으로서, 세간의 명리(名利)와 공경(恭
敬)을 탐착한 것이다. 진여삼매는 견상(見相)에 머물지 않고, 득상
(得相)에 머물지 않으며, 선정에서 나와도 게으름이 없으며, 가지
고 있는 번뇌는 점점 적어지고 얇아진다. 범부들이 이 삼매법(三
昧法)을 익히지 않고 여래의 종성(種性)에 들어간다는 것은 있을
수 없는 일이다. 왜냐하면 세간에서 수행하는 모든 선(禪)과 삼매

는 대부분이 미착(味著)을 일으키나니, 이는 아견(我見)에 의지한 것으로서, 3계에 속하여 얽매이는 것이며, 외도와 함께하는 것이므로, 만약 선지식의 보호를 떠나면 곧 외도견(外道見)을 일으키기 때문이다.

【실차난타】 이렇게 사유(思惟)하는 찰나에 모든 상(相)을 소멸하여 멀리 여의고 참된 삼매에 들어가며, 심상(心相)을 이미 여의어 진상(眞相)도 멸진하여 정(定)에서 일어나도 여러 사견(邪見)과 번뇌 모두 현행(現行)하지 않나니, 삼매의 힘으로 그 종자를 파괴했기 때문이다. 수승(殊勝)한 선품(善品)이 수순하여 상속하고 일체의 장난(障難)을 모두 멀리 여의며, 항상 끊임없이 대정진(大精進)을 일으킨다. 이 삼매를 수행하지 않는 사람은 여래의 종성에 깨쳐 들지 못한다. 왜냐하면 다른 삼매는 모두 유상(有相)으로서 외도의 삼매와 마찬가지로 불보살을 만날 수 없기 때문이다. 그러므로 보살은 이 삼매을 부지런히 수습하여 구경을 성취해야 한다.

【眞】 復次 精勤專心 修學此三昧者 現世當得 十種利益 云何爲十 一者 常爲十方諸佛菩薩之所護念 二者 不爲諸魔惡鬼所能恐怖 三者 不爲九十五種外道鬼神之所惑亂 四者 遠離誹謗甚深之法 重罪業障漸漸微薄 五者 滅一切疑諸惡覺觀 六者 於如來境界信得增長 七者 遠離憂悔 於生死中 勇猛不怯 八者 其心柔和 捨於憍慢 不爲他人所惱 九者 雖未得定 於一切時 一切境界處 則能減損煩惱 不樂世間 十者 若得三昧 不爲

外緣 一切音聲之所驚動

【實】 修此三昧現身 即得十種利益 一者 常爲十方諸佛菩薩之所護念 二者 不爲一切諸魔惡鬼之所惱亂 三者 不爲一切邪道所惑 四者 令誹謗深法重罪業障皆悉微薄 五者 滅一切疑諸惡覺觀 六者 於如來境界信得增長 七者 遠離憂悔於生死中勇猛不怯 八者 遠離憍慢柔和忍辱 常爲一切世間所敬 九者 設不住定 於一切時 一切境中 煩惱種薄終不現起 十者 若住於定 不爲一切音聲等緣之所動亂

다음으로 부지런히 마음을 모아 이 삼매를 닦아 배운 사람은 현세에 열 가지 이익을 얻는다.

첫째는 항상 제불보살이 호념(護念)하신다. 둘째는 모든 악마와 귀신들이 두렵게 하지 못한다. 셋째는 95종(種)의 외도와 귀신들이 유혹하여 어지럽히지 못한다. 넷째는 깊은 불법을 비방하는 일에서 멀리 떠난다. 다섯째는 일체의 의혹과 모든 못된 각관(覺觀)을 멸한다. 여섯째는 여래의 경계에 대한 믿음이 증장한다. 일곱째는 걱정과 후회를 멀리 떠나 생사 가운데서 용맹하게 겁내지 않는다. 여덟째는 그 마음이 부드럽고 온화하며 교만을 버리어 다른 사람이 괴롭히지 않는다. 아홉째는 비록 정(定)을 얻지 못했을지라도 어느 때 어느 경계처(境界處)에서도 번뇌를 줄일 수 있으며, 세간을 즐기지 않는다. 열째는 만약 삼매를 얻으면 외연(外緣)이 되는 일체의 음성에 놀라거나 움직이지 않는다.

【지관겸수(止觀兼修); 정혜쌍수(定慧雙修)】

【眞】 復次 若人 唯修於止 則心沈沒 或起懈怠 不樂衆善 遠
離大悲 是故修觀

【實】 復次 若唯修止心 則沈沒 或生懈怠 不樂衆善 遠離大悲
是故宜應 兼修於觀

다음으로 만약 지(止)만을 닦으면 마음이 가라앉나니, 게으른 생
각이 일어나기도 하고, 여러 선(善)을 행하기를 좋아하지 않기도
하고, 대비(大悲)에서 멀어지기도 한다. 그러므로 관(觀)을 함께
닦아야 한다.

【법상관(法相觀)】

【眞】 修習觀者 當觀一切世間有爲之法 無得久停 須臾變壞
一切心行 念念生滅 以是故苦 應觀過去所念諸法 恍惚如夢
應觀現在所念諸法 猶如電光 應觀未來所念諸法 猶如於雲忽
爾而起 應觀世間一切有身 悉皆不淨 種種穢汚 無一可樂

【實】 云何修耶 謂 當觀世間一切諸法 生滅不停 以無常故苦
苦故無我 應觀過去法如夢 現在法如電 未來法如雲 忽爾而起
應觀有身 悉皆不淨 諸蟲穢汚煩惱和雜 觀諸凡愚所見諸法 於
無物中 妄計爲有 觀察一切 從緣生法 皆如幻等 畢竟無實 觀
第一義諦 非心所行 不可譬喩 不可言說

【진제】 관(觀)을 수습하는 사람은 마땅히 일체세간의 유위법은 오래 머무르지 못하고 잠깐 동안에 변해 무너지며〈無常〉, 일체의 마음 작용은 매 순간 생멸하므로 괴로움이라는 것을〈苦〉 관해야 한다. 과거에 생각했던/분별했던 모든 법(法)은 꿈처럼 황홀(恍惚)하다고 관해야 하고, 현재 생각하고/분별하고 있는 모든 법(法)은 번갯불과 같다고 관해야 하고, 미래에 생각할/분별될 모든 법은 구름과 같이 홀연히 일어난다고〈無我〉 관해야 한다. 세간의 모든 몸은 모두 부정(不淨)한 것이며, 갖가지 더러움이 있어서 좋아할 만한 것이 하나도 없다고〈不淨〉 관해야 한다.

【실차난타】 어떻게 수행하는가? 마땅히 세간의 일체제법(一切諸法)은 쉬지 않고 생멸하며 무상(無常)하기 때문에 괴로움이고, 괴로움이기 때문에 무아(無我)임을 관하고, 과거의 법은 꿈과 같고, 현재의 법은 번개와 같으며, 미래의 법은 구름처럼 홀연히 일어남을 관하고, 존재하는 몸은 모두 부정(不淨)하며, 여러 벌레와 오물과 번뇌가 뒤섞인 것임을 관한다. "어리석은 사람들이 보는 제법(諸法)은 실물은 없는데 허망하게 꾸며내어 있게 된 것이다."라고 관하고, 일체는 연(緣)을 따라 생긴 법으로서〈緣起〉, 모두가 허깨비처럼 필경은 실체가 없음〈空〉을 관찰한다.

【대비관(大悲觀)】

【眞】 如是 當念一切衆生 從無始世來 皆因無明所熏習故 令心生滅 已受一切身心大苦 現在卽有無量逼迫 未來所苦亦無

分齊 難捨難離 而不覺知 衆生 如是 甚爲可愍

【實】 觀一切衆生 從無始來 皆因無明熏習力故 受於無量身心大苦 現在未來 亦復如是 無邊無限 難出難度 常在其中 不能覺察 甚爲可愍

이렇게 관하고서, 마땅히 "일체중생은 무시세래(無始世來)로부터 모두 무명의 훈습을 받았기 때문에, 마음을 생멸케 하여 이미 일체의 몸과 마음의 큰 괴로움을 받았고, 현재 무량한 핍박(逼迫)이 있으며, 미래에 받을 괴로움 또한 한계가 없어서 버리기 어렵고 여의기 어렵지만 깨달아 알지 못한다. 중생들은 이렇게 매우 불쌍하다."라고 생각해야 한다.

【서원관(誓願觀)】

【眞】 作此思惟 卽應勇猛立大誓願 願令我心 離分別故 遍於十方 修行一切諸善功德 盡其未來 以無量方便 救拔一切苦惱衆生 令得涅槃 第一義樂

【實】 如是觀已 生決定智 起廣大悲 發大勇猛 立大誓願 願令我心 離諸顚倒 斷諸分別 親近一切諸佛菩薩 頂禮供養 恭敬讚歎 聽聞正法 如說修行 盡未來際 無有休息 以無量方便 拔濟一切苦海衆生 令住涅槃第一義樂

【진제】 이러한 생각을 하고서, 곧 "나의 마음이 분별을 여의도

록, 시방세계에 빠짐없이, 미래세가 다하도록, 일체의 모든 선공덕(善功德)을 수행하겠다. 무량한 방편으로 일체의 고뇌중생을 구제하여 제일의(第一義)의 열반락(涅槃樂)을 얻게 하겠다."라고 용맹하게 큰 서원을 세워야 한다.

【실차난타】 이렇게 관찰하고 나서는 결정지(決定智)를 내고, 광대한 비심(悲心)을 일으키고, 대용맹(大勇猛)을 일으켜 "나의 마음이 모든 전도(顚倒)를 여의고, 모든 분별(分別)을 끊도록 하겠다. 일체의 제불보살을 친근하여 정례(頂禮) 공양(供養)하고, 공경(恭敬) 찬탄(讚歎)하고, 정법(正法)을 청해 듣고, 말씀하신 그대로 수행하되 미래제(未來際)가 다하도록 휴식하지 않겠다. 무량한 방편으로 일체의 고해(苦海) 중생을 구제하여 열반 제일의락(第一義樂)에 머물도록 하겠다."라고 발원한다.

【정진관(精進觀)】

【眞】 以起如是願故 於一切時 一切處 所有衆善 隨已堪能 不捨修學 心無懈怠 唯除坐時 專念於止 若餘一切 悉當觀察 應作 不應作 若行 若住 若臥 若起 皆應止觀俱行 所謂 雖念諸法自性不生 而復卽念因緣和合 善惡之業 苦樂等報 不失不壞 雖念因緣 善惡業報 而亦卽念性不可得

【實】 作是願已 於一切時 隨已堪能 修行自利利他之行 行住坐臥 常勤觀察 應作不應作 是名修觀 復次 若唯修觀則心不止息 多生疑惑 不隨順第一義諦 不出生無分別智 是故 止觀

應竝修行 謂 雖念一切法 皆無自性 不生不滅 本來寂滅 自性
涅槃 而亦卽見 因緣和合 善惡業報 不失不壞 雖念因緣 善惡
業報 而亦卽見一切諸法 無生無性 乃至涅槃

【진제】 이와 같은 원을 일으켰기 때문에, 언제, 어디서나, 모든
착한 일을 자신의 능력에 따라 버리지 않고 닦아 배우되, 마음에
게으름이 없으며, 앉아서 지(止)에 전념할 때를 제외한 나머지 시
간에는 오직 모든 일을 할 때 마땅히 해야 할 것인지 해서는 안 될
것인지를 관찰한다. 가거나, 멈추거나, 눕거나, 일어서거나, 마땅
히 지관(止觀)을 함께 수행한다. 말하자면 비록 제법(諸法)의 자성
(自性)이 불생(不生)임을 생각하지만〔止〕, 다시 인연의 화합과 선악
의 업과 고락(苦樂) 등의 보(報)는 상실되거나 파괴되지 않음을 생
각하고〔觀〕, 비록 인연과 선악과 업보(業報)를 생각하지만〔觀〕, 또
한 그 자성(自性)은 얻을 수 없음을 생각한다〔止〕.

【실차난타】 이러한 원을 세우고서, 언제나 자기의 능력에 따라
자리이타(自利利他)의 행을 수행한다. 가거나 머물거나 앉거나 눕
거나, 항상 해야 할 일과 해서는 안 될 일을 부지런히 관찰하는 것
을 수관(修觀)이라고 부른다. 그런데, 만약 수관만 하면, 마음이
지식(止息)하지 못하여 의혹이 많이 생기고, 제일의제(第一義諦)
에 수순하지 못하여 무분별지(無分別智)를 출생하지 못한다. 그러
므로 지관(止觀)은 마땅히 함께 수행해야 한다. 즉, 비록 일체법
은 모두 자성이 없고, 불생불멸하고, 본래 적멸하여 자성이 열반

임을 생각하지만(修止), 또한 인연화합(因緣和合)과 선악업보(善惡業報)의 불실(不失) 불괴(不壞)를 관찰하고(修觀), 비록 인연과 선악업보를 생각하지만(修觀), 또한 일체제법의 무생(無生) 무성(無性)과 내지 열반을 보아야 한다(修止).

【眞】 若修止者 對治凡夫住著世間 能捨二乘怯弱之見 若修觀者 對治二乘不起大悲狹劣心過 遠離凡夫不修善根 以此義故 是止觀二門 共相助成 不相捨離 若止觀不具 則無能入菩提之道

【實】 然 修行止者 對治凡夫樂著生死 亦治二乘執著生死 而生怖畏 修行觀者 對治凡夫不修善根 亦治二乘不起大悲狹劣心過 是故止觀互相助成 不相捨離 若止觀不具 必不能得無上菩提

【진제】 지(止)를 닦은 사람은 범부가 머물면서 집착하는 세간을 치유하고, 이승(二乘)의 겁약(怯弱)한 소견(所見)을 버릴 수 있다. 관(觀)을 닦은 사람은 대비(大悲)를 일으키지 않는 이승(二乘)의 옹졸하고 못난 마음의 허물을 대치하고, 범부의 선근을 닦지 않는 삶을 멀리 여의게 된다. 이런 의미에서 이 지관(止觀) 이문(二門)은 서로 함께 도우면서 성취되는 것으로서, 서로 버리거나 떠나지 않는다. 만약 지관을 갖추지 못하면 보리의 도(道)에 들어갈 수가 없다.

【실차난타】 그래서 지(止)를 수행한 사람은 범부가 집착하는 생사를 대치하고, 또한 이승(二乘)이 생사를 집착하여 생기는 두려움도 대치한다. 관(觀)을 수행한 사람은 범부가 선근을 닦지 않는 것을 대치하고, 또한 이승의 대비를 일으키지 않는 옹졸하고 못난 마음의 허물도 대치한다. 그러므로 지관은 서로 버리거나 떨어지지 않고 서로 도우면서 이루어진다. 만약 지관을 갖추지 못하면, 결코 무상보리(無上菩提)를 얻을 수 없다.

【염불인연(念佛因緣)】

【眞】 復次 衆生 初學是法 欲求正信 其心怯弱 以住於此娑婆世界 自畏不能常値諸佛 親承供養 懼謂信心難可成就意欲退者 當知 如來有勝方便 攝護信心 謂以專意念佛因緣 隨願得生他方佛土 常見於佛 永離惡道 如修多羅說 若人專念西方極樂世界阿彌陀佛 所修善根迴向 願求生彼世界 卽得往生 常見佛故 終無有退 若觀彼佛眞如法身 常勤修習 畢竟得生 住正定故

【實】 復次 初學菩薩 住此娑婆世界 或値寒熱風雨不時飢饉等苦 或見不善可畏衆生 三毒所纏 邪見顚倒 棄背善道 習行惡法 菩薩在中 心生怯弱 恐不可値遇諸佛菩薩 恐不能成就淸淨信心 生疑欲退者 應作是念 十方所有諸佛菩薩 皆得大神通無有障导 能以種種善巧方便 救拔一切險厄衆生 作是念已 發大誓願 一心專念 佛及菩薩 以生如是 決定心故 於此命終 必得往生 餘佛刹中 見佛菩薩 信心成就 永離惡趣 如經中說 若

善男子善女人 專念西方極樂世界阿彌陁佛 以諸善根迴向 願
生決定 得生常見彼佛 信心增長 永不退轉 於彼聞法 觀佛法
身 漸次修行 得入正位

【진제 】 다음으로, 이 법을 처음 배우는 중생으로서, 바른 믿음
을 구하고자 하나, 그 마음이 겁약한 사람은, 이 사바세계에 머
물면서 여러 부처님을 만나 친히 받들어 공양하지 못할 것을 스
스로 두려워하여 걱정스레 말하기를, "신심(信心)은 성취하기 매
우 어렵다."라고 한다. 이렇게 의욕이 퇴전(退轉)하려는 사람은 마
땅히 '여래는 수승한 방편을 지니고 있어서 신심이 있는 사람들
을 돕고 보호한다'라는 것을 알아야 한다. 다시 말해서 뜻을 오로
지하여 염불한 인연으로 원에 따라 타방(他方)의 불국토에 태어나
항상 부처님을 보게 되며, 악도(惡道)를 영원히 떠나게 된다는 것
을 믿어야 한다. 불경에서 "서방의 극락세계에 계시는 아미타불
을 전념으로 염불하는 사람은, 자신이 닦은 선근(善根)을 회향(廻
向)하고 그 세계에 태어나기를 발원하여 구하면 곧 가서 태어나게
되며, 항상 부처님을 보기 때문에 끝내 퇴전함이 없다."라고 설하
고 있는 것과 같다. 만약 저 부처님의 진여법신(眞如法身)을 관(觀)
하면서, 항상 부지런히 수습하면, 필경에는 왕생(往生)하여 정정
취(正定聚)에 머물게 된다.

【실차난타 】 다음으로, 초학보살(初學菩薩)은 이 사바세계에 머물
면서 추위와 더위, 비와 바람을 만나 불시(不時)에 기근(飢饉) 등의

괴로움을 당하기도 하고, 중생을 두렵게 하는 좋지 않은 일을 당하기도 하고, 삼독(三毒)에 묶이고, 사견(邪見)에 전도되어, 선도(善道)를 버려 등지고, 악법(惡法)을 익혀 행하기도 한다. 보살로서 이런 가운데 마음에 겁약한 생각이 생겨 제불보살을 만나지 못할까 두려워하고, 청정한 신심을 성취할 수 없을 것을 두려워하여 의심이 생겨 물러서고자 하는 사람은 마땅히 다음과 같이 생각해야 한다. "시방에 계시는 제불보살은 모두 큰 신통을 얻어 장애가 없으며, 능히 갖가지 선교방편으로 일체의 험액(險厄) 중생을 구제하신다." 이와 같은 생각을 하고서 큰 서원을 일으키고 일심으로 오로지 부처님과 보살을 생각하면, 이와 같은 결정심(決定心)을 일으키기 때문에 이 세상에서 수명을 마치면 반드시 다른 부처님 세계에 왕생하여 불보살을 보고 신심을 성취하여 악취(惡趣)를 길이 여의나니, 경 가운데서 "만약 선남자 선여인이 서방극락세계(西方極樂世界)의 아미타불만을 생각하면서, 여러 선근을 회향하여 극락왕생을 발원하면, 반드시 왕생하여 항상 그 부처님을 항상 보면서, 신심이 증장하여 길이 퇴전하지 않는다."라고 한 것과 같다. 그곳에서 법을 듣고 부처님의 법신을 관하면서 점차로 수행하면 정위(正位)에 들어가게 된다."

【眞】已說修行信心分

지금까지 수행신심분(修行信心分)을 설했다.

5

권수이익분 勸修利益分

— 대승을 수행하여 얻는 이익

【眞】 次說 勸修利益分 如是 摩訶衍諸佛秘藏 我已總說 若有

衆生 欲於如來甚深境界 得生正信 遠離誹謗 入大乘道 當持

此論 思量修習 究竟 能至無上之道 若人聞是法已 不生怯弱

當知此人 定紹佛種 必爲諸佛之所授記

【實】 云何 利益分 如是 大乘秘密句義 今已略說 若有衆生

欲於如來甚深境界廣大法中 生淨信覺解心 入大乘道 無有障

导 於此略論 當勤聽受 思惟修習 當知是人 決定速成 一切種

智 若聞此法 不生驚怖 當知此人 定紹佛種 速得授記

【진제】 다음으로 권수이익분(勸修利益分)을 설하겠다. 이와 같은

대승의 여러 부처님의 비장(秘藏)을 나는 지금까지 모두 설했다.

만일 어떤 중생이 여래의 깊고 깊은 경계에 바른 믿음을 내어, 비

방을 멀리 여의고, 대승도(大乘道)에 들어가고자 한다면, 마땅히 이 『대승기신론』을 수지(受持)하여, 사량(思量)하고, 수습하면, 구경에 무상도(無上道)에 이르게 될 것이다. 만약 어떤 사람이 이 법을 듣고 겁을 내거나 나약한 생각을 하지 않으면, 마땅히 알지니, 이 사람은 불종자(佛種子)를 잇도록 결정되어 반드시 여러 부처님의 수기를 받게 될 것이다.

【실차난타】 이익분(利益分)은 어떠한가? 이와 같은 대승의 비밀(秘密) 구의(句義)를 지금까지 간략하게 설했다. 만약 어떤 중생이 여래의 심심경계(甚深境界)와 광대법(廣大法) 가운데서 청정한 믿음과 각해심(覺解心)을 내어 장애 없이 대승도(大乘道)에 들어가고자 한다면, 이 약론(略論)을 부지런히 듣고 사유하고 수습해야 한다. 마땅히 알지니 이 사람은 일체종지를 속히 성취하도록 결정된다. 만약 이 법을 듣고 놀라거나 두려워하지 않으면, 이 사람은 불종자(佛種子)를 잇도록 결정되어 속히 수기를 받는다는 것을 알아야 한다.

【眞】假使 有人 能化三千大千世界滿中衆生 令行十善 不如 有人 於一食頃 正思此法 過前功德 不可爲喩 復次 若人 受持 此論 觀察修行 若一日一夜 所有功德 無量無邊 不可得說 假 令 十方一切諸佛 各於無量無邊阿僧祇劫 歎其功德 亦不能盡 何以故 謂法性功德 無有盡故 此人功德 亦復如是 無有邊際 其有衆生 於此論中 毁謗不信所獲罪報 經無量劫 受大苦惱

是故 衆生 但應仰信 不應誹謗 以深自害 亦害他人 斷絶一切
三寶之種 以一切如來 皆依此法 得涅槃故 一切菩薩 因之修
行 入佛智故

【實】假使 有人 化三千大千世界衆生 令住十善道 不如於須
臾頃正思此法 過前功德 無量無邊 若一日一夜 如說修行 所
生功德 無量無邊 不可稱說 假令 十方一切諸佛 各於無量阿
僧祇劫 說不能盡 以眞如功德 無邊際故 修行功德 亦復無邊
若於此法 生誹謗者 獲無量罪 於阿僧祇劫 受大苦惱 是故 於
此 應決定信 勿生誹謗 自害害他 斷三寶種 一切諸佛 依此修
行 成無上智 一切菩薩 由此 證得如來法身

가령 어떤 사람이 삼천대천세계(三千大千世界)에 가득 찬 중생을
교화하여 10선(十善)을 행하게 한다고 해도, 잠시(暫時) 이 법을
바르게 사유한 사람만 못하나니, 이 사람의 공덕은 전 사람의 공
덕보다 비유할 수도 없을 만큼 많다. 그리고 이『대승기신론』을
수지(受持)하고 관찰 수행하기를 하루 밤낮만 하여도 갖게 되는
공덕은 무량(無量) 무변(無邊)하여 말할 수가 없다. 가령 시방의 일
체제불이 각기 무량 무변 아승기겁 동안 그 공덕을 찬탄해도 다
말할 수가 없나니, 법성(法性)/진여(眞如)의 공덕이 다함이 없으므
로 이 사람의 공덕도 마찬가지로 끝이 없다.
이『대승기신론』을 훼방(毁謗)하고 불신하는 중생은 죄보(罪報)를
얻어 무량겁을 지내면서 큰 고뇌를 받는다. 그러므로 중생들은

우러러 믿기만 할 뿐, 비방하여 스스로 깊은 해를 입고, 또한 다른 사람에게도 해를 입히며, 일체의 삼보 종자를 단절해서는 안 된다. 왜냐하면 일체의 여래는 모두가 이 법에 의지하여 열반을 얻기 때문이며, 일체의 보살은 이 법으로 인해 수행하여 불지(佛智)에 들어가기 때문이다.

「권수이익분(勸修利益分)」은 『대승기신론』의 유통분(流通分)이다. 일반적으로 불경(佛經)의 유통분에서 그 경의 공덕을 찬탄하듯이 여기에서는 『대승기신론』을 수지하고 관찰하면 얻게 되는 이익과 훼방하여 받게 되는 죄보(罪報)를 강조한다.

【眞】 當知 過去菩薩 已依此法 得成淨信 現在菩薩 今依此法 得成淨信 未來菩薩 當依此法 得成淨信 是故 衆生 應勤修學
【實】 過去菩薩 依此得成 大乘淨信 現在今成 未來當成 是故 欲成自利利他殊勝行者 當於此論 勤加修學

마땅히 알라! 과거의 보살도 이 법에 의지하여 청정한 믿음을 이루었고, 현재의 보살도 이 법에 의지하여 청정한 믿음을 이루며, 미래의 보살도 이 법에 의지하여 청정한 믿음을 얻게 된다.
【진제】 그러므로 중생들은 마땅히 부지런히 수학(修學)해야 한다.
【실차난타】 그러므로 자리이타의 수승(殊勝)한 행(行)을 성취하고자 하는 사람은 마땅히 이 『대승기신론』을 부지런히 수학해야 한다.

여기에서 말하는 '이 법(法)'은 '중생의 마음〈衆生心〉'이다. 중생의 마음이 곧 대승이라는 관점에서 시작된 『대승기신론』의 논의는 이렇게 과거와 현재와 미래의 모든 보살이 중생의 마음이라는 큰 수레에 의지하여 대승을 확신하고 열반을 성취하게 된다는 결론에 도달한다.

【회향게(廻向偈)】

【眞】 諸佛甚深廣大義　我今隨分總持說　迴此功德如法性　普利一切衆生界

【實】 我今已解釋　甚深廣大義　功德施群生　令見眞如法

【진제】　　부처님의 깊고도 광대한 뜻을

　　　　　제가 이제 분에 따라 간략하게 설명했나니

　　　　　이 공덕을 여법성(如法性)에 남김없이 회향하여

　　　　　일체의 중생계를 널리 행복하게 하겠습니다.

【실차난타】　깊고도 광대한 뜻을

　　　　　지금까지 제가 해석하였습니다.

　　　　　이 공덕을 군생(群生)에게 모두 베풀어

　　　　　진여법(眞如法)을 보도록 하겠습니다.

중각 이중표

전남대학교 철학과를 졸업한 뒤 동국대학교 대학원에서 불교학 석·박사 학위를 취득했다. 이후 전남대학교 철학과 교수로 재직했으며, 정년 후 동 대학교 철학과 명예교수로 위촉됐다.

호남불교문화연구소 소장, 범한철학회 회장, 불교학연구회 회장을 역임했으며, 현재 불교 신행 단체인 사단법인 붓다나라를 설립하여 포교와 교육에 힘쓰고 있다.

저서로는 『불경』, 『인간 붓다』, 『정선 디가 니까야』, 『정선 맛지마 니까야』, 『정선 쌍윳따 니까야』, 『정선 앙굿따라 니까야』, 『붓다의 철학』, 『니까야로 읽는 금강경』, 『니까야로 읽는 반야심경』, 『담마빠따』, 『숫따니빠따』, 『불교란 무엇인가』, 『붓다가 깨달은 연기법』, 『근본불교』, 『현대와 불교사상』, 『윤회와 해탈』 외 여러 책이 있으며, 역서로 『붓다의 연기법과 인공지능』, 『불교와 양자역학』 등이 있다.

니까야로 읽는
대승기신론

© 중각 이중표, 2026

2026년 4월 20일 초판 1쇄 발행

지은이 중각 이중표
발행인 박상근(至弘) · 편집인 류지호 · 부사장 양동민
책임편집 김소영 · 편집 김재호, 양민호, 최호승, 이란희, 정유리, 이진우 · 디자인 쿠담디자인
제작 김명환 · 마케팅 김대현, 김대우, 이선호, 류지수 · 관리 윤정안
콘텐츠국 유권준
펴낸 곳 불광출판사 (03169) 서울시 종로구 사직로10길 17 인왕빌딩 301호
대표전화 02) 420-3200 편집부 02) 420-3300 팩시밀리 02) 420-3400
출판등록 제300-2009-130호(1979. 10. 10.)

ISBN 979-11-7261-261-0 (04220)
ISBN 978-89-7479-364-7 (04220)(세트)

값 33,000원

니까야로 읽는 반야심경

『반야심경』의 '반야'와 '공(空)' 사상의 원류를 초기경전 『니까야』에서 찾아 분석하였다. 『니까야』를 통해 『반야심경』의 탄생 배경과 사용된 용어들의 진의를 알 수 있다.

이중표 역해 | 272쪽 | 23,000원

니까야로 읽는 금강경

산스크리트어, 빠알리어, 한문 원전의 꼼꼼한 해석을 바탕으로 『금강경』 속 언어의 모순, 관념, 보살, 깨달음, 자비, 지혜를 하나의 흐름으로 파악할 수 있게 하였다. 『금강경』이 설하는 언어의 세계와 보살의 길을 바르게 이해하는 방법을 제시한다.

이중표 역해 | 400쪽 | 32,000원

담마빠다

종교에 상관없이 누구에게나 적용 가능한 가르침을 담고 있으며, 전 세계인이 가장 많이 읽은 경전 『담마빠다』를 새롭게 번역했다. 기존 번역서들의 오류와 왜곡을 바로 잡아 원전의 의미를 오롯이 살리면서 마치 시처럼 노랫말처럼 부드럽게 흐르는 원전의 특성을 고려해 리듬감을 더했다.

이중표 역해 | 480쪽 | 25,000원

숫따니빠따

현존하는 불교 경전 가운데 가장 오래된 경전이자 붓다의 초기 가르침이 살아있는 경전 『숫따니빠따』를 새롭게 번역했다. 기존 번역서들의 오류와 왜곡을 바로 잡아 원전의 의미를 오롯이 살리면서 마치 시처럼 노랫말처럼 부드럽게 흐르는 원전의 특성을 고려해 리듬감을 더했다.

이중표 역해 | 696쪽 | 30,000원

불교란 무엇인가

초기불교와 대승불교를 아우르는 세밀한 구성과 신앙적 측면까지 고려해 저술된 불교개론서이다. 현대인들이 느끼는 불교에 관한 궁금증에 답해주고, 불교를 이해하는 데 도움을 주는 최고의 '불교 안내서'이다.

이중표 지음 | 358쪽 | 18,000원